Nonfiction:
Storytelling
in
an
Era
of
Grand
Transformation

# 非虚构

时代记录者与叙事精神

周 逵 编著

清华大学出版社
北京

## 内 容 简 介

当代优秀的非虚构写作者为读者讲述创作过程中动人心魄的故事。书稿本身就是非虚构作品,所选案例皆为行业内令人拍案叫绝的作品,作者结合自己的创作体验,对于各自最擅长的领域做了独到的剖析,并在文稿中回答了读者最恳切想问的问题——什么是非虚构?如何创作?

本书并未停留在如何写一篇更好的稿子的技术层面,而是面向新闻传播专业学生、媒体从业人员和热爱大众文学的读者,尝试告诉他们如何在工作和日常生活中掌握叙事要素。本书尝试用丰富翔实的实战经验代替传统教科书,是广大学子和非虚构写作爱好者的案头必读书。

版权所有,侵权必究。举报:010-62782989,beiqinquan@tup.tsinghua.edu.cn。

**图书在版编目(CIP)数据**

非虚构:时代记录者与叙事精神/周逵编著. — 北京:清华大学出版社,2017(2022.1重印)
ISBN 978-7-302-45305-5

Ⅰ.①非… Ⅱ.①周… Ⅲ.①新闻学-传播学 Ⅳ.① G210

中国版本图书馆 CIP 数据核字(2016)第 271488 号

责任编辑:纪海虹
封面设计:傅瑞学
责任校对:王凤芝
责任印制:杨 艳

出版发行:清华大学出版社
网   址:http://www.tup.com.cn, http://www.wqbook.com
地   址:北京清华大学学研大厦 A 座    邮  编:100084
社 总 机:010-62770175    邮  购:010-62786544
投稿与读者服务:010-62776969,c-service@tup.tsinghua.edu.cn
质量反馈:010-62772015,zhiliang@tup.tsinghua.edu.cn
印 装 者:三河市东方印刷有限公司
经   销:全国新华书店
开   本:170mm×240mm    印 张:22    字 数:365 千字
版   次:2017 年 3 月第 1 版    印 次:2022 年 1 月第 4 次印刷
定   价:68.00 元

---

产品编号:067066-01

周逵,中国传媒大学新闻传播学部副教授,研究生导师,国际新闻传播硕士项目(IJC)主任。清华大学—美国麻省理工学院联合培养博士,麻省理工学院媒体实验室访问学者。曾任凤凰卫视《冷暖人生》《凤凰大视野》栏目策划、记者,所担任策划的《冷暖人生》栏目在第45届芝加哥国际电影节上荣获电视纪录片类"艺术与人文贡献银雨果奖"。所担任执行总编导的大型历史人文纪录片《走进和田》获第十三届精神文明建设"五个一工程奖"。在国内外中英文核心学术期刊发表SSCI、CSSCI论文数十篇。译著《群体性孤独》获2015年文津图书奖。兼任中央人民广播电台新闻评论员。

合格

# 失物招领
（代序一）

我小时候住在江苏省扬州水利机械厂。

这个厂建在运河边上，因为是水利机械，很多机器建好了以后就直接泊在河里，所以我小时候所有的故事都发生在京杭大运河边。

1990年代的扬州作为一个中小城市，有许多国有企业，水利机械厂就是一所。城市里大部分孩子长大后不会外出读大学，一直在当地读书直至成为一名工厂的工人，如同我们父辈的生活一般。

作为一名工厂子弟，我们的童年和其他小孩不太一样，那时候的我们可以轻而易举把吊车当作玩具开，在我六岁的时候，父亲会坐在驾驶座把我放在大腿上，手把手教我操作高空大吊臂。元宵节的时候，厂里的所有小孩会推着纸扎的兔子灯去篮球场玩，兔子灯一倒火就着了，男孩子一看着火了，便灵机一动撒泡尿把火扑灭，小女孩在旁边吓得在那儿哇哇哭。大人则拿着板凳，吃好饭后散步到播放露天电影的地方，大家挤在一起叽叽喳喳地等着电影放映。

运河边上住着许多靠捕鱼为生的渔民，他们住在船上，由于生活环境的限制，渔民家的孩子身上常常带有一股鱼腥味。于是欺负这些孩子便成为我们儿时的乐趣之一。他们吃饭有一个禁忌，不能将鱼肚翻过来，他们说这意味着翻船。一看到他们饭桌上窘迫不愿意翻鱼的样子，我们便会爆发出哄堂大笑。有一次，我们闲来无聊想要捉弄一个面黄肌瘦的渔民家女孩，于是一群男生在放学后把她逼到墙角拿胡椒粉撒在她脸上。这些当时在我们眼里的恶作剧如今看来不只是恶劣的玩笑，我每每想到此事，还对她心有歉意。

中午是厂里最热闹的时候，11点半前，工厂门口铁栏杆边上已经站满了人，很多双职工抓着栏杆翘首企盼中午回家给小孩做饭。

铃一响，门一开，所有人立刻蜂拥而出。那时候的米饭是用铝饭盒加热的，为了辨认出各个饭盒，我的小舅舅还用锤子和榔头勾出空心的名字来做标记。

对于职工来说，下班以后洗澡是个大问题，但托我父亲的福，小时候我都是去炼钢工人的澡堂子洗澡。炼钢工人每天都有大量的体力劳动，干的是出汗最多最累的活，下班后可以免费用烧红钢水的热量去冲澡，这是属于炼钢工人的福利。然而这样一件好事却在我童年留下了阴影。因为如果要去洗澡，炼钢车间是通往澡堂的必经之路，那车间里到处都是烧红的铁水往下流，父亲每次都叮嘱我：别踩！那水得有几千度！我听着话战战兢兢地往前走，害怕自己真的会被那些流动的液体熔化掉。

由于是危险工种，炼钢工人的福利不止如此。一年 365 天处在高温环境下意味着每天都有高温补助，除此之外，最让孩子眼馋的就是上海产的金鸡牌雪糕，肥皂一般的大小，尽管包装简陋，但在炼钢车间上班的年轻人只要一拿出来，一群熊孩子便会蜂拥而上。

当时下班后的人们休闲娱乐活动并不多。我的母亲为了补贴家用去针织厂接活，那时的女工大都如此，她们往往挑灯夜战，在家里低着头在衣服上绣亮片或者串珠子赚一点钱，衣服上亮片绣多了就像鱼鳞一样，在灯光下泛出五颜六色的光。男人也不闲着，他们站在大马路边上等"活"。马路上的车经常抛锚，他们就冒着危险靠自己的手艺挣几块钱。

我身边的大人常常念叨生活真的太艰难，但无论多艰辛，扬州人总有一股积极乐观的劲儿，这从日常生活就能看出来。他们把酱油汤命名为神仙汤，扬州话的意思就是省钱汤，在母亲做工之前，她常常会给我们做神仙汤。

但即便是乐观，此时的我们谁都没有点破的是，改革的春风已经深入这座三线城市的传统企业。1980 年代末对于我父亲和其他厂工而言，无疑是最难熬的时候，一些胆大的人纷纷开始寻找其他的出路。

也就是那一年，父亲做了一个重要的决定：调动工作。

父亲以前是汽修车间的工人，为了成功调动工作他费了不少脑筋。他早年参加过非洲建水坝的项目，回国后攒了一些钱，还带回了三大件和玩具。他给我的玩具是一个小机器人，能在地上到处跑，这个新奇的小玩具据说是父亲在法国转机的时候给我买的。但后来有一天我在上厕所的时候，小机器人跑进了一个房间，从此再也没找到，这件事情让我难过了很久，父母安慰我说那个机器人跑回法国了。

直至后来长大，我回想起这件事问他们，他们才透露实情，原来这个玩具当初送给了厂长的孩子。除了那个小机器人，我的父亲还送了两瓶当时普通人家喝不到的可口可乐。不过可口可乐人家最后也没收。

而父亲终于成功转到了扬州电视台。

我的父亲当时有一项引以为傲的技能——开车。他曾载电视台陈导演的同事到我们家做客。我对外人总是充满了好奇心，第一次见到陈导演的时候心里还默默嘀咕着"他是女的还是男的？"陈导演披着一头长发，头顶当时人人艳羡的电视台光环，有一辆泛青的上海轿，许多次都在我家门口的一条小路上扬尘而过。那一幕场景至今还有时在我的梦里出现，那条土路上一个男人，头甩在外面等人。

年仅12岁的我因为他的到来，小小的世界一下子被打破了。在那之前，我总以为，做一名厂工是我将来的生活。但当我第一次见到电视人，第一次见到上海轿，一切都是那么新奇和自然，我迫不及待想要去看看外面的天地，冥冥之中，我与电视的渊源由此开始。

若干年后当我进入电视行业，再回到这个工厂大院的时候，我突然觉得，印象中宽宽的路变窄了，高高的树变矮了，墙头的草长了几寸，砖瓦又掉了几块。老房子愈加斑驳，留在那儿的人越来越老，时间仿佛静止了一般。老人还能操着一口吴侬软语认出我，说道你是逵逵啊……

公共厕所依旧还在那儿，那是我的第二童年阴影，还没走到跟前，远远就能闻到一股浓烈而熟悉的恶臭味。它和20年前一模一样，没有任何变化，墙上的油漆赫然写着的厕所二字"所"字已经掉了一半，成了"厕斤"。在这个标志旁还画了一个箭头，指向隔壁的"职工之家"。"职工之家"是从前的职工俱乐部，我上幼儿园的那会儿经常举办各类活动，父母还会和小孩一起跳舞。

如今"职工之家"空无一人，牌子还挂在那里，"家"字已经晃晃悠悠地倒下了。

一座江边小城、一间工厂、一群大院子弟，我的故乡消失在了命运的交错迷惘中。缝亮片的女工，修车的男人，运河边的渔船……这些故事逐渐模糊，飘着汽油味的童年慢慢消失，有些人就这样永远失去联系了。

他们如同历史人物，风化在你的私人记忆里，永不再回来。

如今在那条泥泞的土地上建起了扬州市最大的五星级酒店，四周也已沧海桑田。我们谁都没有料到，90年代短短几年大环境的风水轮转把封闭社区里的人吹到社会的各个角落，从此相见机会渺茫。原本都在那儿工作的三代工人到了第三代大都去了社会上谋职，厂子也越来越衰败，但由于它占地特殊，尽管年轻人都走了，它依然如同标本一样，亘古不变地伫立在扬州大桥边运河畔上。

之所以讲述这些故事，是因为如果这些故事在我30多岁的时候还无处倾诉，它们就会永远尘封在我心底的小角落里。那些关于国营厂风华正茂的记忆会逐渐模糊，终成为破碎的幻影。人往往生活在当下的时候，是不知道当下的，面对历史的时候，是不知道历史的。我们扮演的角色在逐渐成长，我们的身份在改制洪流里也产生了剧烈的变化，这一个个故事让我诚实地面对自己的过往，这不仅是我幼时模糊懵懂的记忆，也是那一代人绝望和希望并存的记忆。

"非虚构"也是如此。每个人的经历如此不同，回首遥望的时候，能不能理解自己的过往看的是个人的造化。我们庸庸碌碌度过一生，却可能对自己的人生一无所知。而"非虚构"这三个字的魅力就在于点醒我们，记忆是如此私人却又值得保留的东西，它建构在一代人的记忆之上，个体命运与这个时代如此紧密地联系在一起，如果这些故事不被记录，就会随着一代又一代人的离开消失在历史的尘埃里，这是多么令人遗憾而痛心的事。

而这也是我想要出这本书的原因。

2016 年 8 月
于京杭大运河最北端通惠河畔

# 郜艳敏
## （代序二）

2006年，我曾经做过一次相当艰难的采访。在采访现场的那个小村庄，我们的拍摄屡次被阻止，甚至最后还被抢夺了摄像机和磁带。直到几个月之后，被拍摄的主角自己偷偷来到了北京，我们的节目最终才得以成片。当时要采访的这个人就是郜艳敏。18岁的时候，她被人贩子拐卖到了河北曲阳下岸村，然而就是在这个她被损害被侮辱的伤心之地，最终她选择了留下来，成为村里唯一的乡村教师。

让所有人都没有想到的是，时隔九年之后，郜艳敏却突然引爆了网络舆论，再一次成为一个全国性的新闻人物。2015年7月29日，有网友发现了以郜艳敏故事为原型拍摄的电影《嫁给大山的女人》。网友对影片的价值观提出了质疑，认为这部影片所谓的"主旋律"是不追究人贩子的责任，而让一个受害者站出来撑起一片天，将"法制进行时"做成了"感动中国"。这不是感动，"而是耻辱"。一石激起千层浪，这篇文章引发了关乎制度、法律、媒体导向、舆论、伦理、心理等各种层面的广泛的探讨。而这一切，也都是在郜艳敏毫无预料、也毫不知情的情况之下发生的。

### 壹

2006年年初，我刚进入凤凰卫视，给陈晓楠主持的《冷暖人生》栏目做策划。一天，我们发现了一则新闻选题：在河北曲阳县下岸村有一位被拐来的姑娘，从一个被2700元买来的媳妇，最后没有选择出逃，而是留在那个让她伤心欲绝的地方，成为了一个名扬乡里的乡村女教师。

看到这则由本地媒体报道的新闻后，本能地觉得是一个好选题，符合《冷暖人生》栏目"寻找宏大历史社会背景下个体命运抉择"的定位。所谓"宏大社会背景"，指存在于事发地河北曲阳县下岸村并非罕见的妇女拐卖问题：被拐妇女被迫成为生育工具，完成传宗接代的"任务"后，多数人选择逃走，因此村里留下不少没有母亲、父亲在外打工的留守儿童;另一个宏大社会问题是指乡村代课教师的处境问题。所谓"个体命运的抉择",是指对于当事人郜艳敏来说,这是一个关于"当尊严被碾碎,生命又将如何重生"的故事,是自我救赎的艰难历程。

最早发现这个选题的是当地的一个农民摄影家,他也是当地一份报纸的通讯员。最早的报道也是以图片报道的形式出现。通过这位朋友(也是后来引发争议的后续报道的记者之一)的帮助,我们联系到了这位郜老师。当时,除了首发的本地媒体外,还没有其他媒体跟进,因此我们的采访初期联系很顺利。

几周以后,我们摄制组一行三人就驱车从北京来到了河北曲阳县下岸村。当时,郜老师正在村里的学校上班,我们决定先拍摄一些教学的纪实镜头再做采访。

学校就是下岸村村东头不远处的两间平房,村里所有的小孩不分年纪都在一个教室中就座,分成不同年级坐在不同组里。由于下岸村地处偏僻,最近的一所小学也路途遥远,所以这里的孩子上学一直是个问题。加之贫穷,据说之前来过的代课教师都待不下去而很快离开。整个学校也只有郜老师一个人。

她的代课教师工资是1000多元人民币,一年。

课间,郜老师带着孩子们围成圈做活动。正当摄像师全身心投入拍摄的时候,郜老师脸色突然阴沉下来。我们这才发现,离学校不远的村洞口的树下,不知道什么时候开始蹲着几个村外的人。这几个人蹲着、一边抽烟、一边远远地注视着我们。

没多久以后,那些人应该是得到了指令后,就一拥而上,阻拦我们拍摄,并且动手抢我们的摄像机。本来在户外跟郜老师做游戏的孩子们吓得哭成一片。郜老师赶紧把他们带回教室,自己出来帮我们说话。

我们出奇地愤怒,不仅在于正常的采访被暴力中止,还在于这些暴行就发生在一班孩子们的眼皮底下,全然不顾他们的号啕大哭。

撕扯中,摄制组的人或多或少都被划伤了手臂。虽然奋力保护,但是究竟寡不敌众,机器设备连同磁带都被抢走。这群人把我们"护送"出村。在村口,一个领头模样的当地干部对我说的话,荒诞至极:

"记者老弟,人跟人的生活就像平行线,我们在这里交汇也算是有缘分,不要互相为难。"

我当时觉得在一番撕扯后说出如此人生哲理,真是啼笑皆非。只想要回机器,只好问:"机器怎么办?"

"平行线哥"说："明天中午12点，到车站附近。到时候会有人联系你们。"

走之前，郜老师偷偷塞给我一张纸条，上面写着："东西在我这，放心。"后来我才知道，郜老师以为别在她身上的小蜜蜂无线麦是磁带，让孩子藏到屋后。

这张皱巴巴的纸条在之后一直留在我的钱包里。

第二天中午，我们按照约定时间开车到车站附近。因为对方没有说定具体地点，我们只能开车围着车站兜圈，怀疑对方是不是在耍我们。在一个红灯路口，我们停下车。这时候突然有一个人不知从哪儿冒出来，拍打我们副驾驶的车窗，我们正奇怪，摇下车窗的时候，这个陌生人把我们昨天被抢的机器递了进来。挥挥手，意思是你们可以走了。

我们一车三个人瞠目结舌。红灯停车不过几十秒。我们的一举一动早已被对方了如指掌。

## 贰

这是我在凤凰卫视工作后的第一次采访，就在如此曲折中结束。我们推测对方如此大动干戈的原因在于他们料想到采访肯定多少会暴露出当地拐卖妇女问题严重的事实。

这里要补充一点背景信息。

第一，被拐卖的妇女往往来自更加贫穷的地方，人贩子认为这样他们被拐后才不会想跑。郜艳敏的老家就在河南许昌农村，家庭条件非常贫困，为了能改善经济状况，1994年18岁的她第一次走出家门，从老家来到河北打工，还没有找到工作就在车站遭遇到人贩子； 第二，拐卖多伴随人贩子的强暴等犯罪；第三，郜艳敏当时为了尽快逃脱人贩子的施暴，自己甚至用藏在鞋底的钱补足了买家与人贩子要价之间的差价！

我们陷入了一个困境。我们料想到可能会发生的事情：地方上肯定会对下岸村严加盯防；郜老师的处境会变得更加糟糕。当时能帮到她的唯一方法，就是待机再次采访，让节目顺利播出。在这个事件中，我们能想到的对郜老师最好的保护是公众的目光。

若干月以后，我们再次来到下岸村。在我们采访失败后，村口每天都有人来"上班"。于是我们选择"日落而作，日出而息"的方法。前一天等天黑以后，悄悄进村。在郜老师家住了一夜。就着火炕，跟郜老师聊了很多此间的曲折。第二天一早，郜老师为我们炒了一大盆蛋炒饭，放了四个鸡蛋。我们赶在大亮之前完成了纪实拍摄。在村口"上班"的人到岗之前就已经离开。

几周后，我们顺利地把郜老师接来北京，完成了全部的采访工作。节目顺利播出后，海内外反响强烈。那是一个还没有社交媒体的时代。节目组的电话被打爆。在表达愤怒之外，要求捐款的海内外观众络绎不绝。许多观众也明确要求拒绝任何中间方式，直接捐款给郜艳敏本人。我们也拿到并公布了郜老师的账号，郜老师也几番推托。

后来，下岸村发生了几件事：

1. 当地有关部门据说多次找郜老师，要帮她成立一个基金，妥善保管和处理捐款问题。

2. 郜老师被评为感动河北十大年度人物。

3. 郜老师带着孩子们又来了一次北京，看了天安门升旗仪式。

4. 郜老师的故事改编成了电影，叫《走出大山的女人》。

郜艳敏生过两个孩子，两次自杀，并没有死，她被赶来的村民救了起来。被拐一年后，买家同意由郜艳敏的"丈夫"赔她回一趟老家。突然见到失踪的女儿，父母和郜艳敏不禁抱头痛哭。郜艳敏希望能够留下，但在同样贫穷封闭的家乡，摆在她面前的命运，也许比作为一个被拐女终老他乡更加灰暗。因此无奈的父母能劝她的只有两个字：认命。

个体命运的无力只能通过荒诞的自我建设完成救赎。而对宏大社会问题的探讨却会被暴力阻挠。要知道，在郜艳敏之前和之后，存在无数被拐妇女的个人与家庭悲剧。

未曾想到的是，事隔九年以后，郜老师再次走进公众视野。

叁

2006 年初次去河北曲阳县下岸村，最深的印象是一路上的石料加工厂和漫天的粉尘。

村里的男人都在附近的采石场敲石头，到了 30 岁还讨不到媳妇的光棍很多。因此不知道从什么时候开始，当地村里就有了"买媳妇"的行为，而且，这种行为是具有传染性的。

郜艳敏被人贩子囚禁后，每天都遭受折磨和性侵犯。每天也都有人来"看货"。

因此当下岸村的刘老汉夫妇出现在她面前的时候,她某种程度上视他们为自己逃出人贩子魔掌的希望,乃至当双方价格因 200 块钱谈不拢的时候,郜艳敏从自己鞋底掏出来藏着的钱自己补足了差价,就为逃离人贩子。

这也造成了她与"买家"复杂的关系。当我们见到郜艳敏的时候,她对老夫妇的称呼早就是很自然脱口而出的"公公"、"婆婆"。郜艳敏还一直说,其实公婆对她不错。

1994 年端午节的那一天,正在山里打石头的刘家老三得知父亲帮他买了个媳妇,便匆匆赶回家来,郜艳敏在接受采访时回忆说:

"他(刘老三)就(问我)说你是不是不同意?你不愿意跟着我,你可以上别处睡觉去,要不我上别处睡觉去,以后彼此都是清白的。我不敢说话,不敢相信他是真的。我哭了,他也哭了。他说我送你走。但是他说我也有点不忍心。炕挺大的。他在炕那边。我在炕这边。当时他也很绝望。"

郜艳敏曾经回过一次老家,她的老家更加贫穷、更加封建。在当地一些人看来,被拐本身是女人无奈的所谓"污点",所以劝她认命。哀莫大于心死。

结束采访时候,印象最深的是:我们摄制组早上 8 点不到出村,开车回北京,下午两点车就行驶在北京的西三环路上。从河北曲阳下岸村到北京,抬头看着两边高耸的建筑物和几个小时前满天风尘的荒瘠,感觉从一个世界来到了另一个世界。而两者却相隔如此之近,又如此之远。

当我们后来得知她被授予各种"荣誉"时,只能苦笑,心里只能期望:这些虚幻的光环至少可以成为对她的一种无奈的保护吧?

后来听说她的故事被改编成了电影,只能苦笑,心里知道她的故事当然是可以被改编成电影,但绝对不是假意的心灵鸡汤。

2015 年,郜艳敏突然在网络中再度热议。9 年前,我们通过博客发布文稿,通过电话热线接到观众反馈;9 年以后,舆论的声音通过微博表达。舆论的议题也从 8 年前单纯的捐款援助,到如今的打拐、女性权益等问题。9 年间,虚拟的世界也是沧海桑田。

而对于郜艳敏的个体命运来说,过于宏大的叙事,遥不可及,追究人贩子的责任也过于久远,几成天方夜谭。或许一份正式的教师工作对她来说是生活下去最好的慰藉。

当时改变郜艳敏命运的恰恰是那些由于母亲逃跑的留守儿童,包括她二姐家的孩子，她觉得这些孩子是无辜的。她也知道如果这个地方不改变，世世代代也都会重复买媳妇的命运。所以才同意留下来做代课教师。这也可以让她摆脱"被拐女"这个梦魇般的标签，在一个痛苦的地方艰难地重生。

公安部、民政部等多部门《关于做好解救被拐卖妇女儿童工作的几点意见的通知》相关条款指出，被拐卖时是少女，现已达到法定的结婚年龄，本人又愿意与买主继续共同生活的，应当依法补办结婚登记和户口迁移手续。

每个震撼人心的社会事件事实上真的很难有同一个目标和出口，捍卫法律的人看到整体，创作者和共情者看到细微，都没有错，因为它复杂，层次与面向丰富。所以它难，残忍又荒诞，还自圆其说。

2015 年 8 月

于通惠河畔

# 目录

**从玉华：**
  再广大的悲伤，也比不上一个小人物具体的悲伤  /001

**陈晓楠：**
  我们就是在做"活着"两个字  /023

**卫毅：**
  人物特稿就是去掉报告文学背后的金光  /055

**杨潇：**
  从过度书写开始  /083

**赵涵漠：**
  采访永不落空  /117

**袁凌：**
  每一个字都是炼出来的  /143

**张鹭：**
  坚守一线的调查记者不足百人  /179

**陈琳：**
  极端环境的现场报道是对人性的挑战  /197

**林珊珊：**
  人人都会讲故事  /223

**余楠：**
  当我写娱乐圈时我写些什么  /247

**史晨：**

  高价的体育、廉价的诗歌，谁之罪？   /277

**吉姆·沃尔夫：**

  国际新闻是世界历史的初稿   /293

**刘子超：**

  面包、黄油会有，还有诗歌和远方   /309

**念念不忘　必有回响**

  ——来自140位听众的话（代跋）   /329

# 从玉华：
## 再广大的悲伤，也比不上一个小人物具体的悲伤

《中国青年报》之《冰点周刊》主编，资深记者、编辑

代表作品《一个母亲最后的力量》《多余的十五年》等

她所在的《冰点周刊》（以下简称《冰点》）正好20岁，20年来，《冰点》坚持他们所写不是热点，不是焦点，却见微知著。

《冰点》今年20岁了，它的妈妈《中国青年报》64岁了。

这个有20年生命力的特稿文本，在国内真是开了一个先河。它曾经是奢侈品，今天仍然是奢侈品。因为一篇特稿的采访成本非常高，它需要时间来打磨。不久前刚看到丁补之的一篇文章《特稿特难搞》，我觉得这个话说得太对了。在这个时代有小故事，有小清新，没有大作品，没有大时代。这样一个时代，可能限制还在，你的报纸就没有了。而且在这个拇指时代里，长稿没有什么活路，没有人愿意拿手指去划那么长那么长的一篇文章。所以特稿非常地难搞。

还有一个问题就是特稿这个队伍的流失特别严重。大家都乐意做风口飞高的"猪"，不想去当风口被吹得东倒西歪的那棵树。走一个，这个领域就会留下一个小小的空洞。人才流失越多，这个领域就成了一个筛子、一个马蜂窝了。所以在普利策奖的颁奖礼上，一个很不起眼的地方媒体记者拿到了奖，可等到颁奖时，这个记者已经离开这家报社，因为养不活自己了。

但是一旦一篇好特稿做出来，我们相信它能打败时间。新闻的皱纹，也许在我的心中，只有特稿能够战胜它。

我们今天说的特稿，它本质上在讲故事，呈现一个状态，用语言做一个纪录片。

## 为什么叫"冰点"

有人曾经问我说《人物》的特稿、《南方周末》的特稿、《冰点》的特稿,它们三者的区别是什么。这个问题我们同行也讨论过,大家没有标准答案。我认为《冰点》的特稿人物,我们的 GPS 导航大多定位的,是有公正、公民、公心精神的人。《人物》更倡导自由的精神,存在的就是合理的。《南方周末》的特稿重分析,它用客观的事实呈现主观的逻辑,来表达一种他们理解的"命运逻辑"和"国家逻辑"。

前两天,我看《纽约客》的主编说了一段话。现在美国报业状况跟我们或者全世界都差不多,可能就日本的报纸还没到我们今天这么紧迫的地步。所以《纽约客》的主编也很紧张,所有人都问他,"纸媒怎么走""会不会死""没有人读你们,会把你们抛弃掉"。

这个主编答得很好,我摘了两句话。他说:

> 我要表达的内容与屏幕大小无关。
> 我经营一项事业唯一目的是要把它做得伟大,而非追求某种意义的成功。

这个主编对杂志的理解,用"伟大"两个字来形容,令我们今天所有的媒体人感到汗颜。太伟大了,这种想法。

很多人说,你们为什么叫"冰点",为什么高冷。其实,我们一直在"热"事件中找"冷"视角。无论这个事情有多么热,我们一定要用冷冷的眼睛打量。还有,我们会写很冷的新闻,比如写熊。人的事还管不过来呢,干嘛去写熊啊?为什么要写《生命最后的礼物》啊?我们还年轻着呢,为什么要写生命最后一天的事呢?

我们做人物报道非常多。可写人物报道很难,因为人性非常复杂。尤其我做人物编辑,做得越久,越发现这是个无底洞。你不知道真相是哪一种,你采访的永远是"局部的真实"。人的内心比北京西直门立交桥复杂得多,你根本无法知道真相究竟是什么。

你在有限的文字里,怎么去呈现它?刚才我们说了,我们在"热"事件中找"冷"视角。

汶川大地震的时候,我们写了一篇,看到这张照片了吧,是贺延光拍的:一个父亲,背着一具尸体回家,那是他的儿子。

我们写的就是这样一个回家的故事。当时我们没有全景式的报道,因为全景式的报道央视24小时在做,轮不上我们做。我们就写了这么一个个体的故事。但是,后来我们就把它总结成:再广大的悲伤,也比不上一个小人物具体的悲伤。

在前往地震重灾区映秀镇的山路上,我第一次遇见了程林祥。

那是5月15日下午大约2点钟的时候,距离"5·12"汶川特大地震发生已近3天。大范围的山体滑坡和泥石流,摧毁了通往映秀镇的公路和通讯,没有人知道镇子里的情况究竟怎么样。我们只能跟随着救援人员,沿山路徒步往里走。

……这时,我看见一个背着人的中年男子,朝我们走来。

这是一个身材瘦小、略有些鬈发的男子,面部表情看上去还算平静。背上的人,身材明显要比背他的男子高大,两条腿不时拖在地面上。他头上裹一块薄毯,看不清脸,身上穿着一套干净的白色校服。

同行的一个医生想上去帮忙,但这个男子停住,朝他微微摆了摆手。

"不用了。"他说,"他是我儿子,死了。"

——《回家》

这篇稿子出来后反响非常大。当天,林天宏坐地铁到办公室这一路他接了无数个电话,各种年龄、各种职业。其实就这么一个小故事,记者在灾区遇到了这么一家人,一个父亲背着一个死去的孩子,心被抖动了,就去找他们家写了这篇稿子,很简单。我觉得可能这篇稿子切中了当时的环境,在地震中,让灾民回家成了全中国当时最大的主题。所以我们写一个个体的故事是在背景里去写的。

还有我们的动车事故的报道《永不抵达的列车》。当时各家媒体都在尽自己的"本分",有揭黑经济链条的,有反思铁路改革的,报道非常多。但是偏偏我们关注了这两个大学生的命运。

> 在北京这个晴朗的早晨,梳着马尾辫的朱平和成千上万名旅客一样,前往北京南站。如果一切顺利的话,这个中国传媒大学动画学院的大一女生,将在当天晚上19时42分回到她的故乡温州。
> ……
> 就在同一个清晨,中国传媒大学信息工程学院的2009级学生陆海天也向着同样的目的地出发了。在这个大二的暑假里,他并不打算回安徽老家,而是要去温州电视台实习。在他的朋友们看来,这个决定并不奇怪,他喜欢"剪片子",梦想着成为一名优秀的电视记者,并为此修读了"广播电视编导"双学位,"天天忙得不行"。

——《永不抵达的列车》

还有《拐点》。当时西安"保钓"游行事件中,数万人上街游行,在那天晚上,微博里面出现了这样一张照片,"前方砸车,日系调头"。

这张照片当天在微博上传了十万次。我们的记者老秦正好在西安,她通过人人网翻了几十页评论之后,找到了一条线索,最后找到竖牌子的这个小伙子,做了独家的采访。最初我们看到这张图的时候,就觉得这会是一篇有标志意义的稿子。

其实当时在"保钓"事件当中有很多的报道,但是我们已经想好了我们要去做什么,我们要去做的就是一个"拐点"。当记者还在前方的时候,编辑部已经把这个标题拟定好了,叫"拐点"。因为编辑部已经想得很清楚,它是一个现实的拐点,是车的拐点;也可能是他这个人一开始激情澎湃地去上街、去游行,到最后他举起这个牌子,他内心的一个拐点;然后也是整个民族的拐点,老百姓从一种狂热,到理性思考的转折,十万次转发,转发也是一种力量,鼠标也是一种力量。这个标题实际上赋予了三层思考。所以我们写了一个卖车行很普通的销售员,一点都不起眼的小人物。

"爱国,先爱同胞。"此言不虚。

2012年9月15日下午两点左右,李昭手持一块纸板站在西安市长安中路由南向北方向的机动车道上。纸板上写着"前方砸车,日系调头"。

这条路通往钟楼,那里是西安的中心。看到这块纸板的日系车驾驶员,立即向南折返。与此同时,一群反日游行者正从北面向这里涌来。他们经过的道路上,几辆日系车都被掀翻、砸毁。

直到下午3点左右,几位交警采纳李昭的建议对向北必经的两个十字路口进行"交通管制",他才放心回家。

这个疲惫的小伙子掏出手机打算给朋友打个电话,忽然发现自己举着纸板的照片,已经被微博转发两百多次。此时他仍然没有意识到,自己做了一件多么"特殊"的事情。他和另外3位市民阻止了近60辆日系车开往可能遭遇打砸的方向。

它们几乎包括所有日系品牌,从并不昂贵的铃木"北斗星",到豪华的雷克萨斯。和那些底盘朝向天空、玻璃悉数破

碎的车辆一样，它们都悬挂着"陕A"的牌照。

到当天晚上，李昭的照片已在微博中被转发10多万次。尽管并不知道他的姓名和身份，大部分网友还是不吝将各种褒奖送给这张照片的主角。

"他在自己站立的地方为这晦暗的一天留下了些许的亮色。"有人评论道。

——《拐点》

其实我们在写这些热点事件中，都在找很冷的视角，一些被忽略掉的小人物。这样的例子非常多。

2014年，昆山的一个台资企业发生粉尘爆炸，75人死亡，100多人受伤，这是一个持续的热点。全国无数媒体都抵达昆山，我们能做什么？我们关注到1987年哈尔滨亚麻厂粉尘爆炸，那个工厂是仅次于苏联工厂的世界第二大亚麻厂，被视为中国纺织工业的明珠，58人死亡，185人受伤。27年过去，这些年轻女工的生活再也无法回到原来的样子。青春戛然而止，美好的容颜不复存在，"像煮开锅的玉米粥"的伤疤会伴随到老。她们的人生发生了断崖式的急剧变化。至今这群人都住在一个红色的"鬼楼"里。所以我们用一个整版展示了这群女工27年的命运。

还有一篇，描述的是距离昆山爆炸现场900公里之外，南阳一个村子里的一位尘肺病人。他每天要吃7种药，几乎没有办法躺下去，只能不停地像风箱一样喘气。他曾经是昆山这家工厂最早的一批员工，因为得了尘肺病，被工厂赶出来了，所以他躲过这次爆炸。在这个村庄里面，80%的年轻人都在昆山这家工厂打过工，他们都与爆炸有过生命的交集。全村人都认为这样一个躲过了爆炸、又快死掉的尘肺病人曾经是最不幸的人，而现在变成了最幸运的人。

在稿子里，我们把这个人的故事当成一个黑球，不停撞击各色球。所谓各种颜色的球，是指村子里很多曾在这家工厂打工的年轻人。他们的命运纵横交织。我们用这种写作，用这个人的视角，就是我们理解的"冷"的视角，来记录这场爆炸事故。我们没有写爆炸现场的惨剧，我们写这个最不幸的人，最后变成最幸运的人，用人物命运展现大背景。我想如果马尔克斯在的话，他也会写出这样的故事。我们写900公里外的这个村庄，是另一个意义的马孔多镇吧。我想这就是冰点。

## 叫我"从熊"

因为写了一篇关于熊的稿子，很多人都叫我"从熊"。其实我是被迫写这篇稿子的。我对熊无感，对动物无感，从没养过狗也没养过猫，养金鱼还死掉了，唯一的关联是有一个熊造型的发夹。临出发前，家里人还说：你们编辑疯了，好好的人不写，写熊，报社还花那么多钱，采访那么多天。但是这个采访非常打动我，这篇稿子出来后，有些反响，后来哪里吃狗肉了，哪里要抢救流浪狗了，都会联系我。

其实我很讨厌那种在高速路上拦着车，恨不得车追尾，救几只流浪狗的行为。但是这篇稿子，让我对动物有了另外的认识。

> 第90块石头，与别的石头没什么不同。
> 
> 这块石头上写着："SYNTEGRA，？—08／26／09。"这是一个拗口的拉丁文名字，它死于2009年8月26日。"？"意味着无人确切知道它什么时候出生，出生在哪里。
> 
> 这块石头很干净，三两只蚂蚁在上面爬来爬去。而更多的石头则长满青苔，有的半陷在泥土里，上面的字迹模糊可辨。每块石头的背后都有小木片做成的十字架，它们插在长满青草的不足膝盖高的土堆上。
> 
> 这些土堆掩藏在一大片竹林里，地上开着紫色的小花，小手模样的藤萝四处攀爬，郫河支流从旁缓缓流过。
> 
> 显然，没有比这儿更适合的墓地了。这里埋葬的不是人，而是90头熊。
> 
> ——《熊的解放：人的救赎之路》

有人问我，为什么一开始就是墓地，这么悲剧？为什么不写得阳光一点？这问题问得太深刻了。甚至在别的大学讲课，有新闻系学生问我，你写这么多悲剧，性格很悲观吗？你写这么多小人物，和个人经历有什么关系吗？

我总是解释我个人挺阳光的。我只是习惯了职业地记录悲剧。

当时我采访的保护区在成都郊区，需要每天从市区坐保护协会的大巴。坐在我旁边的是一只狗，那只狗看起来特别光鲜，却是要去做安乐死的。我没想到还需要坐大巴到这么远的地方去安乐死，"哪里不能死？一只狗而已"。途经很长一段破破烂烂的路，经过很多个小村庄。突然上来一个啃油条的小伙子，时髦极了，身上打孔那种，简直可以当偶像。我想哎呀这种破地儿，还有这样的小伙子。他说他是从上海来的，为了服务于这些熊。他原本在上海的外企工作，英语很棒，很聪明，现在为了离熊近一点，就住在不太远的镇子上，天天就上这个大巴。他们的办公室是一个很破的三层楼，我还没坐下来，所有的猫狗都涌上来了，大家开着会，这些猫狗像出入在无人之境，这真是动物的王国，让我惊讶极了。

后来我再一走，沿着河，经过了一片野花和一片紫藤萝，漂亮极了。在熊的居住地，我看到的都是活的熊，这些熊快乐极了，吃蜂蜜，谈恋爱，美极了，一点都不觉得悲惨。

我到墓地的时候惊呆了，以前从来没想过怎么还会给熊建一个墓地，而且每个墓地都建得特别漂亮，都垒一个土包，上面搁一块石头，石头上面都有名字。每一只熊都有一个名字，哪怕才送来这个熊，马上就要死了，他还是要给它取一个名字。墓地上都有花，还写着信，我说那信是哪里来的呀，他们告诉我是世界各地写来的信。

这些信后面都画着那个邮局的邮戳，齿轮都画得一丝不苟。我当时太惊讶了，我突然就觉得这个地方，大家对于人道精神的理解，远远超出我曾经理解的那个范畴。本来编辑说因为缺稿，你就去吧，也就是个二流稿子了，没关系就凑一个版吧。但是那一刻不一样了，我深深地被打动了。

我看到安德鲁熊的照片，比我人还高大，三只腿站在那。这时候我去采访安德鲁的饲养员，这个饲养员是附近的农民，曾经是养猪的，后来开始养熊。因为这只熊从来就没有站起来过，永远被这个笼子压这么高，饲养员养着养着就发现，怎么让这只熊站起来是个难题。当你真的去把笼子打开后，它就会用手去摸一摸头顶，始终觉得笼子压着它。当它第一次上草地的时候，草地应该是它的家，但是它的脚触到草地会弹回来，它害怕，它怎么蹭都迈不出去那一步。当你看到那个饲养员学熊是怎么爬出来、怎样第一次踏上草地，三脚朝天打滚的时候，你会被他深深地打动。

最后他说了一句话。他说，他曾经在训练安德鲁的时候给它带枣，最后安德鲁死的时候他又带了一颗枣子给它,向它告别。安德鲁成为一个雕像之后,这个饲养员每天从它前面经过的时候,每天都会向它致敬。

这是这个农民从没告诉过别人的秘密,他说:"这个事儿只有我自己能够明白。"

## 新闻背后都有一个大火山

我认为新闻背后都有一个大火山,这个大火山是我理解的广阔的关注度,一个深厚的背景,一种被我们大家漠视掉的情感,所以我把它理解成冰点的大火山。

很多大学生问我,你们的选题都哪儿来的。其实我也觉得我们的选题,有时候也有一些很说不清的地方。你们看这张图,这是一处4平方米空间的家。

大家能够想象4平方米有多大吗?在湖南一栋楼里面,每家每户都只有4平方米。这里面都是住三代人、住两代人的一些家庭。有一个摄影师把这些照片照下来,在798做了一个展览,把这些空间还原。

在798这样一个所谓艺术、小资、玩腔调的人常去的地方,做这个4平方米家的展览,实在很"行为艺术"。有些人说,天啊!这简直比我们家的浴缸还小。

我们看到了这张图，就定下了选题：写足这4平方米。因为我们觉得与其找专家谈高房价，还不如借助这个4平方米的家来记录历史，所以我们写了这一家。

  4平方米有多大？它相当于一张大号双人床的面积，还差一点点才能装下一整张乒乓球桌，勉强能够容下4个并排躺着的成年人。

  在一幢别墅里，4平方米可以安置一个大浴缸，或者辟一间小储物室；而在100多平方米的大房子里，它差不多是一间厕所。

  但有时，4平方米也可以承载一个完整的家：住进一对夫妇，一家三口，甚至一家四口。

  在这间房子里，放一块宽1.2米、长1.9米的木板，铺上发黄的褥子和一张凉席，就是床。往床尾的墙壁上打几层木板，就可以堆衣物和碗碟。床对面的墙上再钉上两个木架子，电磁炉和电饭煲一摆，就可以做饭了。只是，门一打开，人在里面转个身都得小心翼翼。

  前不久，这间4平方米的"样板房"来到了北京著名的798艺术区，一下吸引了众多艺术家、媒体人和游客的目光。一名参观者惊讶地发现这间房子"还不如家里的浴室大"，另一名参观者走进房里，想躺在床上"体验一下"，但床太小了，他怎么也伸展不开。

  这间房子曾经就藏在长沙市市中心人民路边上一幢外墙斑驳的大楼中，住在里面的是刘结章一家。在周边打工的人们习惯将这幢4层高、火柴盒形状的建筑唤作"民工楼"。生意最红火的时候，将近190户农民工家庭同时在这里租房。和刘结章一样，绝大多数人的家，只有4平方米。

——《四平米的家》

还有我们的记者写过《碎在路上的家》，一个在武汉打工的农村夫妇，他们好不容易打工挣了一些钱去买房子，在售楼处交钱后，过街时，发生车祸死掉了，一个家庭碎了。不是因为猎奇，我们去写这个个体的命运，而是因为我们看到他们背后跟高房价的一种相关性。

我们也写过一个杭州的小丑，在夏天他戴热得要死的面具，表演杂耍，让人大笑，但是只有卸掉面具的时候，我们才发现，他的生活不都是笑声。他向往爱情，在杭州漂着，挣扎，被高房价困扰。他对于生活的困惑就是今天所有北漂人的困惑。

面具背后,他是我们每一个人,所以我们的记者就写了《小丑与大都市》。线索也是通过图片发现的新闻,非常珍贵。

> 两周前,在杭州市余杭区临平镇举办的一场房产"置业节"上,阿康只是被主办方请来"攒人气"的小丑。表演结束后他并没有离开,而是站在人群中安静地聆听一位房地产专家的报告。到了观众提问环节,他马上把手举得高高的。
> 
> 当主持人把话筒递给他时,阿康的声音有些颤抖。
> 
> "地铁修好后,那里会不会涨价?"那里指的是临平镇上一处他看了很久的地段,地铁很快通车,而临平镇也将开始建设余杭区最大的商业中心。在杭州生活了6年,阿康一直想拥有一套自己的房子。然而这座城市的房价近年来从未退出全国前10位,最近更是跃升至全国第4,每平方米均价近2万元。在杭州买房,对这个以扮演小丑为业的年轻人来说,是件"有落差"的事。
> 
> 许多参加活动的人转过头来,好奇地盯着他的脸。
> 
> ——《小丑与大都市》

有时候大家都说新闻的生命只有一天,新闻就是个杯具,易碎品。我们20岁的《冰点》每天在做的工作就是努力让新闻没有皱纹,让新闻的生命超过24小时。

去年世界杯的时候,有一篇我们9年前写世界杯的报道《无声的世界杯》在网上疯传。我觉得这篇稿子已经活了8年了,我相信它还可以再活8年。

2006年世界杯的时候我们看到《广州日报》的一张照片,一些农民工在看世界杯,但是大屏幕没有声音,所以他们自己带着收音机去听。当光着膀子的农民工从工地下来,提着啤酒,在一块非常豪华的屏幕前面,带着自己的收音机去拼凑声音,这就是他们的广场,他们的陆地,他们的世界杯。全世界都在写世界杯,我们写的是这样一个群体。或者说这块无声屏幕,是沉默的农民工群体的一个象征。

如果说新闻的世界杯有大力神杯的话,我觉得这篇稿子的作者包丽敏能够拿到。

## 姿态和视角

看起来我们在写一个一个的点，在写一个一个的人，其实我们在写大时代、大背景、大中国。

我们经常告诉记者，要像一台摄像机一样，开始机位放得非常的低，可能你会看到他正在刷牙洗脸。然后你的镜头往上提，你会觉得他们家的灯光亮了。机器再往上移，你会看见他旁边的菜场，看到了一条街道。你再往上提，你看到了一个城市，你再往上提，你看到的是整个中国。所以我们在写这么一个点，但这个点是有深厚背景的，其实在写一个大大的中国。

为什么说《冰点》有的特稿会留下来，留下来的就是这些有背景的，有渗透力的东西。当然我们不可能做到每篇都很精彩，可能有的生命力1小时都没有，更别说24小时了。这需要看稿子的厚度，时间会判断到底值不值得留下来。

还有一个采访体会我挺想讲一下的。刚刚入行的时候，我们从学校吃饱了"铁肩担道义""无冕之王"这类"糖丸"，带着"拯救地球""让世界更美好"的使命感。但是做记者越久，这种"什么都没改变"的无力感越强烈。如今，我理解，当记者最低的境界或者最高的境界，只有一条：记录历史！

你的采访的姿态非常重要。细节从哪里来，你怎么让采访对象谈得深，能够让对方把底裤都露了。我想这跟采访姿态很有关系。我们有刚入行的记者，第一次采访艾滋病人，因为同情、悲悯，因为代入感，哭得比采访对象还凶，第一次做记者完全不知道收着是什么样子。克制是职业化的必要条件。

前不久我们讨论庞麦郎的报道争议，我觉得这也是一个视角的问题。真正的新闻视角是不卑不亢，不匍匐、不倨傲，是平视的。在庞麦郎的报道中，记者的写作技能非常娴熟，一把真正的好牛刀，但缺一些同理心，有俯视感、道德优越感。记者的笔就像手术刀，解剖一个事实，而不是杀人的屠刀。当然，对一个"90后"记者来说，怎样写都不算过，但背后的编辑团队，是不应该这样放闸门的。

还有一个关于2014年哈尔滨越狱的高玉伦案。当时很多记者堵着高玉伦的妈妈，因为高玉伦是采访不了的。老人已经在病床上了，记者就这样"新闻至上"地把她围成一个孤岛，一次次让她回忆、复读机一样说那些伤心事。从新闻伦理上讲，这是对老人的二次伤害。即使这个老人不认识"隐私"两个字，作为记者，是没有权利把一个不涉及公共利益的"非公众人物"堵在墙角的。

同时，因为高玉伦的亲戚去告发了他，他被抓。很多人站在道德高地指责：他是为了那十五万块钱吗？是社会正义大还是亲情伦理大，为什么这个人会六亲不认？这家亲戚的竹篱笆围墙都快被媒体人踩破了，最后这家人实在没办法，逃到别人家去住了。

记者有权利去越过栅栏吗？你的视角是什么？我觉得新闻的边界问题、新闻职业与伦理问题，值得大家去反思。

就像有时候我们看央视的报道，秋天农民丰收了，卖了好价钱，镜头年年如此：农民在数钱，而且必须蘸着口水，一张一张数。这就是他们的一种视角。还有韩剧，没有车祸，没有癌症，没有泡菜是不能成韩剧的。人感冒了，抽一张纸从第八节抽到第十六节才抽出来，这就是他们的视角。

所以，我们一直强调，采访视角，就是你大我就大，你小我就小，不卑不亢。两个字：平视。

大学生也经常问我们，采访那么多小人物，你的姿态是什么样的。我想说，对弱势群体，溢出来的同情也是一种伤害。其实弱势群体不是你想的那么脆弱，平等、尊重就是最好的采访姿态。

柴静在《看见》的时候，比她过去的采访方式要好很多。

她觉得她的采访姿态越放越低，放到对方"刚刚好"的状态。她采访李娜这一期，专访非常成功。包括跟她的先生姜山没有说过的话，李娜跟几亿的观众说了，这个不容易。

柴静自己总结说：李娜说话率真敏感，面对挑衅一定会激起水花，这个水花看上去好看，但有时会把一个人的实质掩盖了。人们消费这个水花，只为像看喷泉一样刺激，悦目。我对她之前也有水花四溅的印象，一交谈就知道错了，还好不至于蠢到搬石头砸进去，只能把原来的碎石搬开一点，让真实的她流淌出来。

这段话是我非常有体会的，因为我曾经也是拿很坚硬的问题，甩刀子一样抛问题，质问官员。可事实证明，效果很差。等到如今，十多年过去了，时间夺走我的，时间也赋予我，眼角爬上皱纹的我渐渐明白，采访是门艺术，我几乎不再和我的采访对象发生冲突了。

## 你的问题就是你的摄像机

采访需要五官像春天的树叶，一点点打开。如果我写一篇大特稿，采访笔记不到80页，我几乎是不敢动笔的。所以我做编辑，有新记者第一次出门采访，我几乎是要列50到100个问题的。拍纪录片，现在的技术能够做到让墙面上布满都像苍蝇一样的摄像头，可是用文字去做画面感的时候，你的问题就是你的摄像头。

我们要用求圆周率π的精神，去提问，每一个提问，让3.141592……这个小数点往后精确一位。

五官的打开，是一个技巧活儿。开始的时候你会觉得什么都看不见，可编辑让记者一次次地改稿，补充细节，就会强化记者的五官完全雷达式打开，就像福尔摩斯说的：你们在看，我在观察。

举个例子：

> 这个住在窑洞里的家庭实在太倒霉了。用女主人韩爱平的话来形容，差不多每刮一阵风，都会刮到她家。
>
> 有人用32个字的简洁语言，就讲完了这个倒霉的故事："高长宏的大儿子注射乙脑疫苗后，得了乙脑。小儿子喝了三鹿奶粉后，患上结石。"
>
> 短短的两句话！
>
> 可只有从太原坐上大巴，走高速路、柏油路、搓板路，换3趟车，再走一段灰尘能淹没整个小腿肚的山路，坐在山西省交口县回龙乡高长宏家掉着墙皮的窑洞里，这两句话的温度才算刚刚升上来。
>
> 再多一点儿耐心，等到两岁零一个月大的伟伟午睡醒来，9岁的壮壮放学回家，揉着面团的女主人打开话匣，男主人熄了烟，重重地叹气……
>
> 这个倒霉的家庭的故事才开始清晰起来。
>
> ——《最倒霉的家庭》

14点这是我以前写的《最倒霉的家庭》，三聚氰胺、问题疫苗、两个小概率事件集中在这一个家庭里，两次悲剧的叠加，而且这些悲剧不是自然原因，完全是社会原因。这个家庭是剖析社会病理很好的样本。

两个孩子一个叫壮壮一个叫伟伟，父母取这些名字，就是希望他们壮实健康，可就是出了这样反讽的事儿。

这种采访并不难,我不是很习惯拿着笔记本坐在那儿你问我答,录音笔一旁在转的那种记者。特稿记者就是一次次地去,一小时一小时耗着,等着对方完全开口。和采访对象下地干活,帮管宿舍的阿姨叠一天男生的臭袜子,是我们记者常干的事。就像赵涵漠说的,你变成他家的冰箱了,你的采访才刚刚开始。

一旦开始,你的眼睛就是摄像机了,什么都能看见。我觉得这种采访一点都不费劲,那个小孩因为三聚氰胺的问题不停地尿尿,他骑着摇摇车,一边摇一边尿,连醋缸旁边都不放过,院子里挂满了他的尿布、床单、衣服。大孩子回来了,大孩子因疫苗出了问题,所以比较笨,打沙包永远是挨打的那个,背一篇作文要背好多遍还背不下来。他们的妈妈揉面,给孩子做饭,她成天的工作就是不断地揉面不断地洗衣服。她揉着面说这个事儿,就会不由自主地靠着她家的窑洞哭,说"为什么每刮一阵风都会吹到我们家来呢?为什么我去烧香连庙门都给关了呢?"这样的直接引语多有力。

说着说着就开始哭,也顾不上她手上的面粉,脸上印着白色面粉的五个手指印,你还用看笔记本吗?笔记本不会写她这个的,你会去听录音吗?录音没有这五个印子的,只有你的眼睛能够看见。而且我相信这样的场面,就算我不做记者了,也是终生难忘的。

当时,很多记者都来了,给这家人带吃的。孩子的妈妈就把零食藏在从不用来洗衣服的洗衣机里头。结果这个小儿子发现了,但他又不会说话,个头又不够高,就指着自己正在换牙的空空的嘴巴,然后指着那个洗衣机。就是这样的场景,只有眼睛能看到。

> 如今,这个窑洞又冷清下来了。兄弟俩经常为了抢记者们留下的零食而又哭又闹。伟伟发现妈妈把记者带来的巧克力、饼干、果汁藏在坏掉的洗衣机里,就站在洗衣机前不走,指着空空的大嘴巴,哭喊不已。
>
> ——《最倒霉的家庭》

我们有一名女记者采访一位钢琴天才。她观察那个少年的手掌,她量了一下——25厘米。她计算这中间要跨越多少个白键,她掐表看一秒钟最快有多少个音符。这么一句话的信息有什么?有声音,有画面,有动作。这就是采访的功力。

  这是一双宽大灵敏的手。张开手掌，大拇指到小拇指指尖的距离，能达到25厘米，在钢琴键盘上跨越12个白键，快起来一秒钟能弹奏十几个音符。

——《奖牌少年》

  还有我们写过一个大胡子，是广州的一个政协委员。他对政府不公开39号文件，非常生气。他说你什么时候公开我就什么时候把胡子给剪了。结果胡子越来越长，最后政府都着急啊，说你把胡子给剪了吧，我明儿就公开了。他就是用这个胡子去丈量政府的公开度。

  记者去采访的时候，我们就商量好了，要观察一下这个胡子。记者在飞机上就想好了，要看胡子到第几颗扣子了，有几厘米。睡觉的时候，是把长胡子搁在被子外头还是里头？喝汤的时候，要撩开胡子喝汤吗？结果采访中，这些问题都有了答案，还得到更多的细节。他老婆说："因为这个胡子我一年多都没亲过他了。"还有他的老丈人睡在病床上，唠叨说："你快剪了吧，我看着害怕。"

  长胡子是现状，短胡子是过去，把长短胡子交叉着写，现状和背景交融，胡子作意象，作结构，实现了时政报道的软硬结合。

  还有，我们写开胸验肺的张海超，毫无疑问，这个肺的特写是绕不过去的。我记得《新京报》写的这篇稿子，是这样进入这个肺的。

  一直到走进医院，我的心里都空洞洞的。呼吸科病房走廊里浓重的消毒水味道填满我的鼻腔。我似乎感觉这里的每一口呼吸都很沉重。

  呼吸病重症科室，张海超病房所在的区域。我推门而入，看到一个年轻男人躺在上面，他的鼻孔插着吸氧管，手上拨弄着手机，脸色发暗。他的样子比我想象中要好。在来郑州的路上，我的心里预画了无数有关于他的形象，我甚至想象他是否戴着呼吸机，"嘶嘶"地呼出每一口气。

  眼前的张海超可以讲话，但是没说几句话，就要咳嗽。他患了气胸，尘肺病人常见的并发症。简单地说，他的肺部生出破口，本来应该从肺部和支气管排出去的气体，从胸腔里漏出来了，像一只不断膨胀的气球，挤压着他本来就脆弱不堪的肺。

——《"尘肺患者"张海超，这次他要面对死亡》

这样的例子其实非常多。我们曾经写过一个毛坦厂中学，毛坦厂里面其实是一个安徽的超级大中学。几个省的复读生全部在那里上学，一共有8000人，不能想象。整个一个小镇上，所有的煤电垃圾食品，整个的链条都围绕着复读生进行。这个镇但凡高考的时候就会开着几十台大巴，"嘟嘟嘟"去高考。高考一完这个城就会像一个死城一样，一片寂静，完全是因为高考产生的一个怪胎。

> 他们需要象征考无不胜的神，于是这个世界有了"考神"。在安徽一所著名的"神话中学"，近千名高三学生的陪读家长赶在凌晨抢拜"树神"。他们务必要向这位大神敬上高考前最后一个农历十五的头炷香，祈求他们的孩子能考个高分。
>
> 向神灵祈祷的香火堆积起来，引燃了"神树"下的石棉瓦顶棚和百余根祈福带，火苗四处乱窜。10多名保安人员，用光了8支灭火器，都未能控制火势。后来大家从附近出租屋内不停地运送自来水，毫不间断地扑火，火情才得以缓解。
>
> 我曾经探访过这所名为毛坦厂中学的"神校"，还特意参观了那棵当地人口中的"神树"。那是一棵百年老枫树，枝繁叶茂。不过怎么看，我也看不出神灵的样子来。但外人的观感并不重要，只要毛坦厂中学家长和学生相信那是神，就够了。
>
> 在这个被誉为"亚洲最大高考工厂"的地方，人们相信有某种超自然的神秘力量存在，也因此有着种种规则和禁忌。学生在高考前放孔明灯，希望获得好运。但黄色是禁忌，因为那表示"黄了"。送考生的车队，前三辆大巴车的车牌尾号必须是"8"，出发时间是上午8点8分。而头车司机一定要属马，寓意"马到成功"。我问了不少人，这其中有什么因果联系，可每个人都神神秘秘的，却也说不上来。
>
> ——《高考前家长追逐"神秘力量"》

它就是中国高考的影子，就是中国教育的一个缩影。我们就浓缩了这个小镇，围绕着这个小镇去写它的个体生态，这都是围绕高三复读生进行的。如果我让你去写这个小镇，你会很惶恐吧。那我到了这里我怎么写啊？我要采访这个学校，这个是想得到的。采访学生，这个是想得到的。那怎么写这个小镇的环境呢？怎么描写这么多人呢？这些细节从哪里来呢？我们的记者就问这个包子铺，你一天能卖多少包子，问垃圾处理厂你每天收多少吨垃圾，去发电厂问发多少度电。她还拿着表开始数，现在下课了，铃声开始响了，从第一个学生到最后一个学生出来用了多长时间呢？要15分钟。用15分钟才能够分流这一个学校的学生，这是一个多么大的学校。但是你说大没有用，记者用了这些细节去表现，有说服力得多。

## 写作需要一个意象

写作是需要一个意象的。这个意象是什么呢？它是结构、密码。前面讲的胡子就是意象，《无声的世界杯》那块屏幕也是意象。这个意象也是个结构，把散落的珍珠串起来的那条线。有时候这个意象是实体存在的，有时候这个意象并不存在，是个抽象的东西。比如拐点，拐点是我们赋予的一个拐点，是一个抽象的概念。回家，你可以说它是一个实的，也可以说它是个虚的。

我们还写过一篇一个1米2的民办老师撑起一个学校"高大形象"的故事。1米2就是一个好的意象，采访中把所有细节都压在1米2的这个高度去观察，自然而然就不难体现他的"高大"了。当然，传统的"高大全"式人物报道应该扔进垃圾堆了。

其实还有很多寻找冲突的例子。比如我们写过"布衣院士"李小文，就用了加法和减法的方式。如果停留在写他生活简朴，穿几十块钱的布鞋，被当成修空调的，怎样做"扫地僧"，就太花絮了。在汶川大地震的时候，总理手上拿不到一种很精确的遥感地图，他就非常伤心，他认为是他们的工作没做好。但其实他在国际领域做得非常好。我们写他生活当中各种各样的减法：出了车祸都不愿去看病，作为一位院士，连ATM机都不会用。这些减法是为了突出写他的核心：踢走学术浮华。我们用一种冲突的写作，用加法和减法，用一种"奥卡姆剃刀理论"，刮刮刮！把生活琐碎的事情刮掉，留下的就是他认为最真的东西。

建议大家读一下杜涌涛写的《人物的写作十四条》，我觉得，完全可以纳入新闻写作教材了。

## 让新闻没有皱纹

稍微讲一讲"情怀"吧。现在大家都不说新闻理想了,都说"只求一寸一寸的欢喜"。

这个行业正在发生深刻的变革,载体在变,渠道在变,但优质的内容永远是稀缺的、不可替代的。就像相机由胶片变成数码,技术上的革命没有改变内容和本质。著名摄影记者贺延光说:"对事情的思考比按下快门更重要。"按下快门是一个很简单的技术和动作,最难的是什么时候按下快门。

好的内容也如此,它与手机屏幕的大小无关。大家都知道一碗心灵鸡汤好喝,两碗也行,当一脸盆、一澡盆来的时候呢?所以现在越来越多的人开始抵制浅阅读、坏阅读。

有时候,我也说不清我们一篇篇的稿子最后换成了什么?生产力?GDP?就像雪崩的产生,一片一片的雪花落下,力量一层层地叠加,也许最后一片雪花的落下,或者山上的一个喘息声、一个脚步声,都会造成一次雪崩。所以我想,我们写一篇报道,哪怕只有很短的生命,只有很少的转发,我们也认为它是一片雪花。所以,如果你真心爱新闻,你就去做这一行,你不是那么爱它,就去做别的。

《冰点》已经20岁了,这几年人员变动也比较大,来来往往的。但大家都觉得冰点的基因都传承下来了。

有时候我们和读者分享"什么是读者的味道",我和同事都不约而同地提到了花椒的味道。正在我修订这些文字的此时此刻,办公室里还弥漫着花椒香。冰点一位尊敬的老前辈,数十年前写过一篇报道,这个报道中的农民每年在花椒成熟的季节,就会给这个老前辈寄来一大袋的花椒,几十年如此。

花椒的香,不冲,是那种温吞吞地渗透,一寸寸占领你的肌肤、头发。每个周二晚上,我们拼完版,每个人都带着这挥之不去、比香奈儿5号珍贵百倍的花椒香,钻进北京的地铁、钻进自家各种花色的被子,消失在北京的各个角落。

有一位清华大学毕业的同事对师弟师妹说:"哎呀,你们要考虑下来中青报,因为来中青报每一天都很高兴,但是每个月都有一天不高兴,不高兴的那一天就是发工资的那一天。"所以我觉得他说的,大概就是冰点的样子。

公号"世相"的创始人张伟是冰点的前同事。他认为他这辈子最感动的一句话是新华字典上的一句话,1998年修订的,673页的:

张华考上了北京大学，李明进了中等技术学校，我在百货公司做售货员，我们都有光明的前途。

我想说，如果你有一天也当了记者，也许也有光明的前途。

## ▍所有人问一个人

Q：《冰点周刊》或者说《冰点》最独特的东西是什么？
A：《冰点》其实关注了一些被这个时代屏蔽的人和事，它传递的是一种超越了丛林法则的价值观，可能每个人对冰点的理解不一样，我认为《冰点》是在热的事件当中有冷的视角，在冷的新闻当中，背后一定有一个大的社会背景，一个大的火山。

Q：《冰点》的定位是什么？
A：人性共有的东西，它都会存在，那么你的选题关注到它，它就会停留得很长，你的写作文本越精致、越讲究，你的新闻就变得像香奈儿一样，变成一种能够留下来的东西。因为新闻有很多种样式，它的功能也不太一样，有的解释性报道，有的直接用评论表达价值观。但是冰点的特稿，我们对它的定位就是呈现一个完整的故事，我们讲一个故事不是单纯在讲个体，其实我们是在讲一个时代，讲一个大中国，只不过我们选取的这个点，它背后一定是有一个很厚的背景在里头。

Q：为什么选择报道普通小人物，他们身上最吸引您的地方是什么？
A：有时候你会觉得他们朴素的东西非常多，但是这种朴素的东西，是很多时候我们都丢掉的东西，其实每个报道对象身上都有我们自己的影子，只不过我们在城市，在这种水泥的楼房里头，已经被淹没掉了，被屏蔽掉了，走到这些采访对象当中，你就会发现这些东西是存在的。

Q：如何接近采访对象，让采访对象信任你？
A：开始跟采访对象的沟通不都是那么一帆风顺的，但是就是这种姿态，你真诚的态度，你平视的视角，你倾听的耳朵，都会打动对方。而且我发现确实有一些人，很喜欢把自己的故事讲出来，与别人去分享。但是为什么有的拒绝采访，有的接受采访呢？这有时取决于你的采访技巧，一个语气，一个动作，一个眼神都可能会让人觉得受到二次伤害。

Q：*怎么去理解你的采访对象？*

A：因为一个人非常复杂，内心比立交桥要复杂得多，所以掌握一个人、走近一个人非常难，而且一个人他的经历、履历都已经那么多了，那你怎样去理解这个人，你不能够说把他从8岁写到80岁，在短短的文字里头，一定要抓住他的一个特征，找他的一个横截面去写，然后用很多的细节，去把这个特征突出出来，让最亮的光亮起来。

# 陈晓楠：
## 我们就是在做"活着"两个字

凤凰卫视节目主持人。主持《冷暖人生》《凤凰早班车》《凤凰大视野》等凤凰王牌栏目。拥有丰富的现场主持经验，以轻松亲切的风格见长。此间，还参与了多次大型直播节目，如"9·11"袭击事件、北京申奥、俄罗斯人质事件、伊拉克战争等。曾在伊战前夕，深入伊拉克采访，并制作了《热火巴格达》。在2006年黎以冲突爆发期间，深入黎巴嫩，为观众带来来自第一线的报道。曾获得芝加哥国际电影节纪录片类"艺术与人文贡献银雨果奖"。

## ▍人生和人性

《冷暖人生》这个节目做了十几年，大家都在说这是我们十年坚持下来的东西。但其实我们在这十几年里面是一个时常困惑、时常觉得豁然开朗、然后突然又觉得进了一个死胡同的这么一个过程，所以我想说一下我们大概的这个节目的心路历程。

开始我们得到的是一个栏目名，现在看起来这个栏目名真叫好，是一个大筐子，什么都能装。当时这个栏目名给了我们一种精神气质上的东西。但是，我们并不知道我们要用什么样的形态、应该采写什么样的人物。在当时我们想做的时候，就想做抓眼球的节目。

所以，当时就有一个在深圳的卧底女记者问了我一个问题说：如果要采性工作者，你敢不敢去？我说当然敢。然后我就十多年前在一个咖啡馆里约见了一个性工作者。我其实想起来是很荒唐的一幕：她穿着晚上上班的衣服就来见我，然后她给我讲了她是从外地来的，被男朋友骗到这儿来做性工作，但是她觉得这份工作不错，她后几次被遣返回去她都是主动又来的，因为这种生活在她看来是很慵懒的一种生活，但是她因为已经28岁了，她觉得自己应该回家了，已经很难再做了。但是，她同时又不断地问我说，你是从香港来的，我怎么能去香港呢？就是她在这样的一种纠结当中完成了跟我的对话。

当时作为一个从来没有做过人物访谈节目的人，我跟她说："你等着，一个礼拜以后我们演播室的棚就建好了，那时候会有三个嘉宾跟你对话，然后我邀请你来。"然后她就走入了茫茫人海，她的手机就彻底停机，她住的地方也彻底找不到她了。这个我是约见的第一个采访对象，就是彻底失败。至今想起来我仍然不知道她跟我说的是不是真实的。

当时我们陷入的误区是：我们一直以一种非常猎奇的眼光想要找到一些嗜血的故事。所以我们在那个亮堂堂的演播室里采访过流浪歌手，采访过乞丐，采访过裸体模特，采过变性人。大概有半年的时间，我完全不知道我在做什么，每天陷入到一种我根本不能胜任这份工作的情绪当中。

随后我们做了一个重大的决定：走出去，走出演播室。我们就做了我们第一个纪录风格的节目，叫《花季》。在20世纪90年代的时候，一批女工在深圳玩具厂遭遇了一场大火，十年以后仍然有社会工作者记录她们的人生。我们跟随着这些工作者，找到了当时的这些女工。或者是烧伤的女工，或者是被烧死女工的父母。

我们逆着她们出来的这个路径回到了她们家乡。因为很多人从家乡到了深圳，他们根本没有再回去过的。我们坐了几天几夜的火车，又坐了很长时间的汽车，又坐了八个小时的轮船，接着又扛着三脚架走了很远，到了其中一个女工的家。走在田埂上，瘦小黑弱的女工父亲跑着过来给我们扛三脚架。然后，我们坐在那个田地里采访，那个田地后面就是他被烧死那个女儿的墓。就是在那个野地里头，在他女儿的墓前，他说道：他女儿根本不想出去，当时马上就要出嫁。新家具油漆了一半，十年以后仍然还在那儿——因为她死掉了就没有再把她结婚的家具剩下的部分油漆了。当时她为了给她弟弟挣一点钱盖房子，所以她必须要出去，但再也没有回来。父亲到了深圳去领女儿的骨灰，因为从来没有出过远门，不小心坐错到了广州，坐在地上失声痛哭。事故赔偿一共给了3万块钱。老棉袄里左边揣1.5万元，右边揣1.5万元，他当时说自己从来没见过这么多钱。人就这样回来了。

其实，这个采访我们之前做了很多的准备，但我和制片人朱卫民突然间一下子被现场所接触到的东西给真正打到了。好像也是在这一次的这种采访当中，我们突然知道我们要做什么、我们这个节目的走向是什么了。其实我们想做的就是两个词:"人生"和"人性",或者简单地说就是"活着"。

十几年来,其实我们就是在做"活着"两个字。

觉得当下的中国,无论从纵向来看历史的脉络,还是横向看现在生活的横切面,都具有巨大张力,我们觉得"活着"两个字可以涵盖的事情非常之多。所以,我们希望能够通过非常具体的个体生命,通过他的生命的细节、生命的故事剖解他的人生,来解读当下的这个世界。我们就想用一个一个的很细腻的个体故事来解读我们现在的这个时代,这是我们当时的一种追求。所以我们想选取的都是一些很标本式的人生。

## "自画像式采访"

我们都知道"向我开炮"的那个王成。实际故事原型在几年以前他才承认自己是王成,因为他是一个志愿军的战俘。他从未被人家知道过他就是那个原型。直到后来采访的时候,听到他说往日的那一幕的时候我很感动。他一拍我的腿说:"闺女啊,我把你都说哭了。"他也失声痛哭。

我们还采访过一个台湾的老间谍。他是当时遣返回大陆执行刺杀任务的。没想到空有一身武艺,在香港他认识了一个少妇,然后陷入爱河。于是他私奔到大陆想要戴罪立功,没想到人一进来就被抓了。30年以后他再寻找跟他私奔的那个少妇,两个人有一幕比任何电影都让我觉得震撼的相逢。

我们还采访过一些特殊的人生。比如说,我们采访过在海滨的一个老太太,她盖了一个旅馆,专门来劝导、解救、收留那些跳海的人。于是有无数的人生展现在她面前。她只会给人家做一碗面陪他哭一顿,这是她解救所有处于濒死状态的人唯一的办法。

我们也采访过一个警察,他是缉毒者,但也不幸吸上了毒;我们也采访过一个原来黑社会的老大,后来变成一个牧师,从杀手到牧师;还采访过一些现实的新闻人物,比如说,曾经在拆迁当中把自己一把大火烧死的唐福珍;我们也采访过马加爵身后的很多故事。

我们也做过许多群体性的采访:比如说知青,当年一个知青把自己上学的指标交给了女朋友,然后女朋友跟他分了手。他疯掉了。直到现在,我们去问他今年是哪一年,他仍然认为是毛主席健在的那些年。还有广大的失独群体,我们也采访过很多。

所有的人物对我们来说可能拼接起来的是这个社会一个个特别真实的场景，乃至全景。我们想用所谓一花一世界的办法，就是深入到一个自画像个体特别微小的生命里，发现里面是一个很宏大、很丰富的喜怒哀乐、酸甜苦辣的世界，就是人性特别复杂和丰富的地方。

前一阵我看到有一个美国人物博物馆的一个馆长，他们打造的一种采访的方式叫作"自画像"的方式。我突然觉得心有戚戚。什么叫"自画像"的方式？就是我建立一种气场，使这个人他非常想要讲他的故事，他有这样的一种欲望。他是自画像，我把画笔不断地交给他说，你来画你的这幅画，让他执着自己的手，来画一幅特别细腻的内心世界的画像。所以我们特别希望通过这个节目能够做一个这个时代、一个灵魂状态的读本。我们只有达到他内心世界的足够的深度、细腻程度，有足够多生命的细节，有足够多的情境，我们才能真的达到这一点，这是我们一直特别想追求的东西。

## 2003 年：巴格达断章

酝酿行程的时候，我和郑浩雄心勃勃列出了此行的几大愿望，看一场地地道道的伊拉克电影是其中重要的一项，到了巴格达之后才知道原来这也是非分之想。

1992 年，在拍摄了一部描写老国王加兹的影片之后，伊拉克的电影业发展戛然而止。根据联合国制裁条例，伊拉克不得进口包括胶片、显影剂在内的任何电影原材料，12 年以来，原本每年生产至少 10 部电影的伊拉克就再没有拍摄过新的影片。

不过影院依然开张，于是，我们依然执着地进去一探究竟。看不到伊拉克本土的作品，我们却有幸在这个美国天天高声喊打的城市重温了一下几年前的好莱坞影片 *HOLLY SMOKE*。

巴格达有 8 家电影院，基本上都是惨淡经营，由于资金捉襟见肘，影院一般都从周边国家购入廉价低质的阿拉伯电影，勉强维持萧条的生意。

电影票 750 第那尔一张，相当于 25 美分，是政府规定的价格。对于伊拉克人来说，多数都能负担得起，但是毕竟廉价电影不够好看，影院生意相当艰难。

所幸只要不与宗教文化相违背，政府对引进进口影片没有任何限制，影院老板于是间或引进好莱坞影片碰碰运气。当然，观众的口味不那么容易琢磨，爱情主题一般都会卖得不错，可是据说伊拉克人并不喜欢《泰坦尼克号》。

美国拷贝成本很高，影院有时索性播放 VCD 版本。当然在这一点上他们往往也会失算，因为先拥有 VCD 的早已大有人在。

在巴格达，小型音像店有 1000 多家，你能想象得到的美国大片在这里应有尽有，上市的速度让人颇为吃惊，当然最不可思议的是你还可以轻而易举找到最新的美国战争大片，比如刚刚在美国上映的《风语者》，每张卖得非常便宜——25 美分。

店主自豪地告诉我们，通常新片在国外上映 10 天之后，你就可以在他的货架上找到光碟版本，货源主要来自叙利亚、黎巴嫩，甚至马来西亚和中国。进口光碟经过文化部门审批，剪掉过度暴露的镜头就可以销售了，对于是否拥有版权则一概不问。店老板的说法很有意思，"我们的政府要操心的事情太多，这个就不用过问了"。

堂而皇之地盗版美国电影，对于伊拉克人来讲，也许算是个小小的胜利。

版权的问题也许容易解释，但伊拉克在美国文化上的开明大度却着实匪夷所思，政府似乎并不担心对手的文化精神、英雄形象大肆宣扬会削弱斗志动摇军心。

在这一点上，店主的理论水准很让人佩服，"这和美国没什么关系，也许我们恨它们，我们和它们有战争，但电影是文化，人们喜欢某个演员，喜欢电影故事，这比是谁拍摄的更重要。美国人的确通过电影传达他们的精神，但伊拉克人是很聪明的，他们不会理这些"。

店老板正是他自己所说的那种聪明人，他的偶像是汤姆·克鲁斯，最近看了不下三遍的影片是《风语者》，但是对于"美国的士兵是不是勇猛"这样的问题，他只是神秘地笑笑避而不答。

不仅仅是电影，西方音乐同样大举进军伊拉克，年轻人对流行的追逐和其他国家别无二致。

光顾 CD 店的大多数是学生，他们可以接触到来自世界各地的音乐，与外界唯一的不同是，当你挑好喜欢的作品之后，老板不会让你立即拿走，因为原版他只有一份，但是光碟刻录机、磁带转录机他有好几台，所以，立等可取。

憎恨美国是大部分伊拉克人不假思索的习惯，但是学生对美国明星如数家珍，而他们似乎也并不为此感到过多的困惑。

一个热爱麦当娜多年的年轻人这样说："美国政府和人民是不同的，我们对美国人民没有反感，我们对他们也没有敌意，你看，我们听他们的歌，在他们的音乐中跳舞，我们看他们的电影，穿他们的衣服，我们对他们没有敌意，他们对我们也没有，但他们的政府站在阿拉伯人的反面，如果我告诉你我们恨他们，不能完全表达我的意思。"

美国文化、美国人民、美国政府，这些概念被年轻人划出清晰的界限，不过他们并不热衷战争的话题，甚至每当我们提起，他们都会有些诧异，仿佛希望一切事不关己。

其中一个年轻人的回答颇有意思：

"可能会有战争。(你怎么看)"

"可能有战争，可能也没有，在真正战争发生之前，我不想说。其实我认为开始不一定会有战争，正是因为电视节目中始终在讨论会不会发生战争，政府就真的开始考虑真的发动一场战争了。也许他们本来没这么想，但人们总这么说，也许他们就真的会这样做，以此来证明些什么。我们不应该老谈论战争，没有发生的事情，为什么要老说呢？"

战争自然不是令人愉快的话题，其实没有人愿意做这样残酷的假设，不过如果一切真的开始，如果美国大兵真的站在面前，崇拜还是仇恨，偶像还是敌人，恐怕仍会是他们无法逃避的选择。

美国大片、西式歌曲，越发比照出伊拉克本土文化的疲惫无力。

1980年，伊政府拨给文化新闻部门的经费是7500万美元；1998年，这个数字已经锐减到17万美元，当年养尊处优的艺术家只有自谋生路。

为扭转颓势，政府偶尔也会有大手笔的投入，史诗剧《扎比芭与国王》是近年的扛鼎之作，这个标准的灰姑娘式的爱情故事却是出自萨达姆之手。

故事讲述村姑扎比芭偶然遇到出城巡逻的国王，两人一见倾心，村姑胆识过人，教给国王很多治国的道理，但却被她的丈夫和阴谋家嫉妒迫害，后来，扎比芭在战斗中带领军民英勇作战，为国捐躯，国王也不幸殒命，但他们的故事激发了人们的爱国热情。

出自领袖之手的小说在伊拉克妇孺皆知，外国人不相信萨达姆在躲避美国追杀之余还有心情写作，普遍怀疑是由写手捉刀，但是伊拉克人对此深信不疑，萨达姆一向酷爱文学，演讲每每行文优美，甚至字句深奥难懂，据说写写小说是他平日里最大的娱乐，小说曾被美国中央情报局在内的很多要害部门拿去研究，认为此间必有深意，起码是影射了"海湾战争"。

整个演出共耗资1亿第那尔，场景之盛大服饰之华丽多年少见，演员也由文化部钦点。

出演《扎比芭和国王》的都是伊拉克顶尖的电影演员，但是他们已经10年没有出现在摄影机前。

电影业的停滞使大批演员、导演纷纷流向话剧，同时小成本、小制作的电视剧也承载了不少人的艺术理想。

失去政府资助，伊拉克的画家也大都生活没有着落，市场上找不到专业的绘画颜料，当然即便是有，他们的月收入恐怕连一管也负担不起。保持创作唯有拉下面子，寻求外国朋友的资助。

我们误打误撞进入了一家叫对话的沙龙，结果发现它在巴格达其实颇有名气，这里空间不大，还时常停电，但往往不经意间就会碰到伊拉克艺术界的顶尖大师。

10年之中，这里连续举办了95次画展，创作力的丰沛远远胜过"海湾战争"之前，这一点连他们自己都感到惊讶。骆驼在伊拉克代表着耐心，妇女和鸽子象征着和平，废墟上的艺术大都有着共同的主题。

沙龙的主人有着一股艺术家特有的挚诚："作画的时候，我尽力抛开一切生活中的艰难，让思想飞出现实。你在这里看到的作品色彩那么丰富，形象那么跳跃，丝毫没有苦难，没有阴郁的调子，这正是我们想要向外界传达的精神。"

临出门的时候，主人盛情邀请我们第二天再来，他会用底格里斯河肥美的烤鱼招待我们，我至今仍记得他连比带画那出奇认真的表情和伊拉克人特有的大嗓门：

"我会再叫上一些朋友，我家大院子的夜色，配上无比鲜美的烤鱼，我保证你们终生难忘！"

他的话我绝对相信，不过我们知道时间紧迫，我们必定会和这终生难忘擦肩而过了，于是我和郑浩一时性起，转回屋去，一人买下了一尊刚刚拍摄时就已经令我们心动不已的铜塑，少留些遗憾。

## 2004年：他们给我的那些瞬间

最怕总结。

把过去的几年摆在眼前，究竟都做了点什么，我好像总也无法说得准确。

他们不知道，每次有人问这个问题的时候，我貌似从容，其实大脑一定是在飞速奔跑着搜索那些近乎准确的词汇，而总在此时，某些个画面就会跳出来活生生挡在任何的语言面前，就那么理直气壮地站着，真真顽固，没有对手。

我知道，难以说清的总是那些个瞬间。

那是个中午，无比困倦，我在电脑面前埋头苦干。

猛然抬头，"劳斯莱斯"隔着座位前的夹板站在我面前。我有20秒钟大脑空白——像是一个精彩故事片不应该有的续集，他怎么会出现在我面前？

劳斯莱斯是我们几个月前刚采访完的一个"故事主人公"，多年前从农村来到城市，人很穷，志向很大。他在深圳整整打拼了10年，如今仍然住在10元店里面。所谓10元店，就是那种一个屋里挤着不少人的大房间，属于每个人的地盘只有一张床铺，每天收费10元。

10元店里只有他拥有一辆自行车，算是富翁，每天丁丁零零出来进去，人送外号"劳斯莱斯"。

10年前，农村青年劳斯莱斯来到城市的第一件事就是在街拐角的书店买了一本励志书，他没有文化，没有亲戚，没有本钱，可是他不甘平凡。

10年里，从刷盘子，到开饭馆，到在夜总会给人照相，到炒股票，到破产，到在地上捡零钱，到一只一只地倒卖烧鸡，到在法院门口给律师拉生意，到在皮包公司打工发现真相后愤然不干，劳斯莱斯基本上就是一个职业大全，甚至从他身上，中国近10年经济发展的脉络清晰可见。

但是劳斯莱斯始终没有发财，甚至始终没有安身之处，虽然有着远大的理想，但他的起点和知识架构显然离这个城市太远．可是他是读了那些个励志书的，有一年大年三十，劳斯莱斯一个人在床上吃下最后几粒花生米，暗下决心："明年，我要学很多的东西，要找个有希望的工作，要挣100万！"

有一次，我们走在大街上，我问他："在深圳待了这么久，喜欢去哪儿呢？"他只简单说了一句："这城市不是我的，我哪儿都不敢喜欢。"

当然，虽然时常困窘，劳斯莱斯仍很有原则，不偷、不抢、不骗。他在这个不属于他的城市坚守着，因为怀揣着外面的世界和远大的理想，他已经很难再回到那个偏僻的小村子了，虽然他儿时的伙伴都已经娶妻生子，柴米油盐。

采访做完之后，我养成一个习惯，街上那些个发呆的人，我总会多看上两眼，我不知道他们会有什么样的心事，因为有一次劳斯莱斯说，他在最绝望的时候，不敢在家待着，就出来走，把家门口的一条路来回走了100遍。

劳斯莱斯就这么站在我面前，他出现在我们的镜头里，但是我没有想到，节目中的故事结束之后，他还会站在我面前。

他表情黯然，"我又失业了，我在那家给银行拉存款的公司，拉不到钱。人家看我坐着公共汽车来拉存款，不相信我，公司说完不成任务就别干了"。我想起上次采访的时候，他刚找到这份工作，兴致勃勃地准备大展宏图，那大概是两个月以前。

"我从公司出来，不知道上哪儿去，不知道应该怎么办，不知道应该找谁说说，也不知道怎么就走到你们这来了。"他一连说了好几个不知道。

我有点不知所措，他是我真实生活中见到的第一个失业的人。

他在我桌前站了一会儿，我忘了自己说了些什么，他掏出一个本子，说："我想起来了，我来这儿是想让你给我写点什么，随便，写点什么都行。"

这更出乎我的意料了，这个时候，我写下什么能有什么用呢？

他很坚持，我猛然意识到，因为这次采访，我或许竟成了他在这个城市里唯一可以说说话的朋友。

我写了一句话，"希望下次见到你，能有好消息"。

劳斯莱斯收了本子，有点不好意思，兀自站了一会儿，转身走了。我记得我看着他越过那几张桌子走出去，外面就是茫茫人海。

如果我没记错的话，那是在2003年2月的某一天。

重庆忠县，一个忘了名字的小村庄的田埂上，我们扛着机器一脚深一脚浅地走着。

想想那田埂真是很长。村里人说，田埂的尽头就是我们要采访的一个叫小芳的姑娘的家。不过小芳已经不能在家里迎接我们了，10年前，她在深圳致丽鞋厂的一场大火当中葬送了年轻的生命，那是迄今为止在中国发生最大的外资企业工伤事故之一，当年那则新闻曾被炒得沸沸扬扬。最终，小芳的死为负债累累的家换来了3万元的赔偿，而这一刻离打工女小芳的婚期还只有不到1个月的时间。

走到半路的时候，一个人影飞快地从对面小跑过来，见到我们，一个劲儿歉意地笑，"真不好意思，只有这一条路能到家，车也进不来，只好让你们走啊"。

小芳的爹，脸膛黑黑的，人很瘦，目光里有一种软软的东西。就是他，当年壮着胆子去到了那个想都没想过的遥远城市，战战兢兢拿回了那3万元的赔款，听说，当时因为走迷了路，他曾经独自蹲在街边放声大哭。

他顺手一指："这一片就是我们家的菜地，那个，就是小芳。"——为了每天都能看到女儿，小芳的父母把她埋在了离自己最近的地方。我突然想在这里多待上一会儿，于是我们坐下来，就坐在田埂上，对着眼前一格一格的菜地开始聊天，我们的背后就是小芳。

当时天色渐渐暗下来，拍摄已经有点困难，但是小芳爹还在自顾自地说着。那些个细节似乎是那样粘连着，无法割断，一旦进入，他就无法抽身离去。

他说到怎样狠心地送本不想再外出打工的女儿走出村口，说到出事后跋涉千里惶然不知所措，不得不签下赔偿协议却落下终身的自责，他说坐火车把从未见过的3万元左边一沓右边一沓紧紧张张揣在怀里，像是怀揣着女儿的命，他还说终于家里盖起了房子，但搬进去的是10年前为女儿筹备婚事而漆了一半的家具。

他自顾自地说，并不管我们的摄影机是否还在工作。

天终于彻底黑下来，大片大片空旷的暮色里，我们并排坐着。这一刻，应该是在2003年底的那个冬天。

成都，我们去采访曾经的志愿军战俘。

这采访拖了很久，计划赶不上变化，因为遇到一个不得不做的重要专题，我们把原定的计划搁置了几个月。

老丁戴个皮帽子，穿了件臃肿的棉大衣在街口等我们。他的脸色白白的，没有血色，我们快来的时候才知道，不久前他被查出得了癌症。

我们去的时候老丁刚经历了一场大手术，旁人嘱咐我们不要让他太激动。

我们两个对坐着，中间放一个小炭盆，思绪回到50年前。

老丁是那种特别崇拜英雄的人，国民党军官家庭出身。抗美援朝，看别人戴着大红花，无比向往，终于有一天，自己也越过了三八线。但是没过多久，部队被包围，背着油印机精疲力竭的宣传队员丁先文在睡梦中被俘虏。

战俘营里的丁先文算得上是个真正的英雄了。带头组成地下回国小组，受过美国人百般酷刑毒打，曾经以死抗争待遇的不公，最后冲过敌人的血腥屠杀坚决不去台湾回国成功。

"要想当英雄就应该死在战场上，共产党的词典里没有战俘二字！"这是劝他们听美国话去台湾的那些看守最常用的讽刺。

踏上故土，自以为没有愧对英雄主义理想的丁先文在不久之后便不得不想起了这几句话。去银行取钱的时候，他要偷偷把他的退伍证翻过来头朝下，因为他怕人看见那上面写着："立场不坚定，曾当过战俘。"

"文革"中，老丁四进四出监狱，战俘的身份始终是百口莫辩的耻辱。"为什么没有死在战场上？"老丁知道终其一生恐怕也再难逃脱这仅仅10个字不需要答案的问句。

平反的时候，老丁已经走过人生的大半，年届六十。"我这一辈子啊，就是太想当英雄。"这是他笑着对人生的最后总结。

采访快结束的时候，他站起来，在抽屉里翻出了一张纸递给我，说那是他的遗书。刚刚做的那次手术风险极大，老丁心里知道有可能一去不复返，于是他写下了这样几句话：

"我是病人、老人，更是九死一生的战士，作战先要有必死的决心，才有战胜敌人的勇气。治癌也是一样，要做最坏的准备，我如果死了，请把我还有用的器官无偿献给需要的病人，作为我对党、对祖国和人民的报答，但我更希望把感谢信、鲜花献给你们，希望你们——特别是今天给我治病的同志们，像当年，在战场指挥冲锋的战士一样，去争夺战斗的胜利，祝你们胜利，一个癌症病人上手术台前的心声。丁先文手笔。"

因为手抖得厉害，那些字很难看清。

我想起此前他曾经提起过要捐献遗体，因为他觉得自己一生蹉跎，对国家没有任何的贡献，如果可以的话，最后可以献上的就只有这具老迈的躯体。说到这里的时候，他几度哽咽。

遗书的最后一段，我看到了一串电话号码，那几个数字特别熟悉——竟是我们办公室的联系电话。

我仔细辨认，那两行字是这样的，"如果我真的不在了，请打电话告诉凤凰卫视《冷暖人生》剧组的小王，告诉她我完不成他们交给我的任务了，非常抱歉"。

小王是我们剧组的策划兼外联，我这才想起来，有一次她提起说她告诉老丁，我们一定会去，老丁激动地回答："我一定等你们，等你们来！"

这个未能实现的约定，竟是他愿意留在这个世界上的最后嘱托。

我并不知道在我昏天黑地忙忙碌碌一次次更改日程的时候，一个轻巧随意的决定会在这个老人身上投下怎样的失望不安，我也无法想象，当他在门口小卖部公用电话前说这几句话的时候，会是怎样的心情——此时的我只是觉得无比的惭愧，还有庆幸。

老丁把遗书叠起来，笑了笑："真的，我得谢谢你们给了我这个任务，让我觉得我不能死，我得等着你们。"

他的语气，仍然像个士兵。

采访结束的时候，他很关心地问："节目什么时候能播？"我说大概要两个月，因为我们还要采访别的战俘，我们要做一个系列节目。我发现，他竟有点面露难色。

"我会再争取等到播出那天的"，他像是下了很大的决心。

天气很冷，老丁非要亲自送我们出来，上计程车之前，他伸出两只手来，伸得很远，和我重重地一握，这让我突然觉得像是战友之间的道别，或许，他是习惯了。

这一幕，刚刚发生，就在昨天。

这些年，我和我的同事走了很多的路，找了很多的人。

有一天我突然发现，闭上眼睛眼前晃动的全是长腿长脚，行走着的风景，模模糊糊、绵绵延延，因为两年的时间里，有大半的光阴我是坐在车窗一侧，汽车、火车、TAXI、大巴——看窗外的一切拖着尾巴向前奔跑，风景一刻不停。

我们寻找的人大多不在镁光灯下，甚至不在大城市中，因此注定我们也得一刻不停。

醒来在祖国各地的宾馆，有时候我会问自己，如果这两年的时间，没有做冷暖，我现在会在做什么呢？

这假设往往只是一闪而过，还要赶路，不能想太多。

有一次出差途中和组里人吃饭，席间我豪言壮语："如果可能的话，我们要用摄像机画一张属于我们这个年代的《清明上河图》。"兄弟们看着我笑，可是我知道，他们同意我。

真的，那恒常生活中的诗意，升斗小民的生命力，深厚、温暖而苍凉。

如今他们说要把那许多镜头画面誊写在稿纸上，一时还真有点不知所措。编辑拿给我看目录的时候，暗中吓了一跳，第一次以这样的思路、这样的规模看这些故事，似乎有了一种额外的力量。

拿着这张单子，那些个面孔旋即在我眼前列队出现，当然，还有那一个转身，那一次的握手，那在暮色中认真看向我的一眼。

我想，恐怕是在这个时候，我才如此清楚地知道，如果从不曾与他们相识交谈，如果从不曾遭遇他们赠予我的那些个瞬间，我会多么遗憾。

## 2006年：切尔诺贝利鬼城之旅

得知我要去切尔诺贝利采访，周围的朋友颇有些诧异："怎么会派一个未婚女性去那种鬼地方？辐射可是看不见摸不着的黑手，谁知道会在你身上植入什么基因？"

说实话听罢此言心下着实一惊，去战地采访枪林弹雨起码眼见为实，这说不清、道不明让人不痛不痒的辐射却真有可能是个阴谋家，心怀鬼胎的等上个数十年然后突然发作，告诉你曾经的某次相逢在你身体里早已种下了祸根。

于是乎，开始自己吓唬自己，朋友争相想象着我从切尔诺贝利归来掉光了头发的鬼样子，而我嘴上说着豪言壮语，心下已是犹疑不定。

说笑间，有人把一本介绍切尔诺贝利的画册放在我的面前，两个字不由分说跳入眼中，触目惊心——鬼城。

那是个在几小时内被凝固了的城市，是些被骤然遗忘不再有人探访的街区，在人类历史的大灾难面前，它以最为平静却是最震撼的姿态永远地定格下去。

这一刻，我知道，我会去那里。

鬼城，普里皮亚季。如今已是一座幽灵之城。有人说，或许有一天，人们会把它和庞贝相比。

普里皮亚季小城是20世纪70年代为切尔诺贝利核电站的工作人员建造的，那是一个代表着大好前景的核工业卫星城。它拥有树林、草地、小溪，精巧而美丽。20年前的这个春天，普里皮亚季的生活在一片惊惧中戛然而止。

切尔诺贝利事故造成的放射性污染遍及苏联15万平方公里的土地，30万居民被先后疏散，庄稼被全部掩埋，周围7000米的树木都逐渐死去。

如今，核电厂周围30公里仍被列为禁区。经过层层申报特殊批准，我们的摄影队才终于踏上了人们眼中的这所谓"死亡之旅"。我们被告知，禁区内大多数地点短时间停留对人身体影响不大，因此拍摄的原则明确简单——尽量远离危险地带，速战速决。

此行，我们的武器就是一个不断嘀嗒作响的小小辐射测量仪。

30公里禁区内的很多地方尤其是公路上已经被反复清洗，辐射尘已不再堆积，所以读数颇为正常，不过随着车子离核电站越来越近，我们心跳的速度也就随着辐射表读数的嘀嘀嗒嗒开始不断攀升。不过，扭头看看陪同我们前往的工作人员谢尔盖，却是一脸的气定神闲。为使废弃的切尔诺贝利核电站不再继续泄漏有害物质，直到现在，仍有2000多名工作人员在禁区内做维护工作，核电站像个形状诡异的大毒瘤矗立在那里，无法拆解，无法去除，成为这地球上最不该存在的怪物。对于那些每天进出禁区的人们，潜在的危险就像是随时要呼吸的空气，有人一笑了之，有人只字不提。

终于，踏进鬼城。

真的是恍如进入一个正常得不能再正常的小城市，楼上的窗户打开着，衣服还晾在窗台上，小黑板上写着明天的节目单……只有那些随处可见的列宁头像，镰刀斧头标志猛然间会提醒你，那些窗子是永远地开向1986年4月的某个瞬间。

在鬼城，室外还算是相对安全，室内辐射聚集量超高，相当危险，对一个陌生人来说，在这样的地方行走必须携带辐射表随时测量，否则就相当于是大步行走在战场上的地雷阵。

事故发生后，普城的居民紧急撤离，据说当时车队排了足足有20公里。人们被告知，只是离开3天，马上就会回来，什么都不允许携带。于是，孩子和他们的玩具告了别，大人与房子、车子告了别，他们没有想到，3天，变成了5年、10年、20年，其实就是在那一刻，他们已经与这座小城——他们的家园，他们一手建立起来的生活永远地告了别。

走在鬼城里，好像走在凝固的画面里。这里的静是很难用语言来形容的，没有鸟叫，没有风声，没有什么打破寂静，有时候你会怀疑自己是不是失去了听觉。不知道从我们的录音效果中，人们能不能感受得到这沉积了20年的寂静。有一个来过此处的人形容，这里有着一种震耳欲聋的寂静。

据说，本来还曾有人想组织旅游团来鬼城转上一两个小时，但待了15分钟，人们已然想逃离了。

学校里学生上了最后一堂课；孩子们玩了最后一个游戏；墙壁上人们留下了最后一个涂鸦。普里皮亚季的一切，用它们自己的方式述说着任何语言都讲述不了的故事，连同这份令人窒息的寂静一起凝固在1986年4月26日凌晨1：23分。

从鬼城出来我们驱车驶向15公里外一个叫伊力因齐的小村子，听说那里还住着十几位老人。切尔诺贝力事故发生后，苏联政府强令撤走了方圆30公里内所有的村民，但一年后，就有不少老人思家心切陆续回迁，他们当中年纪最大的已经93岁。

玛力亚老妈妈居住的村子一共住了18位老人，都是事故发生一年后执意背着政府私自回到这里的，政府对这些老人也采取宽容的态度，让他们叶落归根。在这些已被污染的土地上，老人们种土豆、洋葱、西红柿，自给自足。

玛力亚老人的老伴早已去世，两个儿子也都是英年早逝，他们都曾经是核电厂的工人。

一个人的生活有多么单调寂寞老人并不愿意多说，对于辐射，她更是轻描淡写。

"我觉得这里空气好得很，人们总说这里有多么可怕，我倒觉得我的家很美，你看，有草地，有小河……到了这个岁数，一切都要交给老天，不必太在意。"

老人们回到这片污染之地外界看来似是惊人之举，对他们而言，道理却实在简单，他们宁可因辐射而死，也不愿因思乡而死。

不过这或许是切尔诺贝利的最后一批居民了，每一年，这里都会有几位老人故去，玛力亚知道，总有一天，她也会追随着她的伙伴沉睡在这里。

快离开的时候，我问玛力亚："这里肯定人越来越少，越来越冷清，你还会住下去吗？"

老人说："留在家，总比做客好，从这里开始的，就在这里结束。"

## 2008年：灾区日记

在香港直播室的时候，每一次连线记者，我都下意识地身体前倾，直到有人提醒："你怎么老趴着？都快钻到监视器里了！"

香港太远了，演播室太豪华了，我没法相信眼前的一切。

127个小时过去，录完周六的特别节目，走出大楼，给头儿打了个电话："我必须得走了。"

《冷暖人生》摄制组已经在那里拍摄了五天的时间。有一个晚上，和老朱通话，他气喘吁吁，声音也有点儿不对劲，我正一个劲儿嘱咐怎么拍怎么拍，他突然说："晓楠，你知道吗？我们现在周围一片漆黑，只有一个大月亮在天上，我们正走过死尸堆。"我呆了半晌，一个字也说不出来。

那个一片漆黑的地方，就是北川。

北川中学的学生们，如今被安置在宏苑宾馆的大礼堂里。礼堂外面墙上是疏散到这里的学生的名单，紧挨着它的，是一张张的寻人启事。我们拍摄的时候，有一个家长正紧张地看名单，她要找侄子，北川中学高一三班的李纳。我帮她一起找，"这儿是高一的，高一一班、高一二班……"手指按着墙上的名单，我高声念着班级学生的名字，但手指慢慢滑下来的时候，突然不再敢念出声，高一一班有十几个学生在这里，但二班只有两个，三班有五个，这其中，没有李纳。

每个班级当时教室的位置不同，上的课程不同，跑出来的学生数字相差很多，有一个班，四十几个学生，只生还了四名。

我问这个班的女孩："你们班是个什么样的班级啊？"本来悲伤的女孩子突然笑了："我们班，成绩不好，体育好，是个特别义气的班，这是我们班同学自己总结的。"

有一个男孩子，和自己最铁的哥们儿一块往外跑，一转头，房子倒下来，巨石离他只有几十厘米，再看跑在他身后的好朋友，只剩下了一双脚。好友的家长来的时候，这画面他一个字也没有说。

我拍他的肩膀说："抱歉，我不应该让你回忆这么残酷的时刻。"

男孩儿很懂事地摇摇头。

是啊，我该问吗？我怎么能问出口？

孩子毕竟是孩子，突然而至的集体生活让他们感觉新鲜，几天之后，他们已经在用纸板铺成的大通铺上开始笑闹，每当我蹲下来，问他们是哪个班的，叫什么名字，他们总是会高高兴兴地回答，于是我就更没有勇气问出那个世上最残忍的地震问题："地震的时候你在哪里？"

这句话，像一把刀子，开启生命最黑暗的回忆。

有一个女孩子，被砸在一块大石板下面，后面一个男孩子，也在瓦砾堆里。女孩儿的伤比较轻，救援人员决定先把她抬出去，当他们返回来的时候，男孩子已经没有了气息。女孩儿哭着对我说："都是因为我……"

我抓着她的手告诉她这不是她的错，旁边的女生紧紧搂着她安慰，脸上却是微笑着的，那笑容，有一种坚定，远远超越了她的年纪。

我的采访断断续续地进行，从来没有哪次采访像这样总是长时间地停顿，有时候，我需要长长地舒一口气，才能问出下一个问题。

我该去问吗？

陪我们采访的小何介绍说，学生们现在情绪还算稳定，他们最担心的就是初中部这1000多名学生中，只有60多位家长来认领，另外的一些父母，还没有音信。

他说，他很难想象，当孩子们度过了这特殊的集体时期，当他们分开的时候，那些没有了家的，生活该怎么继续。

晚上总部传来消息，让我们小心，今明两天恐怕会有6~7级余震，酒店墙上已经有几道裂纹，我们商量着到底要不要住到街上去，还真是有点揪心。

老朱说，这几天满脑子都是陈坚的歌声，在瓦砾下坚持了3天3夜之后，这个26岁的年轻人用世界上最微弱的声音唱着《红高粱》："好酒,好酒……"那声音，从几根巨大的横梁下传来，响彻整个北川城。

写前一篇博客最后几句话的时候，屋子里的人正热闹地商量，到底要不要住到街上去。摄像小张说这几天家里人一直挺担心，咱们还是小心为好；老朱则永远一派大义凛然老江胡架势，"反正我得好好睡一觉，太累了，都是命，爱谁谁……"

我呢，还真没拿定主意。

两分钟之后，也不用犹豫了。接酒店正式通知：全城疏散，大家都睡到街上去。警车开始在街上拉着警笛来回奔跑，大人小孩夹着铺盖鱼贯而出。

贪生怕死如我，还真是有点慌。夹着电脑跑出来，想起应该去趟洗手间，又跑回去，以有生以来最快速度上了次厕所，想着，要是因为这个被砸在里面，可是不太值。

这几天听到的骇人故事太多了，没有办法不去想象。

我们的酒店恰好在火车站广场，夜里仍有很多匆忙归乡的人刚下火车。有十几个刚从新疆打工回来的老乡看我们记者模样于是一把拉住我的手问："茶坪怎样了？你们有没有消息？我们一直看电视，怎么好像一直没怎么报道那边的情形？"

这时候一个刚刚去过茶坪的人闻声跑过来，赶紧报告："茶坪新街还好，老街那边房子都倒了……"我身旁刚刚还积极领头说话的男子眼神一暗，没再接话。我没敢问，他的家是在哪里。

另一队刚下火车的老乡大包小包地扛了很多行李，甚至还拎着塑料桶、暖水瓶。我问他们为什么带这么多东西。他们答，家里恐怕是什么都没有了，能多背就多背点回去。一个女子被硕大的行李压得头低低的，但决心满满，"翻山越岭也得走回去，哪怕走别人从没走过的路"。

对这些离乡的人来说，回家，从未如此残酷。

广场另一头始终人头攒动，我们跑过去看，原来是妇幼保健医院把今晚要生产的孕妇们都搬到广场上来了。人们以让人眼晕的速度穿梭着，彼此大声吆喝着，协力搭建帐篷。这里面有医生护士，也有普通民众。

医院离广场步行要半个小时。大到沉重的病床，小到药品针头，都是医生们一趟趟地从医院搬过来。而这样的搬迁，从地震开始，一周来已经记不得有多少次了。一个医生说："我只记得，有一次刚刚搬回去，马上就通知可能又有余震，于是再赶紧往外运。"

这情景酷似战地。百十来人个个动作紧张，表情严峻，跑来跑去似幻影流动，片刻不停。帐篷不够，床铺不好摆，药品还没配齐，20多个孕妇快生了，才运出了十来个……

一个医生正给病人扎针，护士在旁边打着手电筒。突然，装药液的拇指大的小瓶子掉到地上，于是又借着手机的光亮蹲下去找了好一阵。

我原本举着话筒想采访，但看来看去竟没有一个有时间多打量我一眼的人，索性打消念头，一起搭帐篷。

间隙中知道，医生、护士们已经一个星期没有回过家了。

院领导骄傲地说，"5·12"地震那天，所有的医护人员都是先抢着把病人护送出去，自己最后撤离。他说那么多的小年轻儿，平常那么孩子气不大听话的年轻人，真让他刮目相看。有的女护士一边哭一边运病人。我问，那楼房当时抖得有多厉害？他说，反正楼道里根本站不住人！

小学英语老师夏槐兰是当晚第一个要进行剖腹产手术的人，她丈夫冲我们苦笑："你瞧我们，结婚那年赶上'非典'，预产期这天恰好地震。手术延期，到今天不能再拖了……"

我们和他一起屏息以待。

凌晨1点14分，摄像机记录下了婴儿的第一声啼哭。孩子的爸爸眼睛死死盯着帐篷帘子掀起的那一点点缝隙，"儿子，是个儿子！"

生命，周而复始，如此神奇。

凌晨2点30分，我站在空旷的火车站广场正中，摄像师离我远远的，拍下了这一天的摄制我说的最后一段话。

"今天，有很多人安睡在这个火车站广场。绵阳市的大人孩子躲避余震；匆忙回乡寻亲的人暂时安歇；刚刚出生的孩子，把人生的第一个夜晚留在这里；还有我们。我想，对于所有在2008年5月20号的凌晨在此停留过的人来说，这一个夜晚，我们注定不会忘记。"

说实话，有那么一小阵儿，我心里暗暗地有点感谢这余震警告，它逼我夜不能寐，让我有机会记录下了如此珍贵的片段，可遇不可求。这么想着，又感觉着心里痛。

"呸"了几声，还是希望一切平安吧，祝大家都平安！

天是房，地是床，何等大境界，我们也睡了。

警告还没有解除，北京的朋友纷纷发来信息提醒我们小心，甚至有一条信息说，有先兆，因为有人发现蟾蜍们又上街了。

睡，还是不睡，这是个问题。

北川中学的老师说，前两天总传言有余震，有一次老师在礼堂门口刚说了一声"大家注意"，话音未落孩子们已经狂奔到了门口，一转眼的工夫全都不见踪影。

在他们记忆中的那一幕实在太恐怖了。

地震那天，一个体育老师在操场上看到教学楼猛烈摇动了几下，伴随着楼内一片惊呼，五层楼瞬间化为一层，之后，鸦雀无声。

当地动山摇停止下来，人们面临的是惊心动魄的残酷选择。

初中政治老师李佳萍，一个文文静静胆子不大的女老师，出事那一刻，她用身体死死抵住教室门，拼了命用手把学生一个个从教室中扯出去，到第36个学生的时候，天花板掉了下来。

几天后人们找到了她，她的身体仍是在教室里面的，没有跨出门口一步。

她所在的教室，其实就在一楼，最靠近出口，跨出去只需要三四步，五六秒钟。

李老师和4个同学被埋在瓦砾下两天的时间，到第二天下午的时候，她自感体力不支，于是把戒指和手镯摘下来，让同学获救后带给她的丈夫。她原本还想再带给家人几根头发，但她的头上都是血，同学说，怎么拔也拔不下来。

丈夫刘全如今把这几件遗物天天带在身上，他掏出来让我看，那玉镯上还带着斑斑血迹。刘全一一数给我，"这是我们的结婚戒指，当时花了80块钱，这个是我们结婚10周年的，102块，我说买个贵点的，她不肯，今年是我们结婚20周年，本来我想这回给她买个白金的……"

教音乐的蹇老师高高的个儿，特别会唱歌，曾经代表北川参加过很多比赛，拿过不少奖，学生们平日里没事儿就去找他聊天，拉开他家冰箱门就找吃的，像是到了自己家里。

出事的时候，蹇老师狂奔到瓦砾堆前，听到自己班的同学呼救，马上组织救人。他们只能徒手搬开巨大的石块，贴着石缝去听哪里还有声音。

他知道，那时候她的女儿，一定就在另一堆乱石里。

蹇老师的女儿当时正在新教学楼上课，根据垮塌的位置判断，蹇老师知道女儿大概在什么方位，后来他的妻子真的跑过来告诉他听到了女儿的声音，但是蹇老师没有去。

女儿埋在更深的地方，他知道自己必须先救更有可能逃生的人。

女儿从石头缝隙中伸出手，和母亲的手握在一起。

两天后，当他再次返回去看女儿的时候，那只手已经冰凉。

听到自己的儿女呼救，却无能为力，我想不出世界上还有什么比这更为残酷。

我说，你们也是凡人啊，怎么可能？

他怔怔地看着我，"可是我们是老师"。

采访结束的时候，蹇老师说，他这两天一不小心就会哼起一首记不得名字的歌，那是他女儿在刚刚举行的歌唱大赛上的获奖歌曲。

我问有没有女儿的照片，蹇老师从兜里掏出一个小小的白色手机，他说这是余震还很厉害的时候从女儿宿舍抢出来的，因为他们的家已经垮塌了，他担心再留不下女儿的任何痕迹。

那手机很小，照片也很模糊，我们的摄像机根本拍不下来，但是我记住了那个漂亮女孩的样子，大大的眼睛，一米七的个头儿，蹇老师说，她最大的梦想就是考军艺。

蹇老师介绍宋波老师给我认识，宋老师腼腆地笑着和我握手，我们的采访只能利用他中午休息的时间，因为他肩负着给高三学生上课的任务，还有20多天就要高考了，他们想让学生能够正常参加考试。

看到他第一眼的时候，我在想是不是搞错了，因为我听说这位宋波老师在地震中不仅失去了儿子，还失去了妻子，家里只剩下他一个人。

他那么平静，看不出悲痛。

宋老师说，当时一出事儿他就想到儿子也在那栋楼里，但后来没有听到儿子呼救，他也没有时间去找他，因为必须先去救身边的那些同学。

几小时后，有人报信，他妻子上班的楼也塌了，凶多吉少，家里的房子也倒了。宋老师说知道了，接着救人。

儿子没了，妻子没了，家也没了。

我说，那你还有什么家当？他指指身上，"就这一身衣裳"。

"学生们知道您家里的情况吗？"我问。

"我没告诉他们，我们得尽量显得轻松些，他们要考试了，不能影响他们的情绪。"

我突然想起蹇老师说过，有一位高三的老师从不和人说起家里的事，但早上起来，会看到他枕边湿了一大片。这个人，应该就是宋波。

我问他："你挺得住吗？"

他泪湿了眼眶："做老师太难了。"

我放纵我的泪水，我没有办法不放纵。

地震发生的时候，高一七班贾国伟被埋在了瓦砾中，等他清醒过来，他听到了几个同学和班主任老师微弱的声音。因为上课时坐在第一排，贾国伟离讲台上的老师最近。

他起先以为很快就能有人来营救，可是等了很久还没有人发现他们。被巨石压住全身无法动弹的班主任曾老师说："贾国伟，你伤得最轻，你来起个头儿，咱们唱首歌。"

"朋友一生一起走，那些日子不再有，一句话，一辈子……"这是高一七班的班歌，每天上课前都要唱一遍，贾国伟此时想起了它，他说他和几个同学唱得可大声了，使出了全身的力气。

贾国伟被巨石别住了脚，只能歪着身子保持一个姿势，可是他可以一厘米一厘米地扭动着身体向前挪，大声说着"曾老师，我来救你！"几个小时之后，他终于挪到了老师的身边，用铁棍撬开了卡在老师头上的板凳，老师终于可以呼吸畅通。

最终，贾国伟和老师都获救了。

我说，小伙子，你真棒！

他答："是啊，我也没想到，出来以后我们老师都说，当时对你撬那板凳可真没抱什么希望……"贾国伟是班上个子最小的，永远坐第一排，他也不知道自己哪里来的那么大力气。他只知道班主任老师平时对他们特别好，有老师在，他似乎并没有太多恐惧。

我问他，获救之后老师夸你了吗？额头上还贴着纱布的年轻人孩子气地笑了，操着四川口音说:"他说我还是可以。"要是我没猜错的话,"还是可以",在四川话中就是"真不错"的意思。

一簇笑容在小伙子脸上,格外动人。

高一一班张露,出事的时候自己伤得并不重,可是当她爬过几块巨石之间的缝隙,却看到班上的一个女孩子已经脸色苍白,手脚冰冷。她和另外几个赶过来的同学一起高喊着:"不要睡,不要睡啊,睡下去就起不来了!"

对方没有任何反应。

同学们开始给她做人工呼吸,女孩儿的手却是越来越冰。焦急中张露突然趴在女孩儿身边一阵耳语,她说:"你不是排球队的吗?我现在以一个排球队长的名义命令你,必须醒过来,必须坚持,咱们是一个集体!"

张露刚当上排球队长,同学们选她当,她还总是不好意思。而现在,她把这句悄悄话说了一遍又一遍,只说给她一个人听。

女孩儿并没有醒来。

几个小时过去,又几个小时过去,张露和几个同学挤坐在一起,这时有人喊出了一句口号:"一起进来,也一起出去。"这句话一下子让孩子们鼓足了精气神儿。

最终,几个同学一起获救。

张露是农村姑娘,父母常年都在外面打工,家里只剩下自己支撑,她时常会觉得委屈,有时候还哭哭啼啼地找朋友倾诉。

她特别郑重地对我说,"原来总觉得生活很无聊,现在每天心里都满满的……"

我说:"你和同学们可是生死之交啊!"

小姑娘骄傲地笑了。

来到北川中学临时驻地,第一个约的就是校长刘亚春。但直到两天里所有的采访几乎都做完了,我们还在等他。

刘校长太忙了,他不停地接电话,不断地布置工作,不断有各路人马向他来请示,总有解决不完的问题。

大灾后仅仅一个星期,高三的学生已经复课了,学生们的衣食住行都是非正常状态,夏天到了,如果酷暑,如果下大雨,帐篷里也不是久居之处……

终于,校长给了我一个小时的时间。他特意要我们找一个周围完全没有人的地方,开始了我们的谈话。

他说话声音始终很低,一字一顿,不知是因为这几天的劳累,还是心中积蓄了太多的东西。

但，在他的眼神中看不到半点犹疑。

北川中学是县重点中学，每年都有不少学生考上名牌大学，每年的高考，学校都要拿上几个一等奖、二等奖的，2800多名学生，也是2000多个北川家庭的骄傲。

校长说："北川中学还会重建的，而且可能会很快，当然，不会再建在原来的那个地方，那样老师、同学们感情上都接受不了……不过，那片土地在我们心里更重了、更亲密了，因为我们的亲人还留在那里。"

我明白这句话的意思。

这一次大灾中，有十几位老师的子女也丧生在教学楼里，其中也包括校长帅气懂事、一心想上香港中文大学的儿子。地震后两个小时，又有人来告诉他，他的妻子也在地震中离去。

他没有时间悲伤，也没有权利悲伤，他得率领毫无经验、惊慌失措的人们开始救援，用最原始的工具。

在镜头面前，他长长地舒气，时常静默，但一滴眼泪也没有掉。

我说："我觉得你是个硬汉。"

他眼睛望向远处，"也不是，有时候也会放声大哭，那也没什么的。有一次，我看见趴在地上的一个男孩子，从背面看穿的衣服样子都很像是我儿子，悲伤了一场，但翻过身一看，并不是，不过也都一样，我跟他们说，死去的都是我们的孩子。"

至今，他并没有找到儿子的尸体。

校长说，刚开始还要花时间来劝劝大家，现在也不用了。彼此见面一个眼神，拍拍肩膀，什么也不用说。

"有人来劝你吗？"我问。

"是，也有很多人问我怎么样，我告诉他们，我还行。"

当一个人失去所有的挚爱家人，别的一切还那么重要吗？真的还重要吗？

我问："现在人们都很关心北川中学，你想对外界说些什么？"

"你告诉他们，北川中学一定还会站起来的。"

说这句话的时候，他声音仍然压得很低，却直达我心。

## 2009 年：我所知道的唐富珍

已经没有机会认识唐富珍了。来到她所居住的城市，站在她住了十几年如今已是一片废墟的家门口，我们尽一切可能追索、想象、拼凑。

但也只能是传说中的她了。

推土机已经把房屋推平，唐家人很多东西没来得及拿出，我们看到的照片都是唐富珍的哥哥从亲戚那里四处收罗来的，不是大合影就是侧面照。但还是不难看出，唐富珍很漂亮，比 47 岁的同龄人显得年轻得多。她姐姐说，每次两人一起出门，周围的人甚至都要问，"呦，你们是不是娘儿俩啊。"

唐富珍自小活泼好动，爱唱歌，爱漂亮。不管多忙，必定把自己打扮得美美的，为此还获得了一个响亮的外号"山妖精"。恐怕也正是因为对时尚颇有感觉，她从加工裤子，到卖成衣再到代理外国品牌，在服装行业做得顺风顺水。加工厂越开越大，成都市里也有不少她的商铺。

唐富珍自幼家贫，结婚的时候，住的是茅草房。可是她生来不安分。她差不多是村上最早出来闯荡经商的人，最初骑着自行车每天往返 4 小时拉布料，在市里租一个只能站得下一两个人的小摊位。姐姐唐富秀用手比画着，"就那么一小截儿，她再饿都不在外面吃一碗面。"

后来她胆子大了，自己跑到广州进货，甚至还雇了个翻译去了几趟韩国。大家族里大事小情都由她做主，甚至夫家胡家人有了什么事儿，也不找胡昌明，直接就来问她。"她是我们的主心骨儿。"所有的亲戚都这么说。

很快富裕起来的唐富珍不仅支撑照应着整个家族，她的强悍豪爽，她的热情慷慨也很快让她成了四里八乡的名人——人称"国际警察"。别人夫妻打架了她去照看人家的孩子；街边上遇到乞丐人家还没说话她就把钱摸了出来，还要拉着聊上半天；一个邻居小伙子给她打工，她主动提出来，"你也老大不小了，我给你 1 万块，你去做生意吧，赚了把本钱还我，亏了就算了。""1 万块啊，九几年的时候，可以盖个新房了！这钱我 10 年后才还上"，小伙子至今提起来还很不好意思。

1997 年，唐福珍收养了一个耳聋的残疾弃婴，小女孩两个耳朵一直往外流水，花了很多钱做了几次手术。现在孩子已经上中学了，送到成都市里的贵族学校，至今并不知道自己是养女。

唐富珍很倔，性格有点火暴，很有几分川女的侠气。她哥哥记得有一次坐公共汽车，看到小偷偷人家的东西，她就用眼睛死死瞪着，竟然把小偷给盯虚了，只好把东西给放回去。然后还问，"你是哪个地方的大姐？"当时也在车上的侄女说，"她咋个就不知道什么是害怕，当时我脚都在发抖。"

1996年，唐富珍在村里盖起了综合楼。为这个事儿，她还上了村里的光荣榜，连报纸上都登了她的照片，算是村里招商引资的一个成果，"女性自主创业模范"。

她在园子里造了假山，栽了很多铁树，还买了好多名贵兰草，桂花开的时候，好多人都跑到那儿去耍，走的时候，她还锯一抱桂花给人家。

"唐娘每天进进出出老唱着歌儿的，见谁都打招呼，好像没有累的时候。"邻居的一个女孩很是羡慕。

唐富珍从来没有料想到自己的死亡——她的儿子刚刚从英国留学回来，还打算再找个好学校上个硕士；她最大的心愿是等搬了家，找个新的地方建起新房子把六个兄弟姐妹都接到一起住；拆迁的纠纷拖了一两年，她总是说："哎呀，这房子赶快拆迁完了吧，咱们好好出去旅游一趟。"

没有人料想到她的死亡。

唐富珍被抬上救护车，她在侄女的哭声中醒来，说了人生中最后一句话："如果我活不了了，拿我身份证上的照片作遗像……"

唐富珍走了。她不再是那个大家族中的主心骨儿，不再是人们眼中爱管闲事儿的豪侠女杰，不再是上了光荣榜的优秀企业家，不再是两个孩子的母亲，也不再是让拆迁办头疼的重要人物。

她，如今只是一场轰轰烈烈的新闻事件中主人公的名字，一个注定不久就会淡出人们视野的名字。

## 2010年：走不出的北大荒

30多年前，北大荒。

知青姜盈国开着拖拉机，从一捆稻草上轧了过去；来自北京的赵印宝在"打到刘少奇"的标语下面偷偷写下了"万岁"二字；肖景秀的连队里回城的人越来越多，唯有她和当地老乡结了婚，终日郁郁寡欢。

没有人知道，是在哪一个瞬间，他们走进混沌。

我们来到佳木斯市郊的北大荒知青安养中心，82名知青被接到这里，他们都患有精神分裂症。此前，他们有的被福利院收留，有的被当地老乡抚养，还有的四处流浪。据说在曾经的北大荒知青当中，有至少300人由于各种原因而罹患精神病，但当去年医生们开始寻找的时候，发现已有近百人不知所终。

患病知青中大多数人几十年间从未离开北大荒，暮年的他们，就这样以一种极为特殊的方式又和战友重聚在一起。

安养医院楼道尽头的大厅，是病人们集中活动的地方。粉色的病号服，一张乒乓球台，散坐在各处表情异样的老人。一切比想象中平静得多。

病人们大多数时间都是沉默着的，以各自不同的姿势持久发呆。彼此之间不见交流。总会有好几位在屋子中间走来走去，细细碎碎的步子，一圈又一圈，反反复复。其中一位叫姜盈国。

没有人记得究竟是在哪一年，姜盈国做了那个改变他一生的动作——他驾驶拖拉机轧过了一捆稻草。据说在当地，人们常嘱咐开拖拉机的人要小心绕着草堆走，以防有人靠在稻草里休息发生危险。姜盈国一定是把这话牢牢记下了，所以当他不小心轧过一个草堆，他笃信，他轧过的是一个人。后来知青们把那捆被轧的稻草摆在他面前，还是无法医治他所受到的惊吓。姜盈国，疯了。

"叔叔您多大年纪？"

"21……"

"您哪年当的知青啊？"

"1968年……"

"1968年，你哪年出生的？"

"1990年出生的……"

简单的几句对话，让姜盈国陷入长时间的停顿，他偏着头眯着眼掐算，铆足了劲想拨开脑中的一片混沌，像是在努力回想一个没有线索的梦。

我们不忍心再问，赶紧岔开话题。

据医生讲，很多精神病患的意识还停留在早年犯病之前，之后就是模糊一片。所以大多数患病知青的记忆停驻在他们最灿烂的年纪。他们唱的是当年的歌，用的也大都是当年的词儿。一个女知青坚持说自己没病，护士说："那你为什么在这儿啊？"她笑："我是来这儿吃饭的，吃毛主席的饭。"

说到当年那些事儿，北京知青赵印宝很是积极。他的大脑已经严重退化，说话只能三两个字往外蹦，但仍然吃力地向我们解释着什么是上山下乡，什么是最高指示。

赵印宝自小好强，追求进步，没跟家里人说一声就偷偷来了北大荒。可是别人都打倒刘少奇的时候，他反倒在标语下角写了"万岁"二字，问他为什么那么大胆，他憋了半天，"国家主席……"

被打成现行反革命的时候，家里人只接到了一纸通知书。三年后，母亲打开家门，发现满身粪便的赵印宝站在那里，目光呆滞。据说因为在监狱里得了病，放出来后大队也没办法收留，就由两个知青把他领了回来，直接丢在了他家门口。

发病的时候，赵印宝打人打得很厉害；清醒的时候，他从未向家里人说过他曾受了怎样的委屈。

护士们最爱逗赵印宝说俄语，他当年是外语学校的大才子，俄语说得数一数二。而今，这也成了他头脑中罕有的没有退化的部分。

他最熟悉的单词仍旧是，毛主席。

听到李启纯正的北京腔儿，我走过去和他聊天儿，说"我是你老乡啊"，他顿时来了精神，得意地把北京的各大公园数了个遍。

但接下来数的，就让人不忍去听了，他说，"后来，宣武区的（知青）走了，海淀区的也走了，就剩我一人儿了……"

20年前，已经沦为乞丐的李启，被北安农场的一个老乡收养。

所有患病的知青都经历了战友们大规模返城，而他们被独自抛下那一幕。因为有病，没有单位愿意接受；或者病情太严重，根本说不清自己是谁，怎么和家里联系；又或者家里的兄弟姐妹们无能为力，选择遗忘他们的存在。总之，他们最终反倒成了真正守住誓言、扎根在这片土地的人。

至少有一半的病人后来从未回过家，也没有亲人探望，甚至没有过一通问候的电话。他们，就此和家乡永远断了联系。乡音是他们身上唯一的标签，一个知青操着浓重的上海腔叨念："不知道怎么搞的，单位老不来人接我……"

也曾有来自家乡的知青返乡慰问团来看望他们，自然是洒泪一场，相互都已认不出。

其实很多病人的身世已经成了永久的谜团，他们无力叙述，旁人也无从考证。我们所能拼凑的只是些碎片而已。他们的人生就这样以一个突兀的横断面呈现在我们面前，没有过往，但又像是永久烙印着那个年代的一尊尊活化石。

唯一可以确定的是，他们将在这里走完人生最后的旅程了，陪伴他们的将是些原本素不相识的人。

生长在北大荒的医生、护士们说:"我们小时候的老师就是知青,现在也算是回报这份特殊的感情。"

张慧颖或许是这里最幸福的人了,因为她始终坚信当年同来的那些知青谁都不曾离去。我们问她怎么没有回家,她一歪头笑着说,"战友们都在这儿呢啊,都在呢,都在别的楼上呢……"

## 我的 2014

最近几年,《冷暖人生》的采访地点基本上都选在"革命圣地"凤凰会馆六层的一间会议室。我们在这个只有几套办公桌椅的标准化会议室开辟出一个固定的角落,没人开会的时候,就摆上摄影机,挂上两块灰蓝色喷绘背景布,再合上厚厚的窗帘,布上几盏灯,开始长达四五个小时的私密采访。从镜头里看去,我和被访嘉宾想必是置身于一个精致深沉颇富格调的环境当中,不是图书馆怎么也是咖啡馆吧,绝对有一种超时空的历史美感。而事实是只要镜头稍拉开几公分,你就可以看到地上满是横七竖八一团乱麻的电源线;桌上满是堆得高低起伏的书包、衣服、水瓶、手机;还有一个歪着身子勉强支撑在椅子上的反光板,总之,很煞风景。很有那么一阵子我觉得在这样一个类似工地的空间里怎么能采访呢,但抗议未果,因为这确实是我们能找到的最方便也最安静的地点了。不过在这之后的几个月里,我很快发现,这个小小的极富欺骗性的镜头里的世界,其实也并不那么虚幻,它越来越真实,也越来越成为我生活中必不可少的一部分。似乎只要坐上那把神奇的椅子,只要开始问第一个问题,周遭杂乱无章的现实就可以渐渐虚化,我和我面前的那个人,携手出逃,一起走入属于他的时光隧道、他的离合悲喜。

四五个小时的采访,高度专注,很累,交流不顺利的时候甚至感觉异常艰苦,当然崩溃也是免不了的。

去年夏天,我们采访网络上的争议人物刘强,就是曾经投掷燃烧瓶火烧靖国神社的激进青年。他在韩国坐了几个月的监狱,险些被引渡日本受审。回到中国后,他仍隔三岔五去日本使馆门口拉标语,唱革命歌曲,最疯狂的是,还在后背上刺上了精忠报国几个大字。刘强坐下后,眼神炯炯,近乎挑衅。他用中、英、日三种语言的名人名言回答我的大部分问题,拒绝讲任何故事,更不用提感受与细节。

他刻意保持戏剧性高亢语调，每讲完一段话就要热切地望着我，似乎等待我击节叫好。几个回合下来，我毫不意外地抓狂了。我提议休息一会儿，走出会议室直奔五楼剧组办公室。一般这个时候，制片人朱卫民同学都会猫在那里等待我胜利的消息，偶尔呢，就是在如此这般不顺利的时候，他就要在那里充当一个万能出气筒。果然，在我一通儿气宇轩昂发泄之后，他稳稳当当地说："别勉强，不行就算了。"

没有了继续发泄的理由，也消了一半儿的气，当我再次坐回那个只有我和刘强对坐的空间的时候，我告诉自己，无论如何，我需要知道到底发生了什么，我要身临其境。

真正打开我们之间连接的是那个我们都很熟悉的词，"恐惧"。不知道被哪个细节触发，他突然谈到在韩国监狱中知道自己有可能被引渡的那一刻竟瑟瑟发抖，从一个冲动的英雄变为后悔万分的抑郁症患者，在被护送回国的飞机上也想象着被日本人刺杀报复。回国之后，失去工作，家人朋友无法理解，整日处在担心被日本"右翼"报复的阴影中，一个温文尔雅的英语教师最终变为了站在天桥上一心想要跳下去的人。终于有一天，他对自己说，"恐惧"，趁你还没有杀死我之前，我必须要站在你的面前。于是他从几年足不出户的生活中解脱出来，开始了在外人看起来那些近乎偏执的举动。与其说是政治狂热，不如说是一种自我救赎。

精神的困境与挣扎，是这个时代更大的真相。而我们正是希望在这个小小的空间之中，完成对周遭世界尽量敏感的观察，尽量深入的解读，更重要的是，对世道人心尽可能真诚地靠近。而这需要一份活跃却也安静的力量。

有时候我甚至觉得，这可以承载四五个小时心无旁骛专注对谈的地方，和包围着它的杂乱无章相映成趣，这幅画面或许正是我们与我们所处现实之间关系的最好隐喻。

有时候在去采访的路上，想到我们打造的这个小小空间，会觉得等待我的好像并不是什么具体的楼，具体的房间，而是一个超越时空的情境，在这里，我们可以与这个喧嚣的世界保持一点点距离，沉下心来观察、思考、剖解、梳理。而且，这里有一份很深的信任，也有一份很纯粹的感情的流动。

过去的一两年间，我还承担了《凤凰大视野》大部分的录制工作，常被人问："一天一集，这量也太大了吧。"这个时候，反倒是我会觉得有点诧异，因为大视野的录制于我从来不是负累，更像是一次又一次的新鲜旅行，而且是深度游，有时候去往远古,有时候去往民国,有时候品评人物,有时候亲历战争。那个不大的摄影棚里也有一把神奇的椅子,坐上它,说上一句"各位好",就出发了。往往还没觉得是疲惫就已经到站,还真有点意犹未尽。

  回头看看,这两档节目其实铺陈了我这几年生活的底色,帮助我找到了与这个不断变换的世界打交道的方式。时而走近,时而抽离。但更重要的是,在它们依然沉稳的气息中,我得以在这个躁动的常常令人感到猝不及防的时代里,落稳脚跟,看看眼前的路,然后走下去。

# 卫毅：
# 人物特稿就是去掉报告文学背后的金光

《南方人物周刊》采访总监、资深非虚构写作者。

主要作品有:《路遥：身后20年》《风暴里的黄金时代》《劳蛛缀网一百年——许地山的一家》《李泽厚 寂寞思想者》《放映员往事》《一项鲜为人知的教育实验》等

## ▎非虚构写作的定义

首先我想给大家提个问题，大家认为什么是非虚构写作？非虚构写作的定义其实很难找，我记得美国记者何伟，他曾经写过《寻路中国》和《江城》，他在他的新书《奇石》里面提到他的老师麦克菲跟他说过，非虚构写作这个定义可能是有问题的，这就好比说问你早上吃了什么早餐，我说我今天早上没有吃葡萄柚一样。

非虚构写作本身就有这样的一个问题，而且到了中国非虚构写作这个概念也经历了一个非常漫长的过程。我觉得可能最相似的是20世纪七八十年代的报告文学，这是特别接近的一个概念，但是报告文学会有一些让人感觉特别不真实的东西。比如说写一个人物，他的后面是冒着金光的，我读报告文学就有这种感觉。非虚构写作可能就是把背后的金光去掉，我觉得这就是接近非虚构写作的概念。

非虚构写作是西方传进来的概念，在中国，大家更愿意接受的是特稿的概念，也更接近我们的新闻写作。特稿在《南方周末》可能会讨论得特别多，然后一直延续到周刊，大家对特稿的定义其实有一个认识的过程。什么叫特稿？它到底特在哪里？我个人认为，我写的一些东西它是接近特稿的一些概念的。我觉得用事实去说一个有意味的故事，它就是一个特稿。所以说，我们可以把非虚构写作的概念相对缩小到我们可以实际操作的层面。

因为非虚构写作可能可以写成一本书。写成一本书的话,它就不是一个稿子了,但是我们平时的新闻写作或者杂志写作的话,它更像是一个特稿写作,所以,我主要集中在特稿写作这方面。

## 文学与特稿

奥地利作家赫尔曼·布洛赫说过:"唯有小说才能发现的东西,乃是小说存在的唯一理由。"这是一个文学的概念,这是对小说的定义,但可能用发现这个会比较狭隘,用传达这个词会更好。如果特稿有个定义或者说有什么特别之处的话,我觉得是唯有特稿能传达的东西才是特稿存在的理由。这是我对特稿的一个理论性的理解。

相信柴静的《穹顶之下》大家都看过。想象一下,如果让你写一篇关于雾霾的特稿,大家会怎么写?我不知道大家有没有想过,当去掉个人魅力非常强的柴静,我们应该怎么操作,或者用文字来表达,用特稿的方式去表达?

我说一下我的看法,这个是我们编辑部讨论过的一个话题。我们会怎么操作?特别是怎么用特稿的方式去表达。其实在柴静的片子出来之前的几个月,贾樟柯拍了一个短片,叫《人在霾途》,说的也是雾霾的话题。这个片子倒是给我一些启发,片子说的是一个工人的家庭和一个艺术家的家庭。他把他们的整个生活过程拍了一遍,将他们在雾霾下的生活编织在一块儿。时长七八分钟的一个很短的纪录片其实对我很有启发,因为如果我操作的话,我可能会选河北某个工厂的工人,他这个工厂可能会因为雾霾的原因,需要减少排污,被迫被关停,那么他的经济来源会受到一些威胁,可能会断了以后的经济来源或是失业,但是这个地方的空气环境会变得更好。到底是我们要身体的健康还是要工作的保障?如果是我,我可能会选择这样一个家庭。我觉得这是特稿的思路——找一个合适的人表达两难境地。对于艺术家而言,如果说他们是在北京生活,可能会有很好的工作,但是空气不好,他回到家乡可能空气很好,但是工作的机会就没有这么好了。这样的人群他可能会构成我做特稿的人物选择。

我还没有到《南方人物周刊》之前曾经想到与雾霾类似的话题。当时很长一段时间我都在广西的一家报纸跑环保新闻。最开始产生特稿意识的机缘可能是当一次我拿到了一组环保局关于水污染的数据的时候。大家拿到这个数据可以做什么呢?如果把这个数据报道出来,就是一个数据新闻的报道,很省事。当我拿到这个数据的时候，我可能不是这样想的，因为我发现这个数据显示南宁有一条江叫邕江，这条江上的污染是逐年在变化的，我想到这个江上找水上人家，我觉得没有比水上人家更了解整条江的变化的人了，于是我就去那里找到在船上的渔民，跟他们一聊，我就发现了很好的一个故事。

是一个什么样的故事呢？渔民在江上打鱼的时候，他们原来希望这个水特别清澈，这样他们才能打到更多的鱼，获得更好的经济收入，随着水污染日益严重，水里的鱼越来越少，他们开始抱怨这个环境，直到已经没有什么鱼可以去卖了。但是呢，这个故事的另一半是他们后来发现一个致富的机会，他们发现污水的出水口有大量的淤泥，淤泥里面有红虫，特别细的红虫。红虫是喂花鸟市场养的那种金鱼最好的饲料，价格非常高，他们就开始挖淤泥里的红虫到花鸟市场去卖，获得的收入并不比打鱼的收入少。这个故事发生了转折，他们开始希望水质越来越差，只有水质越来越差，他们才能获得更多的红虫，然后才能够获得更多的收入。

我就把这写成了一个故事，我觉得这就是一个特别好的特稿故事，从一组环境的水污染变化的数据到把它转换成一个特稿故事。所以，我觉得特稿写作很考验人的一个转化能力，考验记者的是把一个基本的事实，或者大家熟视无睹觉得没办法做出新意的东西写出一个特别吸引人的故事，这比把那些数据列在上面更有意思，这是我的看法。

## 非虚构写作运用的文学手法

刚才说的是我还没到《南方人物周刊》之前的一个例子，我现在想讲的是我到《南方人物周刊》之后亲自操作一个题的例子。这是个什么例子呢？有一天，北京的一家都市报同行转给我一个消息：北京有一群电影放映员正在北京上访，都市报觉得这个消息根本没办法报，因为上访的人实在太多了，这些消息几乎不能成为新闻。所以他转给了我，觉得我们可以报，原因是觉得这里面可以把它写成特稿，但是他们那里没有写特稿的机会。

电影放映员它的特殊性在什么地方呢，大家都是20世纪90年代出生的同学，可能没看过露天的电影。

这张图片是我在陕西户县拍的，这都是老的电影放映员，也是刚才我们说到的北京另外一个报纸的同事转给我的电影放映员。他们当年是放露天电影的，放映员属于我们以前公社八大员之一，公社就类似于乡镇级，在公社八大员时期，放映员是其中一员，还有邮递员什么的，他们的地位非常高。这些放映员到北京上访的原因是什么呢？他们现在的生活没有保障，他们辉煌的时期过去了，现在不能解决他们养老的问题。当时我觉得从他们身上就可以反映出时代的变化，所以我去采访他们，听他们讲这些年的故事，这里面还有很多个层次，还有我们对电影概念的理解。他们当时放的电影现在逐渐市场化，他们也就逐渐失去了这个工作。公社这个概念，更不用说公社"八大员"之一的放映员，从他们身上是体现这个时代的变化。

其中有一个放映员，是我之前稿子里面写的，他和他妻子两个人过日子，我发现他做的一件事情是什么呢，他到村子里去主持一些丧事。然而，因为他把他的经历更多地投入到放映事业中，就对女儿的身体没有太多关注，所以他感到特别后悔。

当时我去采访遇到这个故事的时候，我想的是，马尔克斯有一篇中篇小说叫《没有人给他写信的上校》。这篇小说我不知道大家读过没有？它可能是去年才正式出了正版，我看的肯定是当年没有授权的，因为当年马尔克斯所有的这些小说都没有授权。在1980年代，马尔克斯的小说滋养了很多中国的作家，像莫言、余华，他们的很多写作都是跟马尔克斯相似的，就是我们现在说的魔幻现实主义。那篇小说讲的主要内容就是一个退休的老上校和他的妻子两个人生活非常困苦，他们的小孩死了，两个人孤苦伶仃地过日子。

我就觉得他们和其中一个放映员的生活特别像。所以我们在写或者构思一篇文章的时候，如果有其他的可以借鉴的、特别是文学语言类似的东西，我们就可以把那些手法运用到非虚构写作当中来，就是文学写作中文学的手法。而且特别是像马尔克斯，大家也知道，他原来是做记者的，他说他特别受新新闻主义的影响，他的文学也是受新新闻主义的影响。当年特别有名的就是《卡波特》，这就是用新新闻主义或者非虚构写作写出来的一篇长篇非虚构作品。

马尔克斯他最喜欢的作品是什么呢？大家知不知道约翰·赫西这个人？前几年，美国最著名的新闻作品排在第一位的就是约翰·赫西写的《广岛》，中文版的正版应该也是去年还是今年初才出的正版。我在1981年《巴黎评论》的采访中，看到了马尔克斯喜欢它的痕迹。

《巴黎评论》：对你来说，怎样才算是一篇新闻杰作？

> 加西亚·马尔克斯：约翰·赫西的《广岛》是一篇罕见的作品。
> ——《巴黎评论·作家访谈Ⅰ》

这曾经影响了中国很多的写作者，包括大家熟悉的《唐山大地震》的写作者钱钢老师，这个我曾经亲自向钱钢老师求证过，写这个有没有受到过《广岛》的影响，他说是。他当年在作家班学习的时候，在路边花两毛钱买了特别薄的小册子，他说当时都没有注意到约翰·赫西写的这个作品，当时翻译成的名字叫作《广岛浩劫》。钱钢老师受这个启发，所以用一种大家觉得比较新奇的方式重新写了唐山大地震这个作品。约翰·赫西直接影响了许多作家，但是大家都不太知道他，后来他回到了耶鲁大学做文学教授写了很多的小说。而实际上，他是在中国天津一个传教士家庭中出生的，曾经他从中国去广岛采访广岛原子弹爆炸给日本带来的影响或者对世界的影响。《纽约客》当时一整本杂志刊登了他的这部作品，这是《纽约客》历史上唯一一次使用一期杂志只刊登一篇文章的方式发行，就是这部作品《广岛》。他的作品当时还出了单行本，被认为是美国杂志历史上最有名的一篇文章，大家可以找来读一下。

所以，我的意思就是写特稿可以去看相类似的文学作品，寻找灵感。我写这篇文章运用的手法就是马尔克斯的基调，因为它里面人物的关系或者状态特别相似。

这是马尔克斯的塑像,这张照片是我在北京的朝阳公园拍的,我估计没有多少人知道。当时是去年马尔克斯去世的时候,我在网上查到的说朝阳公园里面有他塑像,应该是中国唯一一座马尔克斯的塑像。塑像上写的是"我想做的只是讲一个好故事罢了"。我觉得这和非虚构写作是一样的。这座塑像应该是哥伦比亚驻中国大使馆捐献的,在2013—2014年间捐献之后,马尔克斯就去世了。

而且我当时去的时候,很神奇。塑像上放上了玫瑰,大概因为马尔克斯特别喜欢玫瑰。这个画面有一点魔幻现实主义的感觉,我就把它拍下来了。

我想讲下一个例子,莫言大家可能一看就知道,这张照片也挺有意思的。

这是我们杂志在莫言得了诺贝尔文学奖之后做的一个封面报道,这是配图之一。我不知道这张照片从哪里找来的,但特别有意思。当时莫言得奖大概是2012年一个星期四的傍晚。当时我正在采访,因为之前大家都觉得诺贝尔奖要开奖了,编辑部应该做一些准备,设想下谁会得奖,到时候不要措手不及。当时所有人都觉得得奖希望最大的是村上春树,因为当时有一个机构出了一个赔率,村上春树

获奖的概率是最大的。我看到莫言排到第二位，还觉得为什么排名这么高。当时大家对他获奖的希望还不是很大，我们另外一个同事说去准备村上春树，那莫言谁准备呢，我说我来准备一下吧。实际上我觉得他得奖的概率不是很大，但是还是真的去准备了。因为我学中文的，所以对莫言比较熟悉。而且我记得非常清楚，1987年《红高粱》上映，我是在电影院里看的。那时候我还很小，7岁。我记得看电影的时候睡着了，因为看不懂，一片红彤彤的，然后我就睡着了。上大学之后，我学了中文。有一门课叫"文学与电影"，我上的第一堂课就是《红高粱》。我们去读原著还放电影，老师让大家比较一下原著和电影的区别。而且特别有意思的是，我们高中有一次生日，我同学送的生日礼物是莫言的一部长篇小说叫《红树林》，可能是他写得最糟糕的一部小说。当时我也都看完了，所以说我对莫言还比较熟悉，准备起来可能比一般人轻松一点。

2012年那个星期四的晚上莫言得奖了。我第二天大清早马上买了飞机票飞往青岛，从青岛再坐车去莫言的老家高密。高密是一个特别小的地方，而且莫言写的几乎所有小说的背景都是以高密为环境的。我去到那里才知道，全世界的记者都来了，这是一个世界性的话题。我看到有瑞典的记者啊，美国、法国、英国的记者，中国的记者就更多了。

以前我也跑过社会新闻，只有突发的社会新闻才会有这么多记者。那是第一次我看这么多文化记者扎堆，这个时候怎么把自己的稿子做得比较特别就是一个问题了。我也在考虑，因为所有人几乎没有任何可以独家的机会。莫言他们家只找了两三家专访，但是他家里人都把门打开，然后桌子上放很多茶杯，记者排着队进来采访，大哥、二哥坐在这儿，一直坐在你面前一个半小时，轮流一直从早上到晚上，就是这样。你除了莫言本人，几乎所有的人你都采访到了，别人也跟你一样。这时候你怎么写出新东西来？我就开始琢磨和构思。

当时还有一个新闻发布会，莫言讲的东西全都是一样的，因为所有人都在场，听到的所有东西都是一样的，回答也是一样的。然后莫言在台上讲话的时候，我拿着相机。我不是摄影记者，但我觉得相机有一个好处是它能够有机会靠近人，一个文字记者手上没有东西跑到最前面会非常奇怪，但是如果是一个摄影记者，你跑到最前面，那是为了拍摄很自然。莫言在台上这样子讲，台下坐的人可能跟今天差不多，但全是记者啊，一两百个记者。我当时发现莫言讲话结束的时候，他弄了一下袖子，当时露出一块手表。

这个时候你之前的积淀和你的联想可能就起了作用。因为之前看过莫言所写的一篇散文，说他当年是部队的新兵，新兵报到的时候他的老乡提醒他，说你到部队之后一定要写决心书，这是为了表达你对这个部队的忠诚，然后你表达好的话，你在部队就有好日子过了，你就容易获得提拔的机会。然后，他就听老乡的话，因为他有天赋，文笔比较好，就把决心书写得特别漂亮，上台讲得特别好。他自己感觉也很好，脑子里就在想，我被提拔之后就可以有好的收入。

> 在掌声还未停息的台上，他脑子里掠过了自己想要拥有的东西。"谁见过这样的大场面了。但这是光荣，是前途，是4个兜的军装，是上海牌手表，全钢防震，19个钻。"
> 不知在高密这家酒店的会议厅里，57岁的莫言来到讲台前那一刻脑子里想的是什么？他此时戴的又是什么牌子什么质地的手表？
>
> ——《莫言的国》

当时我们说的几大件，其中一个大件应该就是手表。这是他当年十几岁去当新兵时的一个想法和一个愿望。我可以把他的愿望写在这里。

那如果你没有参与到莫言的颁奖仪式或者看过莫言的书，怎么去做一些补救？对于作家来说有一点很好，那就是莫言写的散文。他自己写的散文是真实的，非虚构的。

> 21岁的管谟业"一屁股坐在那把坐过曹副团长、坐过新兵连指导员的椅子上"，那是一把红色人造革面的钢架折叠椅。他望了一眼台下，开始低头念稿子。
>
> ——《莫言的国》

我在这段稿子里用了"管谟业"和"莫言"两个称呼，对应的是两个不同的莫言，对应的也是两个不同的年代和生活环境。这如同戏剧一样，能形成强烈的冲突。如此场景，我称之为"核心场景"。这是受到加西亚·马尔克斯的启发。

如果把两个场景分开来看，可能没有任何意义。但是如果你和现实中的场景联系起来，它的意义就出来了。在高密这家酒店里，57岁的莫言在讲台前面一看，他脑子里想的是什么，他此时戴的又是什么牌子什么质地的手表，你就自然而然地把他的过去和现在联系起来，形成了对比。

我们写稿子，或者说我们构思一个稿子，很多时候我们要去找矛盾和冲突，有时候，这个矛盾和冲突不是同时的。就比如说，两个人在你面前打架可能是同一个场景里发生的，它也可能是在不同的空间里发生的。过去和现在，也可以形成冲突。把过去的一段和现在的一段放在一起，这种冲突就形成了。有冲突大家才会喜欢看。

## 核心场景

马尔克斯说的核心场景实际上是我给他定义的，马尔克斯实际上只说了这一段话："我的一切故事的源头总是一个简单的形象。我认为我的最优美的短篇小说《午睡时刻》的全部故事情节来自对一位穿黑衣服的妇女和一个穿黑衣服的女孩打着黑伞在一个荒凉的镇上顶着炎炎烈日行走的情景的幻觉。《枯枝败叶》的复杂故事源自对我自己小时候坐在客厅一个角落里的椅子上的情形的回忆。关于写《没有人给他写信的上校》所受的启发，最初是在巴兰基利亚的鱼市上看见一个男人在观望船只。许多年后我自己又在巴黎经受过一次焦急等待的不安心情。我把自己同对那个男人的回忆联系起来：于是我明白了等待是一种什么心境。许多年间，关于《百年孤独》的创作，我只记得一位老人带着一个男孩去认识一个马戏团作为稀奇东西展示给人们看的冰块。"

我觉得马尔克斯所说的"形象"一词用"场景"代替更为合适。我在写文章时，会经常去寻找这样的"核心场景"。这样的场景若能找到，能打开一整篇文章。写手表的那一段我起了小标题叫作《手表的国》，所以当我写下"手表的国"这一段时，非常兴奋，几乎是一口气写完余下的文字。马尔克斯还说过一段话："对我来说，最困难的是写第一段。为了写第一段，可能要花许多个月份，甚至许多个年头，直到把它写好为止。只有写好第一段后才能最后决定是否应该写下去，应该采用什么风格，应该写多么长，需要用多少时间来写。"我对此深以为然。

当时我们的编辑说可以叫作《莫言的国》，他觉得莫言构筑了一个自己的国度，这是一个什么样的国度呢？后来编辑总结了一段话，我觉得特别到位。他说的这个国是历史与当下的中国，还有虚构和真实的人生。小说里面的世界和现实当中的世界有文学的层面，有莫言人生的层面还有中国现实的层面。其实我要表达的就是这样的一种感受吧。还有一个是因为别人都说莫言是受马尔克斯的影响，写的是魔幻现实主义，所以我整篇文章也呈现出类似这样的色彩。我会把一些具有魔幻色彩的东西也加进去，让这篇文章具有符合这一作家的特点。

比如当时我去采访的时候，看到黄鼠狼从路边跳过去。黄鼠狼在《聊斋志异》里都是神仙的化身，而且蒲松龄的老家离莫言的老家也很近，我甚至看到天上有七彩的云团，可能正好是光的折射吧，这真的是很神奇的一件事情，我想文章的氛围也就因此形成了吧。一个作者要有自己的风格，每篇文章也要有自己的风格。那这种风格从哪里来呢？就是从这个作家或者是写作者本身的风格都可以向他靠近。

其实我曾经在搜自己的这篇文章的时候，搜出了应该是某个省高考题或者是高考模拟题。我是在百度知道上看到照片，才知道他们出了语文的阅读题来考大家，这个表达了作者什么样的意图，那一段又表达了什么样的意思，我自己都没办法回答。那篇文章是我自己写的，我都觉得太难了，它也没给标准答案。这个学生可能也不知道这个答案才会发到百度知道上求助。我让我的编辑来答，他也答不出来，但是有一点我觉得还是蛮有意思的，我记得里面有一个是多项选择题，其中有一条说，这个作者他用的方法是类似于莫言的风格，使整篇文章看起来跟莫言的风格浑然一体。我觉得如果我去选的话，这一条我认为是比较对的，或者说这一条出题人是真的了解了作者的意图。其实当时我的想法确实也是这样子的，我想让这篇文章呈现出和莫言、和魔幻现实主义色彩接近的东西。

## 结构是有力量的

我刚才说的一些文学手法的借鉴，接下来我要说的是长篇作品怎么去结构的问题。这是我考虑特别多也是我特别感兴趣的问题，因为你想好了结构之后，会省很多事情。这是很多人没有意识到的，甚至包括我们的同事或者我们的同行也没有考虑过。

你所了解和理解的事实，这涉及到结构的问题。我是对结构非常感兴趣的人。但好像大多数写新闻的人对此不感兴趣。许多人提到结构时，头脑里只会冒出"倒金字塔"，然后接下来写到哪算哪。我从来都认为，结构是有力量的。写作是关于时空的艺术。在一定的时间和空间里巧妙地表达主题,这是富有挑战性而又有趣的工作。看到过一个有意思的比喻:"许多人认为文章是靠改出来的,殊不知润色只是抹上结构之墙的那斑斑灰泥。"我觉得写作是一个关于时空的艺术,所谓的时空就是时间,我们说它是有截稿日期的,空间就是我们有很多空间的限制,比如说版面,编辑给你1万字的版面,你不能给他2万字的东西。

《莫言的国》那篇文章有1万多字,其实还配上另外一篇文章,那篇文章大概是有4000字吧,加起来一共1.4万字。从知道这个题直到最后杂志印出来,只有4天的时间。我写了大概1.4万字,结尾采访了大概十几二十个人,而且这还是封面文章,还要有质量上的要求。我最后连续写了20个小时,那20个小时没睡觉。我觉得这个速度也不快,可能有更快的人,但对我来说可能比较快了。在那20个小时我觉得支撑我的就是我想好的那个结构,当时我是在高密那个莫言宣布自己获奖的酒店里面,很困。在快要睡觉之前,想到了这个大致的结构,把它分为好几个国,是莫言的不同阶段,有现在、有过去,有文学、有现实,有莫言的人生,也有普通大众的人生。就是这样一个小的结构,然后这个小的结构,不断复制,变成一个整体的结构。

这个大家听起来可能还不是特别明显的结构方式。我可能举下一个例子大家就会清楚一点。

这也是我拍的一张照片。这是在 2012 年，我不知道从这个头像大家看得出是谁吗？这是路遥。当时正在播放《平凡的世界》电视剧，这也是我看到电视剧播放后联想起来的。我不知道现在的同学是不是在读路遥，因为路遥写的很多是农村的生活。可能大家觉得这个比较土啊，像土地。

当时是一个什么样的情况呢？当时是 2012 年，正值路遥去世 20 周年，他是 1992 年去世的。当时我们编辑就想写这么一篇文章去纪念路遥去世 20 周年。然后，在接到这个题的时候我就在想，做路遥的文章写得也特别多，怎么写出新意，特别是用特稿、非虚构的方式去写出新意？我就想到路遥是 1992 年去世的，那一年，停滞的中国改革再启动。这 20 年，中国人的生活又有了很大的变化。而路遥自己说过，他之前写的小说，大都是围绕着中国转型这个主题。这 20 年，是中国上百年转型当中的又一部分。

所以说这个点很关键，因为路遥本身他写的东西是在写中国的转型，包括《平凡的世界》，所以我想要通过写路遥来表现中国这 20 年在做的转型的努力。中国的整个转型过程非常漫长，我们甚至可以从 1895 年开始说起。这 100 多年来我们都在寻求转型，变得更加现代化。我们所说的现代化或者说后来用的现代性这个词，就从 1895 年中国"甲午战争"失败后，中国开始寻找自己的出路开始的。从康有为、梁启超到最后"辛亥革命"到"五四运动"到后面各种各样的运动，中国都在寻求转型，所以这 20 年也是中国这 100 多年转型当中的一部分。

于是，路遥本身是一条线索。另一条线索，或者说"潜文本"是中国改革再启动的 20 年，更本质的是中国转型的故事。潜文本是西方叙事写作的一个概念，指的是你在表面上在写一件事情，实际上你是在写另一件事情。潜文本是路遥的描写，更本质是中国转型的故事。

很多人看过我写的关于路遥的文章后有困惑，他们都会问文章里写的一些东西怎么和路遥没有关系呢？甚至当时编辑部在评刊的时候，我们的同事也说，怎么你写了很多可能看上去和路遥没有关系的东西啊？但实质上这就是我所说的一种结构，那条明线是路遥、路遥的文学、他整个的文学作品，这是他活着时候的影响，他的人生是怎么样的，他去世之后，他文学作品的影响是怎么样的？然后我主要想讲另外一条主线，就是潜文本那条线。你想表现这种潜文本——20 年，这太大了。20 年你要写什么呢？我大致分了四部分：经济、社会，还有路遥所代表的文化、政治。

我先说文化。路遥去世后的那 20 年是从 1992 年到 2012 年，中国整个文学或者说文化产生了很多变化。这怎么去采访呢？我去采访了大量当年路遥的作家朋友，这只是作家的层面。然后我还采访了普通人，因为路遥是延安人，所以我就到延安大学去采访他们文学社的社长，去了解普通人或者是年轻的文学爱好者对于文学的概念和他们观念的变化。这里面甚至有政府工作人员，当时有一个政府工作人员、一个文学爱好者拿了他写的一本二三十万字的东西给我，虽然说写得很一般，但是我觉得挺有意思的。他属于一个承上启下的这么一个人，因为他旁边有更多人是在打麻将，而他还在做文学这件事情，他其实是一个很特殊的例子。但是年轻人呢？那些我说的文学社社长，他只是在大学里面喜欢文学，但是他的最终目的是希望做公务员，有一份稳定的收入，他并不想成为一个作家。

> 张和是延安大学文学社的社长，他熟读路遥的作品，热爱文学，但并不想以此为业，稳定的公务员工作才是他的梦想。
>
> 在这片土地上，仍然有人希望通过文学改变命运。在延川，我看到许多年轻人的作品，他们都有自己的工作，写作都在业余时间。"不管写得怎么样，总比打麻将强多了吧。"一位评论者说。
>
> ——《路遥：身后 20 年》

还有路遥当时所在的中学，就是《平凡的世界》里面写的那所中学——延川中学。这里面的学生、老师说，学生对于文学的欣赏水平是在下降的。他们说，如果路遥现在还在这所中学里面，他没办法成为一个作家，因为你没有这样的环境，学校整个的教学质量也很糟糕。

> 文学改变命运，刘文华觉得那已经是过去时。她和同事们讨论过路遥，这位校友如果放在今天的话，是否出得来？"我们得出的答案是：出不来。"刘文华说，"如今已没有了 80 年代的文学氛围，况且，学生课业这么重，大都为考试所累。"
>
> ——《路遥：身后 20 年》

当时我问到了升学率的问题，学校的老师说他们高考理科第一名考上的是长安大学，就是陕西本地的一所挺普通的大学。文科第一名居然是复读，也是考上了，但连一本都没有考上。你想他一个中学的第一名都是这样的境遇，这所学校的教学质量可见一斑。

刚才我说的是文学的层面，接下去我要表达社会的层面。为什么农村现在是这样的一种情况？现在的教育资源越来越向城市集中，农村的教育质量非常平庸，和城市的教育质量会拉得很远。我们经常会说现在农村的孩子改变命运的机会不是很多了，特别是大学里面一些特别好的大学，农村的学生是逐年减少的。我采访的纪录片导演陈为军，他就拍过一个片子原来叫《中国梦》，后来改了。我在文章里面也提到，他想表现的就是这种状态。

> 导演陈为军最近所拍的纪录片与中国教育有关，他将这部片子初步拟名《中国梦》。"我出生在农村，当年上大学时，农村学生和城市学生比例差不多。但现在的城市孩子从出生开始，学校教师资源都好。城市学生家长投入很大。农村教育资源被城市掠夺，农村教师也不愿留在农村，农村孩子父母大多外出打工，自己成为留守孩子。但最后到高考时，判卷是一样的。试想农村孩子怎么和城市比？"陈为军说，"很多孩子大学毕业后，在城市的收入并不高，很难生活下去，但不愿回农村。过去的科举，能让阶层流动。最初的高考，大学生毕业后吃公粮，有干部身份。现在阶层流动很难了。像我们这样的城乡二元社会，其他国家是没有的。"
>
> ——《路遥：身后20年》

中国这几十年的阶层流动是越来越停滞的，教育改变人命运的机会是越来越少了，这就是我提到的社会方面。还有一个我想说的是经济方面，经济方面我后来找了例子是潘石屹，我们同事当时都说，你怎么把潘石屹都扯进来了。潘石屹在很多场合都表达过他最喜欢的小说就是《平凡的世界》，他说他受到过《平凡的世界》的激励，这个是真是假不知道，但是实际上确实很多人都是这样的。从一个甘肃的农村出来直到后来成为北京的房地产大亨，他的人生轨迹也可以作为代表。而且房地产也是中国经济发展几十年特别典型的一个代表，所以这个就是我找的经济的例子。

1992年后，许多人下海。此前已经在海南掘得第一桶金的潘石屹在1992年与几位伙伴在北京成立了万通公司。改革的再启动，让他们迅速搭上财富的快车，在房地产界成为风云人物，至今声名不坠。在许多年轻人眼中，这位微博上的"话痨"成为了新时代的励志偶像。在贾樟柯拍的一则洋酒广告里，潘石屹回忆了自己从一个甘肃天水农村孩子如何成为大地产商的道路。

……

贾樟柯和潘石屹作为受访者，出现在路遥的纪录片里。他们回忆当年给他们动力的是路遥的作品。路遥的作品之所以在书店里成为长销书，励志是不可忽视的一点，这是路遥的作品超出文学范围之处。

在延安大学路遥文学馆里，梁向阳向我介绍了都有些什么人来过这里参观。他说到了潘石屹。"他来了之后，紧紧抓住了我的手啊。"仿佛长征的红军在延安见到了亲人一样。潘石屹那次来延安参加的是一个房地产论坛，他向主办方提出的条件是去看看路遥墓。主办方急了，他们不知道路遥的墓在哪里，四处打听才找到了梁向阳。潘石屹说，自己把《平凡的世界》看了7遍，每当遇到困难，他都会看一遍。弟弟工作时，他送的礼物也是《平凡的世界》。

——《路遥：身后20年》

之后，我想找一个政治的例子，政治的例子我觉得更加有意思了。因为当时路遥的老家延川，就是北京知青下放主要去的地方。习近平就是在路遥老家旁边的那个村子叫梁家河那里插队的。所以，这个例子找习近平来表现是最合适的了。这几十年中国政治的变化，一个知青最后成为一个国家最高的领导人也代表了中国政治的某种变动。而且特别有意思的是，当时我在延安采访的时候正好是十八大召开，七个常委第一次亮相的时候。我当时就在延安的一个宾馆里，纪念路遥的这些人当中很多人当年跟习近平是认识的。我跟他们在一个桌子上吃饭，甚至有些人拿着和习近平的合影，来询问这个能够起到什么样的作用。我觉得这个再好不过了，于是就把这个场景全部写进来。

这些知青并非等闲之辈。习近平、王岐山、史铁生、任志强等人都曾在延安农村插队。史铁生的《我的遥远的清平湾》指的就是延川的清平川。

......

在一个路段，梁向阳减慢车速，让我看白雪与黄土交错的窗外，"从这里拐进去，就是梁家河了。"——那是习近平当年下乡插队的地方。车子继续行驶，梁向阳又让我看窗外，"那边那个院子，看到了没有，那就是路遥的旧居。"这里是郭家沟，与梁家河只隔着几十里地，同属延川县。当年的县委书记申易，推荐路遥上了延安大学。这次推荐，改变了他的命运。"申易还在的时候，我专门问过他，他说，他推荐过好多有志气的年轻人，这是其中一个，他也没想到他们能走到今天这一步。"梁向阳说。

......

大家在雨中走下山坡，聚集在延安大学一个宾馆的餐厅里，准备午餐。此时已过上午11点，电视里，记者们翘首等待新一届中共中央政治局常委亮相的时刻。半小时后，习近平等人出现在红地毯上。

餐桌上有人鼓掌。他们认识的延川县文安驿镇梁家河村的年轻人如今站到了中国政治舞台最耀眼的中心。

他们在饭桌上回忆起这位北京知青在梁家河劳动的情形。40年前，当习近平来到此地的时候，几十里地以外的另一个年轻人回到了郭家沟。路遥的政治梦想破灭不久，他希望通过文学让自己逃离平凡的世界。他找到了去过北京的文学青年曹谷溪，后者在张家河公社新胜古大队的黑板报上发表了路遥最早的诗作《我老汉走着就想跑》。诗歌并不能满足他的文学欲望。他转向了小说，这为他打开了新的世界。

——《路遥：身后20年》

我通过文化、社会、经济、政治这四个方面来表现中国这20年的变化。而且，这所有的一切是靠路遥这条线索串起来的，这就是我说的结构对于一篇文章的影响或者体现内涵的一种表现，它就和一般的文章不太一样。

## 风暴里的黄金时代

这也是一个塑像，这个塑像是在哈尔滨呼兰县萧红故居的后院里面。左边是萧红的爷爷，右边是小时候的萧红。我写了一篇文章，叫作《风暴里的黄金时代》，就是关于萧红的，这篇文章我运用的技巧或者表达的主题是这么多年来我写过最丰富、最复杂的，所以我也想通过这篇文章来说一下我对特稿写作的一些感受。

首先是这篇文章的原题，其实很简单，《黄金时代》那部电影那时候刚刚出来，我们怎么来做这个电影呢？我就想到采访编剧李樯和导演许鞍华。我在采访后脑子中就有了些思路，看了纪录片后思路更加明显，怎样从你掌握的信息中构思一篇文章或者做一个实验，我觉得这部电影要做个实验，我写这篇文章也是做一个实验。

文章的结构上，台湾的一部纪录片《寻找背海的人》给了我启发。这部获得金马奖的纪录片一共用了21条线索来讲述作家王文兴的生活。我就想，能不能也用多线索呢？在封面文章的体量里，也能够容纳下多线索的叙述。因为我想写一篇特别长的文章，特别长的文章能够容纳更多的叙事。这篇文章我可能写了差不多2万字，所以说这个体量也是大的。

另外，我在电影院里看了跟拍《黄金时代》的纪录片《她认出了风暴》。这部纪录片拍得很好，其拍摄手法仿佛在充满了"间离"的电影基础上，进行了又一次"间离"。"间离"是布莱希特的戏剧理论，戏剧是一个比较广义的文学理论，它可能运用到一部电影，但最后我把它运用到文字上。

什么叫间离，间离就像那部电影，开头萧红说，我原名叫张廼莹，几年几月出生于哈尔滨呼兰，我1941年死于香港。你会一下子从这个电影中脱离出来，保持一段距离。你会觉得这个人她是全能的，无所不及的，或者说她和你和这部电影都保持着一段距离。这就是间离的效果，主角会突然退出银幕外面和大家说话，也在不断提醒你不要进入这部电影，要和电影保持距离。

那时我坐在电影院的椅子上就琢磨，我的文章可以在文字上再一次"间离"。就是说我既写萧红这个人，也写文学里的萧红、电影里的萧红，也写李樯和许鞍华理解的萧红，甚至还有李樯的生活、李樯的人生，还有许鞍华的生活、许鞍华的人生，甚至包括我自己，我自己对萧红的理解，全部交织在一块。就像那种细的网线，不同颜色的线交织在一块，这么粗的线索里面有许多的小线索。我想表达这么一个复杂的结构，甚至最后我把我自己的大学毕业论文都用上了。因为，我的论文当时还得了学校的优秀论文，当时写的是里尔克和穆旦的诗歌理想。里尔克是奥地利的德语作家，穆旦是南开大学的老师，是中国现代主义很重要的诗人。

《黄金时代》有一部跟拍的纪录片叫《她认出了风暴》。我在当代MOMA的电影院里看了。影片结束之后,有观众站起来问导演,纪录片为什么叫这个名字?

导演崔毅说:"片名最早是李樯剧本的名字,出处是里尔克的一首诗。最后,觉得这个名字合适。风暴这个概念有更深的想法在里面。萧红的一生是那么坎坷,有那么多的战乱,颠沛流离。她好像也总和风暴相关。她认出了风暴,又躲不开风暴。"

导演罗峥说:"我这样理解风暴一词,萧红遇到了时代的风暴,还遇到了她内心的风暴。这两者加起来就构成了萧红这个人。"

我对里尔克这首诗并不陌生。十余年前,我上大学时写的毕业论文就是里尔克和穆旦诗歌的比较。在论文里我引用了许多首诗,第一首就是里尔克的《预感》。

我像一面旗被包围在辽阔的空间。
我觉得风从四方吹来,我必须忍耐,
下面一切还没有动静:
门依然轻轻关闭,烟囱里还没有声音;
窗子都还没颤动,尘土还很重。
我认出了风暴而激动如大海。
我舒展开又跌回我自己,
又把自己抛出去,并且独个儿
置身在伟大的风暴里。

我拿来与之比较的是穆旦的《旗》。

我们都在下面,你在高空飘扬,
风是你的身体,你和太阳同行,
常想飞出物外,却为地面拉紧。
是写在天上的话,大家都认识,
又简单明确,又博大无形,
是英雄们的游魂活在今日。
你渺小的身体是战争的动力,

> 战争过后，而你是唯一的完整，
> 我们化成灰，光荣由你留存。
> 太肯负责任，我们有时茫然，
> 资本家和地主拉你来解释，
> 用你来取得众人的和平。
> 是大家的心，可是比大家聪明，
> 带着清晨来，随黑夜而受苦，
> 你最会说出自由的欢欣。
> 四方的风暴，由你最先感受，
> 是大家的方向，因你而胜利固定，
> 我们爱慕你，如今属于人民。

这两首诗都涉及"风暴"和"旗"的意象。我们能看到，与里尔克的诗相比，穆旦的这首诗更有时代的特征描述。那是"救亡压倒启蒙"的时代。穆旦是中国现代诗歌的集大成者，他也投身于时代的巨流之中，曾经是中国远征军的一员，他写下了那首祭奠胡康河上白骨的《森林之魅》。萧红认出了风暴，但她不是旗帜。萧红对时代并非无感。她也会写《给流亡异地的东北同胞书》。但她在认出了风暴后，"舒展开又跌回自己"。

——《风暴里的黄金时代》

这个比较就看出了相对于纯文学和时代结合紧密的诗人，他的诗歌之间的距离。然后也通过这个来表现萧红和时代的关系。萧红和她的时代是保持一段距离的。萧红更像是一个个人主义者，她希望独善其身，只希望好好地写文学，她不愿意和政治有太多的牵连，所以她最后去了香港，在香港去世。

所以说，你做的任何设想都是表现你的主题，这里面还融入了我们对自由的理解，这个自由的理解非常广，甚至对自由主义的理解都用了进去，里面还包括了对人生的理解，对爱情的理解，我希望它是特别广的。

爱情到底是成就了萧红还是销毁了萧红，这是一个命题。她对于自由的无限追求却最后落得一个落魄的人生，所以到底是要安稳的人生还是流离失所的人生、跟随自己内心的声音重要还是跟随大众一样最终过着平淡的生活？因为萧红的老家是一个地主家庭，她可以过很好的生活，但是她选择了追求自由的生活，这也是一个命题。

其实，这很像我们现在年轻人包括我自己所面临的一种选择。大家到底是要按照自己意愿生活，还是要看上去待遇很好但是这份工作并不是自己真正想要的生活？这篇文章里各种各样的想法都在这里表达，所以它不只是写一部电影或者是写萧红一个人的一篇文章。我觉得它像一个时间的旅行，而且是在各个层面的旅行，包括文学层面、历史层面，甚至不同人的人生层面穿梭的旅行。

我觉得我和萧红有点联系。采写萧红的时候我去了哈尔滨，我在哈尔滨写完稿子之后才回北京。当时我写萧红在香港去世，我特别想有机会能去香港采访，可是那时候没有时间，而且香港那么远，去要花很多钱，我觉得不太现实。而且我觉得我也没什么机会去香港，因为我是驻北京站的记者。但特别神奇的是，我写完这稿子一个星期之后，突然就有了一个去香港的机会，而且其中一项安排是去香港大学听讲座。萧红去世的地方是圣士提反女校，那个女校到现在都还在，就在香港大学旁边。到了香港之后我就去了那个学校看了一下，她去世之后，当时的女校变成临时医院，她的骨灰也埋在了女校。可能到这里还没有什么联系，因为都是我主动去寻找萧红的遗迹。第二天我又去了许地山的墓。许地山也是我写过的一个去世的作家，在去他墓地以后我回去了我住的酒店。当时我坐的是有轨电车，但是我发现我坐反方向了，这个时候我应该马上下车，但是我没有。我想电车走到哪里我就去哪里，想停就停。车走了好远，我也觉得很远了，于是我就下来了，下来以后我才走了几步路就发现我到了香港的养和医院。萧红最后去世是因为误诊，她被误诊的医院就是养和医院。那个时候我就觉得特别神奇，这个世界上很多事情都没法解释，我想去香港就正好有个机会把你送去香港，然后，到了之后又莫名其妙地把你带到了和萧红有关的地方。

我其实特别尊重我写的人，我经常想去看一看他们生活的地方，因为有的时候他们的人生在我的笔下呈现时，我也是战战兢兢的。写人物大多数时候都是这样的，因为你写出来在某种程度上都会传播出去，大家会按照你的写法去理解他。就像我为什么去许地山墓，因为我写许地山的时候，特意去南京采访过他的女儿许燕吉，她写了一本书叫《我是落花生的女儿》。许多人上小学都学过《落花生》这篇文章是许地山写的。萧红在香港去世也是许燕吉告诉我的，所以才有后来我会去香港大学。许地山的墓地是在华人基督教本场，也是在香港大学旁边。我在许地山的墓地照了很多照片，当时准备回到北京以后把照片寄给许燕吉老人，她说她很多年没有去香港祭奠父亲了。后来我回到北京之后才知道,许燕吉老人在我采访后一个月就去世了。所以说,冥冥当中许多事情说不清楚,很多人的命运在你的笔下得到呈现,很多命运也是你参不透的。

## "我"的隐现

这是我一直想说的非虚构写作当中的一个问题,就是"我"的问题。我写的很多文章都是有"我"的,包括《风暴里的黄金时代》,包括我写路遥、莫言,很多都有"我"。很多年前我写东西都是有"我"出现的,后来我改变了这种想法。我自己也在考虑"我"出现是否合适,或者"我"出现多少次是合适的。何伟在他的书《奇石》里面写过这样一段话。

> 《纽约客》容许我以自己的叙述方式描述这些人物,这一点帮了我一个大忙。驻外记者的一个挑战,就是明白在什么程度上,将自己纳入报道中。如果一篇报道过度围绕自己打转,那就变成一种旅游日记,而近来,一般趋势是降低作者的存在,甚至让作者变成隐形。这是报纸的标准态度,且被视为维持我们之间如何互动,我想要描写哪些事物是我们可以分享的,以及哪些事物让我们分道扬镳。有时候,中国人因为我是外国人,而以某种方式回应我,而读者明白这一点似乎很重要。然而,最主要的是,我想要传达住在北京胡同时,或者在中国的道路开车时,或者搬到科罗拉多州一座小镇时,我的真实感觉是什么。非虚构写作的乐趣就是寻找说故事和报道之间的平衡点,找出一个能够畅所欲言和观察入微的方式。
>
> ——何伟《奇石》

我觉得最后这一点很重要,也是"我"作为其中一个点出现的作用,其实这就是一种平衡。西方戏剧理论中有一个术语叫"进攻点",指的是作者进入到故事中直接发表看法。这在新闻写作中也经常被讨论,就是"我"要不要出现,或者说,"我"什么时候出现以及出现频率多少适宜,我觉得卞之琳的一首诗中的一句可以用来解释。

你站在桥上看风景，看风景的人在楼上看你。

——卞之琳

你站在桥上看风景，看风景的人在楼上看你。这就是我和观察的对象，还有我要写的东西之间的关系。这是一个三角形的关系，三个点。比如说看风景，风景我们可以理解为我们要描写的事物，你站在桥上看风景，你就是当事人，看风景的人在楼上，看风景的人就是我。我觉得这就是一个三角形的关系，或者非虚构写作我们需要保持的关系。我们经常说做外围采访，外围采访需要采访五个人十个人，但是外围采访中我觉得是有分类的，能否强化这个三角关系，就要看这个分类是否做得到位。只有一个点能强化三个点，这就是将诗句运用到写作中，或者写作者进入非虚构报道本身起到的作用。为什么这样做呢？作用在哪里？最重要的目的是抵达内心的真实。

## 抵达内心的真实

我们不仅要写世界的真实，还要写人内心的真实。而人的内心是最捉摸不定的，他们想过什么不能凭空想象，得是受访者说出来。报告文学经常出现的一个问题就是某某某想的、某某某觉得，这种新闻很多就是作者自己想出来的，我觉得特别糟糕。我们尽量少用"想"字，在非虚构写作中不要用"想"。如果一定要用"想"字，那一定是受访者自己说出来的我们才能够用。

另一个我想说的是，动机是看不见的东西，而太多的人自负地认为自己拥有看穿他人动机的本领。所以说，大家在网上看到的很多讨论都是我们太自以为是得出的，甚至有时候我觉得，法院的判决都仅仅只是法律意义上的。一个人内心真正的想法太容易达到，但是真实能达到吗？当时我跟编剧李樯谈，他想表达的一点就是人多大程度上能被认识，真相多大程度上能被认识。这可能是新闻经常讨论的话题。

大家记不记得电影有一段讲的是萧军和萧红分手。电影其实表现了两个版本，萧红是这样说的，萧军是那样说的。其实现实生活中可能还有第三个版本第四个版本，电影为什么要这样呈现，因为只呈现一个那就不是真实的状态。它通过呈现几种不同的状态，才能在各种力量的互相制约当中接近真实的内心，内心的真实是特别难以表达的。

更深一点的，我们可能会谈到"情本体"。李泽厚是20世纪80年代我们认为的第一学者，那时候的大学生可能都会去读他写的东西。

> 西方政治最高理想是正义，讲的是理性裁决。中国文化强调情感和理性统一，合情合理、通情达理，政治上也是这样。我为什么要提出"情本体"？就是认为中国光讲理性不行。中国人劝架不是搞清谁有理，而是讲求人际关系的和谐。我举过《秋菊打官司》为例，秋菊打赢官司伤了人情，并不是最好的结果。
>
> ——李泽厚

这是我在2009年采访李泽厚时他跟我说的一段话，跟上面那一段扯得有点远，我只是不想让大家误解他的意思。"情本体"简单说就是说这个世界的本质是什么，它是更接近于情还是更接近于理。在西方更接近理，讲究的是理性。比如，电影《秋菊打官司》，秋菊最后打赢了官司但是伤了人情，最后并不是一个好的结局，他觉得"情本体"是未来的事情。事实上我们人类的最终目的是要建立在情上的，或者说人的本质是讲情的，特别是中国的文学传统。

> 中国文学的抒情传统，一方面，有中国古典的渊源；另一方面，也有西方浪漫主义所带的历史和意识形态的色彩。在中国的语境里，"抒情"这两个字不见得只是吟风弄月、伤春悲秋而已。第一个讲抒情的是屈原，他是在政治的语境里讲抒情的。
>
> 大概前些年，我看到李泽厚的一本书《情本体和新感性》。李泽厚在20世纪50年代和朱光潜美学大辩论的时候，朱光潜谈抒情，李泽厚谈马克思，可是李泽厚几十年之后告诉我们"新感性"的必要。这个国家不能永远在革命，不能永远在启蒙。李泽厚后来更令人大开眼界，他干脆把"情"字拿出来——情本体。
>
> ——王德威

王德威2011年初在美国哈佛大学时讲到中国的诗歌都是抒情的，缺少叙事。

我想讲的是，最后想要理解一个人或者一件事情，做好非虚构写作都会落在情上面，如果没有落到情上面，可能就会有偏差。

## 采访就是在做交流

世界的本质是情。我看很多媒体作品时的感受是缺少感情，或者换个词说是不知道怎么表达。很多人会说采访时要保持距离，这绝对没错，保持距离的采访，还有写作时的零度叙事这些都没问题。这是控制的问题。控制的前提是你必须有感情，没有感情，何来控制？要搞清楚，"冷静"是有而不发，没感情是"冷漠"，"冷漠"压根就没"有"。

采访过程中对情感的理解会影响到你写文章的格局。举个例子，2008年汶川大地震的时候我在北川，我记得非常清楚，5月17日那天北川决堤，很有可能把老县城淹没，当时很多人都撤出来了，但是我没有撤出，还在里面，因为我特别想看救人的一个过程。当时我发现有一个还活着的人，被埋在废墟底下。救援人员正在往外挖他，他女儿就在旁边。整个城几乎成为空城，这家三口人中其中母亲已经确认去世了，女儿当时非常着急，就在那悲伤地哭泣。水可能马上就把那个城淹了，她的父亲连救出来的机会都没有，她非常着急，非常难受。当时媒体记者很少留下，都撤出去了，我在那里也是等挖掘，但是我没有跟那个女孩说一句话，因为我觉得这个时候跟她说话是不合适的。我做了一些采访，跟她舅舅聊了聊。但是另外一个媒体记者就过去想采访这个小女生，而且我还记得有句他可能认为是安慰的话，但我觉得那句话听起来实在是太扯了。他跟那个小女孩说："你看很多人全家都死完了，至少你父亲还有可能被救出来。"我觉得这样说话特别不合适，"死了一个母亲已经是很幸运的事情"，他想表达的是这个意思。那个时候我对这个记者产生了非常厌恶的心情，如果是用这样一种对情感认识的心态去写文章，写不好，他对人或者情感的理解是有偏差的。

所以说，我们要有这个人和这个人相似的情景，或者说接近他这种心情的距离，理解他才能写出比较合适的文章。这就涉及到人和人之间的交流。

《交流的无奈》大概是我十年前看的一本传播学书籍。这就是这本书最后一段话。我觉得采访就是在交流，所以说我想用这一段话作为结尾。

克尔凯郭尔说,在爱这个问题上,具体是高于一般的。爱的悖论就是,一位邻居要求你的帮助,要超过全世界所有的孤儿。一位赴会已经迟到的人,虽然他那个会是拯救孤儿的会,但是他不应该看下水道口有人流血而置之不理。最深刻的伦理教诲要求人们没有差别地爱一切人,然而时间只允许每个人真正地关爱地球上为数不多的居民。毕其一生,每个人只不过有时间给少数几个人以关爱。我们凡人所能做到的,恐怕只能够是爱比较亲近的人;不过,没有博爱之心又是不公正的。爱之悖论是,具体的局限性和要求的普遍性之间存在着矛盾。由于我们只能够和一些人而不是所有人度过共同的时光,只能够接触一些人,因此,亲临现场恐怕是最接近跨越人与人鸿沟的保证。在这一点上,我们直接面对的是,我们有限的生命既神圣又悲哀。

——彼德斯

我今天在这里和大家接触,就不能和另外一部分人接触;我采访一个人,只能理解这个人的故事,可能就不能理解那个人的故事。我们对这个世界的理解,仅仅来自我们接触的人。我们可能认为自己理解的是正确的,但可能也是有局限性的,这是写作和采访本身所不能克服的问题,这就是人的有限性。所以人在写作或者采访或者理解这个世界的时候,应该有一个谦卑的心,我觉得有个谦卑之心很重要。不要像上帝一样,以为自己完全可以理解这个世界,理解你所看到的世界。

我为什么可以愿意继续做记者,我最想说的就是这个。我希望跟人接触,去写人,或者说我希望了解人是什么样。但是我写了这么多人,我觉得都没办法完全了解人,通过我的工作,我可以对人的了解不断加深。我讲这个话题的原因,也是希望更多的人能够从这一点点的经验当中有所启发。

这就是我今天要讲的全部内容,谢谢大家。

## ▌所有人问一个人

Q:为什么写文人?

A:一个,是因为我现在主要写的就是文化人物,还有一个,就是我学中文的,对文学感兴趣。这可能是我写文人比较多的原因。

**Q：如何把握非虚构作品的真实和文学性？**

A：真实性就是我要写的一定是事实，文学性是可能我运用的是文学的技巧，或者营造某种文学的气氛，我觉得主观的东西它不是虚构，主观的是一种内心的真实，作者自己内心的真实，底线就是它永远不能虚构。

**Q：非虚构类作品中陌生化的作用是什么？**

A：因为我看到一个陌生人的时候，往往会觉得比较新鲜，因为陌生的话，那肯定就是第一次见，它的作用就是让大家对这个作品有新鲜感。

**Q：如何架构非虚构类作品的逻辑性？**

A：每一个作品的逻辑线的设置可能不太一样，如果是一个作家的话，可能他本人是一条线，他的作品是一条线，他所生活的社会是一条线，可能写作者自己也是一条线，它是一个复合的线索。

**Q：如何处理非虚构类作品的心理描写？**

A：心理描写一定是受访者自己说出来的，而不是我自己臆想出来的。

**Q：如何在非虚构作品中形成个人风格？**

A：我觉得你喜欢什么样的风格，你就一定会写出什么样的风格。比如说足球，我喜欢的是巴塞罗那，那可能我写出来的东西就接近于我喜欢的球队的风格。

**Q：最难写的文章是哪一篇？**

A：可能是关于邓玉娇的采访吧。因为那一篇文章到现在还没有完整地写出来。

**Q：采访中遇到最大的阻力是什么？**

A：就是没办法发表。

**Q：一线记者的社会意义是什么？**

A：我觉得记者就是把我所看到的东西，尽量完整地传达给大家，它起到一个传递的作用。

# 杨潇：
## 从过度书写开始

《时尚先生Esquire》原副主编。曾任《南方人物周刊》主笔、新华社编辑，毕业于南开大学中文系。2008年获评南方报业年度记者；数次获南方周末传媒致敬、腾讯华语传媒盛典相关奖项；2012年任中德媒体使者；2013—2014年度任哈佛尼曼学者。

曾采访过石原慎太郎、昂山素季、何伟等多位知名人士，也写过《十万草根站长的冬天》《逃离北京》《倪玉兰这两月》等平凡人的故事。2011年入选中国记者影响力排行榜。

我2000年入学，在南开读中文。离毕业一年左右的时候，我一直在想，2000年刚入学的时候我在做什么？当时我和师哥师姐做了沟通，做了些假设性的提问，期待他们告诉我大学这几年可以做什么，比如说我会希望有人告诉我，大学虽然学的是中文，但是可以去做记者，完成初中时候的梦想。后来有人告诉我说，那你应该用大学时间把社会学或者政治学的经典看完，或者至少知道个皮毛。我一直在做这些假设性的自我追问，但实际上并没有这么一个人能够告诉我这些。他们说，哪些课可以不用上、哪些课可以不用听、哪些课可以糊弄过去，我觉得这也未必不对。当然再转念一想，即便那个时候出现神气的师兄、师姐，或者我自己回到2000年的时候告诉他：你应该读这个、应该读那个，我觉得我也听不进去。所以我基本上是保持蛮悲观的一个想法，一个人处在当时的情景之下，你只能理解你当时在那个世界里所关心的问题。我们其实都会面临这样的问题，我的问题和你的问题其实是不一样的，那怎么交流呢？所以我想分两部分来讲，希望能有些帮助。

## 2007 年的人生转折

我 2004 年毕业去新华社,然后 2008 年正式离开。但其实我从 2007 年就开始给《南方人物周刊》写稿,从 2007 年到 2014 年这 7 年都以写特稿为主。一开始我对特稿的认识基本为零,并不知道什么是特稿,觉得挺长的稿子就是特稿。从那时候很粗浅的认识,到后来一点点增加认识,这是一个过程。第二部分的分享是非常实战的内容,我选了我写《昂山素季》特稿的文章,我觉得这是可以拿出来说的经验和教训。当时写这个稿子是以记者的身份,现在带着编辑的眼光去看这篇稿子,我发现了这个稿子的问题,发现当时这个稿子还莫名其妙撞对了一些东西,我把这些标志出来,再跟大家做进一步分享。

第一部分,从 2007 年开始说起。我 2004 年进新华社的一个部门,基本上你要是在那工作半年以后就掌握了所有的技巧,然后,之后半年所有东西都是简单重复,但对刚毕业的年轻人来说,需要更多新鲜信息表达欲望,需要刺激。所以,当时我在那里基本上一周歇一周,去了很多其他地方,包括新浪网球,包括《芝加哥论坛报》,也在那里做兼职。大概在 2007 年 1 月,我在新华社西门外吃贵州酸汤鱼,突然接到《南方人物周刊》副主编万静波老师的电话,他问我能不能采访到当时在《北京日报》发表了《民主是个好东西》的中央编译局的副局长俞可平,然后合作一篇稿子试试看。

当时我知道他是要考我,意识到这是一个蛮大的挑战,所以压力非常大。记得我当时在建国门的外交公寓里耗了整整一天,然后试着联系俞可平,但是所有的路子都失败了,所有想做的外围采访都不行,那天特别灰心丧气。我回家前抱着试一试的心情联系杜克大学的史天健教授,他是定量研究中国政治文化的一个特别好的老师。我给他发了一个邮件,完全没有期待他会回复,但是杜老师特别好,完全出乎我的意料,我从建国门回到家就接到他的电话,特别热心地跟我讲了一个多小时,其实最后我一句话都没有用上,但是那个转折点让我对这个事又重新拾起了信心。

从那天晚上以后,之后所有的外围采访都特别顺利,包括采访到俞可平的导师、同事,还有可以评论他的人、他的学生,当然最后没有搞定俞可平,我觉得也是可以理解的,因为他拒绝接受采访。但是那个稿子作为外围采访来说是成功的,最后这个稿子可能写了 4000 字,只写了 3 个小时,我现在想起来都觉得挺不可思议的,也正是因为这篇稿子为我后来去《南方人物周刊》奠定了基础。

所以,2007年教会我特别重要的一件事是:有时候你再多打一个电话,多发一个邮件,可能就峰回路转了。后来这个事情被一再证明,特别是采访公众人物的时候,会有很多现成资料,有时候你只要多翻一个网页,可能就会多知道很多东西。

我是阴差阳错开始写特稿的。2007年我其实没有什么特稿的意识,我有的只是一个基本的写作基础,因为我中文不算是经过科班的训练,我觉得同龄人在写作水平上的差别会非常大,除了你走了不同的路,一个去了体制内的媒体,一个去了市场化的媒体,接受了不同训练;我觉得可能还有一个原因,就是你从小到大接受的基本文字训练。

我能给你们的建议是,你们一定要学会检视自己的文字,写这些文字的时候,你要跳出来审视自己的文字,检视它,看这些文字到底是空洞的还是表意的,是准确的还是模糊的,是有新鲜语感的还是陈词滥调的。

我是特别害怕陈词滥调的,你们肯定也听过这样的表达:"他骑着一辆除了铃铛什么都响的自行车",这话在它刚刚出现的时候是挺俏皮的,但是因为大家用得特别多,已经基本可以归入到陈词滥调的表达里。类似的自行车的表达,当这个表达被重复太多次的时候,你基本上就可以把它归类为陈词滥调,那你就要避免使用,就需要更具体的、更有新鲜语感的东西来写它。如果你对解释的东西还不是特别明确,你还是有基本的标准,这个标准很可能是粗暴的,但是很多时候是有用的。比如说你少用形容词、少用成语,然后你尽量多用动词,尽量用大白话,少用华丽辞藻,真的相信华丽辞藻不等于文采。

其实你们读何伟的文章肯定也会有这样的体会。即便你英文不怎么好,你读他的文章也毫无压力,因为他基本不用复杂的词语、不用那种很花哨的表达。当然也有记者用很花哨的表达,那是个人风格的东西。但是何伟是个特别好的例子,告诉你非常简单的词语也可以写非常好的故事。

如果你有一个很好的题材,我们就可以做增量。增量来自于你的观察,来自于你的交谈,来自于采访场景所有的这些东西。当然你所有的素材都会有一个选择问题,当时我就用了现在看起来很幼稚的办法,比如说,他们是一对城市打工者,你会想追溯到这个女的去世前15天在做什么,后来我知道她大概有5天是睡在小区附近的草坪上,又大概有10天左右在我经常去的火锅店打工,可是那个火锅店是我们那个片区里生意最好的火锅店，然后你就会做一些简单的类比。现在看起来挺幼稚的，可是我觉得所谓的技巧都是从幼稚使用以及过度书写开始的，因为现在我不知道大家感受到媒体界什么样子，媒体界现在出于专业考量，他们有一套说辞说我们应该更专业、应该更回到事实、更怎么怎么样，其实就是反对煽情。我觉得这个也可以理解，就是因为中国是主流媒体煽情已经是固定的修辞手法，可是很多时候煽情你要读国外的特稿，其实它更多的只是一个风格化的问题，我不觉得煽情是多么糟糕的事情。当然我们说的是在正常的市场化的媒体操作规范之下的。

我觉得你要学习一些技巧的话，有时候过度书写是一个笨办法，但是又是一个必需的办法。过度书写的结果可能就是用力过度，写得有点傻，甚至有点煽情，有点超出你的度的范围，可是我觉得这也是一个开始，至少你尝试说我要用一些技法来表达我想要表达的东西，所以我觉得没有那么糟糕。

## 2008 年的大事件

然后再说 2008 年。2008 年特别大的事就是汶川地震，我当时写了两篇稿子，一个是北川中学的《如今这里废墟丛生，再没有鲜花》，还有一篇是 2008 年 12 月的《重返北川中学》。

其实现在想起来还是挺可惜的是：我十分确信，我在 5 月底的时候是这个国家最了解北川中学的人之一，因为我当时写的一篇稿子采访了 100 个对象，几乎把北川中学上到校长、下到普通学生，从初一到高三的学生都采访了一遍，也采访了很多老师。然后当时用了特别特别笨的办法，因为当时北川从山上撤下来，撤到绵阳市区叫长虹培训中心的地方做临时点。我记得我基本上每天泡在培训中心和他们聊天，聊天完了当天晚上写日记，写今天记下什么、录音笔又录下什么；再来回顾说这块缺什么东西、那块缺什么东西；这块不对、那块不对，第二天再去修改，特别笨的办法，就是靠采访人的数量取胜。最后，那个稿子其实写得也不够好，只是说采访人实在太多了。

因为北川中学有两个教学楼，有一个主教学楼是 5 层的，是 L 形的长的楼，整个楼全垮了，死了 700 多学生。然后我记得有一个高二 8 班在 L 形拐角的地方，而且是三层，最中间的最中间，那种教室是固定下来的，有很多器械，桌椅也是小的，空间非常小，逃生的机会是最小最小的，然后 L 形中间也是受压最厉害的地方，那个地方最惨烈。我大概可能有 5 天时间，一直在找有没有这个班的幸存者，我听到很多说法，但是没有真正见到一个活着的来自这个班的人。现在从技术角度来考虑，寻找高二 8 班本身都可以写一个稿子，但是当时确实是一个体力活，编辑部的任务也是让你写一个整体的东西，所以这个东西在文章中大概只出现了两个细节。

> 整个高一年级 10 个班，只有上体育课的高一 (6) 全数幸免，其他班一共有 265 人遇难或失踪，占到高一在籍学生的近 42%。以全校论，伤亡最为惨烈的则属高二 (8) 班，这个班教室本来在新教学楼一层，但那天下午恰巧在旧教学楼三层的多媒体教室上课。这间多媒体教室横跨教学楼一翼和办公楼一翼，是 L 形拐角的最中间处，教室用的是铁质桌椅，无法移动，只有一个出口。据目击者描述，地震发生时，教学楼一翼向外垮塌，而办公楼一翼则在垮塌时较为向内，巨大的扭力瞬间把多媒体教室撕裂。校方的统计表上，该班 53 名在籍学生，全部失踪。
>
> 其他年级的学生，口耳相传，都知道了这个不幸中的不幸。但是学生中流传的说法略有不同，有人说高二 (8) 班的一个女孩当天早晨生病，请假去绵阳看医生后便没有回来，更多的人说有一个叫张波的男孩子，紧抱立柱，顺势而下得以生还，有人还认真地说看见他就在安置点附近做志愿者。这些受到惊吓的孩子，宁愿相信这两个不那么绝情的版本。
>
> ——《如今这里废墟丛生再没了鲜花》

我当时的编辑蒋志高是一个特别好的编辑，我觉得大家如果以后选实习单位，除了报纸或者杂志、网站的平台以外，大家还可以有一个选择标准就是团队跟什么样的师傅，师傅是特别特别重要的，甚至重要性超过了品牌或者报社本身。蒋志高是一个特别能给记者安全感的编辑，首先，他判断事情特别笃定，即便是他错了，他也非常笃定，这对记者来说是很好的事情，尤其是对年轻记者来说。

第二个事情，他确实能够和你随时保持沟通，其实我跟他认识就是 5 月 16 日，当时我们都在北川老县城采访。那天就传说堰塞湖湖要溃坝，他怕我死在那里，他就一直在盯所有的新闻，包括央视新闻频道的直播，随时在告诉我们说现在外面传过来是什么样的状况，对这个判断是什么样的状况。然后我完成我的采访，大概是下午五六点钟的时候我看见所有的解放军都在往外撤，我也就跟着撤。

2008年我学会一个事情，蒋志高派我去采访一个东北的倒爷。当时《南方人物周刊》做了一个封面文章，因为改革开放30年要做很多回顾，有一个封面策划叫《30年阶层跃动》，就是讲过去30年可以改变中国人命运的这些阶层流动方式，比如高考、军队转业、下海，我负责的是倒爷这块。20世纪90年代初在东北富了一拨倒爷，我就把人物放在一个大背景和大坐标去考量。

当时，有一个教训就是要充分运用资料，因为涉及倒爷这个群体的资料是非常多的，说起来挺可笑，我以前特别不屑于用资料，觉得都是拾人牙慧，但是现在回过头来看，其实不是你不屑于用资料，是你不会用资料。其实我还蛮想向你们推荐凌志军的《变化》，写的是1990年到2002年中国社会的浮世绘的素描图，他的祖师爷是威廉·曼彻斯特，这两个人的共同点是运用大量的资料，他们的直接采访也有，但是更多是用资料。用凌志军的话大概是拼贴、剪辑、飞跃。你得对资料非常非常熟悉，才能有这么一个自由创作的过程，所以确实资料挺重要的。

2008年学到另外一个东西就是镜头感和镜头理解的问题。文字和视觉有很多相通的地方，比如镜头拉伸的过程，就是视角的问题，你要选择用什么样的视角。如果你有这么一个视角的意识，那就会对你写东西很直觉，就是你用靠运气，或者不用靠本能，你也可以来掌握这个东西，我觉得这个是特别特别简单、特别特别好用的技巧。

## ▌寻找自我表达方式的 2009 年

接着说2009年。2009年当时老蒋还是我的编辑，我们一整年都在讨论所谓魔幻现实主义题材的发掘和写作问题。2008年曹筠武写了一篇《系统》，通过一个游戏玩家的过程隐喻中国。这篇文章出来，隐喻就成为很有意思的现象，你会发现很多圈内的人都在说我们要写隐喻色彩、有魔幻色彩的文章，就好比说李海鹏当年写《举重冠军之死》，他开始是引用了一个人的梦境，在这个举重冠军死之前，他妈妈梦见了两个人，大概是黑白无常，说他们要把她儿子命带走了。

这天是5月31日，早上4点，布谷鸟刚叫起来，商玉馥梦见儿子喊她：

"妈呀，妈呀，你给我蒸俩肉馅包子吧，给那俩人吃。"在梦中，老太太最初以为儿子又像往常一样饿了，可是一阵突如其来的心慌让她猛然害怕起来。果然，儿子马上又重复了那句让人难以理解的话，"给那俩人吃！"商玉馥惊醒了，透过没有窗帘的窗子看了看微明的天色，心里堵得难受，叫起了老伴才福仲。这天清早老两口心情压抑，在租住的郊区房附近的野地里，紧抿着嘴，一言不发地走，一走就是好几个小时。等他们回到家，吃了稀饭，就接到了儿子的电话。

——李海鹏《举重冠军之死》

这篇文章出来之后，所有人都在采访的时候问"你昨天晚上做了什么梦呢？"其实这不是很糟的事情，我觉得这个就是所谓名篇或者名作能够给你带来新鲜眼光和视角的问题。

回到开始说的，从模仿开始、从过度书写开始或者煽情开始，你不要害怕试错、不要害怕模仿，特别是作为初学者和年轻记者是能给你带来增进的。我当时写了一个隐喻色彩的稿子叫作《86条规定》，就是杨永信在临沂保健中心搞了一个系统，把网瘾少年拉进去，出来以后就变成一个戒除网瘾的保健中心。然后其他很多很多细节，特别像老大哥的故事，有一个细节我觉得特别有意思，因为，他这个保健中心的特色是什么呢？让家长来陪你一块进保健中心，为了这个还成立了家长委员会，他们叫家委会，这个家委会是什么作用呢？你们会给杨叔提意见吗？他们说：我们也会提，比如我们这个教室椅子不好了，我们也会提意见的。

极少有家长公开表示质疑，"为什么要提反对意见呢？我们（为孩子好）的根本利益是一致的。"在谈及家委会的作用时，一位已经离开的家长这样说。

其实，家委会也并非不"提意见"，有一次，他们就提出，网戒中心的桌椅有点旧了，该换新的了。网戒中心虚心接受了意见，更换了桌椅，家委会很满意。

——《杨永信网戒中心的86条规定》

当时我觉得特别特别魔幻，这对于隐喻来说是特别好的对应关系。具体写的时候，你得注意你用故事来写，你不能说：好，我这里隐喻，你们自己看吧；或者，我这里有一个隐喻，你们大家注意了。你不能这么写，你得用故事来写。

当然，用故事体现你的隐喻、体现你想表达的东西说起来很容易，但是总有各种各样的因素在里面，让你没法做到。就是你采访不到位、资料拿不够，你就撑起这个故事，那怎么办？那就是硬写，硬写挺悲剧的，但确实是没有办法。说硬写还有所谓炫技的问题，你有时候看一些特稿特别像特稿，它有很多文学性的表达，但它不是文学，你写得特别用力、写得特别漂亮、特别有光泽、特别有质感。但是话说回来，我觉得这也可以。对我来说，我恰好不是这么一个写作的人，我觉得我写的还挺朴实的，就是用故事、用节奏或者用其他什么东西来讲。只是大家不要被炫技迷花了眼。

2009年新疆"7·5事件"后，我采访了一堆艺术家、校长和学者，后面做了个专题叫《新疆亚克西》。那期做完以后，我手里还有一些料，我觉得我还要再写一篇文章。当时我们杂志还有一个栏目叫《民间》，写没有任何新闻价值的人，写他们的不同故事。于是我写了一个叫亚森的新疆年轻人，当时我跟另外一个同事一天都泡在他那个地方跟他聊天，可能是我写的时候没有把它当作一个稿子写，我本来打算贴在自己的博客上，能不能发无所谓。当然最后稿子确实发了，我写了6000字，发了2000字。但是，确实是一个非常偶然的机会，我觉得把它当作博客写，而不是当作职务写的时候，我非常自如，而且我发现我写的过程中是非常舒适、自在的表达，从那时起我觉得我多多少少找到我的一个声音和表达方式。

我从哈佛回来以后，正好看了一本书叫作《故事技巧》，作者是杰克·哈特，里面原话好像是这样的：如果你想将个性带入作品里，你就不得不扪心自问，我是属于哪种性格的，就是和你的性格是有关的。人是具有多重人格的，大多数叙事类作家，非虚构类的叙事类作家都会发出读者所期待的声音（voice），这个声音是见多识广、大公无私、性格温和，全是好词，特别特别主流和温和的风格。因为这些作品最后经过各种各样的原因和选择，大多数人会选择主流的社会价值观的东西，就是那种温和的、大公无私、体量的。有些人说我特别喜欢何伟，不是因为他写得故事好，是因为他是一个非常好的人，他是一个特别体谅别人的人，他和所有的外国记者都不一样，他是特别会把握声音的人。

## 2010：结构怎么搭

接着说 2010 年。2010 年我真正开始考虑结构的问题，认为特稿结构还是很重要的。那时候写《蚁居》，在唐家岭住了十天，然后写了一个唐家岭蚁族的故事。当时也是编辑蒋志高，他把文章初稿放在开心网上，收获了特别多同行的讨论和批评，我觉得那次是特别好的业务讨论机会，确实从对的、不对的各种批评中学到了东西。

那篇稿子结构不好，基本是罗列式的，用一个小小的技法完成一个回环。但是那次讨论让我有了一个很明显的结构意识。之后写的另外一篇文章是《逃离北京》，是个很简单的文章，只写一个人的故事，但是会讲究一点。当时我印象很深的是，那个姑娘逃离北京后回到老家江苏一个小城市，后来待不下去，又继续逃离到另外一个大城市上海，然后她到上海连续搬两次家，搬家第二天早晨，她被外面一个巨大的轰隆声震醒了，她当时说因为太困了，也就没有看这个声音到底从哪里来。后来她看新闻才知道，新家 500 米外有一个在建的小区整栋楼倒了，当时那个新闻叫"楼脆脆"。一个在建的楼盘倒塌了，官方解释是那个楼死于压力差，这个词当时也是网络热词，整个网络都在讲压力，最后你找一个压力差的楼作为采访的内容，那一定是文章的结尾，那你所有的东西都往这个结尾来写了。

如果遇到结构复杂的问题，可以具体问题具体分析，可是有一个很简单的技巧，就是你可以设定一个点，开头也好、结尾也好，设定一个高潮也好，你这个点是特别重要的东西，然后你用点来牵扯出这篇文章的结构，其实昂山素季的那个稿子也有点像。

除了小技巧，还有很多具体问题具体分析的东西，比如，我这个结构线应该怎么排？这个地方开头应该怎么写、怎么过渡？然后第二节、第三节表达的功能是什么？解决问题是什么？比如第三节我要解决这个功能，这个功能我要用哪些材料来解决这个功能？把这些列清楚，整个结构慢慢就出来了。你们听起来可能觉得特别机械，何伟也问过他老师同样的问题，他的老师说看起来很机械，但是实际上是因为你在这个器械的框架之下，具体你写每个小节的时候你是自由的，因为你更自信、你更知道材料是怎么使用，其实这个是对你的解放，而不是一种束缚，我觉得这个还挺对的，至少我非常认可这样的想法。对于我来说，现在如果写六七千字以上的文章，就进入长报道范围内，我如果不考虑结构、不提前想好每小节想表达的功能，我是不可能去写的。除非你的本能特别好，至少它不是一个艺术，它还是一个手艺吧。

## 把外国当作中国来写　把中国当成外国来写

我 2010 年以后到 2013 年都一直在出国，国内题材的特稿就比较少了，我开始写国际题材，当然也不是真正的国际题材。比如，我会写革命之后的埃及，写改革之初的缅甸，或者写泡沫经济 20 年以后的日本，这种东西并不是一个跨国报道，因为我对跨国报道、地缘政治都不感兴趣。我感兴趣的是把外国也当作中国来写，挺好玩的。我之前还琢磨这个问题，当你把外国当成中国来写，同时你把中国当成外国来写的时候，是能够带给你新鲜的眼界和新鲜的视角的，这是挺有意思的一个事情。比如说，你去写缅甸这么一个国家，其实中国人都不了解，对于你来说，英文稍微过关的话材料是极多的，你构建故事的材料是永远不缺的，只是看你构建什么样的故事而已。这样的话你有很多材料，你就会有余地琢磨其他的东西，比如，琢磨类似永恒命题的东西、类似于生与死这样的东西，或者是怀旧、或者是控制。

我大概在 2010 年以后对这些东西很感兴趣，比如，我对怀旧这个事情特别感兴趣，我会看一系列这样的书，碰到类似题目的时候我也会特别感兴趣，包括作为青年，某种程度上就是一个怀旧的框架下去理解这个事情的一个办法。到这个程度，我觉得就是挺好玩的一个事情，当你关照的是一个母题的时候，你探索是一个普遍性的东西，那样的情况下激发出读者的一个共感就特别容易。比如我写《子弟》，那就是一个个人的叙事，但是它探讨的就是你跟命运被安排的故事，后来传播挺广的，我觉得还是有一个共感的东西，读者能够接收到这个东西，就是那种命运被捉弄的感觉，又或者是那种哀伤和自怜，我说这个自怜是不带价值判断的自怜，但是自怜也是这个时代，就好像自恋一样，让我们能够很敏锐地捕捉到这个时代它的情绪、它需要宣泄的东西，我觉得那是对我们理解以及写作一个主题是挺有帮助的。

再接着说杰克·哈特，有一句话挺有意思，他说：作者都害怕陈词滥调。但是这是句子层面的，我理解的这是写作层面，写作千万不要用陈词滥调或尽量避免陈词滥调。但是在观念层面，陈词滥调经历蜕变，变成永恒真理，我们关心的问题都是陈词滥调，比如，我现在供职的这个杂志是男性杂志，它特别关注一些这种终极的命题，比如说勇气、比如说父与子、比如说男人如何面对自己的衰老、男人如何面对自己的死亡、男人如何面对自己江郎才尽，这些都是陈词滥调，可是这些是观念层面的陈词滥调。所以我就想，如果我们在写作上能够跳跃字面上的陈词滥调，来达到观念上的陈词滥调，这是一个很好的目标。

最后再提一点，我觉得很多特稿经常是反垄断的。举个例子，我 2004 年本科毕业，2014 年秋天我回南开参加毕业 10 周年聚会，当时喝完酒、吃完饭大家散场，各自要么去唱歌、要么去玩游戏，然后我们就在一个同学的宾馆里面玩一种叫"捉鬼"的游戏，比如，我们有 6 个人或者 8 个人，有 5 个人拿到是一个单词，另外 3 个人拿到的是一个相似的单词。当时我拿到一个比较带有情色的词语表达，我就特别贱地说了一句：这个词具有丰富的可阐释性。然后他们就说我可疑，把我给"投死"了。

其实写特稿的人就是不断给世界提供丰富的可阐释性的东西，这和你的腔调、眼光、知识面、性格、背景、结构、写作手法和技巧都有关系，你应该对事情的认识和人性的认识不是傲慢的，而是有所保留的，你的个性和呈现的声音应该是谦逊的、温和的，对应的结构应该是复杂的、开放的、丰富的，而不是一个闭合的，然后你呈现的一个方式是小径分岔的、水草丰美的，而不是简单粗暴的、给结论的。如果有人跟你说，好吧，那你为什么不能简单地告诉我一是什么、二是什么、三是什么，那我只能说抱歉，我就不是干这样的，我就不能告诉你这个，因为我是写特稿的。这就是第一部分的分享。

## ▌昂山素季的报道分析

这是我 2011 年大概 11 月底在缅甸仰光采访昂山素季封面报道的第一部分，《南方人物周刊》的封面文章惯常有两部分：第一部分叙述体；第二部分对话体，采访了一个小时，当时在她家里采访的。

当时接到这个任务，告诉我要采访这个人大概只有 2~3 周的时间，所以写这篇文章完全是根据我之前阅读的资料和之后读的很多本书还有给出的资料写成的。加上我在仰光外围采访，包括所有运动活动家、记者、主编或者听到的一些事情，包括现场观察，把所有的历史资料和外围采访加在一块写了一篇特稿，叫《素季的国度》，这好像是刊发在《南方人物周刊》2012年的2月，应该是新年以后第一期。这篇稿子也有幸拿到2012年腾讯华语传媒盛典的年度特稿写作。那时候有两篇得奖，另外一篇是袁凌的《守夜人高华》。

  2011年11月底的一个下午，昂山素季站在自家庭院里，一场茶聚临近结束，仍不断有年轻人过来和她谈话或者合影。她依旧头戴鲜花，向每一个人微笑。这次是两朵黄玫瑰，照例是从庭院草坪中采摘的。她66岁了，身形保持得极好，因为化了淡妆，脸上原有的一点点阴影也消失不见，只有深陷的眼眶提示着她的年龄——然而她的眼睛又是明亮的，当她看着你时，你能感受到目光的力量。

——《素季的国度》

  我现在用编辑的视角来点评，我会很直白地告诉自己，这个开头不好，很弱的动作、很弱的描写，除了黄玫瑰，其他的都不够鲜明，目光力量也不够具体。那开头不好的原因是什么呢？我问我自己，答案是：我当时太紧张了。因为我觉得好不容易争取到这个采访机会，我满脑子都想着我的提问，乃至我在采访前观察昂山素季的精神是不够集中的，我甚至连她穿什么鞋子我也忘了，黄玫瑰给我的印象是很深的，其他都是非常淡的描写，深深的眼眶当时也不记得，是从照片看出来的，她的眼睛是明亮的。我就是一个印象的东西，没有办法，当时确实是太紧张了。

  接下来第一节第二段。

  阳光刚刚好，茵雅湖上吹来小风，草坪边有张桌子，上面摆着菠萝汁和各式甜点，有人先离开了，剩下的人三五成群地继续聊天。"那是缅甸现在最红的歌手"，昂山素季的朋友 U Htin Kyaw 远远地指着一个女孩告诉我，"那边，是本地很有名的一个电影演员。"

——《素季的国度》

  "那是缅甸现在最红的歌手"，到此处才有一个相对较强的细节，你会想缅甸最红的歌手来干吗？他为什么会来这？这是一个信号，告诉读者说要有故事了。

> 不知此景是否让昂山素季想起牛津的夏末野餐，在离开英国 23 年以后，这并非常见的场合。仅仅在一年多以前，这还是一块外人不得踏足的禁地，而当时处于软禁中的昂山素季，仍是这个国家最大的敏感词。有一段时间，军政府甚至不允许人民说出"素季"这个名字，于是人民就改口尊称她为"夫人"。"两年前，这些明星不可能来见她"，这次聚会的组织者 Myo Yan Naung Thein 说，"他们只能在心中默默地支持。但现在不同了，人们迫不及待地要表现出他们对夫人的支持。"
>
> ——《素季的国度》

"不知道此情此景是否让人想起牛津的下午晚餐"，这是一个离题，暂时偏离主叙述轨道表达出旁边的东西，具体功能是把当年她在牛津比较温馨的家庭场景——她和丈夫、儿子在一块的场景带出来，而这本身就是蕴含故事的。在这里文字使用注意要自然，不能硬来。这种方式特别常见，是一个特别好的离题技巧。

"两年前，这个明星不可能来见她"，这是一个背景的提示，然后他们只能在心里默默支持。从一开始最红歌手出现，到他们迫不及待表现对夫人的支持，然后故事从里展开，你觉得他们真心吗？我知道他们是真心的，正如他们以前真心害怕一样，你能从他们眼睛里看出来的，我觉得眼睛是特别有意思的事情，因为我老问别人眼睛的东西。马克里拉写过一本书叫作《当知识分子遭遇政治》，你知道 20 世纪 30 年代的时候，如果这个时候有课堂，那绝大多数学生都是"左翼"学生，他们都会觉得苏联的社会主义建设特别有吸引力。包括后来中国的 60 年代的这种东西其实对西方是有一种神秘的、蛊惑的效应，是对 20 世纪向往莫斯科、柏林、北京朝圣的知识分子的批判，他们被当地政府领着参观社会主义实验的样板间，惊叹与新制度下人们焕发出来的热情。但是他们永远不会正视那些眼睛，我觉得他批判得特别有力量，比如，萨特去那里参观了一个符合他心目中理想的人类实验的一个东西，他可能是被当地的政府带着去参观这些，然后说，哇！人们还有这种可能性，我们应该用这种可能性对待腐朽的资本主义。但是他们真的不会看那些人的眼睛，我对眼神这种东西特别好奇，眼睛和眼神可以展示很多层次。

然后第二部分，我继续保持在场。其实第一人称叙事有很多功能，其中之一就是提供你的透明度，告诉你说我是在的，透明度的好处在于什么呢？提供可信度和真切的现场感。所有的报道要寻找革命群众的方法来和读者构成连接，就是刚才说的那种共感。第一人称叙事就是简单连接读者的办法。同时，写文章特别要注意细节，细节要有功能，这个细节不能没有目的。

> 我们是乘出租车前往"夫人"住处的。出发前，一位华人朋友建议我们离开酒店后再打车，我们也觉得有必要防止"眼线"——出于切身的体验，中国人乃至华人好像对"解冻"这类的事情总是抱有更多的谨慎。
>
> ——《素季的国度》

我搭乘出租车前往夫人住处，这个事本身一点都不稀罕，除非是这个出租车本身是有什么可以说的。当然在这里具体的功能一个是防止眼线，这是一个华人朋友建议我们的，离开酒店再打车的。再有一个原因就是我们要看看出租车有什么功能。这句话其实我觉得中国人乃至华人对"解冻"的事情好像总是抱着更多的谨慎，这其实是我的一个揣测。但是因为我第一人称的出现，所以我觉得我这种揣测和揣摩好像是可以接受的。上车以后，我就对司机说了一声昂山素季家，他就回答OK，我们就出发了。

> 在缅甸，每个的哥都知道昂山素季位于茵雅湖南岸的家，虽然很长一段时间里，他们被告知经过这里时不得减速、不得张望。15分钟后，我们到达大学道54号，司机猛打方向盘，拐出一个巨大U形后停在目的地门口——以前，掉头在这里也是明令禁止的。
>
> ——《素季的国度》

"在缅甸每个的哥都知道昂山素季位于茵雅湖南岸的家"。这句话来自于昂山素季传记。虽然很长时间内他们被告知，经过时不得减速、不得张望，这好像是来自于另外一本书，但是我觉得是可靠的，所以我用他们的资料，这属于背景的提供。

我建议大家在写作交代背景的时候，因为背景不一定是像译文这么有意思的东西，有可能是特别无聊的解释性、科学性的东西，就好像说明书，说明书谁愿意读，没有人愿意读说明书。静态的部分都应该放在叙事里面完成，放在动作里面交代，因为人天生是对动作感兴趣、对行动感兴趣的，所以不要静态交代，因为静态交代太枯燥了，但是动作动词是可以降低你的枯燥感的。

15 分钟之后，我们到了大学 54 号，这是第一次出现昂山素季家的门牌号，然后司机把方向盘打出一个巨大的 U 形停在目的地，这时你就能看到出租车的功能，你写出租车的功能是因为什么，你坐公交车过去，他不可能打一个 U 形然后停在昂山素季家门口的。这个 U 形在后面还有功能，一会儿可以再谈，以前在这里掉头也是明文禁止的，这又是一个背景，因为这句话不是司机告诉我的，是书里写到的。这就成功地在一个动作里交代了背景，如果不是在动作里面交代背景是什么样子呢？在以前写一句话，两年前，缅甸政府规定，在昂山素季家门口不得掉头、不得展望、不得减速，同时不得……然后你再写故事，这是割裂的，但是这个就放一个破折号，把动作放在背景里面交代了。

    2010 年 11 月，缅甸举行了 20 年来首次全国大选，选后一周，政府释放了昂山素季；2011 年 3 月，国家权力移交给议会任命的文官政府，统治缅甸多年的丹瑞将军退居幕后。总统吴登盛上台之初宣布将要推行民主，但动作寥寥，"于是我们都很悲观，"缅甸一家新闻周报的主编 U Thiha Saw 说，"然后到了 8 月 19 日，总统突然会见了昂山素季，这让所有的人都大跌眼镜：发生了什么？"

    这次会面成为缅甸的 U 形拐点，自此以后，作为走向和解的象征之一，昂山素季的名字不再是一个禁忌，她的头像开始出现在媒体头版和大街小巷，官方媒体对她和 NLD（全国民主联盟，昂山素季领导的反对派政党）持续 20 年的攻击也偃旗息鼓。

——《素季的国度》

2010 年 11 月，开始进入一个更大的背景的交代，为了让读者知道，我为什么这时候采访昂山素季。之前一年她举行了 20 年以来首次全国大选，选后一周怎么怎么样，这是一个非常非常概述的背景交代，其实也挺枯燥的。后来我采访了一个缅甸新闻周报的主编，一个比较强但不是那么重要的，但是带有人格色彩、个人色彩的东西和上面比较枯燥的背景结合起来，其实是可以冲淡它的枯燥性的。然后中间是一个很小的技巧，之前是 U 形的掉头，那会面也成为缅甸 U 形拐点，之前觉得缅甸要完蛋了，但突然掉个头，它要改革了，是一个叙事特别小的技巧。

然后缅甸就开始走向和解，缅甸走向和解你需要知道具体怎么和解？体现在哪方面？其实特别明显的就是审查。其实这个稿子发表于 2012 年 2 月，大概是半年还是一年以后，缅甸就取消审查了，就是检查司真理部已经不存在了，当时仍然存在的还是要把版面交给审查，但是标准大大放宽了。

> "报纸注册与检查司"仍然存在，所有报纸在付印前仍须将版面大样交由他们审查，但审查标准却大大放宽了。U Thiha Saw 的报纸翻译了著名缅裔学者吴丹敏（Thant Myint-U）在海外"流亡媒体"谈缅甸改革的对话录，居然得以全文发表，"审查部门只改了几个小地方，其中一个要求是将'政治犯'改成'良心犯'，另一处则是将'军事独裁统治'改成'独裁统治'"。
>
> 市场化的报章呼吁继续改革，甚至呼吁释放更多的政治犯，"只要他们是从'为了国家好'这样的基调来谈这件事，那么文章就可以发表。"不止一个记者这样告诉我。
>
> "媒体也在不断地试水，看看底线到底在哪里"，一位资深媒体人说，"有媒体不送审就发表一些文章，然后就得到停刊两期之类的小惩罚。"
>
> ——《素季的国度》

后面一段我引用了吴丹敏的观点，吴丹敏是研究缅甸最有名的学者，我很希望采访到他，但是一直没有联系到他。那时候他正好在海外一个很知名的媒体上有很好的访谈，居然得以全文发表。我觉得这个对话特别有意思，所以我就把它用上了。比如，一个要求是把政治犯改成良心犯，另外一个是把军事独裁统治改成独裁统治，那这样你就可以发表，我觉得这个特别像皇帝的新衣，但确实很有意味，这个也是资料的运用。

> 2012 年 1 月，吴登盛首次接受西方媒体采访。"改革是基于人民的愿望"，他对《华盛顿邮报》记者说，"人民希望国家保持和平稳定，实现经济发展。"
>
> ——《素季的国度》

2012年1月这段话其实是我补的。我采访的时候是2011年11月底，写稿是在12月份，到1月份稿子已经写完了，我发稿前补了一个背景。就是吴登盛接受西方媒体采访。当时所有人都好奇发生了什么？为什么缅甸独裁这么多年要改革？吴登盛给了一个官方版本的解释，原来没有这个解释。

但是对叙事性报道来说，要避免连续都是打断的论述，这样会吓跑读者的，所以，我觉得两段都已经是极限，不能再多了。所以下文接着又是一个场景，场景总是安全的，就是因为不断的现场现场现场、动作动作动作，这样对读者的冲击是保持一个强度的，所以这是特别简单又有效的一个办法。

接下来这个场景在《缅甸时报》的编辑部，它也是一个以宣传功能为主的，但是有外国人参与的报纸。

> 在官方英文报纸 The Myanmar Times（《缅甸时报》）的编辑部里，我见到了一份从审查部门送回来的大样，那是名为 Hope Rules（或可译作《希望引领人民》）的大选一周年特刊，回顾了缅甸社会的各种变化。压题照片被画上了一个红叉，一位编辑说："可能是因为我们用了民众抗议的照片。"而一篇名为《为什么缅甸改革会令越南心焦》的评论则被直接拿掉，"大概是担心影响两国关系吧……"编辑猜测。
>
> 不过最引人注目的还是一整版的重头文章《缅甸：过去、现在和未来》，事实上，这里只有一处改动：五张配图（从左到右依次是昂山将军、奈温将军、丹瑞将军、吴登盛、昂山素季）最右边的那张上面打了个红叉——看起来，他们并不认为昂山素季就代表着"未来"，虽然他们承认素季的父亲昂山将军创造了"过去"。
>
> ——《素季的国度》

我现在从平面的角度看，我觉得应该是有描述性的，比如，编辑部在什么样的社区，通往编辑部楼梯有什么特色，因为我记得那个编辑部特别窄，可能楼梯比较黑暗，有什么油、垃圾，等等。有很多有意思的场景，其实当时是可以记下来的，但是这里没有。

然后我在编辑部见到一个大样，还挺难得的，是因为接待我的人是澳大利亚人。我之前是怎么接触到他的呢？是因为我读很多的资料，有一个资料是东南亚，那本书里讲到了《缅甸时报》，然后我就给他们写邮件，这个人给我回邮件，说我们仰光见，于是就接待我了。因为有前面的一个铺垫，所以他很信任我，说只要你保证不发表大样这个照片，那我是可以给你看大样的。这个大样有真理部回过来的审查意见，全是红笔，外面是看不到的，我觉得挺了不起的。

再多说一句，跨国采访提前准备非常重要，你需要从所有可能的途径去联系人，如果你对这个国家一无所知，比如，现在把你派到特立尼达和多巴哥去，或者把你派到巴布亚新几内亚去，那你怎么办呢？那你读 Lonely Planet（简称 LP），你就会短时间内对它有一个非常速成的了解，它会提供一些线索和可能的联系方式。比如，我通过 LP 在埃及找到一个小说家，他曾经是一个出租车司机，你们知道出租车司机肯定是最了解这个城市的人之一了，后来我通过采访他确实是觉得挺有帮助的。

不过最引人关注的一篇文章是整版的重头文章《缅甸：过去、现在和未来》，一句话等于是缅甸历届党和国家领导人，昂山素季被打了一个大叉。我这是有点带评述性的，看起来他们并不认为昂山素季代表未来，这是顺着编辑的揣测继续猜测下来的，因为我们不知道她为什么被打叉，实际就是昂山素季政治性还没有得到承认。虽然他们承认昂山素季的父亲昂山将军创造了过去，进入编辑部你可以看见叙事的顺序，进入编辑部场景，然后重要特刊，然后一直再进入到重头文章环环相扣，目的是讲昂山素季父亲的一个背景，这段功能是要从一个场景进入到历史的。我觉得这是非常有意思的地方，就是你比较瞎编，假如你是一部小说你就可以以瞎编的细节进入想要的任何地方，上天下海都可以，但是如果是稿子，那你得通过采访和阅读大量的材料，然后筛选出合适的，甚至是看起来巧合的东西来打造这个叙事弧。

其实有意思的地方也是有挑战的地方，我在这里有一个小的提醒，如果材料不足以完成连贯叙事的话，尽量不要用语言去生硬过渡，生硬的过渡不如不过渡直接写。生硬的过渡就是那种但是、尽管如此或者什么，刚才我已经引用这些。如果你实在找不到过渡材料、找不到故事来过渡，你就不过渡，不过渡怎么说呢？假如你没有重头文章，通过昂山素季来帮你带出她父亲，你就直接写，读者不会特别在意这个东西的。

所以后来就这么直接写了下面一段：

> 1941年,26岁的学生运动领袖昂山带领包括奈温在内的所谓"三十志士"出国接受日军培训,冀望在缅甸发起暴动以推翻英国殖民统治,这"三十志士"便是日后缅甸独立军的核心。后来日军进入缅甸,缅甸人发现日人统治比英人更残暴,将士们遂又转向联英抗日,"(当初联日)并非因为我们有赞成法西斯的倾向,而是因为我们的愚直失策和小资产阶级的胆怯。"昂山后来承认。
>
> ——《素季的国度》

这更多的是一个背景交代,因为昂山素季不可能回避她的父亲,她的父亲又是一个日奸,包括这个人后来发表出来以后,他们也会说你们南方系又开始捧昂山素季以及她父亲的臭脚,难道你们不知道她父亲当年还跟日本人站在一起吗?我早就预见有人会这样骂我们,所以我还不如直接把她父亲的重要背景先交代出来,她父亲当时确实是联日,但是你可以想见的是这是特别正常的事情。一个小国家它如何生存,它要么倒向这个大国、要么倒向另外一个大国,所以它不管是联英、还是联日,并没有一个道德上的高下之分,只是利弊的一个权衡,他倒向日本并不是带有法西斯的倾向,而是他们的愚蠢和小资产阶级的胆怯。

> 或许是因为对父亲所创军队的感情,又或许因为在海外生活了太长时间,早期的昂山素季把爱国主义放在了自由主义前面,在她作于1980年代前期的 *Let's visit Burma*(后结集出版改名为《吾国与吾民》)中,她回避了内战问题,把克钦、克伦、掸邦这些少数民族地区单单描绘成富有魅力的神秘所在,她也避免在文章中直接批评奈温的独裁,"在军政府的统治下,缅甸成为BSSP(社会主义纲领党)领导下的社会主义国家,其他政党都被取缔,限制民众政治自由的举措是出于维护政府的稳定和国家的统一"。
>
> ——《素季的国度》

我讲述了一些昂山素季父亲的背景之后很快开始回来写他女儿的故事。然后写到早期昂山素季是一个什么样的状况,她其实没有那么关心备战问题、民族问题。然后,我开始有一大段背景来讲缅甸这个国家是怎样一步一步走到2011年这个深渊的。奈温发动军事政变，奈温其实跟昂山素季父亲有关系，这里也提到了。

> 1962年3月2日，奈温发动军事政变，推翻文官政府。奈温早年随昂山接受日本军部培训时即养成了对政党政治的厌恶，他解散了议会，宣布要建立"缅甸式的社会主义"，这一意识形态自称融合了马列主义、佛教和缅甸传统，实际上把缅甸变成了一个警察国家。执政后这位将军的喜怒无常令人印象深刻，1970年代他曾突然宣布：所有的车辆必须靠右行驶（缅甸曾是英国殖民地，之前遵循靠左行驶原则）。于是时至今日人们仍会在仰光街头看到这般怪现象：司机在右边驾驶着各种日本报废车，纷纷靠马路右侧行驶。
>
> ——《素季的国度》

这里有一个细节（其实我有无数细节），因为我读了很多资料，我知道奈温将军治国有很多特别诡异的东西，有法西斯、社会主义，又是带有一点佛教色彩的东西。我只举一个例子，就是1970年他突然宣布所有的汽车必须靠右行驶，缅甸本来是英国殖民地，它像香港一样都是靠左行驶的。最后，结果在缅甸很多车子在右边驾驶车，特别诡异的一个过程。这就是旧材料和新材料的融合，旧材料是什么？就是1976年奈温宣布的政策，新材料是你眼睛看到的，这个政策到现在仍然阴魂不散地影响缅甸的日常生活，这是过去和现实的一个交织。

> 不过真正把缅甸拖入深渊的是奈温灾难性的国有化及锁国政策，很多企业和银行（包括中国银行）被无条件收归国有，大量国外的教育、交流机构被驱逐出境，缅甸错过了世界经济起飞的六七十年代，到1980年代后期，已由"东南亚的明珠"落入联合国最不发达国家之列，一个颇具象征意味的细节是，在1960年代之前，从西方前往新加坡或者曼谷，须经由仰光转机，而现在，情况反过来了。
>
> ——《素季的国度》

这是一个特别快的叙事，讲的是一个灾难性的国有化政策，特别容易枯燥，包括中国银行，中国银行我加上去是因为和中国读者有点关系，包括大量国外的教育机构被驱逐出境，错过了世界经济起飞的六七十年代。在1960年代之前，从西方到新加坡或者曼谷，需经由仰光转机，而现在情况反过来了。这又是一个保持叙述连贯性的例子，从国有化政策叙述到最发达国家之列，叙述到仰光地位的变化，这个逻辑是通的。

按照这个叙事，从世界各国去东南亚是要经过仰光转机，仰光是东南亚的中心，从仰光去曼谷、去新加坡、去雅加达。现在呢，整个都扭转过来，仰光成为一个特别不重要的地方，可昂山素季当年就是从曼谷转机飞往仰光的，这个细节就很自然把昂山素季重新带了出来。

> 1988年4月2日，接到母亲病重的电话后，昂山素季经由曼谷飞抵仰光。这是她1960年以来第一次回到自己的祖国，过去的28年里，她求学于新德里，在牛津取得哲学、政治学和经济学学士学位，短暂任职于纽约联合国总部和不丹外交部。1972年，她与英国学者、藏学专家迈克·阿里斯结婚，此后多数时间她与丈夫生活在牛津，吴丹敏在一本书里回顾了1984年春天拜访素季一家的情形，"天气很好很暖和，他们家砖砌的花园里开满了鲜花，我们聊牛津最近上映的电影，迈克悠闲地吸着烟斗，两个孩子在屋里玩耍。素季讲话彬彬有礼，甚至带着点学究气，她鼓励我来英格兰读博士学位，鼓励我也一起来研究缅甸历史。"如果说那时昂山素季希望为祖国做点什么的话，除了研究缅甸历史和文学，无外乎为它建一座图书馆，或者推动一项交换学习项目，等等。
> 
> ——《素季的国度》

这是昂山素季1960年以来首次回到自己的祖国，我极快地交代一些不重要的背景，同时交代阿里斯，因为阿里斯后来是要出现的。然后这里其实有一个细节，吴丹敏的书提供了一个家庭温馨的场景，最理想的情况下我应该能找到昂山素季1988年4月2日之前到底是什么样的状况，可惜材料不支持，这是非虚构的东西，我不能编，所以我只能找1984年，我觉得1984年这个也挺好的，那就用了。

> 6月底，知道母亲将不久于人世，昂山素季决定回到大学道54号的家中，陪母亲度过最后的日子，阿里斯和两个儿子也从英国赶来，陪她

最后一程。因为要照顾母亲，昂山素季始终和如火如荼的民主运动保持着距离，但这并不能阻止学生、记者、律师、艺术家以及被奈温罢黜的改革派军官络绎不绝地前往拜访，他们希望国父的女儿能够站出来领导缅甸的民主运动。

——《素季的国度》

昂山素季决定回到大学道54号是第二次出现，第一次出现是出租车司机带着我到大学道54号，然后做了一个掉头，停在那个地方。地址一再出现，回顾一下，中间转了多少弯，完成了多少叙事。你其实中间那一部分本可以删掉的，我可以开头写完那句，第二部分就是出租车司机带着我到他们家门口，然后转过身接下面的，但是我还是决定中间绕一大圈，其实直接写也OK，看你自己选择。

然后接着往下走，又回到场景，大学道54号，这是一个现场的描述。

大学道54号外面的围墙、铁丝网和铁门都有明显翻新的痕迹，我敲响铁门，对着一扇小窗报出名字。门开了，3个看上去有些腼腆的中年男人把我迎到候客区。旁边台阶上，一只拴住的小猎犬好奇地看着我这陌生人，我认出了这只"全缅甸最著名的狗儿"——2010年11月昂山素季获释时，小儿子金送给她的礼物。

院落不算小，进门左侧是几片被鲜花环绕的草坪，再过去是一栋两层的白色小楼，看上去有些陈旧，和仰光市区那些"摆在特拉法加广场也不显突兀"（Lonely Planet语）的殖民时期建筑相比，就更加缺乏特色。那正是23年前民主运动的精神中枢，也是后来昂山素季被软禁或者半软禁20多年的地方。

——《素季的国度》

然后当时有一个狗在看着我们，就是一个小插曲，增加一点丰富性。这是2010年昂山素季获释，我采访她之前一年，小儿子送给她的礼物。她有两个儿子，大儿子跟她关系不好，小儿子跟她关系还不错，这都是从媒体报道中得来的。

后面一段是现场描述，和那些特拉法加广场也不显突兀的殖民地建筑师相比，其实这句话也不太好，因为很多人都不知道这个广场在哪里。但是就像刚开始我解释的，我在那个地方太紧张了，很多地方都没有注意到，我就只能这么写，我这一大段完全可以用在开头，但是为什么没有用？因为我需要把它拆分开来，各自表示自己的功能，需要让它们出现在应该出现的地方。

> 1988年那个夏天，奈温警告游行的民众："如果军队开枪，他们一定会击中目标。不会有朝天鸣枪。"8月8日，后来在缅甸人的口述史上被记载为"8-8-88"的日子，军队果真向游行人群开枪，数千人被杀，举世震惊。
>
> ……
>
> "让我们过去。"面对来复枪，昂山素季回答，她继续向前。士官再次警告："再往前我们就开枪了。"昂山素季没有停下脚步，就在这时，一个更高级别的士官赶到，下令不得开枪。
>
> 这一次，勇气赢了。
>
> "或许她希望着，这样的事情会在全国不断发生，'第二次独立斗争'也会这样展开，经过和平与坚定的抗争，NLD终会取胜，军队终会奇迹般地退让。"吴丹敏写道，"悲哀的是，这样的事情再也没有发生过。"
>
> ——《素季的国度》

后来我开始交代缅甸"8-8-88事件"的背景，这是表决心的一种方式。但在这里，我增加了一个故事，简单来说就是昂山素季马上要和军队发生火拼并且要被士兵杀死了，但是那些士兵在马上要开枪的时候接到更高级别的命令说不能开枪，这个是非常巧合的事情。吴丹敏在他的书里曾经提到，人们对非暴力之所以有一个信念，就是如果通过非暴力能够完成革命取得胜利的话，这样的事情会不断发生，但是其实这样的事情再没发生过，我觉得这是件挺有意思的一个事情。

总结一下，其实这几部分因为要交代许多事情，很容易写成流水账，唯一的办法就是调节叙事节奏，快慢结合。

> 见到昂山素季前，我在仰光采访了不少当地的学者、媒体人和NGO负责人，对于眼下的变革，他们纷纷给出谨慎的评价，可是往往难掩兴奋，"哪怕是在一年前，我都没法接受你的采访"，几乎每个人都会笑着说句

类似这样的话。

——《素季的国度》

这个大背景是昂山素季获释以及昂山素季做了一些事情,这是外围采访,除了听他们怎么评论昂山素季外,最重要的是他们怎么理解现在的变革,所以需要让他们给出评价。但是我那时候感觉他们特别乐观,因为所有人都觉得我们的春天要来了,但其实缅甸也没有春天,缅甸只有两个季节,夏天和不太热的夏天。

2011年年初缅甸议会开幕的时候(21年来的头一次),659名议员被领入新首都内比都宝塔状的议会建筑,一连几星期不得外出,不得使用手机和电邮,记者也不得去内比都采访。但是到了8月份,议会第二次会议开幕时,他们开始邀请国内外媒体。"本以为它是个橡皮图章",U Thiha Saw说,"军方拥有议会25%的固定议席,我们去之前以为会有军队高层代表,结果发现多数都是年轻的军官,微笑着坐在那里,很少参与讨论,我觉得他们在那里只是为了维持《宪法》,因为要修宪,你必须有75%以上的议员同意……但其他非军方议员讨论得非常热烈,我记得有一次能源部长面对质询时说,我们在缅北有足够的发电能力,所以才会向中国供电。立刻就有两位来自密支那的议员站起来反驳他:你说的供电充足是什么意思?我们那边就经常停电!"

——《素季的国度》

这是一个背景交代,我非常偶然看到了《国家地理》杂志的报道,我去仰光的时候,我就把那页纸撕下来带在身上随便看。这是采访得来的,我觉得这个挺有意思,而且和中国相关,能反映出现在改革到了什么程度,议员可以站起来反驳部长,在中国可以做到吗?也许可以,但是缅甸已经做到了。

当然我不是说一定要拿这个文章提供中国关照,也不是说让这个文章来推动一个什么东西进行指桑骂槐,只是我觉得中国的读者可能会关注这些。

门似乎正在打开,哪怕只是一条缝,透进来的阳光已经够让人高兴和自豪了,这正是我的仰光印象,有好几天,我也被这种乐观的情绪感染,

> 直到遇上了 Eaint。她是一个缅甸记者朋友的妻子，27岁，娃娃脸，我和她丈夫聊天时，她就在一边听着。到了最后，她有点不好意思地问我："你对政治犯感兴趣吗？"
>
> "你认识他们吗？"我随口应了句。
>
> "我有很多政治犯朋友"，她顿了一下，说，"其实我也是政治犯。"
>
> ——《素季的国度》

这个姑娘是我之前在网上联系的缅甸记者朋友的妻子，之前我都和她丈夫在聊天。她有一天特别不好意思，她问我说你对政治犯感兴趣吗，她看上去就是二十一二岁的样子，然后我就随口应她说你认识吗？她说我也是政治犯，我当时一下就愣住了，当然这个是修饰过的感觉，我觉得这个城市还有很多秘密，我自以为了解。其实这个城市的脉络什么样子，我不知道。这个是很真实的感觉，就像你潜到水底下，发现全是坚硬的礁石，你想想这么小的女孩，她以前是一个政治犯，这里有这么多政治犯，对这么小的国家到底意味着什么？

2008年5月2日，飓风"纳尔吉斯"袭击了伊洛瓦底江三角洲地区，这场百年来最大的自然灾害造成了约14万人死亡，而缅甸军政府却反应迟缓，在一周以后才开始小心翼翼地接受外部援助。那时刚毕业两年的 Eaint 去灾区采访，因为看到无人救援的场景，想办法联系到联合国一个办事处，请求他们"救救灾民"。就这样，她成了政治犯，被判刑两年，一年多前才得以释放。

缅甸政府已经释放了数百名政治犯，2012年1月13日，缅甸政府又释放651名政治犯。《在缅甸寻找奥威尔》（*Finding George Orwell in Burma*）的作者 Emma Larkin 说，在仰光，你很容易找到这样的家庭：其父子、母女、兄弟姐妹里有人就是政治犯。

有人问昂山素季——这位全世界最出名的政治犯，"你曾说过，当你第一次被软禁时，非常思念远在英格兰的丈夫和孩子，最终，你意识到这样做没有用，所以你停止了思念，怎么可能做到这一点呢？""大多数政治犯都会这么做（停止思念），"昂山素季回答，"任何理性的人都清楚，为一件你根本没法掌握的事情苦痛是没有用的，全世界的政治犯都会告诉你这一点。"

——《素季的国度》

你们肯定还记得这个事情，因为这个事情是在汶川地震之前。这是一个大新闻，当时死了特别多的人，很多中国媒体都去缅甸采访，然后紧接着"5·12"地震，所有缅甸的记者又开始往汶川开拔。所以，你就想想她是怎么成为政治犯的，是因为她想办法联系到联合国办事处，于是就成了政治犯。

《在缅甸寻找奥威尔》是一本特别好看的书，然后他有一句话说缅甸许多人的父子、母女、兄弟姐妹里都有政治犯，我喜欢这个细节，既残酷又真实。

> 1989年8月，大学道54号已彻底与世隔绝，"我以为他们会关掉某个总开关，以切断我们的对外联系，结果没有，他们是直接拿着剪刀来我们家把电话线剪断并带走的，我们都觉得太逗了。"昂山素季说。
> ……
> 昂山素季承认自己的脾气不太好，缅甸一位老政治家 Thakin Chit Maung 的回忆佐证了这一点："她有时会失去控制，做一些缅甸女人不应该做的事情。有一次我们开会，她看见会议室里挂着奈温将军的头像，就变得非常生气，然后大声说：一个刽子手的头像不应该挂在这里。接着她就跳上桌子，把画像扯掉了。要知道在座的每一位与会者都比她年长，我们都被她的行为惊呆了。"

——《素季的国度》

我又回到大学道54号的场景，但这个场景不是我观察的，而是昂山素季接受其他采访时谈到的。于是文章很自然写到了她的一个修行，昂山素季的发脾气，她被老一辈的缅甸人认为修养不够好，不太像一个缅甸的女性，这些很多都是批评她的文章里写的。

> 当昂山素季用修行发展觉知的时候，在茵雅湖对岸，退休的奈温也在修行中寻找平静。李光耀在自传中记述了与奈温的几次见面：1994年，奈温状况不太好，看上去很憔悴，说自己在镇压了1988年的运动后精神

颇受折磨，到了 1997 年，他的气色好了许多，他说，自己每天花很长的时间静默修炼，再不为任何事情操心，"将军们来问建议，他说，让他们走吧"。

2002 年，奈温去世，官方媒体只字未提。

——《素季的国度》

这个地方我有好几次提到过，我很喜欢这段故事，来自李光耀的自传，从叙事上来说它提供某种带宿命感的背景，同时透露出独裁者在镇压民主运动后真实的想法到底是什么，我觉得每个人都会好奇，所以这个故事本身强度就很大。同时，当你有足够多的材料的时候，你是比较自由的。比如在一个很小的湖，昂山素季在这边，奈温家隔湖相对，一个是当地民主运动的发起者，一个是镇压者。

其实写到这里，我感觉叙述必须得加快，现在时间线才到 1989 年。所以我跳跃式地加快叙事。她被软禁了六年才回去见到了亲人，后来她爱人得癌症死了她也没回去。我去之前跟朋友聊天，很多人不能理解她，还嘲笑她，所以这一直都是我的疑问，在这样的好奇之下，我写了这么一段：

见过昂山素季的一些人会产生疑问，她的内心是否太过坚硬？据说她的长子亚历山大对母亲牺牲家庭一直心存不满，而刻薄的批评者甚至嘲笑她一直在固执地坚持"民主圣战"（democracy jihad）。我也怀疑在她优雅的举止和人格魅力之后，隐藏着多少无法言说的遗憾和悲伤，但我又怀疑，也许我们的怀疑，仅仅是因为我们走不到她的层次，没有能力去理解她罢了。

我记得她曾谈到英国女作家乔治·艾略特的小说《米德尔马契》，男主人公利德盖特医生的婚姻是一出悲剧，"他对妻子感到失望，担心自己无法再好好爱她。我当时还很困惑，难道他不更应该担心妻子不爱他才是吗？……后来我理解了他，如果他不再爱自己的妻子，他就被生活打败了。"

——《素季的国度》

我觉得不一定用这个框架理解它，或者这个框架理解也不够，但是我觉得这是可以增加文章层次的一个东西。

到了第九部分就不过渡了，直接开写，当然功能性是很明显的。

> NLD 狭小的总部在仰光市区以北，两层楼，光线昏暗，看上去就是一个修车铺的规模。U Hla Min，这儿的办公室主管、一个和善的老人家领着我参观了一层。
> ……
> "经过军政府多年的打压，NLD 剩下的都是些死硬派，大多数人年纪很大了，他们不明白，推动民主不能只靠空喊，而需要以议题为本（issue-based）"，一位自称不是昂山素季粉丝的 NGO 负责人告诉我，"他们现在也在改变，包括昂山素季也越来越认识到，在政治之外公民社会可做的事情还有很多。当她了解得越多，她也会变得愈加务实。"
>
> ——《素季的国度》

经过军队多年的打压，民主派都只剩死硬的老年人了，但是这个人同时提出一个批评，这些老人只知道空喊，不知道以议题为本。其实某种程度上，也是一个让参与者学习的过程，同时也是吸引更多人注意的过程，这是提供多元看法，展开更多层次。

> 2011 年 11 月 18 日，NLD 宣布重新注册，这意味这个缅甸最大的（也几乎是唯一的）反对党重新加入政治进程。几天后，NLD 又宣布昂山素季将参加议会补选，有人觉得她去竞选议员是自降身份，她说，"从政之人不应考虑个人荣辱得失。"
>
> ——《素季的国度》

我是 11 月 18 日之前去的，我去之前我都不知道能够采访到昂山素季。当时我们打通电话，NLD 那边说欢迎你们来，但是昂山素季没时间，同时他告知我们 11 月 18 日要开一个发布会，你们可以来参加发布会。当时我们就决定去了，在昂山素季被一堆媒体和粉丝簇拥着离开 NLD 像修车库一样简陋的现场时，我冲过去拼命喊了一声我来自中国，并塞给她一张名片，她微笑了一下。后来我通过持续的邮件和电话骚扰她,又过了 10 天左右她才接受采访。所以 11 月 18 日对我来说是一个重要的时间点。

之后我就开始写未来了。

> 仿佛是对外界批评的回应,NLD 总部一层最里面唯一的小单间留给了年轻人。1980 年出生的 Nyi Nyi Min 看上去比他的年龄更年轻,"发展年轻人进入 NLD,重点是要驱散他们心中的恐惧,我会告诉他们,你是一个自由的人,你要创造你的生命,然后不带恐惧地死去"。
>
> ——《素季的国度》

这是对未来的预期,这个是很有意思的细节,以前这些人仿佛都不存在,但是只要发现有一个窗口,他们肯定都冒出来了,当然你也可以批评说这太乐观了,但是我是基于事实这么写的,你可以自己解读。

> 昂山素季刚被释放时,面对那些举着手机对她拍照的支持者,下意识地往后退了一下。她从未用过手机,有人让她和人在曼谷的小儿子金通话时,她都不敢确信这个小玩意儿真的可以把人与人连接起来,她甚至不知道应该对着哪里讲话。世界已经变化太多,2003 年她第三次被软禁时,这个世界上不存在 Twitter 和 Facebook,手机还不够普及,更没有发展成一个几乎无所不能的移动终端。而现在,互联网与互联网一代已经改变了整个世界,或许也将包括缅甸。在许多场合她都说,这一年来最高兴的事情之一就是看到更多的年轻人参与到运动中来。
>
> ——《素季的国度》

时间是标志物,标志物每个人都会用。我会很好奇 25 年前那些人是怎么做记者的,他们如果要查一下津巴布韦是非洲第几大国家,他怎么查?他真的只能去找年鉴或者图书馆查,但是现在谷歌就可以了,我写这些是为了跟读者有一个连接感。那个时候我们自以为每一年都是很有逻辑,铺垫很好走过来的,实际上你不知道你走了这么远,比如,你想想,在 2007 年之前是没有 iPhone 这个东西的。

> 她重新变得忙碌起来，和1995年首次被释放时一样，每天要见大量的人，参加各种活动，整个下午用来读书已成奢望，但或许在某个不用忙碌的晚上，她会静静地坐在屋子里反观自己——也和1995年一样，"一切总在变幻，你也同时在躁动的外界和宁静的内心这两个世界里生活"。
>
> 其实她从未改变，她仍然相信自己所坚持的，相信非暴力的价值，相信爱与慈悲，相信精神的革命比政权的更迭更重要，她还是反复地说，和NLD同事受到的苦难比起来，她的遭遇根本算不上什么。
>
> ——《素季的国度》

我逐渐开始讲世界变化与她的不变。但是这两段其实写得不太好，叙述比较差，但我写这些全部都是为了写结尾，结尾是这样的：

> 离开大学道54号时已是黄昏，经过门口时，小狗冲我吼了几声，一个人牵着它往两层小楼处走去，"到了夫人遛狗的时间了"。这时我才知道，那3个男人也都是政治犯，他们志愿在这里为昂山素季工作。
>
> 铁门在我们身后关上了，1990年代中期，每周末的早晨，她都会踩在桌子上，出现在这扇铁门背后，向聚集于此的民众发表演说，或者回答他们的提问。那时缅甸的民主运动正处在低潮，更多的人忙着出国或者挣钱，有时参加集会的只有寥寥数百人，这其中还有不少是外国观光客，但她坚持了下来。
>
> 有一次Alan Clements很直率地问她："你是不是有点过时了？"
>
> 昂山素季回答说："谈论道德、对与错、爱与慈悲这些东西，如今被认为是过时的行为，不是吗？但说到底，这个世界是圆的，也许什么时候好多事情要重新来过，也许到那时，我就又走在时代前面了。"
>
> ——《素季的国度》

20世纪90年代中期，每个周末早晨她都会踩在桌子上，因为铁门特别高，她踩在桌子上才能露出一个脑袋，她只能通过这种方式向外面的人来布道、演讲、宣传民主。我印象特别深的，也是从资料上看到的是，90年代民主运动在低潮，因为当时缅甸经济形势还不错，更多人忙着出国或者挣钱，有时候参加集会的只有寥寥数百人，还有不少外国观光客。当时读到这段的时候，我特别想写进来。

Alan Clements 是信仰小乘佛教的一个外国人，他出了一本和昂山素季英文版本的对话，我基本上都读完了。我对一个问题的印象特别深，他问这些东西如今过时了，不是吗？昂山素季回答说，但是说到底这个世界是圆的，有很多事情要重新来过，也许当那个时候我已经走在了世界前面了。

我们现在处在一个变革的时代，你一方面承认，你要接受新的东西，但是另一方面，这些涌出来的东西到底有多少泡沫，退下去的时候，这些东西真的可以留下来吗？所以我当时看到昂山素季的回答，我特别喜欢。当然你也可以看到中间付出了很多代价，就是我为了能够写到这个结尾，用两段并不高明的东西去扭转这个叙事的过程。但是无论如何，我觉得能够写到这个结尾还是很开心的。

这就是我的分享。

## 所有人问一个人

Q：你写《素季的国度》的时候，我想到一个问题，如何在特稿里面去做一个所谓宏大叙事和日常生活的连接呢？

A：其实方法就是大量的阅读和采访。那个时候你会记笔记，为什么我总说希望时间能充分保障，因为我需要反复阅读材料，读一遍是记不住的，读很多遍以后乱的材料会开始慢慢归位，然后你就知道写到这段的时候，我要解决这个功能。我以前举过一个例子，2010年玉树地震，当时我也是直接过去采访，要在很短时间内赶到西宁，但是所有从北京飞往西宁的航班都没有了，只能通过西安转机，当时我也是坐了人生历史上第一次头等舱，因为只剩一张票了。我们在西安转机的时候，发现全国各地都市报的记者都会聚到西安，然后准备坐那趟班机到西宁。

那时候有一个女记者穿着高跟鞋就来了，当时我想她可能对玉树不太了解。我记得同行各位在一起候机楼等飞机的时候，有一个人穿着枣红色的袍子，一堆人就过去问他，你家里人有没有受伤。我当时等他们问完了以后，我就问他，你能告诉我一下藏历3月是什么样的日子，他很奇怪说你问这个干吗。可是我心里想，你去玉树，你不能忽视这是一个藏族信仰的地方，他们对生活的理解不是我们汉族的方式。当然到最后我没有问出什么特殊的日子，可是你得有这个意识。

Q：你现在所在的单位是《时尚先生》，那么做时装、做生活、做消费的编辑记者跟做专题类、严肃类的报道记者或者编辑两者之间能够相互理解吗？

A：我觉得不必要互相理解，但是当我们需要完成一个合作或者完成一个工作的时候，大家能够互相合作、互相支持就可以了。我们在外边可能对时装行业有很多想象，不一定真实，但是会有真实的部分，可是同样的，即便在新闻业内，调查报道的记者和特稿的作者以前不也经常掐来掐去吗？所以我觉得倒不一定非要求得互相理解，求同存异就好。

Q：你一开始提到了记者眼光和编辑眼光的问题，我们知道有很多的编辑都是名记者出身，但是有一些编辑本身并不是记者，在身份转换当中可以看到什么不一样的东西吗？

A：我不知道，因为我做编辑的时间也很短，相对来说我可能做记者更合适一些。编辑的话，其实我对事物的判断没有那么笃定，编辑是挺需要确信的判断力，做还是不做，是不是应该放弃的。比如，我们做一个群像的报道，我们采访第7个人的时候，这个故事还没有出现，那我们是不是就应该放弃，那我可能继续采会采访到20个，故事还没有出现，那这个题的质量就一般。但是呢，我觉得编辑至少有一个功能，就是在和记者讨论时更多像一个小组一样。

即便不是一个特别有经验的编辑，他也能给记者至少提供好几点东西，其中一点就是他从一个很好的读者角度来给记者提出问题，帮助他来梳理线索。因为记者材料太多，线索特别复杂，很容易就陷进去，陷进去以后你重新来读你也读不出问题来，那你就需要旁边有一个人，特别是背景的交代，因为背景特别熟悉以后，你就会忘记读者是不需要这些东西的，那你就需要编辑来点醒。还有一种是讨论小组的形式，即给了稿件大家各自读，读了以后提出不同的想法，比如这个稿子我觉得结构不好，它有9个小标题，我们应该怎么调，是把1到9打乱一些顺序，这样就能调出一个东西，还是说都不行，小标题得重新写。这个形式就是大家一块来讨论了。但总体来说，我觉得我自己没有特别多对编辑的发言权，因为我自己做的时间也不够长，而且我自己真正想做的东西还是写稿子。

Q：你刚才提到，每次采访都可能会有二次采访的时候，那你跟采访对象是怎么沟通的？有的时候采访对象并不理解你的问题，在沟通中怎么调动采对象的情绪说出你想要的东西？

A：第一个问题，记者其实大部分时刻都没有二次采访的机会，但是不代表你不应该尝试去努力争取第二次采访的机会，尤其是很多时候，大牌的人很难有二次采访。但是很多普通人，比如说学者或者其他的受访者，你是可以第二次、第三次、第四次采访的，你可以不停地约访他。当然记者这个行业就是建立在脸皮得够厚的基础上。第二是如果对方不理解你的问题，你该如何问细节。我也确实会碰到这样的问题，他会觉得你问这个有什么用，会不会太偏门了之类的。你可以尝试跟他们去解释，但是你要给他解释什么特稿，也不是特别有必要和有效，那就采用一个变通的办法，把这些小问题穿插在他认为有用的问题里问。

# 赵涵漠：
## 采访永不落空

《人物》杂志副主编，原《中国青年报》冰点周刊记者
代表作有《永不抵达的列车》《地下室里的沈文裕》
出版书籍有《历史的绊脚石》
在 2011 年"7·23"动车事件中，她的作品《永不抵达的列车》引起社会极大反响。

罗丹曾经说过，不要依靠灵感，因为灵感是不存在的。在艺术或者文学性的工作里面，灵感是一个最靠不住的东西，而最靠得住的是我们的勤奋苦干。我认为，如果我们今天想要写好非虚构写作，或者特稿写作，那在这个品类里面，最重要的就是采访。

当我们讲到非虚构写作的时候，一些读者会把其想象成为一个比较浪漫化的工作品种。但实际上，我认为非虚构写作里面其实有一个最重要的东西，远远比写作要重要，就是我们在写作开始之前，我们到底做什么样的"功课"。

我认识的一个国外特稿记者告诉我说，在他们的整个报社里，大家会管他们的特稿部门叫作 beautiful pens（漂亮的笔），意思是你们写得很漂亮、很好看。但实际上你最后会发现，所谓的写得很漂亮、很好看，其实前面都有一个非常重要的前题，就是：你究竟采访到了什么，你运用哪些素材去写作。

## ▍信源！信源！信源！

我们《人物》杂志有一些人物的采访规范。由于它是一本月刊，我们就能有较多的时间来采访更多的人。所以我们的稿子有一个硬性的规定：如果这稿子 8000 字，文章一定要出现至少 8 个信源；如果 12 000 千字，你要出现 12 个信源。

这意思不是说我采访 12 个人就行了，我们往往采访的人数更多，但是最后出现在稿子里必须出现至少 12 个人，否则你这个稿子就不能发表。我也确实遇到过这样的情况：稿子已经写得很好很漂亮了，但是不够信源的标准。那就只能是再一个一个去采访，因为你会发现采访是永不落空的。

做外围采访，有的时候跟一个人聊一个小时、甚至聊三个小时，最后拿到的有效信息仅仅是一句话。即使这样，也已经很让人满意了，大部分时候我们可能连一句话都拿不到。比方说我采访某名人，采访他周围的好友或投资者，你会发现说的通篇全都是空话好话，这些都是完全用不了的东西。但是如果坚持下去，你就会发现，如果我们采访的越多，你拿到的有效信息就会越多，所以我们有的时候可能采访 20 个、30 个，甚至更多。

我也不断地写一些关于逝者的故事，一些跟死亡有关的故事。这里面有很重要的一点就是我永远不可能见到这个写作对象本人。那很多人就怀疑说，当你真的见不着这个本人的时候，你的采访可信吗？有意义吗？有效吗？

比如《孤独的教育者》那篇稿子，它讲的是一个东莞的高中语文老师，他在东莞当地或者深圳可能算比较有名，但是放在全国范围内，他可能就是非常普通的一个老师。当我知道他的时候，是看到微博上面一条不幸的消息，就是说在大觉寺正在举行一个关于这个老师的追思会，因为他那个时候已经癌症去世了，但是到场的有这个领域很重要的教育学者。北京大学中文系退休教授钱理群称马小平是所识教师中"最具全球视野，可称得上是教育家的人"。北京理工大学教育研究院教授杨东平则将他视作"布道者""已属稀有的人文主义教师"。

> 9 月，马小平在病床上编著的《人文素养读本》（后更名为《叩响命运的门》），终于得以出版。王瑛以此契机举办了追思会。如今，那本近 600 页的厚书摆放在追思会的讲台上，成为这间朴素会场里唯一的装饰。
>
> 钱理群为这本遗著写了序。他在开头就写道："我曾说，'不要看轻中学教师的意义和价值，更不要低估一个普通的中学教师的生命力量所能达到的高度和潜能'。我说这句话时，心里想着的，就是马小平老师。"
>
> ——《孤独的教育者》

你就会很奇怪,为什么一个普通的高中老师的追思会会有这样的学者到场呢,然后编辑就把我派到大觉寺去了。去了之后,我知道了这个语文老师叫马小平,这个马老师提倡爱,提倡"公共意识",这对他们那些高中生来说很难得。在高一、高二就不讲跟高考有关的东西,他只到高三才讲,因为他认为要应付考试,只要一年就够了。

但是我就会想,我只会去写一个老师是怎么上课的吗?我们只会去写一个语文课吗?只去写一个老师怎么做课堂改革吗?我觉得这个不是我们去写人物的终点。我采访越多的人就会发现,其实这个老师身上有很多的"孤独感"。

于是我就会问每一个人一个同样的问题:"当你提到马小平老师的时候,你的脑海中会出现一个什么样的画面?"他会给你说一个大概,然后你就请他描述这个画面。很多人的画面就是:

> 他斜挎着一个大包,快步走在路上。但如果碰到熟悉的老师或同学,他一定停下来,抬起一条腿,将挎包搁在上面,然后从包里翻出他最新推荐的书和电影碟送给对方。
>
> ——《孤独的教育者》

最后会觉得很可惜的是,因为他的同事里面也有很多人都不理解他,这也很正常。他的学生家长里面更多人不理解他。他得了癌症后,有一次他在讲台上,正在开一个家长会。开完之后,所有的家长把他围住,质问他:你为什么讲课不按课本上的来?如果你这样的话我们孩子高考怎么办?然后这个老师最后就在台上哭了。最后可能就连他的学生也不能够了解他,因为大家都会想,我们要高考,那你教我们的这些东西到底足不足以让我去应对高考。

最后那个结尾是这样的,有一个学生帮我回忆了一个画面,说这个老师做过一次手术,手术之后病情好一点,但是可能很快又恶化了。

> 他离开后不久,马小平癌症复发。受脑部肿瘤影响,他的记忆力变得越来越差。学生曾看到,老师在校园里3栋大楼之间的空地上四下张望,脸上带着焦急又沮丧的表情。从办公楼走到教学楼,这条路他曾走过千百次。

而那一天，他迷路了。

——《孤独的教育者》

这个老师，就是一个这么热爱学生热爱教育的老师，记忆力受到非常大的影响，就是因为这个手术，整个人变得非常虚弱。然后他走在这个学校里面的时候，他忽然发现自己找不到自己要去的教室的路了。

你会发现围绕在这些理想主义者周围的是孤独，且这种孤独感很强。虽然我不认识这个老师，但是我采访了他周围的人包括他的女儿、特别重要的朋友、学生、同事、文友，其实很多人最后没有呈现在我的稿子里，但我觉得这个不重要，虽然我从来没有见过这个马老师，但是我认为，我知道他是一个什么样的人，我能够理解他在某些时刻的某些感想和作出的某些选择，这就是做外围采访的一个好处。

做外围采访其实是一个纠偏的过程。当我们在做一些名人采访的时候，外围采访就更加重要。因为名人不像一个普通人，我们主要要写普通人某一个戏剧性的瞬间，他遇到的那种戏剧性的张力和他所处的这个故事。但是采访名人的时候，你会发现名人身上环绕各种东西。比方说采访贾樟柯，你要为贾樟柯建立一个坐标系，比如，1991 年的贾樟柯跟他同时代那些导演有些什么区别；2013 年拍《天注定》的这个贾樟柯，跟他现在同时期的导演有什么区别；贾樟柯的电影跟生活的本来面，就是跟中国的现实有什么区别，包括贾樟柯跟体制的关系是什么。最后所有这些外围采访，他们给出来的都是这样一个坐标系，告诉大家贾樟柯在这个国家的电影史上和他在中国的现实里，究竟是处在一个什么样的位置，这个就是做外围所能获得的。

再比如，有一句蛮流行的话，叫"小姐，你有一张未婚妻的脸"。这句话其实是从我们写周迅的稿子的标题得来的。因为写周迅过去的稿件一直很多，但是当时记者魏玲去采访了高晓松、黄觉、黄磊这些人，他们回忆出了很多不一样的东西，所以那个稿子里大家看到过去的内容是比较少的，新的内容非常之多。这个时候才能呈现一个真正的、有趣的、有意思的人物的报道。

## 摘下他/她的公众面具

首先一点，就是我们如何让采访者摘下公众面具（public mask）。我们可能会常常想，名人有公众面具，因为人家身经百战，你所提的问题他们都可以预料到。但是其实普通人也有很多的公众面具，这也很正常，因为我们每个人都有自我防卫机制。

所以在这种公众面具下获得的信息，即使我们完全将他说的话一字一句的全都写到稿子里，你的稿子呈现的也不见得是真实——它可能只是一部分的真实，甚至它可能完全不真实，因为采访对象可能本身就没有和我们讲最真实的信息。在这种情况下，我们提倡的方式是：真正的采访是从第三次开始的。

如果各位对《人物》杂志有所了解的话，可能知道我们改版以来的第一位主编是李海鹏。李海鹏老师是一个作家，作家是靠才华、靠灵感取胜的。他原来说过一句话："我去什么地方随便走一走，看一看，我写出来的稿子比起旁边那些记者使劲在那讨论写出来的都好得多。"确实也是如此。当时他跟我谈让我去《人物》的时候，我就想说，那我应该能过一个很轻松的生活了，因为我很擅长观察，我正好发挥自己的特长就完了，结果发现我去了《人物》之后，他开始转变戏路了。

他开始跟我说，他开始崇尚"海量的采访"。在《人物》杂志的编辑部，我们有一个专有名词，叫"灭绝式采访"。我觉得这也太恐怖了，这个概念的意思就是，我们如果今天把这个人写了，特别是封面报道，那你们其他人就不要再做了，因为你也写不出什么新东西了。当然这是一个理想，我不觉得我们真的能达到，也更不能说每次都能达到，但它是我们的一个理想状态。

李海鹏老师当时就说"真正的采访是从第三次开始的"，我真的是感受至深。我自己有一个非常残酷的经历，就是我写《地下室里的沈文裕》前后经历了整整6个月。

沈文裕是一个钢琴家，在钢琴教育大师周广仁看来，沈文裕的天赋起码是不输郎朗和李云迪的。但是沈文裕现在的状态就是，他在亦庄的一个连排别墅的地下室里练琴，他的演出都是在一些非常小的琴行。

很难想象沈文裕的名字曾与前两位钢琴家有过联系。加籍华裔乐评人朱贤杰曾引用洛杉矶《侨报》转引《纽约时报》对沈文裕少年时的评论称，"如果说李云迪是抒情王子式的天才，郎朗是激情冒险家式的天才，那么沈文裕就是冷静的哲学家式的天才，他能举重若轻地征服任何最高钢琴技术难题，对音乐理解更具有内省般的直觉，他将无可争议地成为一代钢琴大师。"

但乐评人的猜想未能实现，甚至恰恰相反，沈文裕11岁留学德国，19岁肄业归国，现在他27岁，大部分演出邀约来自中国三线城市的琴行。

——《地下室里的沈文裕》

当沈文裕在台上弹琴的时候，你会发现很多人不是因为真正热爱才去看钢琴演出的，而是因为自己的小孩要学钢琴了，大人就让他看钢琴演出。场上经常有孩子在中间跑来跑去，门口有人在卖爆米花，整个演出都是以一种影院的规格在接待沈文裕，那个台子上挂着一块布，写的是关于无痛人流的广告。

我见到他跟他讲话的时候，你会觉得这个人真的是一个天才，他对钢琴的那种感觉和热爱特别强烈。我第一次去他家的时候，我觉得这是一个很有戏剧性的故事，因为他不但没有走出来，而且他每天就跟他爸爸妈妈生活在这个房子里，他们三个人。最有意思的一点是他们仨人都不跟外界接触，他爸爸每天炒股，他妈妈每天照顾他爸爸跟沈文裕，然后沈文裕就每天弹琴。我去采访之后回来就写了稿子。写出来之后，我记得是海鹏老师通过我的编辑张捷老师告诉我说，这稿子没有意思，没有意思在哪儿，他说你这稿子写得非常浅薄，无非写了一个成功学生的故事。

为什么呢？我那稿子的第一稿就是解释了一个原因，为什么李云迪和郎朗成功了，而沈文裕没成功。他说你这个没有任何意义啊，然后就让我不断地去他家。

最后去的次数多了，我感觉自己就是一个电冰箱，因为次数已经太多了，采访对象对我的出现已经习以为常了。到后来你很不好意思，因为之前他知道你是去采访的，后来他觉得你不是一个正常的记者，常常没事就去人家家里坐着。我把他们家的作息都抓住了，人家11点多吃早饭，起得比较晚，我基本上12点就去他家坐着，然后坐到下午。因为他吃中饭3点多，他不可能邀请你一起吃中饭嘛，我就会坐到下午大概六七点钟，他开始吃晚饭，我就撤了。

一个月去个几次，什么采访也该做完了，但是你最后就会发现，我写的稿子会不断地出现新的内容。一开始我把沈文裕写成了一个像白纸一样的孩子，因为很明显，你去他家看一眼就知道。在我的想象当中，一开始就是一个父母如何溺爱儿子，儿子长大之后还不能够独立的一个故事，就这么简单。

然后我们同事也是看完了稿子以后，就说有一些细节他记得最清楚。好像我第一次见到沈文裕的时候，沈文裕的妈妈要给我倒水，招呼我，她就进了厨房。这个时候沈文裕从地下室走出来见我。我们开始聊天，我就发现，原来有非常多的对沈文裕的报道都把他写的特别傻，特别笨，但我就不这么觉得。我觉得他是一个非常聪明的人，而且又很有好奇心，虽然他没有经过社会化的过程，但是这不代表他傻呀，他的智商很高，情商也很高，还有教养。

这时他妈妈从厨房里出来，他妈妈问沈文裕的第一句话就是：沈文裕你打招呼了吗？就是我不知道大家有没有经历过这个，我经历过这个。我大概十六七岁的时候常常经历那个事儿，我天天会被家长说，你跟这个叔叔打招呼了吗，你跟那个阿姨打招呼了吗。但是当时采访时我都已经27岁了，沈文裕和我同岁，你就会觉得，他跟你想象当中的年龄是有一定脱节的。我理所当然就把他们想象成：因为对孩子的爱，使他们三个人都锁在一起，过那么一个小生活。

后来随着采访继续，发现其实不是这样的。沈文裕比李云迪还小的时候就已经去德国了，他应该有一个非常好的发展，他跟欧洲的经纪人签了合约，这对中国钢琴家来说是很难得的。当时他已经开始跟一些欧洲的乐团合作了，结果他爸爸把他带回来了。他爸爸表现出来一种很明显的希望能控制孩子人生的特质。

但是采访永远不是到此为止，我们不是要去写一个奇葩的故事，而是要去写一个你能够理解这个人的故事，在你写完这个人之后，大家会知道，这个人的所作所为是有原因的。

他爸爸当时跟我说了一个故事，我很感慨。他爸爸生活能力不是很强，在他妈妈陪着儿子一起去德国留学的那段时间，他爸爸每天也不会自己做饭，老去外面吃。中秋节的时候他就每天吃月饼。

> 在德国，还差半年沈文裕就从汉诺威毕业的时候，出于至今难以完全解释的原因，肖元生决定全家回国。"我是故意使坏，非常野蛮地必须回国，任何都挡不住，谁要挡我我就拼命！"
>
> 他最先给出的理由和孤独有关。过去他独自生活在成都，股票交易电脑化后，活动范围更被缩小到空荡荡的屋子。一年中秋节后，他吃了整整三个月的月饼，想吃点热乎饭时，他就把月饼蒸着吃。
>
> ——《地下室里的沈文裕》

如果一个人活到这样的程度，他是很自然希望自己的妻子、儿子一起回来陪着他，或者是他把他们的利益捆绑在一起。包括沈文裕也是一样的，你开始会想到说，他是一个被父母控制的小孩，但是后来会发现其实不是，沈文裕非常认真地考虑过关于独立的这个问题，但他最后选择还是不要独立了。一是他也抗争不过他爸爸，但另外一点，他也发现，在不独立的生活中，他能够有很多便利之处，他所有的生活他都不需要操心，他只要跟他的钢琴拴在一起就 OK 了。

这些东西是我之前完全不知道的，但是你在反复地一次又一次去他们家的过程中，你能够去理解每个人，理解他们家一家三口为什么要做这样选择的一个原因。

## 没有三次采访机会怎么办

很多人也会问，你没有三次采访机会怎么办，一个人的时间也是很宝贵的，他怎么会给你这么多采访时间呢。那么，如果这个名人说我可以给你两个半小时的采访时间，你就应该跟他要求说，我要采访两次，一次一个小时，一次一个半小时，然后第一次跟第二次中间要隔一段时间，主要看你的这个稿子周期怎么要求。在这个过程中，第一次你是去跟他建立联系，问一些基本的问题。在第一次和第二次中间，你要去做大量的外围，最后带着外围的问题跟主要采访对象进行第二次采访。

第一次去采访的时候，我们所有的这些知识储备来自于案头工作，当我们第二次去采访的时候，所有的信息都出自于这个人的朋友或者这个人的敌人。采访对象可能就会觉得很诧异说：你怎么知道这件事儿，说你认识他吗，你怎么采访到他。他们开始对你感到好奇，他会对你的工作表示尊重，因为他会发现你可能跟其他记者有不一样的地方，你比别人做了更多的功课，你们采访就会进行得更顺利，你一定能够把采访时间拉得更长更长。

还有第三点，如果说我们第三次采访也没有，第二次采访也没有，只有一次采访的话，那就尽量把这个采访时间拉得非常非常长。我有一次接受采访的经验，中国青年政治学院的刘津老师会找一些记者去收集一些案例。然后他就找到我，说我们俩一起聊一聊。我早上 9 点钟就去了，下午大概四五点他才放我走。我坐到那之后——你知道记者只会说"某种程度上""大部分""部分"，出于职业习惯不会把话说得非常的确实——但是那个老师最后把我聊到我鸡皮疙瘩都起了。

我后来回家想了想，我感觉我说了好多我们编辑部的坏话啊，比如这个编辑怎么踩躏我、怎么虐待我。但你最初两个小时在聊的时候，你不会跟他说这些的，你会有一个很强的自我防卫的机制，但是说着说着你最后就发现，他们会说实话。我经常采访的时候就感觉，我不过就是在那儿问一问，保持好奇，保持微笑，不停地点头，但是人家却要说5分钟的话来回答你。

我其实是从蔡康永身上学到这一点。在《康熙来了》里，小S有问蔡康永一句话，她说：你为什么总是能让人家莫名其妙地说实话？蔡康永说：其实我也没做什么，我就是一直盯着那个人的眼睛，然后就把他盯累了，大概他就说实话了。

我有一次采访梁鸿老师，我觉得在写中国农村的非虚构写作里面，她是一位非常好的作家。她的书写她的老家——河南的一个小村庄，她去做一个类似于民族志的记录，她的写法结构都是非常精致的。当时，由于编辑部派题派得太晚，导致我只能跟她见一次面，我记得跟她聊了七八个小时，中间还吃了一顿饭。上午聊着聊着突然之间说到了她的小时候，当我问到她童年的时候，她突然就说到了她们家的状况，说她妈妈瘫痪了。大概6岁还是8岁时，她妈妈就得了这个病，一直瘫痪了将近10年之后，妈妈去世了。你要知道这是一个很重要的关键性节点，因为一个人的母亲对一个人成长过程是非常重要的。当我接着这个话题聊的时候，她突然跟我说：我不能说了，我40岁的人了，但是我一说到这个事儿我还是想哭。

当时她已经哽咽了，这个时候你可以有两种选择，你可以接着问，但我是一个不太会强迫采访对象的人，你想人家愿意这样被你一直不断去追问吗？然后我这个问题就结束了。

等到下午的时候，我想到上午这个很重要的事情，所以我就在两三点的时候，又作了一次决定，我又问了一次梁老师关于她的母亲的事情。因为你上午已经建立了一个非常良好的谈话氛围，下午的时候她会愿意跟你说，她果然就告诉我了关于她母亲的故事。

其中一个故事我印象很深，就是因为她妈妈一直瘫痪在床，她爸爸又要养家，她们家就变成了整个村子里最穷的人。当时梁鸿跟她几兄妹都想出去玩，但是你得照顾妈妈，因为夏天的时候天气又热，病人特别容易生疮，她得给妈妈扇扇子，她们几兄妹，每一个人扇的时候，就数100下，数完100下，扔掉扇子立刻就跑。

这个时候你就会感觉，我们过去对生活美好的想象，其实是很现实的。因为你会发现有很多残酷的地方，会让你迫不及待地想要扔掉那把扇子，赶快逃离你母亲所在的地方。这没有对跟错之分，其实是非常残忍，非常无奈的一种情况。当我了解了这个事情之后，我就非常理解梁老师她整个的一种人生选择，她如何一步一步走到现在，以及她现在如何会回去，为什么自己作为一个中国青年政治学院的教授，要反复地回到自己的村庄，去写一个很有可能不被大家喜欢和看好的题材。由于她有一个非常残酷的童年经历，所以她需要不断地回去写，她需要知道为什么农村现在凋敝如此。

## 站着写作的海明威

所以不管大家有三次、两次采访机会，还是只有一次，我们都是有办法应对我们的采访对象的。但是有一个很重要的关键性节点，就是我们如何设置问题。

我写作的时候喜欢推荐大家去看范文，采访的时候也一样。我非常喜欢的一本书叫作《巴黎评论·作家访谈I》，黄色封面的，我特别推荐大家去看。

里面就有一个记者采访海明威，像海明威那硬汉个性，他是绝对不可能在一个记者面前表现自己是怎么写作的。那么这个现场是怎么来的呢？他带着你去转一圈，站在铺着黄色地砖的卧室是很容易的，因为他们是去他家里采访。但是我觉得有一段话特别的神奇。

> 他对他所从事艺术的执着，最明显莫过于当他身处他那铺着黄色地砖的卧室时。早上，海明威起身站在他的写字板前，精神高度集中，仅仅在将身体重心从其中一只脚移到另一只脚时，才稍有动作，当写作顺利时，他汗流浃背，当艺术灵感稍纵即逝时，他像孩子一样不安、焦躁、痛苦。他会被自己制定的原则所困扰，直到中午才有好转，他拿起那根有节的拐杖，离开房子，来到游泳池，在那儿他每天都会游上半英里。
>
> ——《巴黎评论》访海明威

他没在你眼前写，你怎么知道换脚、汗流浃背这个状况会发生？我猜，因为海明威是站着写作的，他不是坐着写，他每天固定的大概写500字。但是他站着写作的过程中，你就想问，那你站着不累吗，你站着累的时候你怎么办啊，所以他才会得出这样一个答案。

当我刚开始进入这个行业的时候,看稿子就是看好看的,看戏剧性的,我就是为了看冲突,看某个高潮发生了,看其中的故事。但是接下来当我不断地去深入去了解的时候,我想看的就是这些人到底是怎么提问题,怎么去编织自己的结构,这些优秀的记者他们怎么样能够获得这么精确的信息。

另外一点就是,如果他跟海明威的采访是在一家咖啡馆里进行的,就会非常的无趣,我们在采访的时候,一定希望能够把这个人放回到他的环境之中,工作环境应该是比较理想的,或者是他的家庭环境之中,然后你再去看他。

对于一个采访对象来说,最重要的是他的行为,而不是他的语言。他跟你说了什么,其实并不是很重要,因为其中有的信息真真假假很难分辨,但他做了什么就很重要。假如有一个慈善家他经常赚很多钱,盖大楼,或者是各种捐钱,但是如果你跟着他一起工作,你会发现他对自己的员工特别严苛,特别粗鲁,那你觉得我们平常只看到的这个慈善家的这一面,是不是可能还存在着另外一个作为企业家、作为一个老总的一面呢。

像我刚才推荐的这本书里面,还有一段话。

> 他在一张大表格上记录每天的写作进展,"以免自己耍自己",表格是用硬纸板包装盒的一边做的,挂在一面墙上,在一个挂着的羚羊头的鼻子下面。表格上的数字显示每天的写作量,从450、575、462、1250,在回到512,高一点的数字,是因为海明威在那些天里加大工作量,因此第二天当他去墨西哥湾流钓鱼的时候,他就不会感到自责。
>
> ——《巴黎评论》访海明威

记者观察了海明威的整个写作环境里面各种各样的东西,特别是他有一个表格,这个表格上的数字显示的是这个人每天的写作量,有一天特别高,写了double,就是1250字,然后接下来又落低了。那你就会想到,这个记者在这个时候肯定会问,为什么那天你写得特别多,是说明你那天的状态特别好吗,但海明威告诉你不是,是因为他第二天要去钓鱼,所以他要加大自己的工作量,他每天就固定写500字。这个时候这个人的性格就完全出来了。

因为作家我觉得至少分两种,可能分更多种,但笼统来说,至少有一种是非常放浪形骸的，就是像卡波特那种写作方式，就是那个《冷血》的作者。或者是像凯鲁亚克《在路上》那种，你吸个大麻，然后谈个恋爱。我们对作家有那样的想象，但是其实还是有很多作家，像海明威、像马尔克斯，他是像在做木工一样的对待自己的文学创作工作，是一个非常严苛克己的人，并且他从这种写作的规律中找到了自己觉得最舒服的一种写作方式。所以，这个段落我们看起来写的像是一个有趣的小故事，但他实际上写的是海明威的一个非常重要的性格。

## 现场不可还原

去采访的时候，大部分人都会认为"采访"的"访"字，就是一个言字旁，那采访肯定应该是说嘛，面对面，我问你答，你再答我再问，实际上不是。我在《冰点》学到的一种最重要的方法就是我要用我的五官去采访，当然也包括大家常说的特稿是要给大家制造一种画面感。我觉得特稿应该像纪录片一样，就是把你眼前所看到的一切呈现出来，但如果我们把它比作纪录片的话，那一般情况下来讲，你是2D的，但实际上我们应该做3D的，甚至4D的东西。所以很重要的一点，就是特稿一定要学会观察。

有人问过我，说《永不抵达的列车》那篇稿子里面写了好多大家撤离时候的场景，比如动车车厢里有盒饭，还有啤酒。他们问我这个细节你是怎么得来的。其实当动车事故发生是电光火石的一刹那，你不知道，在这个瞬间到底发生了什么样的故事，也有各种各样的谣言。在微博上有很多信息，有些是独家的，但当时有些也不是完全准确的，怎么判断呢？我的一个编辑跟我说，什么不会撒谎，就是图片不会撒谎。

我写的动车的细节就是来自财经网。他们进到车厢里面去了，并拍了一组图片，从那个图片上你会看到盒饭，所以可以把这个细节综合起来写上去。

> 人们平静地坐在时速约为200公里的D301次列车里。夜晚已经来临，有人买了一份包括油焖大虾和番茄炒蛋的盒饭，有人正在用iPad玩"斗地主"，还有人喝下了一罐冰镇的喜力啤酒。
>
> ——《永不抵达的列车》

现场是不可能还原的,可能我今天在这个地方,OK,今天这个此刻此景过去了,我就很难再找到。所以,建议大家在出去采访的时候,用手机拍照。现在都很方便的,都会拍非常非常多的东西,都是很多细节,比如一个凳子之类。

有的时候你不知道你需要知道什么,比如,这个桌子是什么颜色的,这个地板是什么颜色的,你当时在现场,你可能只会想这些可能没什么用吧,但是回家以后你会发现有的是非常关键的信息。但是如果忘了,或者说当时没有看,那就很糟糕。所以就需要我们把所有的东西都拍下来,然后回去挨个分析哪个东西有用,哪个东西没有用。

当然除了观察,还有更重要的一点是大家的嗅觉、触感。举一个例子,我原来陪《冰点》一个同事去共产主义大楼采访。它在外观上看起来是一个非常宏伟的建筑,是苏式的那种大门,都是大红门柱子,感觉很壮观。那个楼20世纪50年代最早开始的时候,叫共产主义大楼,当时的政府想要提供一种共产主义的理想给大家,告诉这样就可以(构成)共产主义社会了。那个楼是当时第一个有电梯的地方,楼里面就有幼儿园,因为这样就可以解放妇女,她们就不用在家带孩子,然后出去工作了。

最重要的一点,也是对此后这栋楼影响深刻的一点,就是这个地方没有厨房。因为那个时候刚开始要提倡吃大锅饭,不需要厨房。所以你会看到每个房间里配有卧室、洗手间,但是都没有厨房。后来大家自己开始做饭,就从每一处楼里辟出一个区域,一家支了一个煤气罐,上面支个灶台。

当走到这个公共厨房去的时候,我就发现了很有趣的一点,不知道大家有没有踩过那种油,那种黑黑的、黏黏的,鞋子走上去会发出咯吱咯吱的声音。因为这些地方的公共区域都特别的脏。这样的清扫肯定需要有一个人来组织做,但是即使有,哪怕六个人中有一个人不做,这个秩序可能就乱了。那个已经是好几十年历史的楼,它的秩序肯定就会变乱了,最后就会看见没有人去清扫公共区域。鞋底油腻的感觉,当时看来就是一种理想难以达到的一个好例子。

所以不光是我们看到什么,采访到什么,其实闻到什么气味,对我们的稿子都是非常有用的,所谓要建立一个3D或者4D的这种效果,就是你不但要告诉读者现场是什么样子,你还要告诉他闻起来是什么样子的,摸上去是什么样子的,这些都是非常有趣的信息。

我刚开始去《冰点》工作的时候,不知道自己要问到什么样的问题才算结束。

我们部门一直都亲如一家,各种八卦我们都会在一起分享。有一天晚上我们部门主任给我打电话说,我们部门有两个人结婚了,你猜猜是谁。我当时想的是有两个人分别结婚了,结果他说是这两个人彼此结婚了。而且最搞笑的一点是,这个事情是他们在结了婚之后那一天才跟主任说的,他们所做的保密工作特别夸张。

因为大家听到这个消息就很开心,说要一起吃饭唱歌,在唱歌时,我们很好奇,因为这个恋情从开头到结尾我们全都不知道。现场有一个老师,他叫林天宏,当时跟我们是同事,他在现场说,你们俩在第一次牵手前的最后一句话是什么和牵完手之后第一句话是什么,当然那一对没有告诉我们;但是天宏老师让我知道,原来细节是要细到这种程度。这对我来说是一个现场教学的过程。

实际上这种现场教学的机会是非常少的,你很难看到一个记者在现场是怎样采访的,当时《冰点》有一个非常著名的记者,叫包丽敏。她写的一篇稿子,叫作《无声的世界杯》,这个线索最早是从《朝闻天下》来的。有一天我们部门的主任杜老师在刷牙的时候放了电视,突然听到这个线索就让包丽敏老师去了。当时是2006年世界杯,所有的报纸都要发关于世界杯的稿子,但是这一篇的角度是不一样的。

当时有一些农民工在广州盖一个高层,这个高层对面是一个夜总会,那里有一个很大的巨型屏幕,上面在播放世界杯,这些工人就通过这种方式看世界杯。大家每天到那个时间点就会坐在旁边马路上,因为那个屏幕是没有声音的,就有人带上收音机,这样能够实时地听解说。

> 这个工地上60层的大楼正要封顶。水电工陶辉那几天连续加班,等到收工已是晚上9点半了。他顾不上冲洗,只是换上一双拖鞋,浑身汗水和着泥浆,就跑到大屏幕下,看下半场比赛。
>
> 事实上,陶辉在大楼54层加班时,就不时远远地瞅一眼这边的大屏幕。当镜头拉近时,他虽然看不清球员球衣上的号码,但能看到足球,"看到带球速度"。当镜头推远时,只能看到满屏的绿色。有一天,陶辉实在忍不住了,背着当班的监工偷偷跑到了大屏幕下。
>
> ——《无声的世界杯》

我们就可以看到，当时的细节就是细到这种程度。你到底在盖第几层的大楼呢？你收工的时候是几点？对面那个屏幕你能看清吗？他就说其实他只能看见满屏的绿色。后来大家看世界杯看得非常激动，大家晚上还会在一起喝个啤酒，吃个烧烤，讨论一下什么的。

但是通过这个故事你能够看到这个社会的阶层其实是非常明显的，差异也是很鲜明的。有一些人在过那样的生活，有一些人在过这样的生活，但是他们都能通过世界杯这样一个重大的体育赛事，找到自己生活的乐趣。所以，我们不止去发现问题，也要去思考我们到底该在现场看些什么，听一些什么。

## 采访者与采访对象的关系

采访者与采访对象的关系还是很重要的，特别是最近关于采访面对的所有问题，"姚贝娜事件"也好，"马航事件"也好，复旦前段时间就"踩踏事件"发了一个声明说"望媒体尊重逝者隐私"。你会发现当我们去做记者的时候，你就会不断受到这样的质疑，你做的这个事情可以吗？你有必要去做这个事儿吗？这个问题是非常重要的。大家去采访的时候，特别是做一些灾难性报道，你就会不断地遇到这个问题，即使别人不问你，你自己也会问自己，然后你会想我这么做到底对不对，值不值得，应不应该。

我觉得一个好记者首先应该最具备的一点是要有"同理心"，不是只做"同情心"。我们没有权利去随便同情其他人，大家谁也不能说我站在一个高点上就可以同情你们。但是我认为"同理心"是非常重要的，你应该知道你面对的是一个什么样的采访对象和什么样的采访情境。如果你是被采访者，你可能会面对哪些心理障碍？换位思考一下就会知道，为什么有些采访对象你无论怎么说服他都不接受采访，为什么有些采访对象你感觉到他受伤了，他还要把这个采访继续下去。

《生命的礼物》那篇稿子对我来说就是这样。那个稿子之所以用第一人称是因为他的爸爸妈妈完全不希望接受采访，甚至他们连自己在哪个地方都不想说，因为当地是一个非常封闭的熟人社会。红十字会会认为这种捐献器官是很值得鼓励的事情，一般我们认为捐献器官有可能是一个医学教授会这么做，但你没想到在这样一个小县城里，也会有一对父母把自己宝贝儿子去世之后的器官捐献出来，这是很难得的一个故事。

红十字会当时在摘取这个男孩器官的手术室外找了记者过去，闪光灯一闪就被家里的亲戚给打出来了。后来我去之前央视已经到了，结果连央视也没法采访，因为人家不同意，就一点儿办法都没有。我辗转托男孩的表姐，找到他爸爸妈妈的电话。当时男孩的家庭成员不愿意将自己的任何信息透露在大众媒体上。所以，我稿子写出来的时候就已经做好了准备，我不能写真名，不能写真实地址，连出生的这个县都不能提，只能写一个湖北省，但这样的话就通篇像一个假新闻。这个事情，新闻的5个W，我可能连4个W都没有，显得很可怕。

所以，当时编辑就建议让我用第一人称来写作，这样的话大家会出于对你这个媒体长期以来的信任而选择相信你，这并不是一个假新闻。最后在已经写完稿子之后，快要排版之前，我最后问了他们家里人一下，有没有可能放一张男孩的照片，结果叔叔、阿姨非常善良，就跟我说这个名字、照片就都用了吧。

实际上最开始，他们很不愿意接受我采访。我去了以后找到他们家电话，然后给他们家打了个电话，确实是对我劈头盖脸的一顿责备，说你为什么要来做这样的事儿，为什么要来干扰我们的生活？我挂下电话之后我就看着宾馆标间那个墙，我就想我是倒了什么霉呀，来做这种工作，谁都讨厌我。我为什么要让一个陌生人也这么讨厌我？我在那个时候会很怀疑自己的人生，觉得自己做这些事毫无意义。

我当时想了一下这个家庭，他们的生活环境，然后再想一下，如果是我车祸死了，我爸爸妈妈会愿意把我的器官捐献出来吗？他们家捐了肾、肝、皮肤和眼角膜，我会觉得普通人真的很难做这种决定吧。当我换位思考的时候，就不觉得这家人是那么脆弱了。然后我给他们发了一个短信，说我知道这次采访做不成了，但也没有关系，我马上就要回北京去了。我说如果叔叔、阿姨有什么需要帮忙的就随时给我打电话，或者你们要去北京的话也可以找我，当时我真的是想走了，认为采访没机会了。后来大概过了十几分钟，那个叔叔就给我打了一个电话，语气还是很激烈，不希望接受采访，但也说觉得我从北京来一趟挺辛苦的，我们又聊了一会，那个通话的过程也写进稿子了，最后他说你过来吧。

但武汉红十字会的工作人员在听说我的采访要求后却表现得很为难，这对夫妇并不想面对媒体，已经拒绝了所有采访，甚至当获取器官手术进行时有人带着相机混入现场，闪光灯一闪，都被他们赶了出去。最后，我辗转从这家人的亲戚那里要到了一个固定电话号码。

他们生活在距离武汉150多公里的荆门市京山县。我在两场暴雨间短暂的空档中到达京山，晚上8点，拨通了那部电话。

"没什么可说的，我们只是做了一点很平凡的事，请你们不要来打扰我们的生活！"父亲张天锐接听了电话，他嗓门很大，声音听上去有些愤怒。

我反复地向他说明来意，但他都毫不犹豫地拒绝了。可当我告诉他，我只比他的儿子大3岁时，他沉默了一阵。

我说："别把我当成记者，就当成您儿子的同学吧。"

他捂住话筒，似乎是和身边的妻子商量了几句，然后，像是下了很大的决心，"那你过来吧。"

——《生命的礼物》

我没想到他们最后会接纳我，采访的时候他们把那个铁栅全都拉下来。我在那种非常闷热的地方就更加能够感觉到，他不怕别的，就只怕他的邻居听到，他只怕他的邻居走过来非常冷嘲热讽地跟他说：你是不是把你孩子的器官拿去卖钱了？他们非常受不了这种事情，所以在整个采访过程中我就更加能够理解他为什么最初会拒绝我。

但是现在身处的这个社会环境，我觉得记者要获得很高的尊重已经是不太可能了，我们现在是一群并不太被人喜欢的新闻工作者，大家常常会提防你。包括最近"姚贝娜""马航"的事情出来我也常常觉得很难过，为什么大家要把记者看成像过街老鼠一样。其实我们也有做不到的事情，但我们也做了很多好的事情。

像刚才那个我的采访故事里的人物，叔叔阿姨对我真的是非常之好，但这种关系也并不是常常能够建立的。所以，有的时候我觉得有几种采访对象关系。有一种关系是比较专业的，我问你答，我也不下很多判断，我也没有很多疑义，就是一种比较冷静、客气的关系。另外一种关系就是"合作伙伴"，我比较倾向于这种。还有一种就是敌我关系，有的时候记者问的问题明显就是挑衅式的问题，就是说我问这个问题一是为了让你难堪；二是我想看看你到底要回答什么，我可能比较想要看到你出丑的这一面，如果这一面很有意思，就把它写下来。

但我觉得就算他是一个真的很奇怪的人，我们去写一个人不是为了看他出丑的，而是我想知道如果大家觉得他有点奇怪的话，这种奇怪是从何而来？所以我很不喜欢第三种方式。我的方式是我把对方看成我的合作伙伴。举一个例子来说，在写"动车"那个故事的时候，采访对象都是中国传媒大学的同学。我在跟其中一个男孩通电话的时候我感觉到他是一个特别温柔、细心的男孩子，所以我问的问题就会很细，因为我希望能够知道关于这个逝者更多的故事。

当时也有人问过我，故事里面有一段写小黄觉得有一次这个姑娘特别漂亮，说她穿了一条长裙、一双高跟鞋。然后你就会感觉到这应该是一个比较爱美的女孩吧。我问这个小黄说，那这个裙子是什么样的裙子，他后来答的是带褶皱的裙子。后来我就说那鞋呢，鞋是哪种类型的鞋，我记得他回答我的是上面有彩带的。

后来好像还问了他一个问题，我说那鞋跟呢？是坡跟、高跟还是楔形跟？当时让我特别震惊，这个男孩居然懂。很多男孩我觉得也不懂什么叫楔形跟吧，这个还是一个蛮专业的词，他居然也知道。

> 有时，这个"90后"女孩也会向朋友抱怨，自己怎么就这样"丧失了少女情怀"。随后，她去商场里买了一双楔形跟的彩带凉鞋，又配上了一条素色的褶皱连衣裙。
>
> 黄一宁是朱平的同乡，也是大学校友，直到今天，他眼前似乎总蹦出朱平第一次穿上高跟鞋的瞬间。"那就是我觉得她最漂亮的样子。"一边回忆着，这个男孩笑了出来。
>
> ——《永不抵达的列车》

当一个人刚刚失去了自己的朋友，我在采访时会问自己我这么问是不是合适。在每个采访开始之前我会跟他们说，我的工作是一个特稿记者，我可能会问得比较细，你要去跟他说你需要的到底是一种什么样的东西，我要呈现的是一种什么样的内容，而且一定要补充一点，说如果你觉得这种回忆会让你感到不舒服那我就不问下去了。不要把自己的意图跟采访对象藏着掖着，因为我们都属于智商均等的人，我们作为记者只是说我们做了更充足的准备，但并不是说我们有更高的智商。其实我们把自己的想法坦诚地跟采访对象说，是能够起到一个非常好的效果的。

## 封面背后

首先请大家看一个我们的图片,右边韩寒这张是我们 2014 年 7 月《人物》杂志的封面,左边张艺谋这张是 6 月的封面。

当时同期张艺谋出了电影《归来》,然后大家都在做张艺谋,但是可能他们认为我们这篇做得是很不一样的。没有张艺谋这个封面,之后韩寒的封面也不会进行得这么顺利。

当时有一个小故事,在做韩寒这篇稿子的时候,他的电影《后会无期》就快上映了。你要知道,当一个导演在做一个电影的宣传过程当中,他的事务非常繁杂,他要做后期,还要配音,还要接受各种媒体的宣传。对方的宣传团队负责人跟我说,可以给我们安排两个多小时的采访,这对于一般媒体来说也不算少,但是同时我还说,希望你能够开放大量的外围采访,就是韩寒周围的朋友、最亲切的工作伙伴。由于那个时候所有人都在忙这个电影,对方的态度就显得比较淡,不是很想提供这些。

在见他那个宣传团队的第一天,出于礼貌,我给他带了一本上一期张艺谋的

这个杂志。没想到第二天这个人给我打了个电话，他问，你们张艺谋这个采访了多长时间？他说我们包括韩寒本人看过了之后觉得东西非常好。然后我跟他说，张艺谋这个封面其实是有史以来我们采访算得上是最不成功的一次。因为张艺谋也是在做一个电影宣传，你很难从他的时间里真正找一个合适的契机。张艺谋只是给了我们某一天晚上40分钟，40分钟是要包括采访和拍封面照片。同时我跟他说，张艺谋给我们提供了23位外围采访对象，全部都是跟他现在关系非常非常密切的采访对象，所以如果他们觉得张艺谋的这篇稿子好，那完全就是因为我们有一个充分的外围采访。

在这个事之后我觉得对方态度好转，他给我们开放了一个非常多的外围采访范围，他还让我们去看了韩寒电影后期的制作过程，这是一个很少开放给外人去观察的一个环境。

那天，韩寒的采访在国贸的一个酒店，我们在那儿租了一个房间，然后他从晚上10点、11点来，一直采访拍照到第二天早上5点钟左右。那一天我回家的时候天已经亮了，我们所有的人都累瘫了。

但是韩寒这个封面呈现出来，我觉得是一个非常扎实的东西。我们不断地以这种标准去告诉我们的采访对象，希望他能够配合我们这样的一个工作流程，我们也不断地用这种方式来要求自己，否则的话就没办法做出这种让人信服的稿子。

## 关于新闻真实性和写作

美国一个非常有名的记者曾经说过一段话让我印象深刻。他说，"特稿写作里面可以有很多种技术，但是编造不是其中之一"。当我们看一个特稿的时候，这个特稿之所以有力量，是因为这个东西是真实的。有同学问我关于合理想象的问题，我个人认为在特稿里面想象是没有合理可言的，就是你不应该想象，你应该杜绝自己这种想象的念头。

如果你写得不真实，那你就是一个建在沙子上的宫殿，海浪一来这个东西就立刻垮掉了。

所以当说到一个稿子到底要不要真实的时候，其实我就觉得，如果这个稿子不真实，首先它对不起的并不是读者，读者是往后排的，它最对不起的其实是各类的采访对象，就是因为采访对象破除了很多的心理障碍，破除了很多困难，他愿意敞开自己跟我们去聊，结果最后这个稿子只因为你两三个细节的不真实让大家把注意力转移了，你会觉得采访对象对你的信任都没有任何意义了。

最后，我们采访再多的东西都有一个写作的过程，如果不是说那种天资特别特别高，而是就像我一样属于那种中等平庸水平的人，我觉得很重要的是建立自己的一个范文库，比如说《巴黎评论：作家访谈I》《猎奇之旅》《弄潮儿》《甲骨》《先上讣告，后上天堂》《肖像与观察》《八十年代访谈录》《刽子手之歌》，等等。

这里面提的都是一些非虚构写的书，其实可模仿的东西非常多。比方说我原来看那个《一场事先张扬的凶杀案》，马尔克斯的小说。它提供了怎么使用直接引语的方法。因为提出直接引语是一个很麻烦的事儿，我最讨厌的是稿子里面通篇出现他说、他说、他又说，这个是很不好看的。但那个小说里面就有很多使用直接引语的方式，用各种巧妙的方式把这个人的话引出来。

像王朔很久以前的一篇文章《回忆梁左》，非常平实、温暖，其实他的稿子风格是很强烈的，但是他的这篇文章很值得大家去模仿。当我们去模仿某一个转折，模仿某一个信源是如何提出的，我们会去模仿某一个句式，大家最常模仿的就是句式，就是句子的结构。其实模仿到最后，你就会发现，我们就能够找到自己的写作风格。

包括昨天我跟我一个同事聊天，她提到说最近看到一个美剧叫《一记耳光》，我不知道大家有没有看，讲宴会上有一个人扇了另外一个人一记耳光之后，在几家产生了不同的故事。她就对这个非常感兴趣，想找到合适的故事就用这种结构写一篇特稿。我觉得其实万事万物大家都可以模仿，最终就能找到自己的写作之道。

## ▎所有人问一个人

Q：在你实际采访技巧当中，有哪些比较可行的方法可以迅速切入访谈？

A：最近有一个例子，不知道大家知不知道李志，我非常喜欢的一个民谣歌手。我们有一个记者去采访他，分了两次，用了很长时间。然后李志的采访里面记者提到李志的好朋友是老狼，因为李志不是很愿意聊天，交心的朋友就是老狼。记者提问说："那你跟老狼聊什么？"李志说这个我不能说，然后记者就说，这个问题我不是八卦，我只是想知道你大概会聊哪个方面的内容。李志就回答她说，我这儿有这么多道门，你还在这儿呢（因为原来这个姑娘采访过李志周边的朋友，都说李志心里会把自己封闭成很多道门）。

这是一个例子，整个谈话的内容、风格，大家都很轻松，但是也并不容易。我觉得除了跟他耗时间之外，还有一点就是我们之前要做大量的外围采访，也像我刚才提到的，这个采访对象他会觉得你跟别人不一样，他愿意跟你聊一点不一样的东西。常常名人接受记者采访，我们都会问一样的话，这个就会比较无趣，所以很多人都说采访名人是一个苦差事。当时我刚一入行，一来到《人物》的时候，我原先的编辑老师跟我说，他说采访名人是很简单的，因为大家都问名人一样的问题，但凡你问出一点不一样的问题他就愿意跟你聊，就是这样。

这么说可能大家都觉得比较鸡汤，但是事实上真的是这样，记者需要一种良善的品性，让对方感觉到你没有什么攻击性，没有恶意的，他会愿意跟你多敞开一些东西。包括我刚才说的同理心，其实是很有用的。当时我们一个记者去采访一个失独家庭的故事，记者去问了自己的妈妈一个问题，因为去世的这个人跟我们的记者年纪差不多，她问"如果我死了你怎么办？"所以你就会了解我们记者，采访这个失独的母亲时她会有什么样的心理体验。

Q：你会给一些比较难敲下来的采访对象看你以前写过的报道吗？

A：其实《永不抵达的列车》这篇就是，因为当时我是通过同事找到的采访对象，他是广院辩论队的，其实已经算是跟记者比较近的关系了，但是我们每个人本来就有自我防御机制，遇到这样的事情你就会更加警惕，因为当时各种各样的信息实在太多，更何况我们学媒体的同学都知道，我们是非常擅长去防备别人的，不知道我的哪句话会被利用，会出现一个什么样可怕的情形。

所以那个同学当时在接受我采访之前，给我提出了两个要求，第一个是他要求化名，其他同学要不要化名呢，有的要化名，有的不要化名。但另外一点就是说我不能采访他的父母，然后我就会觉得我跟这个男孩聊的时候他没有那么信任我，这是真的，因为我们根本当时也没见过面，你说你凭什么信任一个陌生人？不可能，所以我最后就给他看了《生命的礼物》这篇，我说我真的不想打扰任何人，我最后可能会呈现这样一篇东西，希望你能够相信我。

Q：现在有一种说法是只有抑郁症才能写好特稿，你怎么看？

A：我看到那个问题了，我觉得超可爱，我觉得我今天的状态还蛮好的，这个抑郁症主要是疾病吧，我们把它看作感冒或者发烧一样就可以了，它是疾病，大家需要去治疗的，那你就要克服这个。

我倒觉得抑郁症不是一个难题，我觉得拖延症才是一个难题（笑）。可能大家都拖延吧，我也拖延，不到最后一刻，你就写不出。因为我写稿子嘛，我一开始不觉得自己很快，后来我发现我速度挺快的，我大概1个小时1000字。

比方说我当时在《冰点》的时候，早上我算编辑8点钟起床，我要写一个8000字的稿子，我就从晚上12点开始，我之前坐在那的时候都是在那坐啊，耗啊，看电视啊或者怎么样，直到12点钟的时候我才觉得，啊，不行了，我必须开始写了，然后才开始写，这样并不是一个好的方式。我有一个同事他喜欢每天写1500字，因为现在我们的稿件很长，他要写半个月才能写完一个封面，我觉得那是一种非常健康的工作模式。但是这个因人而异吧，他骨骼清奇，我也学不来。

Q：贾樟柯的那篇故事的结尾为什么是那个狐狸精？

A：因为贾樟柯原来分享过跟这个有关的故事，于是我们问他说你有遇到过灵异事件吗？他就说他有一次看到过狐狸精，就是跟他妈妈在赶庙会的时候。那个时候其实《天注定》已经过审了，但是最后又没有过审，我们采访那时候是它已经过审的时候。所以结尾就这样写，因为他认为过审和不过审就是一个很命中注定，不能解释的一个原因，然后放在那个结尾了。

有广院的一位同学原来在我们《人物》实习，是王志老师的学生，他当时做毕业论文，然后他就问了我这个问题，说为什么结尾是这个，我就给他回答了一下。然后我就说因为这个结尾是要表现出来贾樟柯跟这个体制有很多磨合与妥协、平衡，但是他不愿意把这些台面下的事儿说出来，所以他宁愿把它归结为一个所谓的偏灵异的或者怎么样，一种命运注定的事情。

Q：你在之前分享中说的关键性节点是指什么？

A：其实这就像我们采访之中会有一些我们认为是关键性的，比如林珊珊提到过的"挑战——应战"，其实这也是我们《人物》杂志要做的。那她所谓的"挑战"的时候是一个关键性节点，就是她遇到了这样一个困境，那你会发现这个人之后整个人生轨迹可能都跟这个事有关，这个就叫关键性节点。

比方说卓伟老师，卓伟老师有一个关键性节点，他原来在一个类似于国企的地方上过班，他就很讨厌国企的那种互相之间说小话，给对方泼脏水，没有多大点儿事大家都争个你死我活，每天就是把自己的精力放在人事斗争上。

这个事情其实对他影响挺大，无论他做娱乐报道也好、狗仔报道也好，不管大家怎么认为他，但是他认为自己是有正义感的，其实他认为他是在惩恶扬善，他认为他是在做这个事儿，所以你会觉得他在上班这个事情就是他的关键性节点。

Q：采访地点的选择往往是很关键的，如果采访名人，但是他家不对外开放怎么办？

A：在韩寒的这个故事上，我们就是极力在争取这一点，希望能够去韩寒做后期的这个地方去看一看，到最后他也同意了。我们不是每次都能这么幸运遇到这种事情，其实像很多明星，我们《人物》也做过一些明星采访，比如周迅、黄渤，至少这两个明星我知道都是在剧组采访的，我们一个去了南方某一个城市去找周迅，另外一个去了满洲里去找黄渤。像宁浩当时我也做过采访，宁浩当时他不在拍片子，他主要是在宣传，然后我们一个记者就跟他拍片，早上他是给一个时尚杂志拍大片，所以无论在哪里都可以创造各种各样的工作机会去接近他。

Q：公共领域跟私人领域的分界线是什么？比如说你采访某个明星，他会跟你强调说不能谈绯闻什么的，如果你还想知道他的情感方面，怎么办呢？

A：我基本上很幸运，没有遇到这个状况，因为我没怎么做过明星的报道，唯一一个接近明星的名人是柴静老师。柴静老师那时候她出书，网上有人把她要结婚的这个事情放出来，一下大家对她的感情生活都很好奇。但是我会选择不问，因为害怕尴尬，问了之后大家各自尴尬，何必呢，还不如不问。其实，这些私人事件并不见得是我最重要的话题，比方说她的结婚。我现在觉得在《穹顶之下》之后她的女儿是她关键性的一个节点。很多时候，比如说你到底谈了几个男朋友啊，你跟谁是不是好了呀，我觉得对很多明星来说也不是关键性节点，这个需要分辨一下。我面对这样的问题也觉得很尴尬，我也不会很愿意问这个问题。

Q：你写作有什么特殊习惯吗？

A：我觉得好像每个人在写稿的时候都有点仪式感，我的习惯就是，这段时间我是不洗澡的，然后也不能走出这个家门，就是要叫外卖，但是会洗手。我觉得我的仪式感主要来自于洗手。

Q：有过什么印象深刻的写稿经历吗？

A：写《寻找高密》的时候，我去了高密，吃了当地的饺子之后，然后就在夜里写稿，本来第二天早上就应该发给编辑要作版了，但那天夜里我就开始狂吐，可能就是那个东西不干净。当时我印象很深，因为吐的时候，我不是因为伤心才流泪，而是因为吐的时候就会流眼泪，然后我一边哭我一边想，我命真苦呀，一边吐、一边哭、一边想，我命怎么这么苦。哭完之后，我还要去写稿，然后也按时交了。

# 袁凌：
## 每一个字都是炼出来的

原《凤凰周刊》主笔，腾讯网2012年度特稿写作奖，腾讯文学奖2015年度非虚构作家，主要作品有：《血煤上的青苔》《守夜人高华》《走出马三家》《海子：死于一场春天的雷暴》，出版非虚构作品集《我的九十九次死亡》《从出生地开始》。

我是一个从地方报纸、热线新闻做起来的人，所以一开始来说我的写作形态就是非常的博杂。我跟其他许多特稿记者有一点点不一样，可能他们的写作形态相对来说追求更为单纯，想在特稿这个题材上有一些尽善尽美的追求。我做过热线记者、经济记者、国际新闻的编辑、深度报道，典型的调查报道记者，也做了特稿记者。唯一没有做的是体育。

另外在新闻行业之外我也有自己的写作范围。比如说非虚构，它跟特稿有很强烈的关系。在特稿圈子里面，某些时候是把特稿和非虚构等同的。非虚构当然不光指特稿了，比如说梁鸿老师、李娟，包括像阿来的《瞻对》，何伟的《江城》，他们都不是写特稿，但是他们也都是非虚构写作。

在非虚构之外，我也写其他的一些文章。一些是小说类的，小说类的最近有两本书要出版，一本是写唐诗的《在唐诗中穿行》，还有一本是乡土小说的集子，这是纯粹虚构的写作了。同时我也写一些长散文系列，出过一本书，叫《从出生地开始》，是紧跟着《我的九十九次死亡》出的。也出过一本诗集《石头凭什么呼吸》，是现代诗。另外一个大宗的写作，就是历史类的，带一点学术味道的写作。

所以就我个人的写作来说，可以说脏活累活、好活坏活、轻活重活都干。大的小的都写，那种小豆腐块我也写，包括最近给邓飞的公益行动写小故事。虽然是很小的一种文体，但我觉得这个可以帮到孩子，所以我也写。因此，我的写作路子比较博杂。

也许就一个单篇的特稿来说，可能我没有一些记者那种极致的追求。但是我更多的是想在写作的道路上尽我自己的努力。有同学问我，如何在不同的文体之间流动转换。特稿、调查报道，甚至是虚构写作，它们之间怎样能够来去自如地转换，而不至于陷入一种误区，不变成"非驴非马"的状态。

记者是一个职业身份，首先它是一个饭碗；其次它是一个职业。我们讲新闻理想的时候都比较虚，但是我们讲一个职业是比较实在的。作为记者来说，首先我想努力做一个比较职业的记者，然后继而追求写作者的一种身份，并且探索这两者的关系。

## 拯救小红萍

我想就一些实际的例子来讲。从1999年开始，在我16年的新闻生涯当中，肯定写过很多烂稿，也写过一些好的。在写作当中经常会遇到一个问题：有些东西当时你可能写不了，过不了题，或者说当时你的写作技巧不好，或者说受限于当时新闻行业专业水平的发展，你可能非常的遗憾。你当时虽然写了，或者你没有写，你过后都觉得很遗憾。那么怎么办？我这个人有一个特点，就是不太愿意忘记这些事，可能会过很多年之后，用另外一种形态把它写出来。我下面举一些例子来说明这个过程。

### 淫魔逍遥法外　幼女身心俱损　小红萍不幸夭折

本报讯　昨日，白市驿卖蚊香的武云沮丧不已——他本打算送惨遭强暴后生命垂危的小红萍几盘蚊香，为她驱蚊。10日晚8点过，小红萍还没有看到歹徒被绳之以法，便永远闭上了眼睛。本报7日《谁来拯救小红萍》一文披露：王家坡13岁幼女小红萍被色魔糟蹋后，下身溃疡，引发盆腔炎、肾衰、肺结核和先天性心脏病，命悬一线。报纸一上市，小红萍的遭遇即在社会上引起巨大反响，善良的人们强烈要求公安机关严惩色魔。其中，有人寄钱，有人准备登门探望或邮寄药品……10日晚上8点35分，小红萍堂兄赵学龙打电话告诉记者，小红萍在20分钟前夭折。"几个月了，为啥子还没查出结果？现在娃儿都死了！"周围群众义愤填

屑。小红萍的遗体在灵棚里停一夜，次日被拉到江南殡仪馆。昨日截至记者发稿时，遗体仍停在殡仪馆。（见习记者　陈国栋　冉文）

这是 2003 年《重庆晚报》的新闻。当时我刚刚准备跳槽到《新京报》。因为我到《新京报》是 2003 年 9 月，这是 6 月的一篇报道。我是编辑，但是我当时不太满足于编辑的身份，所以我也去采访了，但是现在看来确实这样的稿子跟我现在的稿子风格差别很大。这是很简单的一个消息，就是这个小女孩被色魔糟蹋。在这之前还有一个报道，这是后期的报道。报道中用到"色魔"这样的词，并强烈要求公安机关严惩"色魔"。你可以看到晚报它就是这么一个套路。

这种套路让我非常不满足，因为当时我去采访这个小孩的时候，受到了很大的震撼。我当面问她，她老是不肯说，有禁忌。我问她想不想活。她说她想活，我就说你想活你就应该把这个事告诉我们，我们能帮到你。她就信任我了。但因为我们没有办法确认谁是糟蹋她的人，没有证据，而且当时我们组织的捐献活动还没有开始就夭折了，所以没有真正帮到这个女孩。对于我来说，心里面是非常遗憾的。因为我觉得一个新闻记者固然首先是一个记录者，可是就像你记录了老鹰要去吃了小孩的摄影师那样，你后面放下相机还是要把老鹰赶开。但我没有帮到她，这件事情放在我心里面有十几年。

## 棚户里的幼女

下面这篇《棚户里的幼女》就不是新闻写作了，而是一个非虚构写作。它允许有形容，允许有描述，但是它不允许你虚构情节、虚构对话、虚构人的心理活动。这是我们非虚构写作跟传统的报告文学区别最大的地方。

报告文学自认为是文学。所以某些报告文学经常虚构类似于两口子在帐篷里面说的、旁人谁也听不见的那种对话；或者虚构一个人不为外人所知的心理活动。但是在非虚构写作中，这个是不允许的。所以说虽然非虚构写作和前面干巴巴的新闻报道已经不一样了，但还是遵循一些原则。你会看到里面有场景描述，有人物影射，甚至我的主观感受——主观感受并不是不允许的，但是这种感受必须是你能掌控的。因为你是作者，你是观察者，大家能看到的是你观察者的感受，比如，"阳光太强烈"，大家都会用到这样的词，因为这是我的感受，你可以知道我在这里，我没有虚构别人的感受。所以特稿里面有一个界限，你不可以虚构情节，但是你并不是不能表达心理活动。如果说你觉得某个人有心理活动，你想表达那个人的心理活动，那么你最好说明白是你的猜想或设想。你猜的就说是你猜的，不要去表达成人家真有了那个心理活动。

小红萍里面有一个细节，这跟当时的新闻报道很不一样了。

> 棒棒的窝棚在更下面。似乎这面坡越朝下的窝棚，条件比坡上的更差，地面不是平的，像是这里人们的生活随时会滑下去，消失。我们进去时，棒棒赤着上身，这个古铜色的上身看起来完全不需要衣服。意外的是另外有一个女人。此外棚子里只有一张床和一口连着山坡的土灶，似乎已经返青，随时会回到泥土的样子。棚子里有一股山坡的生鲜潮气，倒是比较凉快。
>
> ——《棚户里的幼女》

这个棚子里只有一张床，连着山坡的土灶，似乎已经返青，随时会回到泥土的样子。这个东西在特稿里面会不会有呢？很难讲。有时候会写到这样的情况，有时候可能不会写。

你能感觉她的生活完全没有我们正常居家的样子。我们正常居家的人是要造一个正常的房子，把我们跟自然的状态隔绝开来，但她还是一种自然状态。所以好像会随时返青，回到泥土。但是如果你只说他悲惨，这并没什么意义。返青好像是生命的气息，因为在这里面我不想跟你强调这个人的生活有多么贫困，但是又想写出他生活的原始性。所以大家可以注意到这些都是中性词汇。不管是返青还是回到泥土，都不意味着一定是贫困或者一定可怕。但是要客观地表达这种生存境况。

> 我们面对面站着，棒棒面带微笑，似乎友好而问心无愧。我吃惊地发现，他的两个肩头，各自整齐地长着一撮向上竖起的黑毛，油黑发亮又异常浑圆，像是专门修剪过的盆栽，长在木棒长年受力的位置。不知道要多少年的重量碾压和汗水滋润，才长出这样的黑毛。
>
> ——《棚户里的幼女》

这个是一个嫌疑人，他不是法律的嫌疑人，他是我认为的嫌疑人。他应该是强奸了这个小女孩的人之一。但在我的眼里他不光是一个强奸犯，在这个采访当中，你注意到他住的房子是那样的。最让我震撼的是我看他的肩膀上有两撮毛。我们的普通人都不会在肩膀上有两撮毛。这两撮毛异常整齐和光滑，是多少年的汗水才能滋润出这么两撮毛。

他的职业是棒棒。重庆就是一个很特殊的地方，山路弯弯，所以上山和下山都不太容易使用车辆。他就搞一根棒子挑东西。我天天看到他挑东西，觉得他根本挑不动的那种东西，太可怕了，那种极其大的电视装在柜子里，或者冰箱，他都能挑。这个让你有时候觉得他简直是一个神的感觉。如果说我见到小女孩是一种震撼，那见到这两撮毛的时候是另一种震撼。我既不能忽略这个小女孩给我的震撼，我也不愿意忽略这两撮毛给我的震感，所以我就把他们都写下来了。

> 这间棚屋里有很多五颜六色的塑料袋和其他东西，比起一般的居民住宅，似乎奇怪地含有喜庆气息。
>
> ——《棚户里的幼女》

这个也是一样的，他们住的棚屋是贫民窟，极其简陋和黑暗的一个地方。可是你直接说他穷吗？这只是一种主观的感觉。客观是什么样子啊？它不是我们想象的那种灰暗，不是那样的，它很鲜艳，这个贫穷的地方非常鲜艳。

其实我往往注意到穷人的处境生活是比我们要鲜艳的。我们可能会去复古，强调淡雅，强调质朴，可是对于一个农民来说，他就觉得塑料莲花是非常好的东西，他就觉得搞一张大红大绿的东西非常好。这个房子也是一样的，五颜六色的塑料带，当然都是到处拾来的，所以我加了一句评论："似乎奇怪地含有喜庆气息。"我的感觉就是你在非虚构写作里面，你不是不可以评论，但是你的评论是不是你的一种有意义的感受，而且当你评论的时候，最好让人家看到这是你的评论，不要把它误以为是事物本身。别人可以认同你这个评论，也可以质疑你这个评论。

我写过一篇稿子叫《守夜人高华》，文章中有这么一段。

> 高华反其道而行，以研究民国史的外人身份闯入黑暗之中，死死执

住显露的轮廓一角，举着手中一盏老式的油灯，试图穿透那庞大黑暗的全体，直至燃尽了自身。

——《守夜人高华》

有同学问我，为什么要首先对高华下判断。我的想法是这样的，高华这样一个人你不下判断是不行的。因为那些学者只是从学者的角度去说他，观众只是从观众的角度去说他，而高华既不纯粹是一个学者，当然也更不是一个公知。作为一个记者的责任就是应该把他双重的东西传达出来。这个时候，我不做评论，谁去做？我觉得没有别的人可以做。这种评论不要紧，你不要去掩饰它是你的评论，如果别人觉得这种评论很差劲，就会砸你了。你要下更多的工夫理解它，不要去试图掩饰，这是你的评论。有的时候我们为了掩饰自己的笨拙，明明当了上帝，却要把自己隐藏在后面，伪装成一个零度叙事。我并不赞成这样的写法。当然这种写法有它的道理，但是我可能选择另一种方式，这是我的意见。

开始的一篇是我在地方报纸那样的形态下做的一篇报道。这个报道其实是一篇追踪稿。虽然说外人看起来觉得没有这么差，但是对我来说其实很差，我当时非常不满足，因为当时特稿这种题材还没有出来，还是刚刚在萌芽之中。我那个时候自己也写，也指导记者写，可是没有"特稿"这个名称，那时候叫特写。但其实当时自己的意识当中已经非常不满这样的一种热线新闻的形态了，所以，我虽然是热线记者出身，可是确实不能满意，这一个东西一直在我的心里面留着，一直到我写《我的九十九次死亡》的时候。

## 烈火青苔

这个小标题表现的是一篇调查报道和非虚构写作之间的关系。这是我在《新京报》的第二篇稿子，叫《衡阳大火和反思消防体制》，你看当时的标题就起得这么直白。

《新京报》是 2003 年 11 月 11 日创刊的。11 月 11 日创刊上有我的一篇深度报道，就是《北京 SARS 后患者骨坏死不完全调查》，第二篇深度报道也是我的，名字叫《衡阳大火和反思消防体制》。当时出来一件很大的事，衡阳有一个大楼起火，消防官兵去救火。一座 8 层大楼在火中倒掉了。19 名年轻的消防员葬身其中。

我写的这个角度主要是去反思当时那种情况下应不应该用士兵去救？救的时候到底是否要注意危险到什么程度？这个消防体制到底有哪些问题？我是一个很偶然的机会见到了调查组的一个成员，然后再通过采访战士，写了一篇调查报道。因为当时我没有电脑，所以那篇稿子是在网吧里写的，赶了5个小时写完，一共8000字。

这个报道是我跟傅剑峰合作的，我们当时的写法是典型的调查报道。这种标题是一种典型调查报道的标题并且还配了评论。那时候为什么这样做呢？因为《新京报》当时刚刚开始起步，我们一定要注意职业规范，所以我们要做得干巴巴的，做得非常可靠，一点点的水分都不能有，完全只给干货。

但是做了这个之后我心里面其实是非常遗憾的，为什么呢？有两个细节我没有办法去表达。一个是殡仪馆，殡仪馆一天早上火化了9个人。你看到一个人在被送进焚化炉膛之前，脸上化有淡妆，衣服非常整齐，覆盖着国旗，旁边还有鲜花，以最庄重的仪式告别。那是他一生中最漂亮的时刻。可是当他被送进炉膛，你看到那个盖子一打开，把那个人往里一推进去，立刻一下子燃起来，轰隆一下，感觉这一切都是白做的。那刚才做这些有什么意义呢？轰地一下人都燃了。那个烟囱也不是特别高，油烟立刻就落下来了，每个人的衣服都黏腻腻的，脸上又是黏糊糊的。一天早上火化9个人真的吃不消，我那几天都吃不下饭。

那时候是11月，可是现场特别热，20多摄氏度。我一直觉得欠他们什么，这种感觉不表达出来，觉得是欠他们了。可是当时一个正儿八经的调查报道，好像也不太适合去写这个。你写的应该是冲着体制的追问，冲着当时救火现场处境的反思，处境的调查，包括对官兵救火的这种体制反思，好像不适合写这种细节。

后来我做过一个报道，也是在衡阳，叫《残疾人火烧副区长》。这事小多了，可是也是火灾。一个残疾人，弄个残摩，老拉客，老是被查。后来这个副区长新官上任三把火，那个残疾人不知道深浅，就又被查了。残疾人的这个车是借钱买的，他受不了。于是他拿了那个汽油跟副区长抱在一起，从楼上跳下去。这是一个小事，可是当时也算是一个比较恶性的事件。同时还牵涉到残摩、残摩到底怎么管理等问题。这就是一个比较典型的调查报道。

> 6月10日，在衡阳市珠晖区政府，残障人士罗贤汉冲进副区长邹传云办公室用汽油纵火。起火后罗邹二人分别从窗子和阳台跳下。

> 3天后，罗贤汉不治身亡。邹传云尚未脱离危险。
>
> ——《残疾人火烧副区长》

这是一个导语，非常简练，其实就是中规中矩。它就是一个典型的事件，算不上多深的调查，我写的目的就是把事情还原。可是我当时也很遗憾，有些细节一直在我心里。

我看到了什么呢？我看到了一种斑点。两个人从楼上抱在一起烧起来之后，因为疼痛难忍就分开了。副区长是从后面的窗户跳了下去，残疾人也不知道他哪来的力气，按理说他平时是要用拐杖的，他居然能够跑到阳台上，翻越阳台跳了下去。两个人分别跳下的结果就是，后面那个落了一地的碎玻璃，前面那个没有玻璃，但是留下了很多褐色的斑点。说不清是残疾人的血还是他的皮肉被烧了之后黏在地上，我忘不了。

后来我又到残疾人的家里去看。他租了一间非常廉价的房间，他有一半铺的都是本地的报纸《潇湘晨报》。他非常喜欢看报纸，但那些报纸因为那个屋特别潮，都已经腐烂了。我感觉那些报纸已经要回到原来造纸的本质的那种感觉。他们后来都被送去了医院，残疾人已经死了。副区长还没有死，我想把我看到的感受表达出来，可是当时严格的调查报道是没有办法去做的。多年之后，趁着给一个杂志写专栏的机会，我把这个事情写了一下。

> 2004年一个暑热的中午，我从衡阳市人民医院离开，带着一种说不清的复杂心情。在重症监护室，我看见了浑身包裹失去知觉的邹传云，这位负责整顿残摩非法运营的副区长，被残疾人罗贤汉以汽油点燃，同归于尽。
>
> 一年之前的记忆还留在心头。因为一场大火使19名消防战士遇难，我曾与各路同行一样来到这个城市。当时天气也是出奇的热，殡仪馆外升起又落到身上的油烟，使我在很长时间内胸口发堵。
>
> 在医院大门抬头，看见对面一处假山上"回雁峰"几个大字，使我有不可思议的意外。
>
> ——《锦绣》专栏

我们唐诗里面有一个传说，就是大雁飞到衡阳的七十二峰就不再飞了，恰好这个回雁峰在医院的对门。我看到这个东西就写了这么一个专栏。但是单写这个东西并没有满足我，我提到的是火灾。后来在这本书里面，我专门写了一篇叫《斑点　青苔　报纸》。这也是从回雁峰开始写的，但是写到了两人的痕迹。

> 两人的痕迹，分别留在楼前和楼后院坝的水泥地面。虽然经过清扫，却像有意留下了遗存。楼前的褐色的斑点属于火腿，难以想象挂拐的他，怎样越过了走廊栏杆纵身跳下，似乎火苗给了他一瞬间治愈先天残疾的力量；楼后一片细小的碎玻璃片属于副区长，他冲破了自己办公室的窗户跳下，仿佛旧电影中一个躲避敌人抓捕的地下工作者。火苗灼透的时刻，刚才扭在一起的人放过了彼此，各自跳下，在极大的疼痛之后，终于消释了仇恨。眼下他们分别躺在医院的两间病房里，等待生死的前景。
>
> ——《斑点　青苔　报纸》

这是给我印象最深的一个东西，我觉得应该把它表达出来。破碎的斑点属于"火腿"。叫火腿是因为他的腿有问题。碎玻璃片属于副区长，刚才扭在一起的人放过了彼此，各自跳下来，在极大的疼痛之后消失了仇恨。我想把我心里面这种印象表达出来，所以用了非虚构的写法。这里面也有对他们动机的推测。你可以看出来这是我的一种描摹，是我的一种设想。这里面并没有什么虚构的东西，所以它属于非虚构，但是它有心理活动的描写。

这个稿还比较长，里面有一段是这样的。

> 除了这一排衣服，屋里唯一的陈设是一张床，床上显眼的不是缩成一团的被褥，倒是覆盖了大半个床面的报纸，全是小开版的《潇湘晨报》。它们像是全部过期了很久，新闻和油彩一起褪去，现出烂稻草的气色，回归了本来质地。相比起绳子上晾晒的纯黑色衣物，这张腐殖质的床像是有某种温情。如果把衣物取下来放在床头，它们很快会像报纸一样浸透时光，长出青苔。
>
> ——《斑点　青苔　报纸》

你看他的家里，床上显眼的不是缩成一团的被褥，倒是覆盖了大半个床面的报纸。它们回归了本来的烂稻草的质地。如果把衣物取下来放在床头，它们很快会像报纸一样，惊动时光，长出青苔。为什么我要用这个意象？后来我在写矿工的稿子里面，也用到青苔的意象。青苔是一个很卑微的东西，韩国有一个片子就叫《青苔》，就是说这些人多么卑微，没有希望。但是这只是它的一方面，另一方面它有一种修复世界的感觉。青苔不是一种毒药，它是一种最卑微的生命，可是它也是最初的生命形态。它总是带来一种绿色，带来一种青色，感觉是一种抚慰的东西。所以我在这里用这个意象，也是想表达一种抚慰。对于他的生命来说，也只有这么一点安慰了。

我讲的关于火灾的第一个报道是典型的调查报道，先去揭露现场还原事实。到底有没有瞎指挥？救灾是不是最好的时机？指挥是否适当？楼房是否有质量问题？官兵救灾的体制到底对不对？再延伸到我们应该有什么样的救灾体制，这是一种典型的调查报道。后面这个又是一种非虚构的写法。我抓住了当时最触动我的两个意象，我就把它写出来，又延伸到我们对衡阳那个地方的浪漫想象。这种浪漫诗意化的东西，在我们这个社会里已经完全客观化。所以卡夫卡有一句话就是说我们不要把现实诗意化，我们要把它客观化。特稿也有一个特征，特稿往往是把一个诗意的想象客观化。它保留这个诗意让你看到，可是要通过它需要指出后面真实的东西是什么样的。

## 吕日周事件

做吕日周报道的原因是因为那时候吕日周很红，他被评选为年度感动中国人物，很多报纸都捧他。可是我们意外接到一个线索，说他对一个举报人动用了很多公安手段。比如说以伪装普法考试的名义去比对笔记，去核查全城的打字机型号，去邮局蹲守扣信，去监听电话这么一些模式，走的全是大批判，"文化大革命"式批判。报纸和电视都齐开火。后来我们了解到不光是这个人，他搞过好几个人，其中还有两个记者。

那怎么办呢？当时用总编的话来说，我们需要对吕日周负责，因为他的名声太大了。我花了将近3个月的时间去搞这个事情，最后做出来一个将近10万字的报道，中间发出来了5万多字。但是发出来了之后，恰恰由于搞平衡过度，最重要的稿子没有单发,导致后来稿子里主题不鲜明。当时那几天又赶上别的新闻,所以觉得有点冤,毕竟花费了那么多的工夫。那一年《新京报》最出名的报道是罗昌平的《嘉禾拆迁引发姐妹同日离婚》。那个报道相对简单,可是它引发的后续作用相当大,我们这个报道属于耗时最长的了。

当时不少捧吕日周的稿件,你觉得它好像是很客观的是吧。可是实际上它跟以后捧仇和是一样的。看似客观,看似是第三方的眼光,看似是零度写作,可是这种只不过是另一种搞法,说到底透露出来的就是这个人还是有能力的,他有一些很不平凡的地方,当时肯定吕日周的都是这个路数。

《弓中甫"诬告陷害案"始末》是我们组稿的第一篇,这篇文章其实是《新京报》当时的一个写作路数:就事论事。那个时候弓中甫被打成了诬告陷害罪,你们看报道:

> 此间,弓中甫的家庭遭到搜查,妻子、女婿受到了党纪和政纪处分,有关单位进驻南大院,深挖弓的各方面问题,一批亲友同事被讯问或关押。弓形容当时他家里的情况是"关的关、免的免、病的病、伤的伤,一人得罪,全家牵连"。2001年12月16日,《长治日报》在《我市纪检监察机关立查大案要案不手软》的报道中,弓中甫"诬陷他人案"被列为该年度长治纪委第二号大案。
>
> ——《弓中甫"诬告陷害案"始末》

弓中甫被开除党籍,撤销职务,甚至组织了全市的舆论力量批判。你看稿子里面写道:

> 除了《长治日报》《上党晚报》、长治电视台、电台等各新闻单位,也对弓案展开了集中报道。当时,长治市委办公厅发文,要求:"各级党组织要集中6天时间,围绕通报中提出的三点要求认真展开讨论,每一点要求集中讨论两天——各新闻媒体要组织力量集中版面,集中时间对讨论情况进行报道,让全市人民全面了解和认清弓中甫的违纪违法事实及造成的重大危害。"
>
> ——《弓中甫"诬告陷害案"始末》

弓的案件是公安人员在邮局监控一些上告信查到的。当局派出一些公安干警进驻常州所有的邮电局，截查匿名举报信，利用这种刑侦手段搞的。市委也下了很大力气，对信件进行笔迹鉴定，对打字机型号做鉴定，一个单位、一个单位地过。这就是吕日周那方面的真实情况。所以后来我看到仇和现象火热的时候我就特别不感冒。因为我看到的无非又是一个吕日周。而仇和和吕日周，他们的关系非常好。吕日周和仇和一块当选为2006年度的某个人物奖了。仇和在云南的时候吕日周也跑到云南去调研，两个人一起调研。仇和终于倒掉之后还有人想采访吕日周，吕日周还想出来说点话，但后来又没说，类似的都是这种强人政治。

这个调查报道有一个独特的地方，这是我们中国新闻市场化以来，第一次主动地去监督一个副省级的官员。以前我们全都是副省级的官员犯了错，我们奉命去监督他。吕日周当时是很火的，没有人觉得他有问题。我们是主动去监督这个副省级干部，把他另外一面表现出来。

说到这个，我们还有几篇，比如说他两卖长治市最大煤矿，贱卖导致国有资产流失。又比如，引进他的商人到长治去搞大型游乐场，最后烂在那里了。我去看的时候，摩天轮都是锈迹斑斑，没有人弄，寒风刮在那里。这种东西动辄上亿元，这跟仇和引进他的商人去搞大的农贸市场一模一样。这个是吕日周的另外一篇稿子了。

为了保证组稿的真实性，逼着我要亲访吕日周本人，我两次采访他本人，跟他对话中，我没有回避，而且没有回避我们在做什么。到底有没有搞这个笔迹鉴定？你为什么要搞全城大批判和邮局监控？这些我们都问了。吕日周说，我要找出想整倒我的人，所以公安机关不得不用一些行政手段。他最后是承认这个事情的。

为了保证我们的稿子出来不被质疑，我还要求他在每一页上面签一个字。当时因为没有录音笔，我就要求他在每一页签字。所以等到我们这个报道出来的时候，他很生气，但是没有办法。当然报道也没有导致他下台，只是把他以前光辉的神话戳破了。

按理说这个报道挺让我满意的，可是这个报道有一件事情还是让我非常遗憾。当时我们去的时候，上访的人民群众一波一波来找。其中有一个给我一个线索，就是在吕日周当政的时候，有一个村庄出了一个人命案，死的是一个很热爱普法的青年。那个年代有一批这样的人。当时中央出来好多好的政策、好的法规，农村里有一点知识的人也很兴奋，不少人就主动宣传这个。尤其是减负的文件。当时中央决定取消农业税，农民非常兴奋，因为这是几千年没有的事情，于是这个青年就到处去自发普法。每到赶集日就搞一个小桌子，举着这个文件讲。后来他把一些人得罪了。总之这个青年就莫名其妙地死了。

他死是被人塞到粪坑里的。那个粪坑我去看了，震动我的就是这个地方。这个粪坑是没有别的口子的，是从便槽里面把他塞下去的。可是这个便槽看起来非常地狭窄。看起来是没有办法把一个人塞下去的，但事实上他就是这么被塞下去了。我觉得这种暴力和污秽的感觉掺杂在一起，让我难以忘怀。

但我没有办法在写吕日周的稿子里面去写这个。我觉得有点遗憾，我总觉得要写点什么，但是我当时没有写，也没有写手记。一直到要出《我的九十九次死亡》这本书的时候，我补写了这一篇《粪池里的普法青年》：

> 这是一座典型的北方城市，除了一些栅栏和刻着字的、从太行山上取来的大石头，前任市委书记的改革并未留下明显痕迹。在一条被风刮得空空荡荡、只有灌木丛挽留着几只黑色垃圾袋的街头，我和其中一名被治罪者接头。
>
> ——《粪池里的普法青年》

这种典型的北方城市，风刮得空荡荡的，街头只有灌木挽留黑色垃圾袋。我比较习惯用这样的语法，可能会经常不经意地用。黑色垃圾袋是很脏的一个东西，没什么好值得挽留的。但就是因为那个大街太空荡荡了，你就感觉黑色垃圾袋被风刮在枝头，好像还有那么一点点情义似的。别的地方全都被扫得一干二净。

我在《我的九十九次死亡》序言里面写到了，这个便槽看来只有10来公分宽，不可能把一个成年人塞下去。如果是硬塞，只能是把他头骨弄破了。我在粪池边站了一会，仿佛一种无意义的纪念。但一个热爱普法的年轻生命确实从这里逝去了，他单纯的灵魂被一种不需要追究的暴力强行塞入了狭窄的便槽。这是我的一个判断。但是我当时觉得，我需要表达这样的一种判断。这是一种非虚构的写法。

## 三峡父与子

贾樟柯拍过一个电影叫《三峡好人》。我到三峡去过好几次，做过几篇稿子。一个是移民圈地的，移民的时候有人搞了一个统建房，里面有大量的黑幕。一个是鸦片，三峡库区有一段时间是鸦片回潮，山上几千亩几千亩地种，他们都是和境外有关系的持枪武装种鸦片的集团。当时我去的时候，是冒着挺大风险的，不知道他们走了没有。结果上山的时候，他们头两天刚刚走，所以没有正面见到他们。

但是在这个当中，我接触到一个给我们带路的向导。他也是跟我说的普法青年一样，是当时带头反抗农业税，宣传法律的。后来因为这个缘故在他的家乡待不下去了，被抓了几次，就跑到奉节县，结果在奉节县他赶上了三峡移民，水淹到这个地方了，需要搬家。我就一直想为他写点什么，因为我觉得他的形象比罗中立的《父亲》更典型一些。

罗中立的《父亲》很像一个农民，有一种美，有一种粗犷的、古铜色的美，可是他好像有点太漂亮了，因为他身上发的光是金黄色的。而这个农民看上去也是发了光，可是他是黑的，他像黑炭一样，他把自己晒成那个样子的。所以我觉得他更真实一点，想写他，但是我始终没有写。

有一次，他给我打电话，要我帮他。他的孩子在北京的郊外一个矿里面出事了。因为电路问题，他去换灯泡的时候被电死了。死之后他想找矿老板，这个矿老板就威胁他，于是他就找我帮他。可是我们那个时候鞭长莫及，因为我们是主要负责报道北京的事。那个煤矿并不属于北京，它是河北的。我跟领导报告，领导也不让去做，觉得那个事小，做不了，怎么办？后来我就想还是为他写一个东西。过了好几年，我写了一个《父与子》，就是写到一个父亲，这个人很有意思，早年他是一个农村领袖式的人物，他也普法，带着大家反对农业税也被抓起来过，也被拷过，差点失去性命，后来成为一个城市流民，他被迫到了奉节县又赶上三峡的库区蓄水，后来因为在上访、帮别人爆料和采访的过程中，他就慢慢地接触到一些人。最后他参加了中国政法大学的一个培训，变成有证的基层法律事务工作者，就是靠给别人打官司来养活自己，就这么一个人，他的儿子在矿上出现了事故之后，他又没办法保护他的儿子。所以我觉得他的身世很荒谬，因此我就为他写了一个

《父与子》。

> "我儿子死了吧。"这会儿他说。这句话的声音,由开头的正常到后半句有点变了,显出一个男人会有的哭腔,两只胳膊抬了起来,似乎要扶住太阳穴。但又立刻止住,生生把话头和动作掐断了,开始从手提袋里掏材料。
>
> ——《父与子》

这是《父与子》的散文,你可以说它是一个散文,可是它不是一个典型的散文。他儿子死了,他平时不哭的,可是他这时候带上了一种哭腔。我当时写他,最强的感觉是他有点像罗中立的《父亲》。可是他比罗中立画他的父亲真实。而且他住在拆迁之后的政府大楼里面,就那个地方成了一个难民营。我走进大楼的时候,有一个女人向我迎面走来。让我震惊了,为什么呢?她可能有四五十岁,她上身是赤裸的。她在一个有很多很多人住的大楼里面,赤裸着上身走来走去,她没有觉得这个事情不对劲。因为当时很热,她的两个乳房耷拉着,就跟那个布袋子一样。我当时想,是什么样的情况使他们会觉得在这个地方,性别变得这么不重要了,甚至都毫无意义了?

> 走上大楼空荡荡又显得破烂的三层楼梯,走廊里迎面过来一个光着上身的女人。她一头杂乱的白发,乳房像两块干瘪的瓜皮挂在胸前,嘴里叼着一个小烟袋。我们无言地相互看了一下,她慢腾腾地走过去。旁边的谭广福嘿嘿笑了一下,他黧黑的脸上难得露出这点生动的表情。张定陵解释:"天气热,老百姓就随便得很。"
>
> ——《父与子》

## 地震报道

我在新浪也干过,当时做了一个唐山大地震的专题,我为这个专题写了一首诗。这个有点像命题作文,但我还是想尽量表达这些人是善待自己生命的。

> 那个夜晚，生命受到了惊吓。
> 安谧的梦幻曲被死神扭曲了。
> 但它和黑暗的联盟并不长久，
> 黎明抽出了救赎的线。
> ——《热爱生命——纪念唐山大地震 30 周年》诗歌节选

地震是让生命受到惊吓的现象，那个夜晚，生命受到了惊吓，安谧的夜晚也被死神扭曲，但是它和黑暗的联盟并不长久。下面有一句话，黎明抽出了救赎的线，这是一种诗的写法。因为黎明的光线就像一个线，它是一种救赎的性质。后来汶川地震我也去了。当时我在《瞭望东方周刊》，带了一组记者去现场。我也写了一个稿子，关于北川的地震现场抢救。救援队在最后一天发现了可能是最后一个有可能的幸存者了，但是最后没有抢救成功。

其实这里面有一个插曲，当时总理带了一帮人去视察，他走到那里的时候，那些人就停了一下，然后总理说，继续搜，继续救，不要停下来。正在这个时候，北川又发生了一次余震，把山摇动了。因为救那个人的地方就在山坡下面，感觉那个山马上就要倒下来压在我们的身上，大家都吓坏了，那次余震很强烈，所以在洞里面救的人赶紧跑出来了。结果等到后面再去救的时候，他埋的地方又下降两米，彻底地没有希望了，然后就死了。我写了《北川：最后的搜救》，其实这里面写到一种幻觉，有一些人他当时会有幻觉的，他认为听到了什么动静，后来去搜下面的时候是真的有人，但是那个人已经死了。

这篇文章就有一个特稿的感觉了。我当时还没有去写特稿，为了防止自己的稿子文学化，我在我的文学稿和新闻稿之间设了严格的界限。凡是我的新闻稿都是很单纯的调查稿，我连手记都不写。后来《新京报》出书的时候，想让我写一篇手记，回顾一下我在《新京报》写的一些稿子，当时手记已经很流行了，可是我还是不愿意写，后来我就没有写。因为我觉得手记这种东西很可能让我陷入一种暧昧地带，那时候对我来说特稿实际上是一个禁区，我觉得在找到可靠和安全的办法之前我不写。

这个稿子算是有一点特稿的写法了。而且这里面有一种主旋律，相信奇迹什么的，他们要发出来，只能这么做。

这张就是视察的时候，当时我离他还挺近的，这也是离国家领导人最近的时候。

现场的山崩图片

北川中学照片

排遗体照片

后来《小说界》他们要做一期征文，我就给《小说界》写了一个类似的稿子。可是跟杂志社的稿子不一样。我的语文有一个问题，可能是我个人的一种风格，你会发现它是用力的，也许白描也还是有用力的时候。

> 这个县城曾经的生活在沉陷瞬间叠加在一起，呈现出地狱的外观。崩塌而下的山石高高在上，似乎死神的冠冕。沉默的气氛统治了这里，空气中凝固着抑郁，这是否定的气息，它告诫人们，这里已经易手死神，留给人们的权利只是消毒，让那位神灵的衣服更光鲜一些。
> ……
> 一群属于这个曾经的县城的鸽子，在废墟上空执着地迂回飞翔，与来去直升机的翼翅相掠而过，似乎是在提醒人们生命的超越能力。即使眼前真是地狱的外壳，也有残存的生命能够透过它来呼吸。
> 只是，这种呼吸已非常微弱，需要最后的搜救。
> ——《相信奇迹——亲历北川城区最后一日搜救》

当时的感觉就是这样的。这个地方人们已经做不了什么，但是又要反抗这种感觉，所以就写了一群鸽子，就是把这种逻辑的悖谬写出了。我现在来看，这是一种特稿的写法，但是过于强调了一些东西。

两年之后我去做了一篇比较长的报道，是在《凤凰周刊》做的，内容是关于豆腐渣工程的追踪。这是第一篇深度披露汶川地震重建的各种问题的稿子，包括大量的豆腐渣工程。可是《凤凰周刊》那一期的封面做了毛新宇将军，因为那一年，毛新宇刚刚当上少将，大红，于是把我这个压在下面了。所以有时候做记者是非常无奈的，你可能费时、费力搞了很久，弄了一个报道出来，要不就发不出来，要不有可能发出来却是殿后的，让人觉得一点办法都没有。

但这个稿子我还是很用心的。我里面写到的一个是行业失控，一个是基层失控。所谓的行业失控是说建设行业的潜规则就是层层转包、分包，导致农民跟基层干部的关系更加紧张了。因为当时做地震报道的时候，人家把我当成一个志愿者了，他们给我一个任务，让我去抬死人，需要到一个镇子上去抬四五天。可是因为我当时带了一组记者，我怕我去干那个事儿那些记者出危险，因此没去，后来还挺遗憾的。所以就在两周年的时候，做了豆腐渣工程的报道，算是对它的一个补偿。

## 第一篇典型特稿

《山西灵石：吃煤的人，吃人的煤》这篇文章也是我写的。当时写的时候就想要突出一个意象：即人跟煤的关系。但这些农民说到煤，他从来不说我要去采煤、挖煤、卖煤，他会说我能不能吃上这个煤啊，吃不上这个煤可咋办啊这种话。我想吃这个肥煤，但是没有，只有瘦煤，他是这样说的，跟说肉一样。

> "出事口子的煤是肥煤，回祖的人要吃这个煤，汾西的人也要吃这个煤。"山西灵石县回祖村"2·5矿难"遇难者王春新的母亲说。
> "吃上煤就富，吃不上煤就穷。"出事矿井另一方山西汾西县陈家原村一村民总结。
>
> ——《山西灵石：吃煤的人，吃人的煤》

这是我第一篇的矿难报道，后来我又做了尘肺病的报道，叫作《陕南小镇尘肺病死亡潮》，是在《凤凰周刊》做的。讲的就是一个小镇，由于那边的人长期到山西打工，输出劳务，又是主要在金矿上，后来引发了尘肺病的死亡潮，这也是一个典型的调查报道。在这以后我的写作形态就变化了，已经不再是单纯的调查报道写法了。

《血煤上的青苔》是我第一篇典型的特稿。我在那个时候感觉以往的调查报道不太够用了。为什么？因为如果做一个事件的话，你做一个调查报告是合适的。可是那个时候我的兴趣，慢慢转向现象了。包括我现在做的稿子如果大家看的话，会发现我经常做的是一个群体，或者是一个场景中的现象，我不太做一个单纯的事件。因为年轻的时候做了很多调查报道，现在年纪大了，做不动那种事件了，所以就转做现象了。

矿难也是这样。做《血煤上的青苔》的时候也是记录了一种人。这群人已经存在很多年了，其实是你没有关注他。我在2003年的时候就跟《新京报》的人说过，因为当时正好是反思矿难一周年，我想做一个回访。可是当时他们觉得价值不大，不让做。所以过了将近10年，我才来做这个报道。

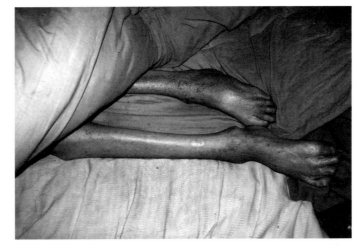

矿工的腿

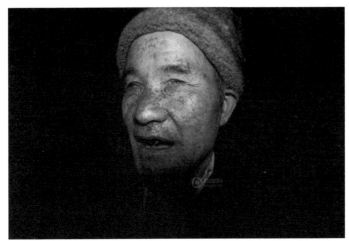

矿工的脸

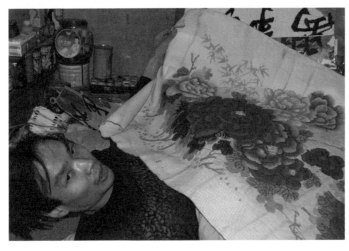

矿工躺在床上

你看这是瘫痪的矿工的腿,干枯了。第二张是发生矿难的时候,煤喷到矿工的眼里面出不来了,所以他就像一个青面兽杨志一样,导致他的孙子都有点怕他。第三张是刚才矿工的腿的上身,他的上身看起来还是正常的。他有一个正常人的面貌,他在绣花。你如果跟他的下身对比起来看,你看他只能保护自己的上身,他完全保护不了自己的下身,因为他是截位瘫痪的。

这是我在《Lens》写的第一篇稿子。这种写法就是一个特稿的典型写法了,我自己也比较喜欢这篇稿子,实际上我长期关心他们已经好久了。我写的时候,可能跟别人的写法不太一样。因为当时也有其他的人去做报道,但我的写法为什么不一样呢?我觉得我可能能够更多地体会他们的感受。他刚到家乡的时候,他不想活,觉得找不到活下去的理由,他想自杀。他母亲就用了很多的办法防止他,把一些尖锐的器物拿走。他对母亲说:防,你防不住,死有千条路。

有一个同学提出来质疑说是他说的吗?确实是他说的。但他说的没有这么简便,他原话是说"防你是防不住的,死我有一千条路"。这个是他的原话。

大家可能会认为乡下人语言能力很差,其实他们用的动词是非常准确的。我举一个例子,一个农民他伤口有一个线没有拆,一直搁在里面好久了。医院的医生没有给他拆,他只好慢慢地把那些线拆掉了,当然很疼了,他只能很慢很慢地拆。他跟我描述的时候,他不是说把线拆出来,也不是把线抽出来、拔出来。他说他把这个线悠出来。悠是什么啊?你就能体会到他那个动作是怎么样小心细腻,避免疼地把它抽出来的。悠这个词是我想不出来的。我觉得你要注意方言里面和底层人民的动词。因为底层人民跟劳动离得很近,他对动作的感受是最准确的。一旦他对动作的感受准确,他就会用一些很好的动词。

可能他在用形容词的时候,你觉得俗。比如说庄稼绿油油的,你不觉得有啥。可是他一旦用起动词就不一样了。比如说换一个形容词,这个庄稼长得不仅是绿,而且非常的茂盛,整个长势像春天正在生发的时候。我们家乡有一个词:"青吼吼"。一旦他用上动词了,你发现这个庄稼简直就像是在吼叫着生长一样,他动词的感觉是非常敏锐的。我觉得如果你们以后写底层的稿子,采访的时候,你们要注意他们用的动词。不要太去注意他们的一些骂人话,这些谚语、歇后语,那个没多大意义。有些作家就是喜欢搞那些东西,那个是没有什么意义的。你要注意他们真实的生活经验的用词。所以你看防你防不住,这句话很简练啊,你就觉得不像是农民说的。农民有这么简练吗?可实际上他就说了这么一个字,他就是这么简练。

这种稿子是一种典型的特稿写法，但是它也不太像你们接触的一些《冰点》稿子的写法。因为《冰点》的稿子有写意的特征，比如说赵涵漠写的《永不抵达的动车》，它就是那么一个事，时间又非常紧张。她只能是找到那种最打动你的感觉，就把它写出来，它不是沉淀式的写法。她是用写意的写法，就是笔触触到那里，点到为止。但是《血煤上的青苔》相当于是一个长期生活形态的描绘，这是一种沉淀的写法，是熬出来的。它不是那种一下子触到你，它是熬制的。

> 即使只是用这条床单，即使只是用自己的牙齿，也能够自杀，这是王多权想好的。但是活下来却没有这么多条路。王多权想到了家里的一样土产——麻糖。糖是熬出来的，就和瘫痪在床上的后半生一样。前半生只有20年，王多权上了初中，烧了两年木炭，谈了对象，虽苦犹甜；后半生只是受苦，要熬上多少年，才能尝到一丝苦中的甜味？
> 家里年年要熬麻糖。王多权也就一年年熬了下来。
>
> ——《血煤上的青苔》

这个死亡可以说是煎熬，但是为什么说是熬糖呢？因为他们家乡就是熬麻糖的，所以用了这个现成的意象。因为如果只是艰难的话，是熬不了那么久的，熬到后面人就自杀了。所以这个里面还有一点点熬糖类似的东西，有一点点甜，有一点点可能的希望，所以他才一直存活下来。这个也说明了这个稿子的特征就是一个"熬"字。

写这个稿子的时候我非常累。我记得就这么一个短稿子，六七千字，我写了三天以后，只写了两章，总共有四章四节，第二章写完我就写不下去了。你会感觉自己耗到极致，已经没有心力可以去酝酿下面的两章，所以我只好休息两天再继续写。这是一个炼字的稿子，每一个字都是炼出来的，都是熬出来的，它不是事件性的稿子那样的一种写法。所以你看这个稿子的时候，你会有一种很特别的感受。我记得张伟（当时他在《博客天下》做副主编）说过一句话：这个稿子是他见到过最雕琢的一个稿子。我觉得不是雕琢，他当时没有找到最适合的词，实际上就是熬炼，每一个字都是炼出来的，不是随便写的。

比如说这么一句话。

或许，正是因为对下身毫无感觉，使他们敢于把这样的痛苦承担下来。蛇蚤河的黄国林掀起被子，让我们看到他大腿上的疮口，已经深到骨头，塞着一坨卫生纸。"你怕不怕？"掀起被子之前他问。但我更多是被那股恶臭震住了。"肛门烂完了。"他说。

——《血煤上的青苔》

其实他不需要下身他也能过，可是他还是带着下身活着。这个里面有一种因素，因为下身没有感觉了。如果真的是有感觉的，那是无法忍受的。这其实是一种悖论的关系。一般来说我们承担痛苦是因为我们有感觉，我们还活着是因为有希望。毫无感觉，意味着你已经死亡。可是他们正是因为这种死亡，他们才能承受这样活着。

这个分标题"针脚编织时间，大路边留着湿润"已经很文学化了。可是为什么要用这样的文学化标题，其中一个原因他就是在绣十字绣。我去他房子的时候，他正在洗衣服。他用廉价的洗衣粉洗，洗衣粉有一股淡淡的香味，可能比香水的香还要舒服一些，地上都是湿湿的水，又在春天里，给人的感觉非常湿润。所以我用了这两个标题，其实他的生活细节我看到了。所以说当你的文章里要用一个比喻的话，不是不可以用，但最好跟他的生活经验结合起来，结合得越紧密越好。比如说青苔这里面有一个比喻，他们是被命运的床单收敛起来的人。我为什么要用命运的床单来比喻呢？是因为我第一次见到他，他的下身是羞于示人的，他是不能拿出来见你的。你在强烈要求之下，他对你有信任感之下，他才会把他那样的一双腿露给你。所以我觉得他们是被命运的床单收敛起来的人。为什么我要说熬糖，因为他们家人就是熬麻糖的，而且他的父亲想要扩大熬麻糖的生产能力，于是把自己活活累死了。我去的时候他的父亲刚死不久，累吐血死掉了，在这个田地里面，坟都没有给他垒。所以为什么用这种比喻，不光是比喻漂亮，而是真实。比喻首先的一个要领不是漂亮，而是它一定得切合当事人的生活经验，要真实。

这里面还用了一个比喻。

贝克特说，世界是一条用7天时间赶制的蹩脚裤子。竹园沟的地形，正像是一条溪沟岔开的两条裤腿。在长达16年的黑夜里，邹树礼终于把这条裤子完全摸到了头,有些地方比睁着眼时更明白。他种着四亩来地和菜园,前几年还喂着两头猪。养活自己之外,还补贴在镇上开食堂的儿子。

——《血煤上的青苔》

你看这个比喻不是一个典型的比喻,但是实际上它有本体和喻体。贝克特一个作家,说世界是一双用7天时间赶制的蹩脚裤子。我为什么要用这个比喻?一般对于世界来说,我们认为世界非常差劲。贝克特的比喻也是这么说的。裁缝跟上帝两个人互相拌嘴。上帝说,我用7天的时间创造了一个世界,而你做一条裤子你用了这么久的时间。这个裁缝就对上帝说,可是你看看我做了一条什么样的裤子,你造的又是一个什么样的世界呢?所以在这里我就反过来用了一下这个比喻。一个7天时间赶制的蹩脚裤子。为什么要用这个比喻?是因为我看到瞎眼的矿工他长年累月地去把别人抛弃的土地种上粮食。人家已经不要这个破裤子了,他去修补。一个瞎眼的人摸索着把这个裤子重新补起来,这是感动,所以我才用这么一个比喻。

写完这个之后,我还针对矿难写过一个小说,叫《我们去矿难》,那是在网站上发表的。后来我写了另一个东西,叫《世界》。《世界》这个小说,发表在《小说界》上,后来被他们推选出来参加鲁迅文学奖的一个初选,没有过。《世界》就把瞎眼的矿工挑出来以他为主角,写了一篇中篇小说。写他怎么样在矿难之后回到山沟里,一个人从开始时绝望到后来能够掌握家庭里面的活,比如说切菜、生炉子、上楼下楼到厨房打水,直到现在开始走出家门去种地,从种一亩到种两亩,后来种五亩,把人家抛弃的地给种下来,还要补助他的儿子,还去安慰别的矿工。因为有一个矿工两腿瘫了回来,他还去安慰他。这个人感觉他重建了自己的世界,同时乡下的世界又在消逝,因为别的人都慢慢地走了,他儿子他们也走了,所以写了这么一个小说,有一个读者,他在读后感里写道:

刘树立从最初听到沁水的声音,到后来女儿从身边经过,他能感到女儿的长高;再到后来,能感触到风的气色,山的颜色……从行为上:刚开始只想跳楼,回到家烧壶水就烫伤了脚;到最后剁猪草、打猪草、掰玉米、切菜做饭,甚至能在黑暗中穿针……什么活都能干了。

——读者读后感：读袁凌中篇小说《世界》

《血煤上的青苔》它不足以让我表达对农村整个社会的衰落和空洞化，但是老人又在里面坚持。因为我跟老人也很熟，这个老人很惨，我写这个小说的时候，他的老婆还活着，他的老婆是一个地主的闺女，体弱多病，由他照顾她，瞎子还照顾这个健康的人。后来他的老婆因为一盆火烧死了，脸埋在火里边半窒息半烧死了，现在他变成一个人了，还是活在山沟里不愿意出去。

我后来又写了一个东西叫《七张收条》。《凤凰周刊》的一个同事过年托我给这些矿工捎点钱，他捎了5000块钱，分给7个人。有些人多一点，有些人少一点。我一一送到之后，回来告诉他了，他就让我写一个过程。我就写了一个《七张收条》，这个东西后来发到《天涯杂志》。

这也是一个延伸性的写作。柯老幺、柯老二此前在调查报道里面写到了，我第一次去采访这个柯老幺的时候，他的哥哥接待了我，哥哥都没有告诉我他有尘肺病。等到我写的时候，哥哥也死了，哥哥也是尘肺病。哥哥带我去看过弟弟的坟墓。他就在那里深思，我当时也不知道他想些什么。后来我想，他有可能在想他自己会埋在那里，因为他后来就是埋在弟弟的坟旁。

文中的文清香是一个尘肺病矿工的妻子。这个人还没死，但是家里人也在盼着她死。文中还有一个王多权，王多权就是《血煤上的青苔》里面的一个主要人物，王多权我们后来一直跟他有联系。因为有一个有善心的人每年捐赠他的侄女上学钱。所以我基本上过一两年就会去看看他，把钱带给他。他后来绣了好多十字绣，非常精致，像观音菩萨什么的。高章平，这就是那个"针脚编织时间，大路边留着湿润"那一节写的主人公。高章平有一个对话，我觉得很有意思。他养了一只猪，花了很多钱，他最担心的就是这只猪了。我这次给他送钱的时候他猪中暑了，就是不吃东西，然后他非常着急。我过年的时候给他写了一个文章，他在电话里说这个猪好了。我觉得也很搞笑，因为他当时给我介绍这个猪的时候，就说这个猪那段时间生病了，不健康。所以我那时候首先问猪康复了没有，然后他也就这么回答说猪康复了。康复这个词用在猪身上不太合适，可是你又觉得，对他来说这个猪那么重要，用这个词也是合适的。所以对于底层人的语言，千万不要注意他们的"污言秽语"，那个都是很表象的东西。他们真实的感受、真实的语言埋在下面，是非常非常准确的。有真实生活压力的人，他对生活有一些真实的感受，这种感

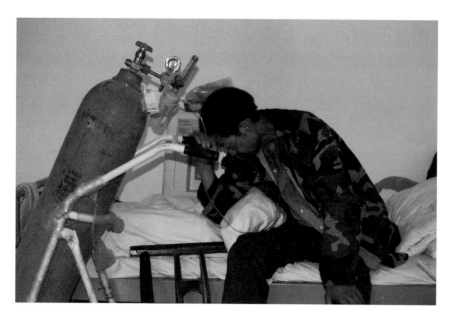

文清香丈夫林志学在吸氧

受是长期沉淀下来的。所以他用的某些词会让你惊讶，但他们的语言是非常可靠的。

这是我照的文清香的丈夫。我进病房的时候，他就这样。他一开始躺在床上，可是他的呼吸太困难了。他后来就坐起来，靠着这个氧气瓶。你发现没有，在这里，没有任何人对他有意义，只有这个氧气瓶最后给他一点支撑和抚慰。一旦这个氧气瓶里面的气用完，他立刻就死了，后来就是这样的。等他打完这个氧气瓶里面的气就不给他用了，当天下午回老家晚上就死了。你看他的倾斜，他跟氧气瓶之间的关系，共同形成的一个拱形，最后的依靠。

## 世界是有形式感的

关于矿工，我后来又写了一篇特稿，叫《尘》，就是写这种尘肺病的。同一个题材，实际上你是可以有多种的题材去写它的。我在这篇文章中的这个语言跟其他有点不太一样，我是会表达我的一些感受的。你看先前的家长和青壮年忽而变成一群特殊的人。

> 先前的家长和青壮年，忽而变成乡村中一群特殊的人。他们像秋天的雨点一样没有颜色、质地和用处，落进土地也没有声音。他们是无辜的游手好闲之徒，花尽自己先前挣到或者没有挣得的钱。
>
> ——《尘土》

为什么说他是无辜的游手好闲之徒呢？他们以前可能是壮劳力，可是忽然得了尘肺病就什么也干不了了，他就是游手好闲。可是他是无辜的，因为他们确实不是自己要这样，他们是没有劳动力的。可是尽管是无辜的，他们还是游手好闲，因为他们内心会想我现在这个肺，我现在花我们家里的钱，花光以后，然后我也死了。所以他们像秋天的雨点一样，没有颜色、质地和用途，落进土地没有声音，他们的死就是无声无息的。为什么说他们落进土地没有声音呢？这也不是一个通常的比喻，这是由于尘肺病人到了最后，他是没有力气发出任何声音的。

王克勤他们搞了一个实验，就是用一种仪器去听尘肺病人呼吸的声音，最后只能听见嘶嘶像用旧的磁带发出的声音，已经发不出正常声音来了。他的呼吸你都听不见了，他也没有办法发出声音。所以说落进土地没有声音。我们有些比喻表面上看是一个普通的比喻，可是这个比喻后面是一种生活经验，是特别用在尘肺病人身上的。

所以你发现所有的东西是交叉来写的。我先是写了一个《血煤上的青苔》是关于伤残矿工的一个群像；然后又写了一个小镇的尘肺病调查，是写尘肺病的群体的调查报道；后来又写了一个《七张收条》是一个非虚构的写作，是从一个送钱的线索写他们的生存状态；以后又写了一篇特稿叫《尘》。这其中包括了三种题材：一个调查报道；一个特稿；一个非虚构。在写作当中，各种题材的写法很不一样。调查报道是非常严谨的，他要接受的是尘肺病的根源在山西，可是为什么山西这样的一个矿难，后果是落在陕西的一个小镇上？《尘》主要是揭示尘肺病人他们生存的一种悲剧性，他们的痛苦是无声的，以至于后来他们的痛苦不再像痛苦。因为痛苦往往剧烈的，可是尘肺病的人是没有这个力气的，他连发出来的声音都没有，他就是安静地走入到那个并不美好的夜晚。所以我是想写出尘肺病人这种感觉来，在他们的生命化为尘埃之前，肺已经提前化作尘埃了。

当时这个稿子，因为它是一个很沉重的题材。写的时候，张伟很担心，不太鼓励我写，我说我还是写一下。写完之后，开始我就没有写一些很醒目的词，张伟看了之后，觉得需要加一些词汇，然后我又加了一点点标题和一些导语，最后让这篇稿子发出来。发出来之后读者感觉还可以，为什么呢？因为苦难是需要形式化的。这可能很残忍，没有形式化的苦难是没有人看的。

比如"大爱清尘"，他们为什么没有"免费午餐"做得成功啊，因为免费午餐是形式化的，所以只要有一个小孩子他很可爱，他的那些故事也就具有传播价值，而大爱清尘你能举出来一个具有传播价值的故事吗？它给人的感觉是一个苦难，而这个苦难是没有一个形式可以在里面让你去看到它的边，看到它的线索，去把握它，接受它。我们不是不可以写这种沉重的题材，甚至我经常写这些东西，可是你写它的时候你要承担住它，承担住它以后才会有形式感，甚至里面会有种优美，但这个优美不是我们要去追求的，追求它就会很残忍。

就如我之前谈到的高华，当时已经有一些人报道这些事情，然后我是跟进报道。我选择再详细写一个报道的原因是因为我觉得之前的报道不足以传达出高华想说的。之前有一个记者先写了一个消息，然后写了一个极细长的报道，几万字发出来，我非常钦佩他的敬业，可是他的写法不敢跟高华平视，怀着一种敬仰的心情。当然我也有敬仰的心情，可是尽管这样，你还是要跟他交流，所以我就写了。我想让大家真正理解高华，当然每个人有每个人不同的理解，这是我的一种传达，因为高华去世之前我去拜访过他，那时候高华还不太有名，但是已经有一点小名了。他当时已经得了癌症，住在病房里。

这个人很有意思，你能想象得到吗？他看起来是温文尔雅的，可是行动起来却是非常猛的一个人，一个猛男，因为他不停地在批评人，一会儿他的学生不对劲，一会儿医院的小姑娘老是把热水壶放在一个不准确的位置，就是在批评那个小姑娘。你会感到这个人虽然已经得了癌症，但是他的生命力非常顽强，他想要活下去，他觉得还要干很多的事情，他不是斤斤计较的那种人，所以我想把这么一个人传达出来。当然我不是传达他这种个性，主要是传达他的思想。

那么有一些人会问，为什么要对高华有一个评价。我觉得如果不评价怎么办呢？他是一个思想者，他是一个时代灵魂的传声筒。

高华的东西会超过某些作品，里面有一种灵魂的穿透性。为什么孩子的诗会给你一种印象，因为他有这种穿透力，所以我想把这种穿透力写出来。有的时候我们写一个学者、写一个思想家，首先，你要能够想到去跟他进行一种交流，不管他是活着还是已经去世了。其次，你要努力去掌握他，走到他思想的边缘，思想家的思想现在肯定比我们大了，他会想得很远，可是你一定要努力想到他的边缘在哪里，你要看到那个边缘，否则的话你就没办法去写他了，你只能仰视，你淹在里面怎么写他呢，身在庐山中不知真面目。我在这个稿子里面就想努力把握他，他的思想边缘就在他想要去理解他父辈的一种命运，找到造成这样症结的原因，因此会有所谓的"深描"，他关心的不只是史实本身，还有思想的重量，最后他本人所感受到的那种黑暗本身把他淹没了。可能是付出的心力太多，所以能感到一种黑暗对他自己的侵蚀，最后人也得了癌症死亡了。

高华他思想的痛点也就在于，他处在一个白夜里面，这个白夜好像又不像真正的夜晚，大家都觉得平安无事活着很好，可是你偏要去干这样的事情。如果是真正的夜晚，大家都会感到黑暗，在"文化大革命"时我们会感到很残忍，很多人都知道，当时他们已经感到很荒谬了。可是如果是一个白夜呢？大家觉得挺好的，你在那儿反思个什么劲啊，你为什么要去追这些问题啊！所以他是孤独的，在白夜里面可能更孤独，包括他的亲人们也不理解他，他写这个书的时候是孤立无援的。他唯一的一次写好给儿子说了，和儿子说，你知道吗，你爸爸在写一部伟大的东西，他当然不能跟别人说这个伟大了，因为他只是一个副教授而已，他怎么能跟别人说我在写一个伟大的东西呢？他只能跟儿子说。这个时候你能感觉到他的痛点在。

## ▍所有人问一个人

Q：你1999年成为记者，到今天也算入行16年了，这么多年你睡得好吗？

A：我基本上睡眠还是可以的。人家说做记者有一种焦虑感，我觉得最难熬的时候是在《新京报》的时候，一方面，还在那边读着博士；另一方面，又在那边做记者，然后老是出差，那种压力非常大，一个深度稿要你一个周写出来，其实是非常累的，而我又不愿意敷衍了事，所以我的头发就是在那一年掉光的。

但是你说睡吧，那也还能睡，怎么说呢？我觉得适度的紧张感对人是有好处的，它可以提供一种节奏，就是你需要睡好，你就能睡好。如果说你没有感觉到你需要在这个时候睡好，你觉得明天起来也没有什么特别重要的事，那你可能就睡不好了。所以抑郁症不是说你紧张，不是说因为你工作的节奏紧张，而是说你感觉不到工作的意义所在，后来你会觉得没有办法控制这些节奏了。

所以，在当记者的过程当中，我是能感受到一种焦虑，为什么有些人当记者一两年就不当了,他要去当编辑、当管理层。我也当过编辑,我也当过管理层,但是我后来为什么要恢复到当记者,我是觉得当记者虽然有一种焦虑感,可这种焦虑感是我能够忍受的,而当编辑这样一种无聊的枯燥的东西,我忍受不了。所以我还是选择有适度的焦虑,而不是选择枯燥,焦虑可能是会让我能够写出一些东西来,否则的话我也写不了文字。所以这么多年来虽然说对记者这个行当也感到有压力,但是也一直做,并且可能在某一个时间还会继续做,我想这个也是我的一个考虑。

Q:你曾经说过做记者是为了生活,但你也说过我就是一个作家,那文学的哪一点让你这么执着呢?

A:我觉得是这样,任何一个人,他既然到这个世界上,他都需要生长。那么他就需要劳动,劳动的表现就是我们每个人都有一个职业。如果说我在乡下,我没有上学我可能就好好做一个农民,但是我上了学,我发现我的数理化不是太好,所以我没有去选择做一个理科生,而是去做一个文科生。在文科学习中我发现我比较喜欢文学,我对语言文字有一点兴趣,它就慢慢变成我的一个终身职业。

而在我没有办法作为一个职业作家之前,做记者是给我提供一定的生存条件,然后又能让我去按照一定的规范来训练自己的文字的。同时它也能给我一定的回报,所以我觉得记者某种程度上是一个饭碗,但是我要尊重饭碗,我们连饭碗都不尊重的话还尊重什么呢?

但是在饭碗之外我觉得还是需要一个终身的职业,那这个职业我就把它视为写作。也不是说我对写作有多执着,我是觉得这个东西我能稍微干好一点,可能别的东西我干得不如别人好,如果说有一天发现我写的东西没什么价值,可能我就不写了,但是眼下来说,我能够做这件事情,所以我愿意去做它。

Q:你的记者工作,有没有给过你文学研究所不能获得的东西?

A:如果我们是一个纯粹的文学家,我们的职业意识会模糊掉。如果一个人一旦职业意识模糊掉以后,他会把自己摆在一个超越者的角色,而这个超越的往往是一种具有非真实性的东西,最后使他变成什么呢?变成一个觉得自己是一个独立的,想的问题都很高超,但实际上他却没有接触到人类生活的任何一个领域,因为我们生活的领域往往是跟我们的职业联系在一起的。比如说手艺人、石匠、服装工人、裁缝,或者说你是一个工厂里的工人,你都会通过这个职业跟这个生活的真实面发生联系。因为职业有一个好处,职业的东西是必要的,它不是满足你精神生活的,如果没有这个行当,这个社会可能就运转不了了。

比如说记者行当就是这样,一方面,它有一种现实的需求,人们有信息传播的需求,当然谈不上什么新闻理想;但是另一方面,它有一个容纳精神,你可以从这个行业里面生长出一种精神来,哈维尔说过一种很可贵的精英叫职业精英,我比较认同这样一种形式,就是我们有一个职业,但是同时我们也有一些超越性的精神追求。所以记者对我来说,它就意味着一个可靠的价值。就这职业来说,我是在从事一个对社会有意义的工作,我在进行信息传播,同时由于我在这个职业里面它会给我一整套规范,比如说要按期交稿啊,我要遵守某些写法啊,一步一步训练这种东西,还有职业道德。一个作家,他可能到最后就忘乎所以了,他不太能够自控,他可能不知道自己要遵守什么,他是完全自由的。有些艺术家就是这样,最后发疯了,因为实际上他没有依托了,他忘记了自己是一个普通人。一个职业会把我们还原成一个普通人。我觉得职业意识是非常重要的,记者对我来说,是我比较合适的一个职业,但是它不一定永远是这样,可能眼下它是合适的。

**Q:** 我看你的几篇稿子,尤其是几篇优秀的稿子,我发现都与禁区有关系,是什么东西在吸引你去报道这些事情?

**A:** 我开始做记者的时候,我们没有特稿这样一种题材,然后那时候我又在地方小报,我们做的一些东西没什么大的影响力,等到我真正进入这个深入报道的一线领域时我已经30岁了。所以,对某件事把它写得很活灵活现的这种技巧兴趣已经不是非常大了,我会倾向写一些有沉淀的东西,这些东西在我们现实当中意味着没太有人去碰,或者碰得不够,往往来说它可能跟禁区,或者跟一些敏感、黑暗、沉重发生一些叠合,所以,我不是说故意要去写这些东西,但是由于年龄和写作的倾向,你可能无意间发生了这样一种结合,包括后来写的历史的东西也是这样。

一般接触到这些禁区可能会有一个说与不说的标准。有的时候感到很困惑,比如说我们有一些稿子,在国内来说我们觉得已经尽力了,已经到了我们的边界了,可是在一个国外的同行来看,我们的意义只能说是非常有限。但是我怎么想呢,我觉得从一个记者的角度来说,我能做的还是在我能做到的范围之内还原事实,我们去给事实做一个解读,试图在这个环境允许的范围内去找到一种能够最多表达我们观点的一些策略。我觉得这是很无奈的事情,可是由于我们想要职业生涯有一个延续性，我们也不想一下子就被夺去这个领地，继而根本无法再从事这个职业，所以我们只好有这样一种策略。

其实我觉得妥协有时候也是一件好事，妥协是人类社会的一个真谛，如果说你太极端了，极端本身也可能变成一种虚假的东西，毕竟中国是一个复杂的社会。所以，我想我们能到达的边界是事实本身我们能还原多少一定要去还原多少，除非是我们采访不到的。第二个就是有一个绝对的禁区，如果你去碰它，一个是发不出来，你可能立刻就再也从事不了这个行当了。

在某个时候我也不排除会做这样的尝试，但是由于我把我的角色定位为一个写作者，而这个写作者不是一篇稿子的，而是一种长期延续的事情，所以我会去思考这个平衡，多数情况下你只是在透过现状尽量把你采访到的真实都表达出来。

Q：那你怎么看待稿件的真实性？

A：有时候你采访到的是真实，但是你不一定能说那么多，有些时候是报社的原因，这些因素我都遇到过，我想只能是每一篇稿子具体对待，尽量去探索更多的真实和表达出我们能表达的真实。其实这很残酷，如果在不是这个环境的人可能会觉得我们太胆小了，表达太不够了，这个我能理解，但这个是没有办法的事情。同时在处理稿件的时候，我们也没必要去夸大一些东西，有些人有一种说法是，当一个公权力和一个私权发生争执的时候，他习惯性去追究公权的原罪，我觉得这样的追求有时候是有意义的，但是有时候也可能是一种对真相的偏差，我更愿意实事求是，去按照事实本身去还原它，我觉得不管双方的主体是什么，这是我们应该做的，这是我对真实的一种态度。

Q：你在写稿之前会考虑一篇稿件带给人的影响吗？

A：面对抽象的，不是一个具体的个人的时候我基本上不考虑这个问题，我觉得有什么样的真相我们就应该说什么。但是如果身边一个具体的人，你把他的信息和具体情节披露出去，对他个人有一个非常重要的影响，我觉得这个情况下你就要考虑了。这种情况下我宁愿牺牲这个稿子，因为一个稿子并不比人的利益更重要。

我的职业生涯最初几次的采访当中就遇到这种现象。有一天晚上一个小孩子的妈妈打热线电话，要半夜去采访她家，说她的孩子因为白天学校组织春游，每个人买一件新衣服，可是他们家特别穷，小孩回家让她买，她买不了，小孩就喝安眠药自杀了。她希望我们去采访，然后我深夜打的赶到很远跑过去，跑过去之后孩子度过了危险期，但是还躺在床上。他们家确实特别贫困，所有东西都搁在地上，没有一个地方是可以放东西的，那个小孩子也在很低的一个位置，他们的所有生活都在我的眼皮底下。我那时候当然就会想写一个稿子，可是第二天他妈妈打电话来说让我不要写了，为什么呢？因为那个孩子害怕，害怕我这个稿子写出来之后同学们会说他，我说那匿名不就可以了吗，可是匿名她也不愿意写。后来虽然我自己付了那么多打的费，还深更半夜跑过去，但我还是决定放弃了，因为我觉得一个稿子不会比当事人的利益更重要，如果针对一个抽象的集体，或者一个抽象的制度我们不考虑这个问题，那个逻辑完全是靠不住的，但是一个具体的人是另一回事。

Q：很多人都说这个时代是一个碎片化的时代，对长阅读会有一种冲击，你有这个担心吗？

A：我不觉得有冲击，你发现在微博时代我们好像惶惶不可终日，任何长度的东西都无法存在了，可是后来你发现人们有这种需求。人们在心理上需要一个相对完整的故事，你能感受到他在追求一个连续性，因为如果没有一种连续性，我们就活得太焦虑了，我们的生活毕竟是有长度的，我们又不是那种浮游或者说一种昆虫，生命时间很短，很快就过去了。这种情况下长文章是受待见的，我举一个例子，《世相》或者《正午》这样的公众号每天都推送一篇长文章，这些文章都很长，可是它的粉丝量增长得很惊人，影响力也很大。可能有一些人会去看一些口水化的东西，比如视频什么的，可是那种东西说实话你看了之后你是感觉不到快乐的，但是看那个长文的时候，你可能非常舒缓，没有人强迫你，你自己就放松了。我对长文章并不担心，我觉得人生活的长度决定了我们会追求一些有长度的东西。

Q：对于今天学习新闻专业的学生你有什么建议吗？

A：我觉得今天的新闻由于处于一个开放的时代，它提出了多种要求。比如说，你还需要掌握传统的一个技能，比如讲故事，层层剥笋，去追求靠近真相的东西，但同时一些短促的报道你也需要非常快速敏捷地作出反应，运用各种互联网工具、社交工具，包括数据分析能力。所以这里面有不同的一些题材，如果是一个动态报道、一个灾难性报道、一个事件性报道和一个深度报道及一个特稿、一个人物、一个对话，他们的要求是不一样的，当然是有共通性的。我想它没有一个统一的标准，但是大体上来说首先你要有一种事实的尊重，你要有一种职业意识，我不太愿意多谈什么新闻理想，因为你发现大家现在也不谈了，因为谈得多的时候是待遇比较优厚的时候，待遇不优厚的时候就不谈了，所以这个东西就没什么好谈的，我就觉得不管你是新入行的，还是你干了很久，你要有一种职业意识。

另外，就是说如果你没有一种对文字本身的爱好，或者对追求真相的爱好，我觉得你可能干不久，没有冲动，没有对事实和文字的这种感觉的话，你可能觉得干一段时间就算了，所以，我觉得要生存下来，这些能力和你的心态还是比较重要的。当然，从入门到后来你干各种各样的东西你需要有不同的能力训练，不同的心理状态，但是总体来说还是事实本身更重要，理论还是次要的。

《夹缝男孩》

# 张鹭：
## 坚守一线的调查记者不足百人

网易原生内容中心总监

原《中国新闻周刊》记者、《财经》记者

报道领域多元化，覆盖文化、特稿、财经、法治等，最擅长的是重磅时政类调查报道。

代表作：《中国式收购》《"双开"刘铁男》《刘汉朋友圈》《中旭系日落》《衡阳贿选"黑金"》等。

今天我想跟大家分享的话题主要是调查报道，或者再窄一点的就是时政类的相关报道。本来我在犹豫，其实有两个方面的内容我可以来讲，一个是讲调查报道，还有一个是我做的新媒体实践的这部分，因为我现在在一个网易新闻客户端APP工作，它也是做内容比较好的新媒体。但我后来想了一下，其实还是决定讲这个主题。为什么呢，因为你们有各种各样的渠道来了解新媒体，因为它现在不缺。反而是调查报道可能稍微稀缺一点。而且从现状来看的话，这个行业慢慢地在萎缩。我们所说的调查报道，理想的应该是一个窄众的范围，它不像一些黄色新闻或者娱乐新闻，知名度没有那么大。它更多的是一个比较窄众的群体来阅读，可能没有那么大众化。

## ▎黄金时代还在吗？

其实主导调查报道的先驱是《南方周末》，我指的是体制外的媒体。当然《南方周末》严格来讲不是体制外媒体，但是至少在媒体圈内人们至少没有把它跟《人民日报》放在一起。《南方周末》是从20世纪90年代末崛起，从1996年开始做了大量的调查报道。后来这些媒体成了人才的收割机，甚至大量的媒体人跑去那儿做记者。网易的总编辑陈峰，他原来在地方媒体做到比较高层的位置，后来他跑到《南方都市报》去做记者，当然他最后也做出了他想要的那种报道。

十几年前《南方周末》的记者收入是非常高的，记者写稿写得多或者写得好的话，一个月收入有 2 万元，那时候通货膨胀没有现在这么严重，房价比现在低，那时候的 2 万元我觉得至少得有现在的月收入五六万元。如果现在我给你每个月五六万元让你去做调查性报道你愿不愿意做？就算是地方报的副总编辑也拿不到这么多。这就是为什么好记者愿意去的其中一个原因。

第二是当时包括《南方周末》《财经》，它们都有好的领导。像《南方周末》的左方"左老"、江艺平江老师，当然本身有一个品牌是一枝独秀的，这样会造成编辑部像人才收割机，源源不断地把全国各地的人才都吸到它们的麾下，猛将云集。

当时这样的媒体都是集中在 2000 年前后来进行创刊的。包括《财经》1998 年创刊，《三联》也是 20 世纪 90 年代中后期朱伟接手以后开始崛起，包括《新周刊》《南都》《新京报》等都是在那先后崛起的。那时候可以说是传统媒体的顶峰，一个黄金时代，可惜这个黄金时代没有多久马上就下滑了。

而现在，传统媒体和调查报道都在萎缩，有一部分人去做了公关，有一部分人创业，一部分人去了其他的公司，有一部分人比如像我流入了新媒体。这些人可能就会把自己的经验和人脉带到了新媒体，因为门户有资本。门户的高层原来都是从传统媒体过去的，他们养一个小的团队来做一个事情是完全 OK 的。

如今各个门户都有调查报道的栏目，或者不以栏目形式存在，比如新浪网、搜狐网、腾讯探针、腾讯棱镜、网易路标，等等。还有的媒体会对传统媒体拥抱转型，就像财新，它们的战略重心都从纸质媒体转向互联网，包括《新京报》现在也在打造互联网产品。《东方早报》也是一样的。澎湃原则上是《东方早报》出来的，《东方早报》做了一个非常大的改革，它只留编辑，把记者全部拿出来放在澎湃这个新媒体项目里面。澎湃的报道当天先上网，然后第二天编辑再从澎湃上面扒稿子放到版面上面填版面，第二天才出来。这应该是一个很大的转型了，类似于壮士断腕。因为主流媒体很多都把新媒体认为是一个辅助手段，目的是扩散报道。但是澎湃是主动来拥抱，主动牺牲传统媒体的东西。

## 调查报道的分类

我大概分了几类,一种是社会新闻类,代表作就是"孙志刚"案。这个应该是里程碑式的报道,如果要写新闻史的话,它应该也是要入选的。它是一个导火索,直接推动了收容遣返制度的废除。当时大量的学者、律师,包括舆论界各个力量都在做这个事情。

还有一类是财经类的调查,比如说"银广厦陷阱"。这是一个很著名的证券欺诈案。银广厦是当时中国很有名的一只股票,股价莫名其妙地高,故事都说得非常圆,财务报表的数字非常吓人。但是从《财经》经过长达一年的调查取得的海关方面的数据来看,就发现官方数据跟财务报表的数据完全是打架的,而且水分相当大。这篇报道发表了以后,证监会启动了调查,公司的很多高管都移送了司法。

还有一个就是时政类调查。在2006年的时候,《财经》做了一个上海社保案系列,当然还有很多其他媒体也在做。上海社保案当时直接指向时任上海市委书记的陈良宇。也就是说这是中国媒体第一次针对政治局委员的调查,这个在级别上应该说是史无前例的一个行为,也是里程碑式的。在此前都是没有的,最高指向陈良宇政治局委员。

## 调查报道的生产链条

调查报道是有它的生产链条,从原理上讲,就跟把大象放进冰箱是一样的,它有三步:第一步你首先要设立一个目标,就是找选题。一个选题定下来以后第二步我们去采访,想办法把这个选题实现,弄清楚到底怎么回事儿,想办法去找人。然后第三点你要写稿件,成文。成文的时候你要确保安全,怎么去规避风险。简单说就是找选题,采访突破还有写稿。

首先,找选题。选题的来源大概就分为这几个:

1. 公开报道;2. 同行朋友;3. 自行网络搜索;

4. 热线线索;5. 累计选题;6. 中纪委网站;

7. 人大政协通报;8. 审计署报告;9. 深喉举报。

我举一些例子,当时在做"刘铁男案"的时候,财经的副主编罗昌平是自己在网络上进行搜索,我也不知道他搜什么关键词,结果搜到一个举报信。那个举报信当时没有署名，但是判断应该是一个知情人，他转交给了我。我们设法和那个知情人联系，联系上以后，我组织同事写了一篇报道，就有了后面的一些事情。

还有一个就是"郭文贵案"，大家知道鸟巢边上有一个奇形怪状的建筑叫盘古大观，这个盘古大观的老板叫郭文贵，现在很有名，但是在四五年前还没有那么有名的时候，我调查过他。那时候我跟房地产界的一个朋友吃饭，吃饭的时候他问我"盘古大观的背景你知道吗"，我说我不知道，他说那是北京最大的一个违章建筑，因为盘古大观有一个最大的空中四合院，但后来交了几百万元的罚款就了事了。他说这个人背景特别深，你感兴趣的话可以做一下，故事特别多。

还有一个渠道是人大政协的通报，著名的是"王春成案"，这是我自己写的。王春成是辽宁的企业家，辽宁工贸集团的董事长，他的背后其实是徐才厚。王春成的选题来源就很简单，因为王当时是全国人大代表，如果人大代表要开除他，必须要公开，所以就发现了这个选题。他的通报其实很简单，大概就是说王春成自愿辞职，但是我们知情的人知道这个没这么简单，而且这个事情公布的时间就在徐才厚被抓的前后，这个线索是公开的线索。

还有一类就是审计署的报告，这里有个例子就是老领导、老同事罗昌平，他做了一个北京市的供电局局长，也是北京市供电公司的董事长赵双驹的报道，这是大概十年前的一个案子，这个案子背后的背景也很大。然后"赵双驹案"的线索来源就是审计署的报告。

有了选题之后要去采访突破。有一种情况就是你怎样去突破现场。可能一些突发事件后你赶过去时间已经过去很久了，你已经找不到什么东西了，怎么办？

比如财经的《昆明新机场断桥推手》，我的信息来源就是两块：一块是资料的来源；一块是来自于项目指挥部有一个安全生产的会议纪要。因为他们每周都要开会，开会的话就会有这个纪要。还有一部分源于安监局，安监局做的初步调查报道。这样写出来的报道是没有任何风险的，因为我拿到的是官方的调查报告。而且公司的安全例会机要是你们自己的东西，我一个字也没有改过、没有变过，也是站得住脚的。那最后你怎么去拿到这些材料呢？说实话前面那部分是依托同行的互助。当时已经有同行比我快，他已经赶到了现场。他当时去的是项目指挥部。因为刚出事儿，整个指挥部乱成一锅粥。他就直接往项目指挥部混，进去以后他就亮明身份直接要求采访。当时整个现场是很乱的，指挥部里乱成一锅粥，没有人来接待他，把他扔在一个房间里面。因为他们应对媒体不像我们地方政府对待媒体那么有经验，他们居然把记者扔在了一个堆满资料的一个房间里面。

那么安监局对这个事故的调查报告怎么去拿呢？官方肯定是不可能给你的。当时我们走访了一些工人，包括拿到了公司内部的安全会议纪要，但是我们觉得这个东西还不够，不够支持我们写稿，或者说我们没有办法做一个结论。所以只好去安监局碰一下运气。

于是我们就决定到安监局去转一转。安监局是一个三层的小楼，很古老、很破。进去以后我们就直接到处乱窜也没什么目的性。结果到了二楼，有一个房间门是开着的。我俩听到里面用云南话念一个什么稿子。我就粗简地听了一下，因为云南话也比较好懂，我大概听明白好像是在说调查报告的事情。这个时候，我们就赶紧掏出了录音笔，站在门口，录了整个对话。我听声音感觉像他们写了一个调查报告，然后正在向领导念一遍看这样写行不行。他这样念，我们就拿录音笔全程无障碍地把它给录了下来。然后找了个云南当地的朋友做翻译帮我们把那个录音整理了一下。后来就依靠官方的材料和他们公司自己内部的材料包括我自己也做了很多公开资料的收集，进行了一些采访，写了这样一个东西。

应该说这个稿子不是特别好看，但是它还是比较扎实的，它能解释出这个事情的来龙去脉。后来调查报告公布以后，也没有超出我们报道的范围，这相当于我们把调查报告提前公布了。

当然，要提醒的是，像监听电话或者个人隐私肯定是违法的，但是我刚刚说的那个情况，第一，它是跟公共利益切实有关的，他们聊的不是他们自己的隐私八卦，而是一个事故现场的调查报告。第二，办公室我认为不是一个私人的场合，包括调度室。所以公开场合，加上公共利益，这两个加起来，我觉得没有问题。

## 突破现场

我曾经看到过《三联生活周刊》的记者写了一个采访手记。我不太记得这个事情是什么，但当时我记得一个情节就是说当时某个地方的一个村子里面，发生了一个很大的事情，她需要去做一个采访。当时已经到了截稿日了，她没有办法像往常一样出差到现场，因为那样就来不及了。所以，她必须要远程地找到这个村子的村民——了解情况的村民，能够去还原一下这个事是怎么回事儿。

但这是差不多十年前的事情,那时候还没有微博。她用了一个非常简单的办法，打114。这样她至少能够接触到镇这个级别的，对方会告诉你村委会的电话。她打过去以后还是没有人接，没人接怎么办呢？这个村委会她只知道一个电话。她就灵机一动，因为一个村的号码尾数应该是个位数的差别，于是她就把尾数改了一下又拨了一两个，就找到了正好知情的人。

当然，现在互联网发展提供了更加便利的方式。上个月印尼的地震，我在网易统筹这个事情。由于印尼的加德满都机场有点小，你是飞不过去的。别说我们记者，就是救援队在机场盘旋了一下都不得不到孟加拉国迫降，因为机场就一条跑道，停满了飞机就没法降落。所以进不去怎么办？但是稿子还得出，于是就用了陌陌。陌陌有一个付费的功能是它可以远程定位，你可以在北京定位陌陌在加德满都的用户，然后你再加他就可以了。包括Facebook、Twitter和Instagram，有大量的资源可以找到，社交媒体其实就是一个非常重要的渠道。

还有一个是某媒体做"7·23特大动车事故"。该媒体的记者当时写了记者手记。首先他们去的是现场，去到现场以后在不远的地方有一个调度室，他们认为这和调度有关系，信号失灵导致两个列车追尾了。所以最直接的问题肯定是出在调度这个环节。那调度环节具体怎么样的，要承担多大的责任呢？所以要找到专家调查组。

其中一位男记者去了调度室，当时他戴着一顶帽子，不知道从哪里搞了个盒饭也就进去了。当时正好有一些专家在调查室的房间里面做一个现场的讨论和分析。他假装自己是送外卖的，把录音笔塞到了调度室里面。后来专家走了以后，他找了个机会偷偷溜进去，又把这个录音笔拿出来。

虽然录下来了，但作用也不是特别大，不够深。因为连专家也是刚刚到的现场，他们知道的也有限，他们只能进行一些分析，但是离真相还很远。后来微博上有一个网友爆出了其中一个专家的名字，于是他们知道其中一个专家和调查组住的酒店，就派了一个记者跑到酒店里面去，想办法去找到这位专家。

但是，在找的过程中肯定会发生很多障碍。那怎么办？怎么进去？记者就假装自己很有背景的样子，说自己从北京来找人的，就进去了，结果发现保安也没管。进去以后，也不知道专家住哪个房间，也没有房间号，所以她选择往人多的地方扎。她突然发现有一个保安，正在往一个会议室走，会议室里有人出来。她害怕把自己暴露了，就往一个服务员的房间里面躲。那里面恰好就有一张表是专家的房号，但是只有房号没有电话，所以好像也没有什么用。

后来她们用一个非常原始的办法。这个办法是什么呢？因为专家要住的话，肯定不能住太差的酒店。因为当时那个事情最大影响的城市是温州，所以他一定住在温州。那么温州四星级、五星级酒店的话，全部排查一遍也就那么若干家。于是她用最原始的办法把四星级以上的酒店，挨个往前台去打电话。因为那时候网上已经把专家的名单给流出来了。所以记者就把这个名字都报一遍，比如说是某某酒店，请问那个谁谁谁，是住这吗？或者请帮我接一下谁谁谁的房间号，结果还真有一个前台帮他接过去了，接过去以后她就打电话，通过说服成功地把这个专家变成了她的线人，不单单是这件事情，而且之后她们做铁道系列调查的时候，这个专家也发挥了很大的一个作用。

我自己做了一个潍坊的伤童案。这个采访我是通过 QQ 来进行采访的。这个案子讲述的是在山东的潍坊某个村子有一个村民带着一个铁锤和一桶汽油，一大清早跑到学校去用铁锤打伤了 5 名学前班的儿童。干了这个事情以后，他把随身携带的汽油浇在自己身上自焚。

这个事情发生在当时伤害儿童的案子很多的背景下，《财经》还做了一个专题，分别把最近发生的几起伤童案全部做了一个采访，那么我就负责其中的潍坊的这起案子。

当时我去了现场，去了以后，我一下车，就发现不对劲了，因为村口有很多不明的车辆停在那个地方不动，有一些人就坐在那儿，车里车外都有。大家肯定都明白。但是我认为当时这是唯一的路口，所以就进去了。我当时的行为肯定让他们明白了，一定是记者。

然后我就被他们叫过去了，经过一番审问，你干嘛的？哪个媒体的？看一下记者证、介绍信之类的。关键是当时因为我刚刚从别的媒体去《财经》报到，我的记者证上交了，新的证还没发下来，所以就是我没有证，然后走得急也没带介绍信。结果对他们来讲，你是一个无证的人。不管是他拿这个理由拒绝采访也好，还是他真的遵守这个规则也好，他说你不行，你没有证也没有介绍信，我没办法确定身份，就把我送走了。送走以后，我想这没办法交差啊。于是当天晚上，我又包了一个车，当时我就想继续二进村，二进村以后，发现村口那个车还没撤，他们是 24 小时的，于是我就问师傅说有没有什么小路能进去？他给我指了一条玉米地。

我想，我要是上学校晚上也没人了，那我去的话，我就只能去找村民，也就是施暴的村民那个家里面。但是当我看了一下他家之后，我发现他家里有一个大的探灯，那个灯就照他们家，下面围着一圈人，等于说他们被软禁了，外面的人进不去，里面的人也出不来。他们通过封锁你的信息源来阻止你们报道这个事情。

那我没办法，我只能原路返回，这是第二次进去，还是没有成功。第二天的时候，我也不知道怎么办，确实没有办法了，但是我就是不死心，还是走了一个小路继续进去，我正好进的是农田。我看农田里面有一个在干活的农民，应该是一个村里的，于是我就套话，我说我是一个记者，人生地不熟的，也被他们官方给哄回来了，你能不能帮个忙。结果他就给了我一个电话本，电话本上就记载了施暴的人他们家里的电话，于是我就通过这个电话联系上这个施暴的人的儿子。

结果他的儿子一听是记者，他说什么呢？他就说电话可能不太安全，这通电话可能会被监听，于是给了我一个QQ号，然后我就在QQ上完成了这个采访。

于是整个故事就有了一个还原，当时发生了什么事，他为什么要做这个事？他是谁？这是唯一发表出来的还原这个事儿的报道。因为当时所有的媒体都差不多被阻断，他们没有办法完成这个采访，没有办法来找到这个人。但其实采访一半是靠你的铁脚板去跑，一半是靠运气。

## 建构逻辑

还有另外一种调查报告，它没有一个现场去突破。那么你还是得要去找人，找到知情人，不管什么样的调查报告，最核心的东西就是找人，然后还原这个事，让他开口。像这种非现场的东西，可能就是要找一个角度以及一个逻辑。因为这决定着你去找什么样的人来采访，也就是说你自己的脑子里面可能有一个大致的方向和角度，不然的话，你为什么会选他？而不是另外一个人？当然事后的采访可能会推翻你的这个逻辑，但这都没有关系。

这儿还有一个例子，就是我自己写的《空方囚徒》。

这个事是相对比较复杂的一个事情。当时我看到一个新闻讲的是海外的一个做空机构。解释一下，就是中国有很多企业在国内上市，但有很多企业是在美国上市的。但国内是不允许来做空的，美国是可以融券做空的。什么叫融券做空？就是说我先借入你的这个股票，我约定在某个时间点，把它还给你，但是我借的时候那个价格是相对高的价格，而我还的时候，价格要是相对低的话，我就赚这个差价。那我怎么能确保我在还的时候，价格比我买入的要低？所以我可以去做空。做空就是什么？就是发布对你不利的报道。比如我可以针对你这个企业做一些长期的调查、调研，然后证明你这个企业有重大的造假也好，或者什么也好，总之是能够让股价下跌的一个东西，然后我把它再提前公布，同时我的账户也开始操作，把你的股价打下来。这在美国资本市场上是一种市场化的维护，是净化市场环境的一个措施。因为它有很多公司，为了维持自己的股价它有动力来造假。那造假的话，证监会会来调查，或者媒体会来做一个调查。

但这个力量其实是远远不够的，因为你公司成千上万，监管部门每天干不了那么多的活，那怎么办？他们就发明了这样一个制度。就是说我允许你在做空里面谋利，但是你自己对你自己的舆论负责。就是你的调查有一个专门的做空机构来干这个事情，这样的话，它有动力以这个为谋利途径。有点像以打假为职业了，而且我可以通过打假假一罚十，故意买一个假东西，然后你赔我十倍，这样的话，就把监管的责任很大一部分移交给市场了。

但中国是没有这个东西的，所以就有一个问题。中概股，中国概念股到美国去上市，但是因为它的企业是在国内，它的财务报表发布的地方却是在美国，这样会造成一个什么情况？美国的执法部门和政府机构他没有办法监管你中国的财务，就可能造成一个大规模的造假。当然像腾讯、阿里这样的公司，它们很大，它们可能还有一点顾忌，但是有一些中小型的公司，它是有足够的动力来造假的，因为你几乎没有监管。美国一直希望跟中国谈跨境执法的这个权利，但因为这涉及到主权的问题，所以无法达成一致。但是这样的话就面临一个监管的真空，就是我的企业在国内来生产，在国内来做账，然后我把我的数字在美国去公布，但美国的证券市场不知道你这个账是不是假的，因为我只能看到你的账，我看不到你的企业。所以，这样一个巨大的监管真空造成有特别多的中概股企业造假。

在这样的背景下，我接到了这个案例。海外有一个对冲基金的做空机构，它的一个华裔分析师，叫黄崑。他就在中国做空一个中概股。他们跑到河南去，因为那个母公司是在美国上市的，但是它真正的实体是在国内，是一个矿山的企业。然后他们就跑到河南来研究这个企业，来调研做了大量的取证和调查，最后发动了做空，盈利大概两百多万美元。于是当时在河南的这个企业就向河南举报说你损害我的企业信誉，损害了商誉，结果当地警方就把这个华裔分析师给抓了。

这么一个事当时很多媒体有报道过，但是报道都很简单，大概意思就是说，一个华裔分析师，在国内做空一个企业，然后企业报案，把他抓了，现在到了一个什么进展，发了一个近似消息稿的东西。

但是背后到底是怎么回事？或者谁是谁非？这个东西没有足够的报道来写，而且没有一个人能采访到当事人和做空机构，包括双方都没有采访到。

我当时看了这个事情以后，觉得这是一个很好玩的东西。因为我当时对资本市场这种玩法比较感兴趣，对做空机构特别感兴趣，然后我就想，有没有可能我去接触一下对冲基金的这个人，因为他们被抓了，我判断他们应该是有倾诉欲望的。从他的角度而言,我在美国是完全合法的,我跑到中国来,你把我的人给抓了,那肯定觉得很冤。于是我就让一个同事联系做空机构,当时我们在写邮件的时候写得特别诚恳,就是希望得到他的信任,表明我们不是代表任何一方,我们是很公正的。因为之前我们做过刘铁男的报道,那个报道在加拿大的华人圈里面的影响还是很大的,所以他看了以后他也很信任。

我们暂且不说这件事的是非曲直,但是做空这个制度它是很有必要来引入和介绍的。事实上现在证监会这两年,也在放开做空这一块,我觉得这也是有利于公共利益进步的一个东西。大家家里有炒股的就知道,散户被庄家操纵这种事件发生太多就是因为我们监管跟不上。另外这个事情还牵扯到法治,就是毕竟动用了公安力量把他人抓了。所以我是想建构这样一个逻辑,首先把这个事情讲清楚,然后把做空机制做一个介绍,然后融入监管、法治的维度。事后我们驻美国的同事采访了美国的 PCAOB 的主席,等于说这是跨三国的一个采访。

篇首是一张很著名的照片,当时北川中学的主教学楼坍塌了,一千多名师生只有个别逃生了,很多杂志包括我当时所在的《中国新闻周刊》都用它做了封面的图片。

那么地震的调查应该怎么做?地震现场是很慌乱的,面积也很大。这取决于你的逻辑和角度的建构,你必须要找到一个好的角度,然后集中你的人力去做这样一个事情。因为信息太多了,你作为媒体的一个指挥官或者作为前线的记者必须有所取舍。

当时几乎全部的媒体都派去了四川,其中很多媒体也做了校舍质量问题的报道。当时胡舒立时代的《财经》也是其中之一。《财经》派的人去了以后就发现,很多学校的垮塌都是粉碎性的垮塌。甚至于有的家长跑到学校去捏了一下,那个水泥粉都可以用手捏动的。所以其实伤人的不是地震,而是质量糟糕的建筑,这才是杀人的罪魁祸首。如果你的建筑是按照严格的抗震标准去建的话,伤亡不会这么惨烈的。所以《财经》把精力放在了校舍质量的调查上面。

结果发现种种原因导致了校舍质量问题。其实教育部有过一次危房校舍的排查,但是发现了隐患却没有报上去;有的是报上去了,上面就不批你来拨款来建;有的排查它是走形式来应付检查;还有的更可恶,他们资金滥用,我给你建设、改造危房的资金,你却用来给我建一些花园。

包括当时是要普及九年制义务教育,各个地方政府也必须完成这个任务,这是要纳入考核的。中央政府出一部分钱后,地方政府必须要有配套资金来做,但是地方政府总的预算盘子有限，所以就造成一个问题，用很少的钱来建设这样的东西。当然，在建设的过程中监管也非常有问题，为了省钱不请设计师，它们用别人的一个图纸直接拿来建这个校舍，抗震安全是完全没有考虑过的。

我们当时采访了建筑的建设商，还有教育局、学生、老师等，总之各方都采访，把所有的因素都进行了调查。在写作的时候，也是用那种调研报告的方式来写的，希望能够促进这个制度的改良。也列举了一些良好的案例。比如说著名的刘汉希望小学，等等。

后来我来网易以后，我就让网易的一个人去做了一个选题。这个选题是我跑了山西好几个市淘到的选题。这是一个什么事呢？在山西太原有一个小区，它叫丽华苑。这个丽华苑是一个经济适用房，它土地的审批程序和房子对外的名义全部都是经适房。但是恰恰在这样一个经济适用房里面，有将近1/4的土地被隔离开来建了34栋别墅。这些别墅里面住的是什么人呢？我在报道里披露的只是一小部分。比如说已经落马的金道铭，其实还包括当时已经离开山西的前省委书记袁纯清。也就是说，一群省领导在一个经适房小区里面划了1/4的土地建了别墅来住。

那么这个事情线索是什么？线索其实也是公开的一个通报。中央巡视组在2013年的时候巡视了山西，当时有当地人举报给巡视组一些问题，于是山西省就出了一个整改的报告。里面提到了关于丽华苑的整改问题，比如，我们马上搬迁等，但是它没有提丽华苑是什么东西。

当时山西省机关事务管理局的一个局长落马。但是这个人他级别并不高，他只是一个厅级干部。大家都知道山西13个常委里面有一半落马。所以在这样一个高官落马地区，像这样一个不起眼的厅级官员都是一个芝麻官，是没有人关注这个事情的。但是这个人他跟这个案子、这个房子有直接的关系。他短短几年，从正处级升到正厅级，而且关键是他那个局原来是一个副厅级单位，后来他自己抬了一级，等到他离开原来那个局又从正厅级变成了副厅级。

所以当时我们公开看到的是一些很零散的信息。第一，刘某落马，但这个信息淹没在一堆高官落马的里面，一点都不起眼；第二，就是关于小区进行整改，这是两个很零散的信息。

但是对于我们来讲，这是一条很重要的线索，这个人他其实利用自己建设经适房的权利，用来笼络了很多领导。然后，一方面让自己升官；另一方面，领导该得的那个房子也得到了。

这是我们当时请记者拍的一个别墅区，他们以项目大概 1/4 的土地建的别墅。

## 资料分析也能做得漂亮

还有像"7·23动车事故"，如果是日报的话，可能当天或者两天以后它必须出一个稿子，但是这个时候，记者可能刚刚到现场，他采访两天是不可能有太深的东西出来的，这个时候就需要充分利用公开资料。

而这是我要讲的第三类，资料分析类。这类是非常重要的。

根据我个人经验，在做调查报道时，你内容来源有一半甚至以上是来自于公开资料的分析，比如说《21世纪经济报道》，它要做动车追尾，直接原因是什么？就是调度。那调度的话首先你要搞清楚这个调度是在哪个环节出了问题？首先你是不是在了解整个的环节是怎么样的？

那么你怎么能在短时间内了解到动车运行的调度系统？非常简单，数据库，公开的数据库。像中国知网类似的数据库，你可以通过网络变换各种各样的关键词去搜索。

《21世纪经济报道》就是找到那个动车调度运行的一整套逻辑，然后请专家帮助分析，有可能是哪个环节出了问题，很快写了这样一个报道。

还有一个也是现场阶段的采访，大家知道曲婉婷的母亲张明杰在去年9月被逮捕了，后来被著名的狗仔记者卓伟给曝光了，然后这个事就突然变得很大。

虽然张明杰不是一个级别很高的官员，但是她是曲婉婷的母亲。所以我当时就派记者去做。当时第一时间也没有什么信息，她就去找一些跑口的记者，这也是我们最常见的一个信息源，就是当地媒体信息的同行，去跟他们求助，但是在这条新闻中后来没起到什么作用。他们后来也想办法，查到了张明杰父亲的住址，于是她跑到那个住址去，但是开门的人否认自己是张明杰的家人。

她就开始走访一些邻居，但是邻居说的东西和曲婉婷母亲的案情离得非常远。那个记者跑到他父亲的工作单位去，但是也没有发现什么有价值的信息，这个调查到现在等于陷入停顿了。

我们把一切能接触的信息全部接触了一遍，但是没有用。记者也很沮丧，问说怎么办？我说这样吧，你再去试一下那个图书馆。图书馆会有当地的《黑龙江日报》和《哈尔滨日报》，你可以利用检索的系统，输入官员的名字，你输进去把她历年来官方媒体的报道全部看一遍，看一下里面有没有提到什么项目，因为她是小城镇建设口的官员，她出事跟自己的职权肯定是有直接关系。

然后她就去查了一下，果然就查到了有两个项目。其中有一个项目是价值可能几十上百亿元的一个项目，结果上网一搜，果然有一大堆的举报信。

其实公开资料做得好的话会做得非常漂亮，比找人还管用，但是前提是你得会用。

2013年8月，有一些海外媒体在流传一个消息，一个叫吴斌的四川富商是周滨的马仔，8月1日的中午在外逃过程中，被有关部门控制了。最先把这个高层消息报道捅出来的是《经济观察报》的一个记者，他在网上发了一个网稿，直接跑到周滨的马仔四川的那个企业去跟负责人聊了一下，获得了一个有效信息，证实周滨的马仔确实是失联了，这就意味着有关部门对于周滨的调查已经开始了，也就是说对周永康的调查已经正式启动。

虽然之前有各种各样的媒体传言说要调查周永康，但这是第一次能够确认他被调查，这是非常重要的一个信息，虽然这个信息当时还不起眼。当天，财新网跟进了一步，大家知道，周家的利益很多是在石油这个领域里面的，我当时就想办法打听到吴斌他在石油领域里面有一个公司，当时我的报道把这个公司写出来了，这个公司你们可以看一下，叫北京中旭阳光能源科技股份有限公司简称中旭能科。然后我就登录了这个公司的官方网站，里面全都是宣传自己跟政府的关系多么密切。所以我就把官网的东西直接写在稿子里了。

后来财新又接过来往下做。于是就查询到了我刚才的中旭能科的工商档案，工商档案里面包括了一些信息，很重要的一个信息是股东。因为你这个公司股东是谁档案里面是有的，而且有一个股东他是有一些变换的，比如说我曾经在这个持过股，但是我卖给另外一个人，包括股东变更的情况也是会有的。结果财新就在查询公司股权结构里面查到其中有一个人叫周滨。

这是全国首次使得周滨的名字公开出现在一个正规的媒体里面，之前他只是停留在海外那些网站的传说之中。

还有一个要善于利用的点就是财务数据，企业的财务数据是非常非常重要的。尤其是你在这些公司的调查是非常重要的。任何一个企业的财务数据都是三份的，现金流量表、资产负债表还有一个是利润表。假设这个企业没有做假账的话，那个表足够反映这个企业财务的信息。你如果会解读的话，你可以从里面解读出大量的东西，当然你如果不会解读，你又想做这个报表的话，你可以找一个学会计的同学帮你解读一下。

举《南方周末》一个案例，说调查一个非常大的基金会，它们把募捐得来的钱是不是真的给那些需要帮助的人？它们用在什么地方？如果这个钱都募到这个地方来，它们每年只需要花一定的比例，那么还有大量的沉淀资金，沉淀资金它们怎么用？答案是它们拿出去放高利贷。

放高利贷怎么去取证？《南方周末》的记者就做了一件事：调取工商资料。他拿到了相关公司的财务报表以后，发现它的资产负债表上面，有一个项目叫其他应收款和其他应付款，这两个科目非常巨大，大过远远大于正常的数值。

## 风险记得要规避

最后一点，规避风险非常重要。在技术层面的话，无非就是遵守最基本的采编规则：第一，就是尽量以书面为主，口头证据为辅。再一个是口头证据类的录音，还有一个就是重大信息要调查核实。

最后，就是你写完稿子以后要反复阅读，改掉任何引起纷争的表述，一些往往都是你自己没有注意到的小地方可能会出事。

我讲几个案例，这在业界非常著名，我就不说媒体的名字，但都是损失惨重的,很多记者因为这样的事情被除名。当时有一些传言说某省的省委副书记被调查，媒体也通过自己的渠道进行了核实，结果很自信地发通稿说此人被调查，被调查最后的结果发现他没事。这个事情搞得非常尴尬，一个媒体报道一个副部级的干部说他被调查，最后他没事，媒体会承受很大的政治压力。所以是非常惨重的一个教训。

## 所有人问一个人

Q：您在外出差的成本大吗？

A：出差的话，花不了多少钱。单次出差的话，几千块、上万块钱就可以，这个性价比还是 OK 的。

Q：新媒体有没有采编限制的问题？

A：互联网其实一直是一个不断突破限制的东西，比如说互联网金融。包括淘宝，原来我要开一个店，我至少有营业执照，工商执照我得办纳税，就算没有纳税，我也得办一个个体执照，你说我在淘宝上开一个店，我什么执照都不用。就是在淘宝上我也可以用来卖东西，而且甚至可以用来卖食品。

所以，互联网天生有一种模糊的边缘，可以往前突破，包括法律规章等，然后慢慢事后有一个追认。我们再说一下我们的新闻采编权，最早互联网是连转载的权限都没有的，因为之前没有互联网，所以不可能有相关的法规，但事后追认发放牌照授权你来做这个转载，这是一个同样的逻辑。就是先做、先尝试，然后事后来纳入监管，然后帮你规范化。

Q：网易新闻客户端和其他的媒体有什么不一样的地方？

A：网易的战略对这个客户端是比较重视的。所以，它把自己的采编力量也好，人力也好，非常大地倾斜到新闻客户端这一块，这是网易一个独家的特点。像其他的媒体的话，它的 PC 端和客户端是比较一致，高度捆绑在一起的，但是网易的新闻客户端，相对而言有一定的独立性在里面。

Q：平台和内容哪个更重要？

A：我觉得是平台比内容更重要，我个人是这样觉得的。虽然我们都说内容为王，但是你如果要一定选一个的话，我个人的经验是你一篇好稿子，最后可能出现你没有一个好的平台，你只有那么一小部分人在看，但是可能在那个大众平台上，看的都是一些你认为是一些很垃圾的报道，但是它占据了那个平台。所以，如果好的内容，没有一个好平台来做的话，它就变成少数人的游戏了，变成圈内人在看了。

Q：怎样在举报的调查类稿件中平衡报道？

A：举报人他希望利用记者来达到他的一些目的，记者希望利用举报人提供的线索来进行采访报道，就是一个相互利用的关系。当然在处理这个关系的过程中，记者不要陷入到他的叙事逻辑。因为他在跟你讲述这个事情的时候，不可避免会带上他的角度和他的偏见，所以你就接受他事实层面的那些，对他的观点就保持一个谨慎的态度，然后多方去采访，不光去采访举报者，也可能尽量去采访被举报者，或者是一些第三方。

Q：相对于一些市场化媒体来说，坚持新闻理想是不是以后前景会越来越困难？

A：这些人会成为留守到最后的少数理想主义者，不会成为一个很大的群体，就像调查报道也是一样的，会慢慢萎缩，变成一个理想主义者的少数群体在接手的这么一个阵地，留下的人会越来越少，我刚才不是讲了一个数据吗，其实现在在一线的调查记者不到100人。

# 陈琳：
# 极端环境的现场报道是对人性的挑战

现任香港凤凰卫视驻北京站记者，曾先后十次参与"两会"的采访和报道，在利比亚局势陷入焦灼时，她毅然前往的黎波里，不管是在当地军方组织的新闻发布会上，还是在硝烟战火、枪林弹雨的报道现场，在镜头里，她从容优雅，专业地提出一个个要害问题，郑重地向全世界传达真实客观的信息。在镜头下，她执着勇敢、富有爱心，是一朵美丽的、名副其实的"战地玫瑰"。

记者是一种完全的生活方式，它不是一份工作，它不是你朝九晚五或者是你每天盯盯股市大盘，分析分析就能做得来的，它是一种非常疯狂的工作方式，所以在这里，我先向之前在这讲过课的调查记者们致敬，因为我在读人大新闻的时候也想做一个调查记者，但是入行差不多两三年发现，我根本就不是那样的人，我无法做到撇家舍业、蓬头垢面，然后长期暗无天日地去调查某个事件，即便是连我们凤凰卫视像《冷暖人生》《社会能见度》这样的节目我觉得我都做不了，我还是一个平常人。所以我也很愿意跟大家分享，万一你心里，像我一样是一个平常人，又入了这不平常的这一行该怎么做。

## ▎合适的电视记者

首先，大家都知道"湖北监利"这个事情，但是因为我自己现在做准妈妈了，所以我没有办法去往现场，这是我的一个遗憾。我非常关注凤凰的三位记者，他们在湖北现场。第一路是从北京出发的，应该算是你们的师姐，她是播音系毕业的，是一个非常年轻、非常有冲劲的记者。另外一路是我们在深圳的首席记者罗羽鸣，非常资深，我们曾经在日本大地震的报道各个方面都有合作，而且私交也非常好，因为他是首席记者，所以他能把政府关系和新闻报道结合得比较好。另外还有一路是从上海过去的一个美女资深记者。

其实这些报道都和凤凰的性质有关，凤凰有它自己独特的定位，它既不是一家市场媒体，也不是一家体制内媒体，所以给自己小心定位，这就是为什么很多人在讨论凤凰的尺度。所以到目前为止，凤凰在湖北监利这件事情上呈现的最重要的报道是对李克强的一段采访。因为李克强在现场，所以很多媒体都会在那里。像凤凰一向是跟政府官员比较近的，像我自己就是跟随总理出访的记者，所以，我们会有些比较独到的消息，我们能在关键的时候找到这些大人物，而且凤凰也会关注在这些新闻现场大 Boss 说了什么。从昨天开始，李克强在一个现场对媒体讲了一段话，我们的记者适时递上了有凤凰 Logo 的麦，向总理提了几个问题，这些新闻就会在凤凰不断地被发酵，不断地反复被报道，这个应该不只是"湖北监利事件"，是所有的场合我们都面临着同样的一个问题。

但这引出了一个我想告诉大家的话，我们每天在做新闻，你怎么样能成为一个合适的记者。我说的不是一个合格的记者，也不是一个优秀的记者，是一个合适的记者。我记得我是带着新闻理想来的凤凰卫视，但是来了不久，我看了吕宁思的一本书叫作《凤凰卫视新闻总监手记》，吕宁思曾经做过我们的采访总监。这本书里面有一句话让我既沮丧又觉得实在是很深刻，他说，什么样的人是一个好记者？其实如果你有独一无二的消息源，或许就是最好的记者。甚至包括我们现在看一些市场化的媒体，一些股票信息、产经信息，甚至是什么企业合并这种东西，能拿到最独家的未必是一个很勤勤恳恳、很有专业主义精神的记者，而是说确实是这种有独到的人际关系和独到的这种消息源的，这才是你最宝贵的。

## ▎消息源从哪里来

这里面牵出了一个问题，就是我作为一个记者，我每天都要做新闻，到底我的消息源从哪来？我大概想了一下，其实分类不外乎这么几类：第一个，最简单的就是如果你还是一个新闻行业的记者，你不知道你要做什么的时候，你就每天看手机推送就行了，当然比如说黄晓明、Anglababy 领证什么的，这些你不要管它，但是你一定要知道，今天媒体都在关注什么，你不能漏掉这一些。所以这就是为什么有的时候比如说我的朋友打电话约我吃饭，我就说你别闹了，我正在王府井做手表抢劫案。他说，你们大记者也要去做这个？我只能说，Sorry，因为新闻不能落，你永远都不知道这一事件背后是什么东西。比如，你看到法拉利撞车，你只有去了现场，或者说你只有了解到关键信息、关键人，你才知道，很有可能故事背后还有故事。

因为我们都知道，新闻的第一要素就是"快"。但是你在追踪这些新闻的时候，你只能做到第二个落点，而且现在自媒体非常发达。我不知道大家是否关注过新华社浙江分社的APP叫作《我在现场》。我现在发现这个东西太好使了，它比什么包括我们认为推送比较快的新浪新闻、腾讯新闻都快多了，它不光是记者，它还有一些网友。这个APP会把记者或者是网友在现场真实的那种信息经过过滤之后，第一时间推送给你，所以我拿我最近几年采访的报道来说，比如说王府井抢表这个案件，包括我用的画面什么的全是从这个APP上找到的，它让我作为一个记者开始反思。我之前有过对职业的动摇，我觉得现在做记者不一定能成为一个好记者，反而比如说像某位重要的人物，他突然有一天想退休了，他想写回忆录了，或者他突然想把这个消息给谁了，他们才是最好的记者，因为他们拿到的是核心关键信息。

可是现在作为记者，尤其比如说像凤凰的那种非常综合的机构，作为我本人来说，我很难拿到关键信息。独家信息的机会特别特别少。所以，作为一个新闻行业的记者，第一件事情肯定就是要知道同行们在关注什么。

第二个，是你要有比较惯常的消息源。比如说，为什么国新办今天10点会有记者会，我会知道，而你不会知道，或者同样我们一个组的记者，我会知道，她不会知道。像很多媒体的操作流程大家都会比较清楚，比如，你就是报道卫生的，那么从卫计委一直到底下的大医院你都要跟。然后我可能是财经的，比如说今天大盘形成这样，我就要去找证监会，等等。但是对于凤凰来说，我们在北京的记者站一共现在就有6个记者，我们覆盖所有长江以北，但是实际上全球各地的突发事件我们都要去跟进。凤凰可能现在在册的，不包括特约记者，真正在册的记者出境记者不超过40个人，他们要发往全球，所以你知道，每天我没有办法就是一个部位或者一个部门去。所以当你入行时间长了，你一定会围住这样的一些关系，你要去维护你的人脉。

你千万不要小看发布会，为什么同样的哪怕是在央视直播的一场国新办的一场会，不同的记者发出的东西都是不一样的，有的稿子尤其被外媒大量转载。我记得我刚入行的时候去参加发布会，我就是坐在比较后面的位置，我就听听资深的记者讲什么，而且我要从头到尾可能要花一个半至两个小时把整场发布会都听下来，然后我会恨不得把每一个字都打下来。这场发布会完了之后，我要再花半个小时至一个小时去整理我的这些东西，然后再把新闻写出来。但是做快了之后我们会是这样的，我一定会去坐第一排、第二排的位置。

比如说，我跟某一个人熟了，那每次他来发布会，他只要一举手，我就觉得会给他一个提问的机会，所以我们经常会拿到发布会比较关键的第一个或者第二个提问的机会。我把热点提完了有的时候我就走了，我们的摄像师会问，你也太不敬业了，你听完两个问题就走了。我说如果一个成熟的记者听记者会听了三个问题了，还觉得没有找到关键问题的话，那他也不用干了，就可以走了。在发布会上，有些官员最善于说一些场面上的话，当你参加了这样一场发布会你应该怎么办？你不是总有机会去追那个前台的人，你也不是总有机会像我们前同事一样，哪怕到全国人大记者会结束了，你还会拉住发言人问问题，不是这样的。所以，每次你怎么能在发布会上抓住可行信息，而且把这些信息提出来这是挺重要的。

比如说，我们有时候会参加一些迫不得已的发布会，其实这些发布会内容都非常多，并不一定是凤凰关注的热点，所以这个时候你在这个发布会上你就要注意，明白你的受众在哪里。像凤凰就是要做对外报道的，虽然很多是华人，但是你还是要小心地处理相对正面的报道和外面希望在凤凰看到的信息，这个中间需要做平衡。

最近有一次卫计委的发布会，主题是关于全民健康，所以给每一位记者发了一个控油壶，告诉你一顿饭不能超过多少油。在那个会议上大家就问出了比较关键的信息，那个时候我跟一个彭博社的记者不断地在反复讨论一个"二孩"政策。你一定要脑子里非常清醒知道你的热点在哪儿，外面的人在骂什么，尤其是外媒在骂什么，你才会做出好的新闻，当然我不是说大家都要做成"愤青式"的新闻。

我自己有一个印象比较深刻的经历，刘延东去参加了中科院的一次换届大会。通常那种会议只有安排好的记者或者一些官媒会去，像外媒根本不会去。当时我们也是报了一个试试看的心态，再加上有某种关系就导致你必须去。那个时候说的热点是富士康连跳事件，刘延东发着言突然就合上讲稿讲了一下这个跳楼的事，大体的意思是说中央对这个事件是一个什么样的看法。那一段时间或者数个月，富士康跳楼的事件完全演变成了一种非常刺激的花边新闻，国家领导人甚至是官方都没有站出来为此表态，如果你是一个成熟的记者，或者你是一个成熟的社会观察者，你应该知道这件事情意味着什么，它不只是说有个人跳楼那么简单，从浅层次来说可能是劳资关系，再远一点说是中国正面临着巨大的转型压力，从普通的制造业向高端的制造业迸发，它的跳楼事件已经反映出很多问题。再长一点，它其实也是一种国际关系，因为当这些事发酵的时候，它变成了很多的海外资本撤出中国市场的理由，其实也变成了美国华盛顿跟中国在新问题上要价的资本，从这个角度讲就知道，为什么领导人的表态对这个事情很重要。

我说有些时候做新闻就是运气，因为一场换届大会差不多是两个半到三个小时，那个时候还不是高清，而是完全拿带子，按照一般我们的习惯，就不会去录这个东西，包括刘延东的采访我也不会全程录这个东西，因为我找不到一段同期声可以用，但那天我们就鬼使神差地说那就开摄像机录吧，录着录着就刚好把富士康这一段录进去了。

这个新闻让我自己觉得非常自豪，它可能是比我在利比亚，那个炮弹落在我旁边一公里还让我兴奋的一条新闻。我觉得就是你每天能从非常无聊的工作中找到一点亮点，是你做记者特别大的快感，而且会变成你做这行的收获。

然后，再讲到这个消息源的问题。除了从大家都能在的场合，为什么你可以出好新闻，或者别人出好新闻你做不到，有的时候就是靠你的知识积累，再一个就是你的思辨能力，而且我觉得有的人天生是适合做记者的，比如我们同样面对一件事情，你的好奇心是怎么样，你的关注点是怎么样，就好像我们同样看到一件衣服，你觉得它好看不好看，你的评判标准是什么，这是一种你平常见多了、想多了，会慢慢积累的思维方式。

另外，还有一种是做深度报道。比如说调查记者们，他们的调查是积年累月，而且真的是呕心沥血的。但是对于我们来说，这些深度的东西从哪来，其实凭我自己的感觉，很多这种深度的东西都是来自于你一些朋友或者是你在某些圈里的这些大佬们不经意透露的。

当工商总局和阿里开口水战的时候，我通过来往就跟马云聊了几句，因为我们一直在想方设法约他做一个采访，他比较回避。后来我有一阵想要离职，所以我就跟他说，我可能不做记者了，就算是做一个送别礼，然后我们就这样聊起来了。忽然有一天，他给我发短信，他说，忙晕了。我说不光你忙晕了，我说我们所有的人都看晕了，我说你们在干什么，我不知道你们怎么看阿里跟工商总局的这件事，我觉得他们根本就是疯了。我不是说政府的行为是不可挑战，但是我觉得你要用一种正确的方式和合适的口吻去挑战，如果你那么自大的话，首先人民群众都不会站在你这一边，所以，我跟马云在来往上有这么几句话之后，我特别想把它做成新闻。

这种我也想把它列为深度的东西，它不是市面上的，它也不是你在一段时间付出努力就能得到的信息，它是源于你某个不经意的积累，然后在某个时候发出的闪光。作为记者你一定要有这些东西，你不要让自己平庸化，不能因为今天大家都在做"湖北监利"的事情，我就去只关注家属怎样痛苦说，我同事失去了父母和3岁的孩子，这个东西它容易让你变得平庸。

昨天我给我们在现场的记者每人发了一封东西，是一份通讯录。当然这个东西不是我自己拿到的，它是我EMBA的一个同学在重庆拿到了一份游轮公司内部的通讯录，从大Boss到下面的每一个节点，每一个人的手机号码全部都在上面。我当时很佩服这个同行，我也很佩服我这个同学，当然我也更佩服他会把这些分享出来，因为这个时候这些都是非常关键的核心信息。

其实我关注这个男生很久了，他为什么会成为一个与众不同的记者，就是他从来不让自己变得平庸。当别人去挣稿费，像我们每天挣工作量的时候，他想的东西不是这样的，他会想什么样的人手中有资源，而你一定要相信，无论这个世界多么微小，你可能发现不了它背后的价值，但是它背后一定是有某种关键的力量或者庞大的力量在运行它，这不是我们这种小民可以想象的。

## ▎独家新闻从哪里来？

像我跟总理出访这三年，我就深刻地感受到这一点，我现在特别认同我们的一个节目叫《新闻今日谈》，包括我们一些节目里面所讲的抽丝剥茧，让你看到事件背后的真相。我觉得你做一个好记者，你就应该认为它只是一个口号，因为它就是每天非常实实在在发生着。比如说，你看到一张李克强在哈萨克斯坦和哈萨克斯坦总理吃早餐的照片，你就一定要想到这背后意味着什么。显然你说哈萨克斯坦是中国"丝绸之路"的第一站，然后再稍微延伸一点说，它是俄罗斯的传统势力范围，而它现在逐渐在亲美。然后你很少看到领导人是以吃早餐的形式聚会，尤其是李克强在哈萨克斯坦待了两天，那个总理几乎是全程陪同，结果他还要拿出一个早晨来跑到李克强住的酒店陪李克强吃早餐。

所以说你作为一个好的记者,你一定要让自己变得不平庸,当别人只是把它当某个消息发布出去的时候,你一定要等着它背后的声音,不一定在当时,但是一定在某个历史时刻,你把它写出来,你把它说出来,它就能产生非常大的力量。

我有的时候跟一些行业管理者聊天,我说我其实特别佩服你们这些人,你们掌握了好多关键信息。我后来发现新华社派给每一位领导人(包括习近平和李克强)写作和摄影的班底都是不固定的。当然这都是一个小团队,这个队里都没有超过十几个人,常委出去都是这些人去服务的。但是央视就不是,央视有一个摄像师是专门拍李克强的。领导人的摄像师是专职的,而且是有一个固定的团队的,这个团队的基本架构就是在国内的话是3人,出国的话是5个人,人数基本上没有什么大的变数,除非你走的这一趟比如说国家数控会比较多,会有一些适当的调整。你知道这些人要掌握多少核心机密,但是他不能说出来。但是你们千万不要小看新华社的照片,大量的这种信息其实你要用一张图片或者一句话就把它表现出来,这里头是波涛汹涌的,如果你是一个普通的记者,你就放过了。如果你想做一个不平庸的记者,你要从这里头读出来,而且你要把这些信息适时用在你的某个报道、某个环节里头,你不一定把它明显地讲出来。

说了这个深度的东西,更牛的是什么?是独家。如果你能拿到一个独家新闻就很爽。我最近被引用的最多的一个独家新闻就是在去年12月李克强出访的时候,刚好是俄罗斯被西方制裁最严重的时候。正好这次东盟会所有的部长都要去,然后我们在外面,因为我们通常只是拍摄一部分就被轰出来了,完全不可能窥到各个国家大佬坐在一起谈话的全貌。我出来的时候先是碰到了王毅外长,后来又碰到了商务部长。然后我就堵了他们两个人谈了一下,一个是从外交,一个是从经济的角度,中国是怎样去处理俄罗斯受到制裁的这个事件,这两个人都给了非常一致的答案,王毅说我们中国会花一切代价去帮助俄罗斯。然后商务部长也是这样说的,说我们现在跟俄罗斯的经济联系不是特别紧密,但我们愿意提供所有的帮助,也愿意借此机会加强繁荣,紧密联系。

我这个新闻发出去后,马上就被彭博引用了,彭博引用的是比较讲人道主义的。然后彭博的消息马上就被《华尔街日报》引用了,所以这个消息在全世界满天飞。你知道这两天我看到很多学者在做国际分析的时候,还是在引用这份报道的。我觉得这种独家是非常让人兴奋的,因为在前后的几天,我做了李克强的独家专访,我就没有像采访到之前两个人那样兴奋，因为此前你没有任何一个机会窥视到中国政府对此的态度，而且你也会发现，从那之后，确实习近平跟普京的互动非常频繁，它不只改变了地缘政治，而且也改变了整个国际政治的格局。所以做这种独家新闻有的时候你要靠运气，比如说，我如果没有在那个场合，可能也堵不到他们两个人。但是你在那个场合是不是每个记者都能做到把麦克风递上去，你问的又是什么样的问题，并不是所有的独家都是好的。

我自己也曾经做过这样的报道，我为了我的绩效，为了我的工作量，比如说，我采访了某个副总理和某个部长，我会发回一条稿子回去写，这是独家采访，那凤凰也会打一个旁边的独家采访，采访的是谁。但是并不是所有的独家都是做得好看的。有些人你要出于礼貌，出于某种你没有办法让他讲尖锐的问题，或者你问他了他也不一定回应你。

所以，我觉得新闻最高境界不都是调查报道，调查报道可能会揭示社会某一个领域，但是它的推动力是有限的。如果你做了好的独家新闻，这种推动是立竿见影，而且是你完全想象不到的。可能体制内有内参，但是在市场化媒体的独家新闻会获得更广阔的传播，而且你会获得某种互动，比如说像我觉得自己做得比较好的这条中国对俄罗斯的不惜一切力量援助的这种，它之所以在国际上能够引起一些共鸣，就是因为它在某个时点上，最大程度契合了国外媒体的关注，契合了那些对国际关系观察的人，他们得到了想要捕捉的关键信息。当然还有一些独家新闻本身就是调查报道，它对这个社会的推动是你无法想象的，比如美国的"水门事件"。

## ▌电视新闻的魅力

拿到这些消息源之后我们怎么办呢？怎么呈现呢？我一直是学新闻学的，我在读书的时候我们隔壁班是广播电视新闻学，我一开始都不太屑于跟他们比较，我从来也没有想到我要做一个正式记者，相比与广播新闻的电视记者来说，他们竟然还上什么化妆课，我觉得简直无法接受。但是我现在自己做了这行才知道，如果当时我上了那个课，改掉大舌头是件多么有用的事情。

当我自己做了电视之后，我觉得电视特别好玩。比如说，有则新闻是冀中星在首都机场把自己炸了。然后我们连夜追踪，拍完了首都机场就追去积水潭医院，他去做手术，我们就等在外面。我觉得很好笑的事情是让大家记住我那个蓬头垢面的新闻，倒不是因为说这个记者多敬业，二十几小时没睡觉，还从公安局获得了关键的信息，第一个发出了这个人名信息什么的。而在网上广为流传的就是我在病房外面，然后因为人家不让拍，保安就拦我，当时我就特别惨烈的样子，所以他一边拦，我就是一边把他挡住。后来因为那时候没有时间，你也没有办法做一个采访，就做了一个现场报道，差不多一分钟就一直这样。当时摄像师问我这个能用吗，因为这样完了之后我们两个就被架出医院了。我说那不用也没办法，因为是第一现场，就用吧。这个收到的效果奇好，连我们自己都没有想到，然后台里头开会就说，这个记者太棒了，特别有现场还原能力。我想想，这真的就是电视的魅力。我要是一个文字记者，我不可能在报道里说当时有保安拦我，我还坚持完成了采访，对不对？

最近在日本做大地震后续报道的时候，我正准备在街边要做直播的时候，突然有很多余震，地在动，然后就赶紧跟棚里的人说，现在就给我连线，现在就给我连线，然后切进来就是，一边说话，一边在动，然后后面的水就在晃。你马上通过镜头、通过直播，你就把这种东西呈现出去了，这是所有的报纸、杂志全都不能完成的，这种感觉太酷了。

当然有时你在电视镜头前面你也很抓狂，就是很想自杀的那种。比如说，这一届领导人刚刚换届完了，然后出来第一场直播就是我做的，然后我在镜头前就出现了口误，说："新任的中国国务院总理温家……李克强。"所以有时候觉得你没办法，就是那种让你又爱又恨。

还有一次是我刚入凤凰不久的时候，每到"两会"，我们的《时事直通车》栏目会有一个环节要在北京去甩一些新闻，以体现你在现场的重要性。那时候吴小莉就要在棚里去做，我那个时候只是个小助理，每天去弄提词器。那一次节目在8点55分换了串联单，而我们毫不知情。所以我推了一个导语，大概是什么"两高"报告，结果出来的新闻是温家宝讲的什么，导语跟新闻完全不对。那时候没办法，那条新闻播完了之后，我特别佩服地看到吴小莉坐那特淡定地说，刚才播出的新闻是什么什么，把真正对的那条导语又说了一遍。我觉得这就是专业，但是这就是电视，太容易出错了。

你们会经常看到主持人出糗的合集，大家千万不要笑，因为发生在你身上简直是太简单不过了。比如说我们的《华闻大直播》，我们都得必须在棚里，有的时候是我跟台湾，然后有的时候是台湾、香港、北京的三个人同时出现。有一次我就走神了，然后我觉得我这一部分完了之后，就觉得我做完了，于是就在低头看、看、看，忽然就听到那边说，好的，谢谢三位。我想，难道是刚才看见我了吗，我赶紧上楼就看回放，果然看见我还在那玩手机。

比如说，我刚才讲到的王府井的服毒案件。当时我们就是去现场做了，因为我们知道的时候已经是第二落点，这个新闻已经被处理完了，那些人都被抬进医院了。所以我就在那个现场的地方做了一个串场，刚才大概是多少多少人，是什么什么情况，然后讲了一下，采访到几个路人。但是最血腥的是我们拿到了那段视频，你们从网上后来也看到了，就是那些人躺在地上的时候呕吐。

如果你作为记者，你有两方面的职责，第一，是你要找到现场的画面，这个东西对你的人际关系，对你的各方面是一个非常关键性的考量。你的资源积累就是我能拿得到，别人拿得到，或者是我拿得到可以播出，别人拿得到就不能在电视上播出，这是关键的信息。再一个就是你把你自己在现场放在一个什么样的位置，你怎么能跟这个现场比较好地去融合。尤其是在做一些转瞬即逝的报道的时候。

比如说，我们在跟领导人出访的时候，总理的专机下来的那一刻，或者总理的专机要走的那一刻，我会对自己的要求是李克强今天到了这个地方，我要做串场的那一刻，一定是他下悬梯的那一刻，但是你知道他下悬梯总共有一分钟吗？你的串场可能要花30秒左右，你要保证你自己完全一次通过，不能有任何的磕巴，你自己这样想想觉得很简单，但是当时对你是一个极大的考验，因为你不是在一个干净的环境里，现场会有各种轰鸣，会有人对你的推搡，不管你出现什么东西，你都要像钉子一样，要在那把这个东西做完，因为只有那一刻你看的是李克强到了某个地方。包括比如说他要跟哪个国家的领导人见了面，通常总理的车队都是这样，你要跟上他的速度，他一走出来，所有人上车，马上就要走，但是我要求摄像师我们两个必须要完成什么样的合作，他走出来的那一刻，我就开始做串场，然后他上了车，我们也能跟着车走。所以有的时候你做电视记者你要对自己特别狠，我觉得我对自己不是特别狠的，比如说，至少我在外表上对自己要求没有那么严格。但是，其实一个真正的合格电视人对自己从外表到语言呈现的各个方面你都要有要求。

但是我记得我在某媒体实习的时候，那时候我在社会新闻部，在三组的一个大哥，印象特别清楚，他做了一个报道，在青岛站在那个礁石上，后面是海浪拍打着，他就穿了一个圆领的老头衫，那个新闻后来在电视台播出了。后来那个记者就被点名批评，那时候没有网络，然后我就特地找了个带子去看了一下出场，我觉得很不可思议。就是你作为一个电视记者，你对自己还是要有坚守。

## 电视怎么讲故事？

我们在日本地震的时候，大家都知道核辐射特别严重。在这种情况下，如果你在日本，你在现场讲什么？那时候我们正好在从东京到那儿的路上，刚好那天国内最关注的新闻就是这个地方的辐射超标，而且蔬菜和水受到了污染。作为一个普通的文字媒体记者，你可能就去写写，再加上民众的反应，还有超市或者是说政府机构有没有对这些采取一些安全措施？这些基本的生活用品，他们是怎么解决的？这都是你作为文字记者可以扩大的一些外围性。那作为电视记者你怎么处理呢？

作为电视记者，当时我们想了一个方法，我们就直接跑到一片菜地里去，那时候正好下雨，然后我们就在菜地里指着那个菜说，今天这里大家现在最关注的新闻就是这些菜受到污染了，为什么已经核爆几天了，这里会受到污染，就是因为今天这里下雨了。你可以看到，我站在这里，这些雨水会把这些辐射物全都冲淋到我的衣服上，这些菜同样会受到污染。然后，我们现场有个设备就检测一下。所以，这就是做电视的魅力，这是你怎么写你都做不到的东西。你拿一个文章去看的时候，你永远都不如电视来得那么快。

比如说在利比亚的时候，我印象中就有一次，我们其实并不是直播的，因为那时候网络是基本上断开的状态，你达不到直播要求，所以都是录播的。恰好你在录播的时候，后面就在开枪，那个时候就特别有感觉。这就是电视，你要有勇气，而且你要有能力抓住这一瞬间的本事，那你就是真挺牛的。包括我们在利比亚发现那种弹坑，就是这个导弹距离我们住的宾馆只有一公里就爆炸了，我们会去找出那个弹坑，我们就会站在那个弹坑前面给你讲说，这个距离我们一公里的地方爆炸了，其实它如果在投放的时候，哪怕差个一毫米一厘米，它可能就炸掉这个酒店了。为什么要炸掉这个酒店呢？因为这个酒店里住的都是一些记者，炸了并没有什么好处。但是我告诉你为什么它可能会炸这个酒店，因为那时候大家都找不到卡扎菲的下落，当地最大的传言就是卡扎菲在拿国际记者们当人肉盾牌，他躲在酒店里头。

所以这就是电视报道所带给人的冲击和魅力，是其他文字媒体包括现在新媒体完全达不到的。

再一个就是你怎么去呈现，其实这里头有一个非常技术性的东西。莫言得了诺贝尔奖之后，我们去山东高密采访，那时候我们见到的就是莫言的嫂子。当时在马上要准备直播的时候，发现他嫂子大概就这么矮。那时候我为了显示重视，我觉得人家去国外领奖比较高大上，所以穿一个特别隆重的红西装，穿一个黑色的高跟鞋，但是其实我完全低估了，不管你是获得了诺贝尔文学奖，还是乡土文学奖，只要在中国都完全会变成一个格调。你穿的跟那个会格格不入，你以为你穿的燕尾服去恭喜人家，其实人家只不过就是一个村里的庆祝仪式而已。但是当时我面对他嫂子的时候，我就是把鞋子都脱掉，然后尽量地保持跟她的身高稍微下蹲去完成这样的采访。就是你作为一个电视人，你要知道你镜头里呈现的一切都是你的做人。包括你在面对采访对象的时候，有些人见到了领导会谄媚，比如说，抢总理喝剩的一口水什么的。我还看到很多同行的那种采访，即便是比如说这个人可能是一个嫌犯，或者是说一个基层的人，记者的口气都是令人发指的。

你是一个记者，你根本就不是你自己，你在镜头前你所代表的不是某一个特定的人，不是某一个特定的阶层，你必须非常一视同仁平等地去对待众生，但是这是很多记者做不到的。我特别讨厌那种质问式的采访方法，我不喜欢别人质问我，所以己所不欲，勿施于人，我不是说你只有质问才能拿到这个信息点什么的，我觉得这种记者脑子就坏掉了。所以他没有分清楚他是个什么人，其实记者只是一个信息载体，你要把这点想明白了，你就知道你怎么能获得有效的信息。

在报道呈现的这个问题上，你希望在报道中处于一个什么样的位置？比如说，我们凤凰这次派往湖北监利的这三组记者，我们都是冲着一个目的去的。老实说，我们根本就不是冲着新闻现场去的，我们都是冲着李克强去的。所以在我们的群里你就会非常绝望地看到说，总理的飞机今天提早起飞了，我们那时候没有赶上怎么办？你能买几点的民航飞机，你能几点赶到。上海的他们12点就到了，你能比他们早到吗，大家都在抢总理在哪儿，根本都不想知道船在哪儿。

为什么有的人说，你不就是那个什么什么卫视的谁吗，而有些人就把你视若无物。如果你一个记者你要想良性循环，哪怕你不喜欢争名夺利，你也要有自己锋利的一套。你的新闻处于一个什么样的位置是需要小心考虑的，因为其实这种事件你有太多的东西可以去选了。比如在现场，家属是一个，打捞的现场是一个，然后政府的统计是一个，包括总理那边，它会有不同的局限，你必须迅速地明白，在这个新闻事件中、在这个时点哪个最重要。比如说，我的新闻是在3点播出的，到了3点之前你要大概预判，哪些方面会有进展，哪些方面不会有进展。当然这个依赖更多的是你的专业，你要判断重点要在哪，必须要冲过去，而且新闻在互联网的推动下，它是稍纵即逝的。你在2点50分觉得这是一个大新闻，我这刚打捞一个遇难者的遗体，可能到2点55分，它就不是一个新闻了，你必须要给自己上点弦，呈现非常满工的状态，而且你必须要拼命地去做事情。

## ▌最专业的是娱乐记者

还是我刚才那句话，就是因为有了新媒体时代，比如说，我要是一个路人，我刚好走到那，刚好碰到有一个幸存者游上来，那我就能出最好的新闻。但是你怎么能把这个新闻在同行获得不到的情况下，或者大家都知道的情况下，你能把这些信息作为你自己独家所有，你能播，别人不能播的这种东西，都是非常有技巧的。

这几年最令我感受深刻的就是这种获取现场信息的能力，其实最强的根本就不是我们这些时政记者，也不是那些每天发布关键信息的财经记者。最让我感动的是娱乐记者。我在跟房祖名出狱的这件事上，真的很感动。你知道娱乐记者是怎么样分工合作的吗？比如说，我们所有的人，我接到这个指令，要去拍房祖名出狱，然后我从公开法院信息上获得的资料，房祖名是判6个月出狱，我会算一下。打个比方，他2月6号入狱的，那我可能就算他8月6号出狱对不对，那些狗仔队根本就不是这么算的，比如说60天，比如说6个月，他就给你算几种方案。第一种按照我们普通所说的，6个月就是一个月30天，他应该是哪一天出狱。实际上比如说2月份多少天，3月份多少天，他们就一天一天给你数哪一天该出狱。

他们一共算了三种方案，然后这几个娱乐记者是不同媒体的，因为自己媒体是有竞争的，不同媒体的也有竞争。但是不同媒体的至少大家可以作为好朋友，没有在自己的媒体里去抢工。他们几个好朋友分成三路去盯梢，比如说15号是你，16号是你，17号是你，因为你不能确定他是哪一天，你自己算好方案之后，他总会在某一天的24小时被释放的。他们兵分三路之后，可能刚好今天我这一组恰好就看到他出狱,然后你知道,狗仔队的那种分工,他们有三辆车,每辆车上有两到三个狗仔队,可能是来自于同一媒体,或者是不同的媒体,还有人是带着男朋友或者是女朋友上阵的。

房祖名出来的那一天,我真的是错过了。因为我就是踏踏实实按照6个月的时间去的,我早晨6点钟打开手机推送,他已经出狱了,我就蒙了,我就开始动用关系去找。房祖名出来的时候他们完全像一个谍战片,他们其实是兵分三路,有三辆车走的,你就看狗仔队在那儿拍的时候你完全能听到他的说话,他们不惜闯红灯,闯高速公路的关卡,他们还要不惜一切代价识别哪辆车是有看守所给的烟雾弹,比如,他们三辆车有一辆跟到几十米的时候,突然发现在那个巷口停下了,然后这边需要通过微信喊,快点快点,这辆不是。他们那种分工合作就是让你想到了,如果我打CS有这种合作,我一定不会输,就是那种感觉。这种专业性让我瞠目结舌,因为我不在现场,我就看他们给我的那个视频,后来我就跟他们说,我特别佩服这种专业精神,他们最后真的是能做到,把这一路追上去,追到房祖名的家。

你想想,如果是一个时政记者你做得到吗?所以我说,如果从这一点来讲,狗仔队对于我们获取消息的教育意义绝对很大,他能让他的报道始终处于最受关注的位置。如果我们做政治新闻的人也有这一消息的话,那简直是太牛了。可是为什么我们做政治的这些人没有这一消息,并不是说政客护得多好,很多政客都是没有公关团队的,只是因为我们不够敬业,就这么简单的一点,真的是我们不如狗仔队敬业。

然后我还想跟大家分享的是,当你每天获取的消息源用比较好的方式呈现了以后,你怎么能保持你一个记者的战斗力。因为我的大学同班同学有49个人,除了有一个同学去世之外,48个人,昨天晚上我们吃饭的时候还算了一下,真正在新闻一线跑新闻的还有4个人,两个男生两个女生,当然还有几个是在做编辑,但是更多的人要么去银行、证券公司赚大钱,要么就当公务员,也有当老师的。

我有时候在想,为什么十年我还没有厌倦到极点,还能站在这里。你作为一个记者,你要积累的东西跟其他的行业是不同的,你的资源,首先人脉是你一定要积累的。但是我必须告诉大家一个很现实的东西,记者身上是没有钱的,你也不要指望你请被采访对象或者你的核心交易人吃饭,公司是给你报销费用的,因为现在媒体都是哀鸿遍野,你们要知道,都没有钱。如果你积累了五年、十年,你没有影响力，你也别做了，你只能做一线去跑跑腿的记者了。

## 记者的自我品牌建设

你要始终保持一种特别旺盛的好奇心。比如说，你今天起来看到一个新闻说几万只蛤蟆上街了，你作为一个记者，你至少要想到，会不会地震了，会不会什么地方拆迁。包括你看到今天早上起来哪个楼又塌了，你不要像一个普通人想的，这个楼塌了，得死多少人就这样了。你一定要想到的一条就是这个楼当年是谁盖的，开发商的老板、小舅子或者是大舅子现在是不是在某个地方当官？你一定得去想这些东西，因为你是记者，你的好奇心一定要跟别人不一样，如果有一天你在朋友圈里，你的留言永远跟别人不一样，别人还特别愿意回应你，基本上你就成功了1/3了。

再一个就是洞察力，如果你面对一个纷繁复杂的事件或者你在做一个灾难性的报道可能会比较容易，因为一群人走过来，哪一个人是大老板，你一下子就看到了：有给他打伞的，有给他拿包的，然后这时候你可以递个麦说，你们这是怎么回事。但是大部分时候不是，有的时候我们要做特别无聊的街采。比如，什么时候我们会做街采呢，就是我这个新闻必须要出，要有同期声，我又约不到关键的人，我就上街扫大街去做街采。你不要以为街采是一件很容易的东西，有的时候走过10个人来，如果记者领悟能力不够强，10个人他也问不出一句话来。但是你要做一个聪明的记者，基本上这走了10个人我就知道，大概有那么两三个说得八九不离十，然后你把这个人迎上去，再冲着他这个身份你大概揣摩几个问题，3分钟做完了，就可以走了。

我有的时候看不下去，我说凤凰你们能不能换个人，这个人永远是一个"万金油"，什么节目他都来说，说了半天都没有用。如果你是一个记者，你一定要有这种洞察力，你知道哪些人是白痴，哪些人是混的，哪些人真正是有价值的。比如说，我做一个市场类的节目，今天CPI出来了，今天GDP出来了，你去采访，有各路人供你采访，你就算是找不到发改委你也能找到一个靠谱的人吧。你不能但凡金融就把李稻葵揪出来吧，我现在最看不惯的就是财经新闻揪李稻葵的人了。

我也会赌，这就跟大家说的乐视股票一样，都在赌，当时贾跃亭都出逃了，所有的人都说，乐视完蛋了赶紧抛。然后中金公司有一个女分析员，她就站出来说，你们要拿好乐视，它是未来方向。我坚信它什么，大家都想，你傻吧，贾跃亭都跑了，公司都要倒闭了。她就说着，她一直不停地说、不停地说，一直到把贾跃亭说回来，一直到乐视翻了好几倍，她还说乐视好，得，她就成行业牛人了，独一无二。这种赌的事情，你还是不要用了，你要长久地建立一个记者的品牌。

当然，做记者最好的就是你要有人际关系，这种人际关系是非常广泛的，不一定只是你的核心消息源。比如说，你要有这种亲和力，就是你跟保安都能混得特别熟；比如说，地方的突发事件，你根本就进不去问到什么人，突然你聊两句，你发现周围有些人来主动向你送消息，你要有一定的人格亲和力和人格魅力，这个是挺重要的。我可以举几个例子，在一些中国的突发事件都是这样的。

有一次做山西的矿难，那时候已经比较惨烈了，所有的记者都在那找呀找，你也不知道哪根筋搭错了，就突然他们县里的宣传部有一个小女孩不知道怎么回事，就跑到我们面前说，姐姐，我跟你说个事，其实我跟她完全也不认识。但可能她告诉你的事情可能是比较关键性的，至少她能告诉你，你能找到什么人。你作为一个记者，你出去第一你不能特别牛；第二你也不能特别妄自菲薄。你有的时候妄自菲薄，那些大咖就看不上你。比如说，我跟马云之所以能建立联系，就是完全是在去年的第一届互联网大会，那个互联网大会就是群星闪耀。但是记者算什么，马云一出场，N多人都扑上去。后来我扑了两次之后，马云就会把他的公关挡下来，就说我跟这个小孩聊几句。那聊一聊就很简单了，聊一聊，递一个名片，然后说，马总还是挺想做采访的，我现在忙，说了几句话，然后突然有一天你就收到一个短信说，那天实在是太忙，以后再约吧。然后你发出一个短信说，你是马总本人还是他的公关。他说当然是本人，然后OK，这个联系就建立起来。

## 马航报道

那一天马航要宣布结果，全世界都在等下午3点的记者会，然后马航家属在12点多钟的时候就去往了第二使馆区。所有要进入使馆区的，除非你是国外使馆的工作人员，否则的话就是路人都不能进，但是马航家属可以进，这里面有一个警戒线，他们离马航使馆还有一公里至少几百米，就被所有警察、便衣保安层层拦住，家属就在这抗议呼喊什么的。然后我们拍了一点，因为一般的记者媒体是进不去的，但是我是跟马航家属有长期的联系，他们就把我带进去了，是以家属的身份带进去了。

马航在3点也没有开发布会，家属就特别高兴，就觉得自己的斗争有起色了。其实你在做一名记者的时候你会非常迷惑，你知道你的报道在某些方面可能会起到一些什么作用。但是那些家属真的是很辛苦，有一个50多岁的老人，因为他是山东农村的，变卖家产去马来西亚，就坐在马来西亚交通部门前抗议，这些东西你在外媒上都可以或多或少地看到报道。

我们会把这些长久以来积累的素材、人脉分给一些专题类的节目，他们会把它做成一个节目的形式，他们去讲事件，就完全去描述家属一年多来的心理状态是什么样的去做。当时我在做马航报道的时候，我自己最大的感觉就是说，如何在千头万绪的信息当中选择哪些是你应该信的。比如说，飞机失联第一天，失踪了之后不就是有很多消息吗，又说坠落，又说失踪，各种各样的消息鱼龙混杂。凤凰在选择报道的时候，你要找核心的消息源。但是很不幸的是那时候包括CNN应该是全军覆没，大家没有一个真实的消息，但是大家都把它报道出来了。

所以在做这种灾难性报道的时候，你要找到一个核心的消息源不是那么容易的，就是你要找到它到底发生了什么，因为事实上来看，时至今日，我们也不知道它到底发生了什么。所以说在做这种报道的时候，你就不能特别个人英雄主义，你一定要小心地求证，而且也不要听同行说什么。其实这时候最关键、最安全的方法是看报纸上说什么，这个是没有办法的。

而且像这种车轮战的时候，你最安全的方法就是把它引向对人的关注，你就可以多少弥补你对事实的掌握不足所带来的一些遗憾，因为你报道人的时候，最容易引起共鸣。比如说他们有一个心理安慰版，就是家属写出来的对亲人的惦记，很动人。

另外还有在做马航的报道，我感觉比较深刻的一点是人际的重要性。刚开始这些家属都是比较倾向于找外媒的，因为他们觉得中国的媒体受限制，不能真实报道。他们刚开始都愿意跟美联、法新社这样去联系。但当事件进入到十天之后，他们还是把目光放在了国内的媒体上，我们凤凰是比较早获准进入的。

所以说，你怎样在你的报道中建立一种相互的信任，就是你播出的东西是比较中立、不偏不倚，而且你播出的东西你不能被牵着走，但是你要让他看到在新闻里，他的诉求被表达，你是一种善意的沟通，良性的沟通，这样时间长了，慢慢就跟他们保持了良好的关系。

## 日本大地震报道

讲了马航这个事我可以再讲几个突发事件的报道案例。我自己感觉做得比较过瘾的是日本大地震核泄漏的那次。当时我就说，记者有的时候是有点冲劲的，当时我们也有很资深的前辈，包括很多优秀的记者在日本现场，当核爆的那一刻，他的飞机刚好是经过核电厂的上空，但这么好的机会基本上就浪费了。

很多人因为核辐射这种东西是一种看不见的威胁，他们都会很担心。包括当时我从北京去的时候，都没有摄像师跟我搭班去，后来我们从香港派了一个摄像师叫阿迪。你如果关注幕后的话你就会发现，凤凰有非常多特别危险、特别可怕的报道，其实都是阿迪拍回来的，他是我们连续几年的最佳摄像。我们一起去日本的时候，我就问他，我说你是有胆量还是没胆量？当时是在东京会合的，到了东京之后我就想我一定要往下走。那个时候我们总部给了我们一些设备，有防护衣还有核辐射的监测仪。监测仪是两种：一种是比较高级的，是一个盒子；还有一种是比较简陋的，是一个手表。所有精良的设备都在我们的东京记者站，然后我实在等不及了，我就拿了一块普通的监测手表就走了。但我不会日语，我在现场找了一个翻译，叫李丘，通过微博帮我找的。这个大姐是上海师范大学的校友。

我当时不敢跟我的摄像师阿迪说我要去干什么，我说我想往那个福岛走一下。因为日本很小，他们跟我说，车程就两三个小时，我说我们就当天去当天回来，于是我们在东京包了一辆车，然后就带上这个翻译。我告诉这个翻译姐姐建议她带一点换洗的衣服，因为我不确定是不是当天能回来，万一不能回来，我们就住一天。我也跟我的摄像师说，我说我最多住一天我肯定就会回来，因为他也刚有宝宝，那时候我也刚刚有宝宝，就是为人父母还是不一样的。

当时我出差的时候是骗我爸妈说我去上海出差。但是我一下飞机就要做直播，那时候没有微信，只有短信，当我爸爸看见之后，给我发了好长好多的短信让我回去，说我对家庭不负责任云云，就是这样的。但是我还是去了，我拉着阿迪还有这个翻译，当时第一天我们的车没有到福岛，因为东京有一个规定，就是有一些车是不能出城的，所以到了那儿，司机就把我们扔下了。我们后来找到了一个20多岁的一个胖男孩，他就觉得很好玩儿，他一直跟我们在下面跑了7天多，我们最近的时候离那个核爆炸的现场警戒线边上了，离那个厂30公里有拉警戒线，你还想进去就不让你进了。那时候我们的摄像师阿迪就跟我说，你骗我，经过了辐射他说，我该大的地方都小了，该小的地方都大了，而且他只带了一条内裤，在外面跑了7天。因为越往下面走，灾区物资就越紧俏，比如说你去7-11，它非常秩序井然地开着门，但是它的货架特别秩序井然，完全是空的，他也买不到内裤，所以就跟着我脏了7天多。

那时候我觉得做灾难报道最有意思的是从无声处听惊雷。那时候所有的人的关注点都是什么日本人在灾后的冷静等，但是你只有亲身扑下去，你最后才能发现普通人的生活状态。当时我们到了离海啸比较近的一个地方，在离那个海岸线差不多还有两三公里的地方，你在路边就能看见那个废车，当时我们以为是被遗弃的，后来说不是，是直接被海浪卷出来的。然后当你到了受海啸影响最严重的那一线时，那个地方特别寂静。所以，你会觉得做记者最兴奋的是，你真是能去别人到达不了的地方，你觉得你在世界上最寂静的中心，什么都没有了，全是破衣服烂房子，而且他们日本人很规整，就从那些废墟中开出了一条路，就像我们教室的这几条甬道。当你站在这里的时候，你就会发现，一切描述灾难的这种词语，一切你想用来报道煽情的东西，荡然无存了。

到那儿你就哑口无言，而且世界周围真的是无声的，就有那么一两个人翻那些废墟。我就去问他们翻什么，他们就说什么要找照片的，要找什么的都有，但其实什么都找不着，因为你不知道哪一片是你们家的废墟了。那个时候做日本核辐射的报道的时候，给我最深的感受就是，作为一个记者，你必须要冲，我每到一个地方做直播的时候我都会拿那个手表告诉大家，我现在这个辐射指数是多少。那一刻你自己一定知道，如果你这个数值高了，你也跑不掉了。这是辐射，又不是子弹，你走不了的。所以那个时候就是说，你为什么能作为冲进内核的几个记者，就是你有勇气，如果没有勇气，这些东西都无从谈起。

再一个就是你进去了之后，你发现什么叫新闻富矿，你随便拍一个画面都是挺牛的，你随便讲一个什么故事你都是牛的。在你台里有关的日本地震，你永远上的是头条，你会想，为什么记者是一种生活方式，你现在让我去，我可能心里头会比较打鼓，那时候无知者无畏，但是作为记者有的时候你必须要有献身精神，这个不是说着玩儿的，不是说谁谁谁去堵枪口什么的，那真的是一种英雄主义精神。你不会在人生的每一个时刻都会具备的，但是你只要具备的时候就说明你还适合做记者，你千万不要浪费自己的机会和想法。

## ▌利比亚战地报道

我还想说一个案例，对我灵魂触动比较大的就是在利比亚的战地报道。我记得在利比亚第一天晚上碰到的就是小朋友的尸体。那时候因为利比亚和日本地震发生在同一年，我自己的宝贝就一岁多。我当时看到那几个小孩的尸体的时候，我有点崩溃，我忍不住现场就要哭了。

那时候是我们的一个前辈蒋晓峰，他是在我之前去的黎波里的，所以等于我是去接他的班。他陪我去的那个现场，当时他跟我说，要不然你回去，我跟总部说我可以再多待一个月。在那种极端的情况下，你对自己人性的考验，对你的历练都是你无法想象的，而且你要在那种地方完成合适的报道，不是合格的、优秀的，一定要完成合适的报道。除了你的技巧之外，真的会有很多你平常意识不到的灵魂深处的认知和人性慢慢地蹦出来，这些东西是你完全无法学习的。你作为一个记者也好，作为一个人也好，你一定要给自己这样一些机会，跑到这些事件的中心去感受一下，然后你才能获得一些历练和知识，这些对你今后很多东西都是特别有帮助的。

你知道到那个爆炸现场，那个人被炸得就只有人皮，完全是没有内脏的。尤其他们不是很多黑人吗，你知道只看到一个黑人的人皮的感觉是什么样的吗？我当时去的时候，就只有我们和BBC的那个记者，BBC那个记者她是一个会讲中国话的记者，她在中国住了很多年，但是她长期做战争报道，还有一个CNN摄像师进去看了一眼，出来之后狂吐。当时跟我搭档的摄像师是周铭吉，我们俩出来之后狂吐，吐完了之后再进去。当你看到残肢破体的时候你就会发现，你如果不是一个记者，除非你是一个军人，你断然都不可能有那种机会看到那些场景。到了那种现场，你怎么可能迫使自己做出报道来？

让我感受最深的不只是你如何突破自己，而是找到你作为一个新闻人特别的自豪感，在你所谓的国际大媒体PK的过程中我找到自豪感。那时候我们一辆车就坐了三家媒体的记者，一度往里面深入。除了去了这个爆炸点之外，还去了一个民居。当时因为卡扎菲政府宣称，北约全都是误炸的平民的目标，所以我们到一个工厂的宿舍区去的时候，那个房子全被炸没了，前面全没东西。一些老外靠近海岸的地方自己家会有车，带那种普通的小划艇或者小汽船什么的，这些全炸了。突然我们就看到了一个座椅，BBC的记者拿起来就说，这个座椅什么什么什么，就说了一堆，反正大体的意思就是卡扎菲政府继续伪造现场，指责北约空袭，轰炸什么的。

当时巧的是我们的摄像师周铭吉在俄罗斯留学了很多年，俄语很棒。他就拿了一个座椅跟我说，你看这个座椅，这上面写的都是俄文。我说是吗，这上面写的是什么？他说这是一个飞机座椅。所以当时我们就很兴奋，因为如果是一个平民的地方，怎么可能有俄式军用飞机的座椅呢，一定是掩护在某个居民区的居民点被炸了。所以我就说，千万不要迷信西方大媒的报道，但是我们从新闻现场找来证据，我们能告诉你说，这是一个平民居住的地方，它居然有一个俄式战机的座椅。那你的新闻高下立现。所以，我觉得有的时候做记者，你会碰见很多迷信，除了对官的迷信、对神的迷信之外，包括对这种国外同行、对这种所谓的基因、对这种权威的迷信，你会发现做记者做长了，你会觉得你的内心慢慢地会强大，而这些东西通过你的报道，通过你去看世界的方式都会慢慢地体现出来。

这种自豪感和责任感会一直影响你，你要成为一个合适的新闻人，你会持续不断地有这种感觉。而且你永远都不要觉得你今天做的是一个小的新闻，当然，虽然我也经常会这样沮丧，但是你的很多东西还是在影响这个社会的走向的，包括影响人们的认知习惯，为什么有的人打开一定要去看看范冰冰有什么新闻，而有的人就愿意看看今天俄罗斯和中国发生了什么，或者明天"一带一路"发生了什么。你作为记者，你还是应该明白，你入这一行的初心是什么，而且永远都不要妄自菲薄。你做再小的新闻，有的时候都会成一个大事件的。

## 拉萨"3·14"报道

还有一个比较自豪的报道就是当年拉萨"3·14"的报道，而且拉萨"3·14"的时候我刚入行，我 2006 年进入凤凰，帮助曹景行先生做《景行长安街》。那个时候我是这个节目唯一的撰稿、策划、编导，等等。2007 年的时候，我被调到新闻组，在 2008 年就执行了几个大的报道，一个就是奥运会，一个就是拉萨"3·14"事件。

那时候我们就在街上出去跟人家聊，那时候还年轻，聊聊天就有人跟我们说，你看我们这条街，就叫北京路，他说你看这些墙上都有一些符号，现在我们不觉得什么，那时候涂鸦是很少见的，现在你在北京的大街上经常见到涂鸦。然后你真的发现那个被踹过、被烧过的门上都有那个符号。但是当时我们也不是特别确定，所以跟很多人瞎聊聊，基本上就印证了一个事实说，"3·14"之前被做上这个符号的，基本上都是汉民开的酒店、小商店，除了有一家店的防盗门特别好，其他的统统没有幸免。然后我们就把这个信息就到新闻里了，后来我们才知道，那个新闻播的当天，中宣部把这个新闻调了给公安了，这就成为他们破案当时特别重要的一个线索。

这真的是我在记者生涯里为数不多特别令自己自豪的一个经历，就是我觉得你真的能够发现连警察办案都发现不了的东西，而且也可以说其实是用情获取的消息，因为你是跟别人聊出来的，是站在别人的肩膀上去完成的。我觉得有的时候这就是新闻工作者的自豪感，你去呈现信息，而且你的信息能够产生它的实质价值，这个才是特别棒的。

## 所有人问一个人

Q：如何做好一个现场的出镜报道？
A：第一，不能突兀；第二，不能失声。我觉得最重要的是记者在这个画面中是一个不突兀的元素，就是你要成为一个能够提点这个现场亮点的人。

Q：如何把握在大型会议上珍贵的提问机会？
A：其实我觉得提问题最重要的是问的问题要适合你的媒体，首先，我给自己提的要求是，一个问题你问出去你获得的答案是你可以报道的，否则你就浪费了机会。其次，就是内容一定要符合当下最关注的热点。不要在乎这个问题是不是被提问过，如果你用合适的角度把它问出来，哪怕官员是支支吾吾作答，你都能做出很棒的新闻。

Q：你在战场上看到最震撼的画面是什么？
A：如果说浅层次的那一定是死亡，我第一次去战地就是在利比亚然后被政府的大巴带去一个爆炸现场，我看到被炸的人只有人皮。还有一个人一边骂一面抱一个小女孩过来，因为我语言也不懂，我就问翻译，这是什么东西？他说这是一个四五岁的小女孩。如果不是他们跟我讲，我都不知道是四五岁的小女孩，她就是一团胶质物，这种死亡对你绝对是震撼。但是再往深层次讲，就是战争里的人性的那种对比，比如，像我在一开始的时候，跟大多数的平民一样，都会陷入一种悲伤当中。但是当你看到军人，包括一些普通的人，他们对于枪和杀戮的无所谓是让你非常震撼的，你不知道到底是什么样的过程促使了人性的这种转换。

Q：作为战地记者，应该怎么去整理选取甚至评判战场上铺天盖地的信息？

A：其实有的时候你在现场并不像你想象的一样，每天面对的都是新闻富矿。在面对那么多信息的时候，最难的是你的事实是不是精准。比如说，交战双方给出的数字永远都是不一样的，这就是所谓宣传战。所以，你只能小心地去使用这些数字。

还有一个方法是你要用你看不到的信息去辅佐你看到的东西，还是那个最简单的例子，我们的酒店被炸了，那为什么要炸这个酒店？你可以通过呈现不同的立场和方法，比如说，有些人认为卡扎菲藏在这个酒店，但他为什么有这个可能性，他如果没有这个可能性又在哪儿？尽可能多地援引消息源。

Q：你当时去日本大地震核爆无人区的时候是什么感受？

A：当我站在那个海啸现场的时候，你不能说它是满目疮痍，如果换在任何一个国家，可能就完全是满目疮痍。但是那里被日本人归出一条一条的甬道，毁灭性的杂乱中间透露出那种整洁感，一点声音都没有了。你会觉得你处在毁灭的最深处，旁边有那么一两个人很孤单地在找着他们的纪念品，有一个老头去找的是家里的合影。但是你知道，在海啸过后都不知道哪个是你家的地方，你怎么可能找到那些东西。但就是那些人孤单地去寻找他们的记忆。一方面，是完全的毁灭；另一方面，是寻找哪怕一丁点人性留存的纪念，那种冲撞会给你特别大的震撼。

Q：你的这种女性身份在从事战地记者时会有一些优势吗？

A：肯定是有的，尤其是你在语言不通的战地的时候，有的时候你比较容易用你的亲和力去获取别人对你的一些独到的帮助。如果你是一个女性，你死缠烂打不太会容易被别人反感，但如果你是一个男性死缠烂打，估计安保人员就把你架出去了。

Q：作为女性记者，有没有遇到过待遇不平等的时候？

A：当然有了。在我特别想往前冲的年代，我的两个男性同事跟着军舰去索马里海域住了一个多月，当时为什么我不能去？因为当时军舰上不能有女生。而且我最讨厌的就是碰到不合理的安全人员，女记者竟然会被拦腰抱出去，那个时候我都后悔自己没穿高跟鞋，我不是一个穿高跟鞋的女性，我如果穿了高跟鞋，我一定会拿鞋跟一直踩他。

Q：**每次去危险的地方报道新闻，家人的反应是什么？**

A：这个完全可想而知，我记得我去日本的时候，就没有敢告诉家里人我是去那儿，我跟他们说，我要去上海出差。结果一下飞机到了东京的成田机场就要做直播，当时我爸爸看见了给我打电话，我不可能接，所以他给我发好多短信，都特别长，我都一直留着。短信里面说你对家里不负责任，你对孩子不负责任，你有没有想过核辐射是什么，类似的话就很多。但最终这么多年过去了，他们还是很支持我这个工作的。

# 林珊珊：
## 人人都会讲故事

《时尚先生》专题总监、主笔，资深记者，著名非虚构类写作者。

在《南方人物周刊》供职多年，所写特稿《少年杀母事件》荣获《南方人物周刊》"年度特稿奖"，而她当时只是一个大三的实习生，因此她被称为史上最牛实习生。2014年南方报业年度记者。

代表作：《少年杀母事件》《九号院的年轻人》《唐慧的漩涡》《小城拳击队》等。

我到这里来讲一下报道与故事。报道需要故事的能力应该多过于文学的能力，比方说我们有一些人可能文字功力不是特别好，但是并不妨碍他去讲一个特别好的故事。我认为故事的叙事原则是用于所有媒体的。

我想先讲一下为什么故事会吸引人，这个议题已经研究得特别多。有一个大脑分析的技术证实了人们热爱故事的本能。

> 人类渴望故事，热爱故事，新的大脑分析技术证实了这个观点。科普小说家史蒂芬霍尔接受了大脑核磁共振扫描，当他在脑海中构思故事时，他的右脑额叶上一个糖块大小的区域亮了起来。霍尔在为《纽约时报杂志》撰写的文章中，将位于额下回的一小块脑部组织命名为"故事叙述部分"。它与视觉皮质等脑部位相连，共同组成了霍尔所称的大脑"故事叙述系统"。

我之前就一直在想，为什么我刚进入媒体的时候就会很自然想要去讲故事，并且有讲故事的冲动呢？人类的故事有没有枯竭的时候呢？它是我们这个时代的潮流还是会一直兴盛呢？

我看了一本书，叫作《故事技巧》，里面讲道："故事已经是我们本能的、生活的一部分，我们以叙事的方式做梦、回忆、期待、希望、绝望、相信、怀疑、计划、修改、批评、建构、闲聊、学习、憎恨和热爱，所以故事是无处不在的，甚至我们生活的本身就是一种叙事。"讲了那么多，那究竟故事是不是特别难讲的？其实我也不是要故意谄媚大家，但是确实不难讲。《故事技巧》的作者杰克·哈特（Jack Hart）讲了这么一个观点，因为在他过去25年的非虚构写作生涯中，他有这么一个观察：

> 过去25年的非虚构写作生涯中，我还有一个发现，那就是成功的大众故事写作，既不需要作者才华横溢，也不需要老练笔法。我经常发现一些作家，他们毫无叙事经验，却掌握了叙事的核心原则。
> 
> ——《故事技巧》作者　杰克·哈特

你们可以想象一下小时候在家里听爸爸妈妈讲故事，可能爸爸妈妈并没有受过专业讲故事的训练，但我们经常会被他们吸引住。从我们的童年开始，我们学习、生活、工作，这是伴随我们一生的技能，我觉得要做的就是把我们与生俱来的东西还原过来，然后加以总结，其实大家都可以做好这个事情。

## 故事的叙事模式

我相信之前各位老师讲的报道原则和故事原则讲得特别多，比方说，会讲视角、讲人称、讲结构、讲节奏，会有各方各面的叙事内容，所以这方面我觉得大家看看书就可以了，但我觉得最实用的是去了解故事最常用的模式，即困境与解决困境，挑战与应对。这是一个最基本的叙事模式。

那么这个困境和挑战是什么呢？这里面通常包括外部的冲突和内部的冲突。就像人与环境的冲突，人的主观愿望与现实的冲突，与自身性格的冲突。各种各样的冲突就构成了我们叙事的基本元素。因为你有冲突，那你就必须去解决它。本质上我们的生活就是一个困境解决一个困境，一个挑战解决一个挑战的过程。

打个比方说，我写的《少年杀母事件》，其实本质上来讲，它就是一个关于困境的故事。它的一个近的冲突就是少年跟他父亲的冲突以及少年所面临的挑战跟他父亲面临的挑战。我们接到这一个故事的时候，可以把他们的困境和挑战做一个什么样的分解呢？打个比方说，这个少年他热爱文学，但是事实上他并没有创作文学的能力，他没得到周围人的认可，然后他的父亲想要成为家庭的权威，这个权威是他在现实世界比较失败之后的一个寄托，但事实上这个权威并没有得到实现。那么在这样一种困境中，他们的主观愿望跟现实产生冲突，我觉得这就诞生了一个故事。

再比方说，写过的关于《线人》的故事，你去分析就会发现他心中有渴望去成为一个警察，但是现实中实现这样一个愿望是特别困难的。因为他小时候的成长环境和他后来的一些周遭际遇，就注定了这么一个人成为一个警察是非常困难的。这也铸就了他到后来发生的一系列的事情。所以讲故事就必须去抓住它最本质的困境。他最本质的挑战是什么，抓住了这一点，故事就大概可以展开了。

## ▎理解与主题

一般来讲，故事通常有一个主角。这个主角通常是一个人，但事实上主角也不一定是一个人。比方说去年写的《九号院的年轻人》，就是当时 20 世纪 80 年代农村研究机构，他们给我讲的他们一群人的故事。事实上这个故事的主角并不是其中的每一个人，而是这么一个机构，这么一段历史。事实上你可以把它当作一个故事的主题，围绕着它也可以进行故事的结构，所以故事是应用于所有的体裁和所有的媒体的。

对一个故事来讲，我觉得特别重要的一点就是理解与主题。因为我们在读新闻的时候，很多同学都问我你是不是有你预设的立场呢？一个媒体对一个所谓的故事是不是可以有一个立场？我的答案是你的立场是不可避免的，这种立场包括你的知识结构，这个结构就包括你所受的教育，你被塑造的一些理念，包括你的基因带给你的影响，这个基因也包括文化上的基因，包括你对人的一些模式，包括你的成长环境。各种各样的要素会造成你对所有的事情都会有一个前理解，我把这个前理解理解成是我们的预设立场。

在我看来前理解不仅是重要的还是必要的。当你拿到一个东西时，你必须用你的经验对它进行一个判断。在对它进行分析和判断的时候，你会产生很多悬念。那么采访的过程就是去证实、证伪又或者去修正的一个过程。经过这样一个过程之后你会对故事产生一定的理解，这个理解诞生了你的主题。所有的故事必然都包含一个主题，并不是说我们去写一个人物写他的前世今生，从他 0 岁的时候写到 100 岁，这样是一个简历，它不是故事。有好多人对于人物报道，或者说对故事的理解都是认为只要是线性的东西，只要有一个时间的概念，它就成为一个故事了，但事实上它什么都不是。故事必然包含一定的挑战、应对，它有一个基本的模式，然后接下来你会有一个主题，这个主题就是故事所要表达的内容。

第二就是主题，也不仅是我们所说的新闻报道的角度，它更是你对故事理解的深度，这个深度就注定了你对主题的确定。《线人》这个报道其实就是一个典型的突发新闻。因为当时在 2011 年的时候，《南方都市报》有长达一周出现一个叫阿健的人，这个人发生了什么事呢？派出所把他举报的人给放掉了，他特别愤怒，然后就去举报公安还有警察。当时大家就十分好奇，这里面发生了什么事，所有的聚焦点都放在了公安上，大家觉得当地公安特别腐败，于是就形成了一波报道。当时编辑看到了这个题目，就跟我商量，决定报这个选题。我觉得在我们的工作当中，假若我们是从事新闻的话，大家也会经常见到无数的新闻选题，今天有人跳楼，明天有人自杀，后天有人杀人，但是这些所有的故事要怎样从各种新闻线索中去挖掘呢？打比方说，我们看到《线人》，其实从我们的本能判断上来讲，你会觉得它有吸引人的题材。那你拿到这个题材，你可能还没有形成一个故事的概念，但是你就会有一个本能的反应，就是希望去了解究竟这个隐匿的群体他们这个行业是怎么运作的。你可能会想去做一个揭秘性的报道，一开始的时候我也没有很深的理解，那我可能就抱着完成工作任务的心态以及满足一点点的好奇心，在这样的驱动之下，我就去采访了这个人。

当我去采访的时候，我前后追踪可能大概有十多天，随着故事的发展，我对他做了一个访谈，这个时候你才形成一个故事。这个故事是什么呢？简单来讲就是他过去的愿望是想成为一个警察，这个渴望支撑他做了很多事情，因为他没法成为一名警察。那他最接近的方式就是成为一个线人，成为一个线人之后，也给他带来了很多现实利益。那从这里，我就会去展开这个线人和警察的关系是怎么样的，跟他周围的一些边缘群体他们的关系是怎么样的。你在这个过程中会去考察他，故事会慢慢地发展。你在观察的过程中，线人就会发展他的性格，比方说，他特别地喜欢展示他自己，因为他一直是一个被压抑的人。他在这种风口浪尖之下还能去见贩毒的人，还跟我一块去见那些兄弟，甚至还表演他的一次行动。但是最后这个人被警察抓了，这样的话就已经形成了一个很完整的故事。

他首先去举报警察，然后中间经历了一系列的事件，你通过后期的采访把他过去的经历，把各种规则，把对这个行业的观察穿插在其中，最后的结局是他被刑拘了。被刑拘的过程就形成了一个变化。

## 挖掘故事的意识

我们说变化是一个故事最核心的东西，从你开头写到结尾你不可能是一成不变的，通过你采访的过程，《线人》就形成了一个故事。但是并不是所有的人都会抓住这样的机会，我觉得去写这么一个稿件其实是并不困难的，只不过是我们看到新闻线索的时候，我们没有这么敏感，不会想说它可能是什么样的一个故事。虽然它还没有完全成型，但是它有一个框，所以需要我们时时刻刻有一种故事的意识，关于想要去深入展开他人生活的这么一个意识，带着这样一种意识去工作，那我觉得你找到好故事的概率就会高很多。

打个比方说，像《九号院的年轻人》这个做一堆人。有人就问我为什么你要写王岐山？事实上是这样，你可能会在历史书上翻过这段往事，我们所有的人在读高中的时候有政治课都会讲到家庭联产承包责任制，所有人都会背诵这个东西，然后会考试，这对中国是一个特别重要的东西。我们读到这个东西肯定会有敏感性，但是后来你读历史的时候会发现这样一段历史事实上也可以跟当下结合起来，也可以发展成一个故事。你可以发现在这样一个看似枯燥的背景下它背后都有些什么人，有一拨人都是在这里面成长起来的。

当你去挖掘这一段已经死掉的历史之后，事实上你就可以通过里面人物的发展去赋予这段历史新的生命力。当你带有这样一种主题的意识去思考的时候，你就很自然地希望把这段死掉的历史发展成当下的故事。这个故事是什么？就是以人物为连接的所谓中国改革的起伏与动荡，你可以通过一段历史去表达一个主题。

顺便讲一点，当你写一个过去的历史你怎么表达出来呢？因为在当时，王岐山是一个特别热门的点，各个媒体都去做他的新闻。其实你也知道，中国的时政人物是特别难做的，通常要不就是官媒的文章，或者是干巴巴的报道。在这样的情况之下我们当时做了一个封面人物是王岐山，我们的另外一个记者做了一个特别扎实、特别好的报道，是写他本人的，但是我觉得对于一个封面来讲可能还不够，可能还需要另外一篇文章去补充它，所以就有了这篇文章:《九号院的年轻人》，也有了这么一个传播点。当时和编辑商量好热点和结合点之后，没有想到这么一个1.6万字的文章，这样一个关于讲历史的报道居然传播得特别广，所以我觉得可能跟我们挖掘故事的意识是密切相关的。

## 唐慧的故事困局

再打个比方说，当时我们写《唐慧的漩涡》。因为唐慧这个热点持续了几年，我接触她的时候《南方周末》也发出一个报道，这个报道引起了十分大的争议，比方说，对于它新闻的平衡性，关于展现她不好的一面可以吗之类的争议。很多人说这样的媒体是没有道德感的，媒体应该监督公权力，你不应该去展示底层人物她不好的地方，所以争议就非常大。就因为这个争议，它反而比较吸引我，那这个时候你写稿子就会关系到你对一个主题，对一个新闻，对一个报道的理解。比如，前期对于唐慧，我们可能会聚焦于她女儿的案件是不是一个特别悲惨的事故，然后或许会关注到劳教，比如说，唐慧怎么掀动劳教这么一个讨论的热潮，比方说上访。其实你可以从各种各样的角度去理解它，但是直到《南方周末》把这个报道发出来，你会发现你写唐慧案的时候是不可能没有角度的。因为你写每一个角度，对你所有的部分的真实，都会变成不真实。那这样一个理解之下，我就觉得写这么一个案件我必须要写一个群体性的视角，只要这个视角才能展现出来当下中国的这种困局，只有当各种困局在一块，它们相互发生联系，你作为一个整体，那你才能够真正了解这个故事的核心，这就是我对于唐慧这样的一个选题的判断。

当然表面看起来我是把所有的东西都写了，但是仔细看，它是一个不可分割的故事，它这个故事带出另外一个故事，就好像一个车祸带出另一个车祸一样。你去写它的时候就会发现它特别有意思，发现它成了我们现在关注中国的民间舆论与公共治理之间特别的案件，一个我们能够观察它的案件。所以当你看了很多素材、很多案件的时候，你就必然会去思考它，在这样一个思考的时候就会形成一个主题，你就可以带着这个主题去报道。这个案件可以再具体地讲一下，因为我觉得这个案件还是比较重大的，可能是前两年最重大的新闻之一，我当时写的时候，我考虑到了唐慧这个案件给我们展现出来的几个问题，后来我去对它进行一个拆解。我拆解的方法是把它两年内所有的新闻都全部找出来，然后按照时间线索，全部排列下来，把所有参与到的这些关键人物，关键的微博全部罗列，所以整个文档是非常大的，可能做得有一个多月的这种梳理。梳理完之后我就会发现，整个故事是由几个困局构成的。第一个困局就是关于唐慧的家庭，有好多人批评唐慧是一个说谎的人，那么这个时候你就应该去考察她怎么样，她的家庭是一个怎么样的家庭，她的生活经历怎么造就了她，她这样的一个经历有可能会对她女儿的案件带来什么样的影响，这个可能是我要去考虑的地方。那么，在这个困局当中，我们就提到了刚刚讲到的那个冲突，唐慧自身的个性和能力跟她的环境是存在一个冲突的，所有人去采访她都发现她是一个特别聪明的人，虽然她并没有什么文化，她只读到小学三年级，但是她的学习能力特别强，她个性也特别强，自制性也特别强。当你去考察这样一个人的成长环境时，你就会发现她的个人能力同环境能力存在一个特别大的冲突，我觉得这个冲突就构成了故事第一个困局：关于唐慧和她的家庭。

第二个就是她女儿的案件，其实有好多人写唐慧这个人的时候，说我是写人物的，我没必要去关注这个案件，我只要如实地写她就可以了，但是事实上当你要判断这样一个人物的时候，你没有一个对基本事实的判断、没有对核心事实的判断，你是不可能对这个人有一个真实的理解的。

假如说她的女儿是假的话，那么她很多情况就变得不可以理解。如果她的案件是真实的，那她是非常悲惨的，无论她表现得多么糟糕，你都会觉得她有可理解的地方。所以说，我们去做一个人物报道的时候，我们不可能离开对核心事实的判断，凭空去写一个人物的。在这样的一个基础上，我觉得我们必须去关注她女儿的被迫卖淫案，我透过唐慧在她女儿发生卖淫案的地点"柳情缘"对面居民楼凿出的小孔，看到店面以及过往的场景片段。这部分可能是整个报道的核心，"乐乐案"是怎么回事？这更为复杂，涉及到报道平衡性，涉及到新闻真实、客观真实和法律真实的关系。

2013年《南方周末》报道发表后，业界热烈讨论着关于平衡性问题，一种意见认为每一则新闻稿要做多方平衡，甚至呈现各方陈述的篇幅也要均衡。还有另一种意见认为，新闻是一个大生态，既然前面铺天盖地的新闻都只有唐慧一方的声音，那么这一篇呈现另一种声音，事实上是对整体性失衡的纠偏。但也有人反驳，并不是所有的读者都会把所有的稿件看完，应该在一个稿件里面实现它的动态平衡。《唐慧的漩涡》一个基石是对案件真相的探讨，如果没有这些探讨，就是各种混乱说法的呈现。我花了很大力气去说服当年"柳情缘"的性工作者接受采访,她们毕竟不是当事人,可能是相对客观的视角。其实她们站出来讲话压力很大,有一些已经结婚了,站出来讲述是要冒风险的。唐慧女儿的自述我也引用了一些,毕竟她在案件中是受害者。

从"柳情缘"性工作者讲述的逻辑来看,如若不是唐慧执着、不是公众关注,发生在乐乐身上的事就是她们所经受的故事中普通的一则。这些青年男女缺乏法律观念,按照那个小世界的规则和价值观行事。

所以,你觉得唐慧的女儿遭受到了特别糟糕的对待,但是你放到当地的环境之下呢?你又会说它是特别糟糕中比较不糟糕的,就拿一个案例来说,这些去卖淫的人,她可能就是为了去堕胎所以去卖淫,所以卖淫也不是特痛苦,她久而久之就会觉得卖淫也挺容易赚钱的,然后跟店老板发生了特别好的感情,这个卖淫点就发生了一种特别特别奇怪的企业文化。你要去考察这样一个案件的时候,你必须要把这个案件跟她周围的环境展开来,展开之后你才会对这个东西有一个理解。

我说的第三个困局就是关于信访制度和社会动员模式。我们知道唐慧她不能接受她女儿的一个状况,然后她就去上访了。在上访的过程中有一些人说她遭遇特别糟糕,比如说,截访黑监狱,她确实也遭遇到了这部分,但是她同时又利用了它,所以你对这些做一个细致的分析的时候,你会发现,这个庞大的维稳体制最后让执行者和执行对象唐慧形成相互斗争又相互依赖、既痛苦又需要的扭曲关系。你可以通过这样一个过程去展现十年来国家治理和民间参与的问题。

还有另外一个困局是关于这个新闻。比方说,为什么《南方周末》报道出来之后会引起这么大一个分裂,它体现的是在过去的动员模式中,中国的民众是没有参与博弈的,过去是通过报道和新闻的力量去参与,现在你在民间动员的时候,你会发现民意的聚集它是没有一个系统性的,它有不可控的因素。这种不可控的因素造成了它其中很多道德的瑕疵,当这个道德瑕疵被人抓出来的时候,它很容易通过我们所形成的这种民意参与模式产生了分裂。所以《南方周末》为什么会有那么大的争议,我觉得就是因为十年来"孙志刚事件"形成的新闻模式到后来难以为继了,它体现了特别深刻的新闻困局。

最后唐慧怎么去解决这个问题呢,唐慧跑去拜毛泽东了,你会发现最后又重新回到了一个伟人身上,然后慢慢这个故事它就有一个变化。最开始进入的时候它处在一个变化的阶段，劳教制度废除了，我们会认为是一个光明的结尾，然后你把这个光明的结尾作为整个故事的一个开端，你去展开这个故事，在故事的最后你碰到了你新闻采访主角，然后她去叩拜毛泽东，那我觉得这就是一个相对完整的故事链条。

> 11月的永州，晚上有些阴冷。张杰中午喝了酒，头晕，几个菜端进客厅后，就到过道抽烟。不一会，拿着手机走进来，给老婆唐慧看新闻，"劳教废除了"，高兴又腼腆。唐慧低头吃饭，有克制的笑意，细声说："你到网上播给我看看。"
>
> ……
>
> 我也很难回答她的疑问，只是劝她要相信法律。当我向唐慧告别时，她再次盯着我，问我要去哪里，柔弱中有理直气壮，似乎不回答就是隐瞒欺骗，不可告人。很多时候我不喜欢这种被盘问的感觉。但我还是告诉她，接下来我要去韶山冲采访，因为12月是毛泽东120周年诞辰。大眼睛立即放出光彩，"真的吗？有时间我也回去看看，他也是一个农民，可他是那么伟大。"
>
> 12月25日，毛泽东广场熙熙攘攘。我遇见了唐慧，那时她站在献花处，告示牌上的价格一目了然，仪式1000元，鲜花99、299、399。涌动的人潮里，她左顾右盼，执拗而迷茫。
>
> ——《唐慧的漩涡》

所以说我们要怎么去理解一个故事呢？首先我们需要一个前理解，前理解会让你形成一个模糊的主体，形成一个模糊的主体之后你会进行十分细致的一个采访，等到采访完之后你会形成相对确定的一个主题。但当你的主题确定之后其实就是进入了我们要以什么样的形式和结构去表达它。

打个比方说，几年前有这么一个新闻，一个妇女把她的小孩扔到了河里面，然后杨斌这个检察官就想去起诉她，但最后的时候他非常同情她，为她辩护，认为母亲杀死她的女婴是有一个特别深刻的社会背景，辩护之后就引起社会特别大的讨论，人们都说他这么一个人物败坏了法律的公平和正义。你看到这个新闻的时候你会发现它是有冲突的，那我们该怎么样去理解这样一个故事呢？

你最后会发现,这个检察官跟他所救赎的这个底层、杀掉小孩的妇女他们之间最本质的问题是阶层的问题,是一个阶层想去救赎另一个阶层,是跟自我救赎有关的一个主题。当你通过你的采访确定了你的主题和形式之后,你就会希望写一下这个检察官的故事,写一下这个底层妇女的故事。

他们的故事我是让它们相互交叉的,这个故事的开头是这样的:

> 2005年7月20日,一个闷热的夏夜,四处静悄悄的。凌晨,出租屋里,9个月大的女婴使劲地蹬着摇篮。她已经生病好几个月了。母亲起身安抚她,喂她吃米糊。睡下不久,她又被烦躁的小女孩吵醒。3点左右,女婴再次蹬了起来。
>
> 母亲睁开眼睛,坐在床沿,看看身边沉睡的丈夫,啜泣着。逼仄的小客厅里躺着一家五口,被浑浊的燥热紧紧包裹。
>
> 过了一会儿,她抱起女儿,走到广州车陂河涌边,将她丢了下去。
>
> ——《救赎》

之后这个检察官就看到了这个小女孩的照片,对她十分同情,他准备去起诉她,到这里这个故事就有一个发展,然后你去捕捉两边的叙事,最后他们有一个命运交叉的效果,到了最后的时候我是看到他们去祭拜她女儿,两个人手牵着手从河道里走出来,其实这就是一个特别简单的故事模式。

> 祭奠完女儿,杨斌扶起周模英,两人往回走。桥的另一边,周模英伫立、回望。
>
> 许久,她缓缓回过头。夜幕里,两人十指紧扣,沿着漆黑的河岸,走了出来。
>
> ——《救赎》

但是它是有变化的,从一开始很绝望,到了最后看起来是挺有希望的。

## 如何将普通的内容变得有趣

我觉得形式是由内容来决定的，这个形式也参与到了你的主题当中，你采用了什么样的形式，就包含了你对这个主题的理解。我还写过一篇文章叫作《小城拳击队》，其实听起来也特别普通。有一个拳击手在他们的一个小县城里教小孩打拳击，听起来你就觉得好像是一个人去带小孩的一个故事，但是他还是有吸引我的地方。我会觉得拳击它是有魅力的，因为是肉体的搏斗，所以故事是非常有张力的。

经过十多天的采访，你就会发现其实对于他来讲，有一场比赛是转折。当时他已经不太可能成为一个特别优秀的拳击手了，他回到自己的小城，但依然很热爱自己的事业，于是，他开始带一些山里的小孩打拳击以此来改变自己的命运，结果成为一个小县城里面所有人的英雄。在这种英雄的光环之下，他有了一个机会，他可以去参加一个世界挑战赛，他觉得他只要去打了，打赢了，他就会成为这个小城的英雄，他带着这样一种愿望去打比赛，那时候小孩都非常崇拜他，认为有他们的教练就一定会赢这场比赛。之后这场比赛开始了，最后，在这个县城里边他跟一个日本的19岁年轻人对打，被打得很惨，县里的人都说你居然被打败了，输给了小日本，反应非常糟糕，他们的小孩突然发现原来心目中这么伟大的英雄在我面前这么惨，就开始对他拳击的前途产生了怀疑。

这个故事之前也有一个人拍过纪录片，我看到它的时候我没有看到全部的内容，我只知道有人拍，我知道这个纪录片讲述的就是这个人的故事，最后是以这场拳击赛结束的，这个拳击赛是他整个人最后的一个点。那么我觉得我去采访这个拳击赛就要成为我一个故事的开头。在这场比赛的过程中你去穿插他们各自人生对于拳击的理解，对于命运的一个理解。最后收尾的时候，从比赛的开始所有人都愿意去，到后来所有人都发生了一些变化，这种变化你会觉得并不是那么强烈，但你仔细看它的人物时，它内在的冲突是十分强烈的，并且这个冲突感伴随了整场比赛，伴随了整个故事。所以我最后就只写一场比赛，写了差不多有1万多字。如果只是一个新闻报道的话，这场比赛肯定是不足以支撑那么多。如果你从体育报道角度看的时候，你就会发现它的延展性特别深，你写的不仅是拳击，而是一群人对他命运的理解，非常强烈、非常美好的愿望和他现实的冲突与落差。

包括之前写的《线人》，它们是我经历的比较激烈的新闻，你在这种不断跟进的现场中它每天不断变化,所以我们在去采访的时候,不要特别轻易地看到什么就交稿,而要沉下心来。虽然那个时候我压力很大,因为《南方都市报》每天都有一个头版出来,持续一天的头版,我却一个字都没有写出来,但是你还是要有耐心,而且要有信心,当然也要做好失败的准备,你最大的失败就是你可能没有完成一周的新闻任务,但事实上你有这样一个耐心去观察它,每天不断地去跟进它,这个故事自然会呈现出来,这就是去追踪一个故事的过程。

我在三个月前刚刚写了一个题材,标题叫《擒抱》。《擒抱》就是写重庆的一群中青年男人去打橄榄球,你听起来也会觉得,如果是在重庆当地网站写报道的话就是一个200字的报道,但我最后写了有1万字。我是怎么发现这个选题的呢?这个选题确实是已经有了,一个美国人跟了他们一年,然后做了一篇报道,这个报道在美国《新共和》杂志登出来了,出来之后被索尼公司买下,决定要拍出一部好莱坞的电影。很多中国人写它的时候都被这个吸引去了,写的大多是这个《新共和》杂志故事的翻译版,然后就发了,也可以写几千字,其他的媒体就写一些小消息说,我市有这么一个很牛的队伍,要被拍成电影了。

但我还是愿意去跟进这个新闻,写出一个跟之前好莱坞拍成的截然不同的报道。之前的故事是一个美国的大学生以前在大学里是一个橄榄球明星,肩部受伤了不可能去参加职业比赛,就来中国当一个访问学者,当访问学者觉得特别无聊,就想打橄榄球,结果发现重庆居然就有人在打,但是特别业余,于是,他就去了,去了之后他就教他们打橄榄球,还说要成立一个中国的联赛。然后,各个城市的中青年人就组成了各种业余的橄榄球队,在前年的时候他们就开始比赛了,这支最屌丝的重庆队在美国青年的带领下夺得了冠军,写成了一个励志故事。

这其实就是好莱坞很常见的关于橄榄球主题的电影故事之一。你看到很多这样的电影之后,你很可能就会有启发,就认为我可能写的是中国青年和美国青年融合的故事。但仔细去想这个主题,你会觉得你写的是一个中国青年他渴望的生活,他在这么激烈的运动中他渴望去得到什么东西,然后和美国人的文化交往之中相互之间融合了什么,学习了什么。我带着这样一个议题去想的时候,我会觉得说这个故事可能是有深度的,然后我就决定去了。去了之后我跟了他们一个赛季,大概跟了两个多月,中间断断续续从北京到重庆去了很多次,所以是一个一直在变动中的故事。

这个故事的主要线索是他们要去挑战去年打败的冠军,因为去年打败的队伍其实一直是最强的球队，从这个对决开始，让他们成为我的一个线索去写它，当然他们今年惨败了就不是一个励志故事了，但是并不妨碍成为一个好故事，反而可能还显得更有张力。

当你写一个橄榄球故事的时候，它的元素是什么呢？参加的人有谁呢？其中有一个参加的人以前是做城管的，到后来觉得做城管很没有意义，然后就去做别的了，反正生活很艰苦，找不到什么希望。在这种比较低落，找不到寄托的情况下，他参加了橄榄球队。还有另外一个人是副镇长，政治上特别有前途，最后还当上了副处长，但是，经过了重庆风波之后，他就觉得这也没什么意义，然后就去参加了这个橄榄球队。里面还有一个富二代，特别有钱，他奶奶在他们市特别有名，他妈妈是当地特别有名的企业家。富二代去打球是因为什么？因为他觉得他在家里是被压抑的，他从来都不能证明他自己，从小都是在父母的庇佑下长大的，从来没有成人过。通过打这个比赛，他想成为一个真正的男人，所以就去了。

由于这个球队里面有不同阶层的成员在一起，所以这里面有很多的故事元素。比如说，大学生渴望成为中国最好的橄榄球员；比如说，副镇长就特别地羡慕美国青年，因为他觉得他们过上了一种自由自在的人生，他们可以来游学，他们没有那么大的压力，家长没有给他们那么大的期望。他觉得他们想怎么过是按照自己的内心想法去过，但是他自己从小就被要求做一个优秀的人，要成为家庭的骄傲。家里人把所有的期待和资源都放在他身上，虽然他后来成为体制上还算有点成功的人，但是他是不开心的，他觉得他没有过一个特别好的少年时光，所以，他在跟美国人的对比之下也来打橄榄球。

这么一场比赛的过程中，把所有的故事元素都穿插起来，到最后所有人都变得跟过去是不一样的，他们都发生了变化。本身橄榄球就有很多强冲突、强动作，这个是一直贯穿其中的挑战和困境。比方说，他们要打非常强烈的冲撞，可是你不敢，那你要怎么去克服它？最后就通过一条故事线索把各个层次的东西串起来，这其实是一个特别有中国特色的东西，比如，富二代成为球队中比较重要的人，他希望官方去承认他，于是我们就把他引到了官方的路线上，所以在你长达几个月的跟进中，所有的故事都在变化。

现在来考考大家，如果你现在接到一个线索，线索十分平淡，说一个新疆的老知青去上访被抓了，我们可以写出一个什么样的故事呢？通常我们会这么写：某年、某月、某日这个人被抓了，被抓的原因是什么，他过去怎么样，他在哪一天怎么样，这么处理就写完了，当然还会再补充一些历史背景。你就会说，哦，因为他们是中国的某一代，这样的背景，你就交了一条新闻，但这就不是故事。

我应该怎么去处理它呢？我当时是这么拆解整个文章的结构的，我大概经历了长达两周的采访之后形成了一个结构。首先，第一部分我写一个老知青他去世了，去世的时候他向一个经常给知青团体送葬的人掏出了一件血衣，说这个血衣是被他弟弟打的。然后从这里展开他们这一群人，因为我的稿子名字叫《异乡人》，所以要反映他们的情况。他以前上山下乡在新疆工作了很多年，之后退休回到了上海，我就写了很多他们所发生的家庭矛盾，比如房子涨价什么的，好像看起来都是毫不相干的故事。其次，第二部分、第三部分就写这个上访被抓的人叫张维敏，写了她丈夫跟她的故事，这一代的故事是写他们知青一代，带出他们知青一代的历史问题是什么、他们是什么时候去的、在他们觉得不甘心的命运的过程中，他们进行了什么样的抗争、这个抗争是有效的、还是没有效的，先展开了历史之后再写她的二代。

你可以看到他们和他们的二代身上是有变化的。那对知青夫妇收到通知说去新疆的上海人，如果生了多个小孩，其中一个可以回到上海。刚好他们是双胞胎，一个叫张平，一个叫张钧。姐姐想去自杀，因为她考上特别好的大学，老师觉得她特别好，但是她父母说，不行，我要把这个名额给男孩。所以，他们叫"平""均"就会很讽刺，但是他们的选择会有一个必然的结果，这也是一个强冲突。

然后，我写了一个不相干的人，是另外一个知青的二代，这个二代也是家里有三个小孩，同样面临你要选一个小孩的一个抉择，但因为她是个女孩，长得比较漂亮所以她妈就说那没关系，你可以通过嫁人去获得你的上海户口，你可以再回到你的故乡，然后她就开始嫁人，之后她经历了大概有三四次婚姻，每一次嫁人她都是为了去拿到她的户口。因为带着这种不太健康的一种心理进入了家庭之后，她同丈夫的关系就一直不好，然后她丈夫都知道自己看上她是因为她漂亮，但她只是看上了他们的户口而已。所以每段婚姻两个人经常相互折磨，持续了三四段感情之后，这个人也大概将近50岁了，最后还是单身，还是没有户口，我在这样的背景下去采访的她。其实这些人都是在历史的选择之下被影响的个人命运。在这样的一个背景之下，她母亲一直觉得很亏欠她，所以一直去上访。

到了第四部分我就开始讲被抓的张维敏，当时我没有讲她被抓，我只是讲这个人已经回到上海来了，她的生活是什么，她觉得他们知青群体面临什么样的困难，所以她选择开始去维权。在文章中去维权的时候，前面出现的人在这一章都有交集，包括我之前提到的送葬人、通过婚姻想得到户口的人的母亲等，他们都找到了这个人，成为他们的主心骨，所有故事交汇之后，我又把它再缓一缓，写到我去到的另外一个现场。那是一群看起来非常快乐的知青，他们天天在那儿跳新疆舞，他们是上海人，然后去了新疆享受不到上海生活，但是又没有过得很悲惨，所以他们选择去唱歌去幻想过去的一种美好的生活，天天过这样的一种日子。

全部讲完之后，我就回到了这个送葬人，这个送葬人看了这些人的故事后，他觉得他没有办法像他们那样自我欺骗，他心中还是有着很强烈的郁闷，他不太清楚为什么他的哥哥嫂子要那样对待他，要为了房子去向他要钱跟他打架，他也还是很痛苦。但是这个时候，我刚才提到会合的这群人都变得非常迷茫，迷茫的原因是什么呢，我就补述了原因说，因为这个主心骨上访被抓了，故事就结束了。

这篇讲故事的方式就跟最简单的讲故事的方式不一样，我们简单点就会说，这个人被抓了，发生了什么事，就这样去复述，但是作为我去采访这个故事的一个线索，一个原因，它被我安排到了故事的最后面，这个就是我一个结构的过程。

总而言之，我觉得讲故事的原理呢，其实都特别简单，大家可以去看很多理论的书，其中有两本书我可以推荐给大家：一本是麦基的《故事》，还有一本就是《故事技巧》，它里边也讲了很多故事的原理和原则，我觉得大家都可以去看一下。

## ▍捏造、合理想象与重构故事的风险

好多人都问我说你觉得合理想象的成分是什么，我们是否可以去虚拟一个情节去增进我们文章的构成，答案肯定是不行的。但是又有一些人问说，你是不是说并不相信客观真实，只相信本质真实，又或者说整个世界在我们的想象中只有主观没有客观。这也是我们一直在讨论的问题了，但我觉得这跟新闻没有关系。新闻主要在客观事实的一个层面上进行讨论就可以了，你并不能说因为所有的真实都是主观的，所以客观的就是不重要的，那我就可以随便去约，随便去写，感情真实就好了，只要我主观意愿真实就好了，这样肯定是不对的。

区分真实就有三个维度：一是捏造；二是合理想象；三是重构的风险。捏造就是一种特别简单的造假，就是这个故事不存在，然后你就捏造了整个故事出来，或者捏造了故事的某一个情节，那这种很明显、很低级的错误是不允许存在的。

还有一种是合理想象，比如每个人早晨起来都要照镜子，所以你就写他早晨起来照镜子，你并没有采访他就说"我的想象是很合理的"，因为每个人起床都要照镜子嘛。我觉得这种也是不应该存在的。你所有的采访和所有的细节都要有依据，虽然说你可能会付出一些比较高的成本，比如说，会问很多细节，问他你起来照镜子了吗，可能他会觉得很奇怪，因为一个正常的记者不会去问他这些问题。他是一个患了癌症的病人，他跟我确认说：你是问我照胃镜了吗？然后我就跟他说，不是，是照镜子。再加上他是讲粤语，我是讲国语，对他的采访整个沟通特别不顺畅，光我问他早上有没有照镜子这个事情就问了半个小时，最后他才理解我问这个问题的动机跟目的，他说对呀，我照镜子了，那又怎样呢？我说，没有怎样，是因为我写故事需要这么一个细节，跟你核实一下。所以你看起来特别小的那些东西，其实是需要你做非常细致的采访的，这些采访可能没什么意义，但你有时候问了一个小细节，你为了饱满一个故事的细枝末节，你要付出可能是一般采访的三四倍的时间去获得这样的东西。

还有一个叫重构故事的风险。重构故事的一个风险，就比如我去写的这么一个比赛，我要去赋予这场比赛意义，那么这个意义有这么重要吗，是不是这个就是全部的真实呢？

在把别人的一生浓缩和重新组合的过程中，它就有了一个新的意义，这就是语言重新组织的问题。那我们的故事其实也一样，一个人一生中发生了当然不止100件事，我们无法模仿一模一样的环境，但是风险是我们可以努力去降低的，这就取决于你对真实理解的深度，取决于你采访的深度。当另外一个我觉得可以做的就是在我们的技巧上，比如说交代信息源，比如这是一个强烈冲突的现场，但你并不在场，那你可以重现它吗，我想这是很多人去质疑少年杀母这件事的原因。当一个冲突发生的时候，你并没有在场，你可能是通过你的采访得来的，那你是否应该交代你的信息源，我现在回答，我觉得是应该的，因为是它这么一个强力的有戏剧张力的东西构成你的核心情节，你再现的时候你还是应该把这些信息源交代出来，可以呈现一个更为真实的东西。

当然，我们不能说我们在现场信息源就一定能证明是客观的。没有绝对的客观真实，这只是一种形式、一种程序的客观真实。因为第一，你这个程序也可以是捏造的；第二，你这个程序指向的一些客观的东西也不一定是真实，我认为大家提出这个问题的时候好像就是有一种误区，把这些程序上的东西就理解为客观真实，没有这些东西就证明它是主观的，是捏造的，我觉得并不是这样的。其实无论怎样都可能存在着不是真实的一个风险，这个风险是由我们来把控的。

最近我们的主编跟我说遇到这样的情况取其轻，就是一个报道出来别人会不会说你写得这么生动，那你的证据是从哪来的？我为什么要相信你呢？可能会让人产生对于你这个故事的怀疑，你这样的怀疑对于你报道的损伤是很大的，你还不如说交代你的信息源，交代整个在场的情况，交代这个过程。后来写这个唐慧的时候，我就一直在展现我的在场。最开始的时候我就在场了，我出现在她的家里，之后我又显示说我跟她一起去她妈妈家，我是在场的，之后我又陪她去卖花，所以我是一直在场。然后，比如说我在长沙见了谁、我在北京见了谁、我在广州见了谁，各种相关的人我都写了我见了他们，所以我觉得这个在场的展现是比较充分的，后来传播起来也不会说你这个人一直在场你就阻碍了阅读的流畅性，其实还好，并没有这么严重，因为这是一个非常核心的调查。包括说她女儿和这个案件究竟是怎么一回事，我在这里面都用了许多直接引语，比如，目击者怎么说的，唐慧怎么说的，或者相关人怎么说的我都说了，那我觉得即使我们要做到这种形式平衡的情况下，你也不能把所有的判断都罗列上去。我把什么东西都写下来，你也不可能把所有东西都搬上去对不对，你采访的人录音有几个小时你也不可能都放上去，你一定要讲他们最核心的东西，这些都要去表达出来，你就需要有一些判断，比如说，一个客观中立的人他说了什么，这个相对中立的人就变得特别重要，这个重要就会使你对各种人的呈现形成这样的一个判断，我们就要把我们采访的各种说法呈现出来，然后，他们会有自相矛盾的一些地方，所以通过这样的一些形式，事实上是可以让一个人有一个倾向性的判断。

但我并不是说我们这种倾向性的判断是主观捏造出来的，并不是说我要为他们说些话，而是说通过我们的采访，把理智和逻辑的过程以及这个判断结果呈现出来。我最近写了一篇特写，这个特写的题目就叫作《教父最后的敌人》，因为我几年前采访了一个黑社会老大的一生，但我现在看起来这个报道像是个行业报道，就是讲这个香港的黑社会老大是如何成为这个老大的，以及在香港这些老大之间的竞争啊，我们这次写了这个《教父最后的敌人》，说的就是这个强人他变老了，他得了四种癌症，他切了六成肝、大半个胃，然后摘掉了胆，还有把一大段肠子割掉了。这样的一个人在这样的一个情况下，各方面都受到了挑战。所以我就是写了这么一个故事，一个用身体打拼了这么多东西的人，在他的暮年，他最渴望的是什么东西？他挑战什么东西？我们怎么去应对它？实际上就是写了这些东西，这也是得到了一些信息源嘛，有一段就是写他一个人在家看电视，他确实比较孤独，老婆也离婚了，他的四个小孩也像原来他年轻时候一样去叛逆他的父亲，就在过节的时候他的小弟也死得差不多了，他就自己看探索频道的一些奇闻逸事，看地震啊、火灾啊各种各样的事情，文章前面我就在描写这些事情，当时我前面写了一段是关于除夕夜的一个封闭的场景，可能读者这个时候已经开始质疑了，他除夕夜在家干什么事情你是怎么知道的呢，我肯定是采访他去了，肯定不是捏造的。所以，我们得强调一下这个信息源，后来就改成了这些夜晚，一闭上眼睛，往事就浮上来，在我脑子里闯来闯去。我就说，他说这是他告诉我的，文章的第二段就开始交代这个信息来源，这可能会打消读者的一些疑虑，包括这个故事是不是你虚构出来的啊，除夕夜他还一个人在家好像在讲电影一样，但其实这就是他描述出来的。

　　但老实说，比如说写第一段就这么几句话，采访的时间可能是一个多小时。因为他可能会讲得散乱，讲得很多，各种各样的信息汇合。这可能也是一件好事，因为大家可能会觉得你写得太详细了会产生疑虑，所以我到了最后一章的时候就说他去参加一个复查结果，因为他最后还剩下一点胃，那个胃又复发了，然后肝切掉还剩一点肝，那个肝的炎症也复发了，治疗完之后，我要去拿他最新的结果。他就要去复查然后电疗，去电疗之前，因为他已经抗癌抗了十多年到最后已经觉得很累了，所以他选择去了另一个地方，这个地方就是他第一个小弟被砍死的地方，他对此地特别有感情，觉得他们当时特别厉害，徒手在这个地方建立了一个新势力。后来他看了一下，感慨了一下，就开车去了另一个地方，去的是一个麻将馆。那个麻将馆是他当时的成名作，因为当时有很多去挑战那个麻将馆，然后他就带着那些小弟跟人搏斗，就把他们那些人杀掉了。

　　他一路开过来，看到当时的工厂都拆迁了，当时吃饭的地方全部都没了，都变成高楼大厦和购物商场啊之类的地方。最后，他去医院进行电疗，电疗的时候是被那个车给推进去的嘛，他一看，感觉这可能就是他的未来，一路上就说时间淘汰了我啊，一直觉得很感慨。其实你跟他聊到一定程度之后，他会告诉你他最真实的感受，你会觉得描写很细致。

　　你就看我写了一段说：

时间淘汰了我，又像一个个镜头不断冒出来，他坐在候诊室，看着一个个病人抬出来，他们还醒得来吗？

这会儿观众会想，你怎么知道他的心里呢，他们会有一个疑问，所以，我必须要有一个现场。讲完这个之后，刚好这个广场有一个现场。这个现场他当时给我看了一个视频，这个视频是一个老香港人，20世纪50年代的香港人。当时他刚刚偷渡到香港不久，所以我后来的大标题叫《江湖渐远》，就是写江湖的消失，我也要讲一点江湖的时代变化。讲到这里的时候他就想起他爸爸，他说起他爸爸的时候他突然就哭了，故事的最后我跟他一起去复诊，在拿材料之前，我看到街上有好多宣传基督教的海报，我就问在你最虚弱的时候有没有信过神，他当时给了我一个特别有意思的回答，他说有一天晚上有一个医生跟他说，你是拿刀的我也是拿刀的，我们有一个共同点，明天你要做手术了，我要帮你祈祷。他拒绝了那个传教的人，他说谢谢你的好意，如果好人也信神、坏人也信神，神对好人、坏人都保佑，那好人、坏人有什么区别呢？他回答我之后，我们就到达目的地了，然后他推开那个车，走进了那个诊所。

值得注意的是，在写一些人群的时候，你会写他们一些细节，这些采访比较困难，因为你所有的细节都是自己挖出来，有时候你都是不知道要问什么的，你要一直陪他聊，慢慢才会告诉你一些他的故事。我就采用了一些比如说怎么表现你出场的直接引语，当然这个做得也不太够，并没有一直都有引语或者现场出现。所以说，关于故事与真实，有些人一提到故事就说它跟真实不太一样。故事就看起来有天生的可疑，但我却觉得恰恰相反，我觉得只有足够深度的真实你才能构成一个故事，你对真实的追求越多你才能讲好一个故事，谢谢大家。

# 所有人问一个人

Q：我们很多时候采访是依赖于被采访对象的口述，但是会不会有这样一种风险，他说的东西符合他的形象，但他讲的是夸大的内容，我们如何避免这样的风险？

A：第一，文字工作的话他夸夸其谈你就听他谈完，因为他可夸的东西不多，你就耐心听他说完，但你不要配合他。他夸完之后你就结合你自己的采访需求让他夸到一定程度，然后，你就可以说我想起你以前讲过一个什么东西，把话题拉回来，自己不要被他带着走就是了。第二，就是从人物写作的角度来讲，如果一个人喜欢夸夸其谈的话，对人物写作倒是挺好的，至少他还有一点特点。

Q：像人物信息来源，你们是通过什么渠道知道这个人值得采访，你们的选题大都是从哪里找到的？

A：其实选题都是刷微博的时候得知的。像老知青上访其实也是大家不会怎么报的新闻，但刚好兴趣点在那儿你就做了，还有一些比如说纪录片导演，那你也就做了。有的时候，和不同行业的人随便聊聊天也就聊出来了一些故事。还有一些可能是论文，我们《时尚先生》之前有一个报道挺好就叫作《画地为牢》，这个报道怎么来的呢，因为一些人会经常读一些博士论文，那篇论文是研究社区矫正的，记者看了一下，觉得社区矫正可能会有些故事，社区矫正就比如说很多有钱人因为贪污所以被抓进去，但是判刑又不是特别严重，放出来之后就会放到社区里去帮助矫正一下，这里有一个制度在，所以他就去找故事。

Q：你之前提到的知青，其实是一代人的故事，你怎么去处理个体和群像？你会不会在细节部分去设计一些环节来反映这个个体命运？

A：我觉得如果你这个报道是要去反映一个个体和一个群体，或者是一个时代性，那你写这个东西的时候你就必然去探讨这个东西跟他这个体性有没有关系。比方说，那个很漂亮的女性，她觉得她要通过嫁人去获取上海户口，那当然就有一个背景是她没有户口，但是，这是基于所有人都渴望一个上海户口，群体压力和历史原因提供了一个会让她去做这种事情的大环境，虽然这并不能一定导致说我没有户口那我一定要选择这种方式去理解我的婚姻。我是觉得这是一定有关系的，但是我们不能说这是一个必然关系。

Q：所以，我们不能说是他选了A所以他们都选了A，只能说他选了A、他选了B、他选了C，但这些人是一个群像的原因是因为他们都面临这样的一个选择契机吗？

A：对，因为你看就像这种命运的时候我都会选取一个跟他们做出不同的，比方说，那个知青她会去上访，那我就会写一群去跳舞的人就是跟他们一样的人作出不一样的选择。我当时写的那个少年，当时也一样，就是说就像他在卖烧烤，并不是一定说他在烧烤就一定要去伤害人，就是说他相对，就是说他有另外一个卖烧烤的然后他混得很好，跟城管关系特别好，我会有时候希望去写一点其他的东西。

Q：刚才你提到的那个细节就是知青那两个孩子一个叫"平"，一个叫"均"，他们这代人可能因为父辈觉得没有被平均对待，所以他希望下一代人被这样平均对待，但是命运最吊诡的地方在于，恰恰要在"平"和"均"之间选一个获得这个上海户口，像这样的细节就很动人。那么当你在采访的时候，这些细节是出乎意料出现在你的眼前然后抓住，还是你会有意识去寻找这些细节？

A：有一些他确实也是"蹦"出来的。但是这种"蹦"出来不是说你随便撞，而是他跟你两个人的关系已经很融洽了，什么都讲，那他什么都放开的时候可能就会讲很多东西，里面就会有精彩的细节。另外有一些会寻找。比如说，有些故事会包含什么、挑战什么困境，怎么解决。那你就会想说，他是这么一个角色，那他有可能的冲突是什么，比如"黑社会老大"在晚年队伍会不会松散，松散的话他怎么去弄呢？他怎么去维持他的这个队伍呢？他的愿望是什么呢？当你有这种悬念之后你就会去问他，当你去问他的时候你就会试图得到细节，他就会跟你讲。假如这个细节不能用，但是你问到的东西还是会帮助你去理解他这个人，理解这个逻辑。

Q：那你是在什么时候确定这个人可以动笔写了呢？是在采访过程中慢慢确立起来的还是去之前就已经确立好了？

A：我通常尽可能多地做外围采访，但有的时候动笔写靠的是一种感觉。比如，一些采访对象会跟你讲一些很隐私的东西，当我觉得他开始讲隐私了，我会觉得有一种信任，但是这也不是绝对的标准之一。但真的会有一种感觉，打比方说那个线人，一开始你也觉得不是太可靠，但我通过他讲了之后去搜了大量报道，然后我又采访他周围的那些兄弟和他合作过的警官，当你采访的人比较多，你就会觉得他是真实的，他是确立的。人物丰满的程度是到什么程度呢，其实我也很困惑，但我有采访强迫症，就是我一定要采访到没有时间了才会停止。

Q：有的时候我们采访的东西很多，真正能用上的却不多，采访必然会耗费很多时间，那么到什么时候你觉得可以真正完成一篇稿件了？

A：我觉得真实是无限的，但我也没有办法一直跟踪下去。后来我没有办法了，就以截稿时间作为我一个判断的标准。但是那么多素材我怎么弄呢？我一般采访一个人回来，我就会很兴奋地跟我身边的人讲讲，其实你没有很多思考说你跟他讲什么，那你第一反应讲出来的可能是你觉得特别深刻的地方，然后很多都是我讲完之后说好了你可以退下了。

Q：所以当你采访完之后，你会先拿人际传播作为一个试金石，比如，我采访了一个很牛的人，我就得跟大家先说一说，就在吸引注意力的事情上可能两三分钟要让对方眼神不至于散掉，那就抓住了这个精髓所在，是不是这个意思？

A：对，而且其实好多话并不需要一些特别客观的标准或者一些行业的标准，有的时候真的是靠一些本能，就是你想啊，你每次想讲一个八卦的时候你是不是都兴高采烈、手舞足蹈讲给大家听呢？你拿出八卦的精神来写稿我觉得就差不多了。

Q：有的时候你写的东西篇幅会特别长，怎么去控制和把握整个文章的结构呢？

A：我现在搭的框架特别细。我现在写的时候会先搭一个细的框架，搭完框架之后可能会把这个放这，那个放那，当然有些人还是可以一气呵成，但是，这种我觉得偏调查或者涉及到很多材料的还是有点困难，所以，还是要对材料进行整理，然后，我就会把这种信息点归为各种小点，你把所有信息分档之后把它们变成你自己的语言。

Q：在完成采访之后你还能继续跟被采访者做朋友吗？

A：其实有的时候也是要看机缘巧合，你跟他做朋友他也不一定要跟你做朋友。我不知道你们有没有这样的经验，有时候你们去旅行，你们对一个旅行的同伴讲很多很多话，然后把你跟平时很多人讲的话都告诉他了，你就再也不想看到他了。有时候人进入一种深层的交流的时候不是技巧就能达到的，你们交流到一定的时长，这个逻辑如果一直推演下去他就一直停不了了，除非他有很强的控制力或者很强的防备心，但是，有好多人你进入到这个深度的时候你就一直这么下去了，太过深入的交谈之后，再见到就会有点尴尬。

# 余楠：
## 当我写娱乐圈时我写些什么

原《南方人物周刊》记者，独立导演。

代表作有：《吴秀波 演戏就是人生》《陈凯歌 霸王远去 屌丝逆袭》《天王的江湖》《谁叫我是周杰伦》等

我想问同学们一个问题。娱乐是个什么圈？大家发表一下自己的看法，用一个或几个词，或者一句话都行，谈谈你们听到娱乐圈这三个字时脑海中的第一印象。

同学1：良莠不齐。媒体曝光许多明星涉入吸毒事件，我们看到其实这个圈子里还是有一部分人，他们平时的生活不是特别检点。

同学2：名人的生活圈。娱乐圈值得曝光的一般都是名人的东西，不管名人是吸毒或者他们有了婚外情，我觉得都是生活的圈子，娱乐圈把他们这个圈子给括进去了。

同学3：我觉得娱乐圈是一种利用公众心理的产业或者工作。比方说某个明星他对自己的粉丝会有一些公关或者社交方面的一些表现。所有的娱乐产业都是抓住了消费的欲望，不管是消费娱乐，还是在金钱方面，它都是针对人的心理。

同学4：娱乐圈是搞文化的。真正有文化的去了文艺圈，没文化的留在了娱乐圈，所以是没文化的搞文化的一个圈子。

基本上大家说的，较多地是关注明星自律的问题。你们的感受，一方面，代表了今天年轻的大学生的看法；另外一方面，也代表了绝大多数公众对于这个行业和圈子的部分认知。

## 娱乐圈是个什么圈？

我先从我个人的生活圈中接触到的人举几个例子，来给大家讲一讲这是一个什么样的圈子，也让大家产生一些感性的认识。

一个和我忘年之交的老导演，他是一个老电影人。我父亲今年65岁，他比我父亲小两三岁，原来也是一个国有电影制片厂的领导，退休后一直都在北京做一些影视项目。他的身份既是监制，也是导演，我还看过他在一部电影里客串过一个角色，演得非常棒。他自己的身体不太好，但现在依然在片场一线忙着拍片。大家都非常清楚，剧组的生活其实非常紧张，每天的工作都排得非常满，强度都比较大。原本该退休安度晚年，但是前辈他依然像年轻时一样继续工作。这是一个例子。

一个演员，也是一个明星。她在前几年由演员转型成为制片人，开始自己做电视剧项目。她的第一部戏出来之后，在送审的过程中遇到一些问题，与电视台相互之间有一些谈判和博弈。有一天她离开横店工作现场，本来按原计划是要回北京，当时她已经在高铁站候车，突然接到电话，某市电视台采购方内部领导有一些意见上的分歧。她希望找到一个机会当面做一个解释，正好对面有车去那个城市。她看了一下时间发现已经来不及再出去买票，于是当机立断就在现场做了一个决定，脱掉高跟鞋，把行李箱扔下铁轨，再爬到对面，先上车，再补票。这也是一个例子。

再说一个我自己并不是很熟悉，但是在生活当中遇到的一个例子。我去一个咖啡厅的时候看到一个明星，一进大门看见他就坐在最显眼的位置，那里有一个单独的小桌，正对大门，每个人进来的第一眼，一定是看见他。我很奇怪他为什么会坐在这样一个位置。当我们在旁边一个角落谈事情的时候，我听到他不停地在那里打电话，他在筹备一个新片，电话内容是跟美术部门沟通一些事情。后来他打电话的声音越来越大，甚至影响到了我们旁边的人。这个时候包括我在内很多人都在看着他，他也发现周围的人都在看他，但是还是继续在大声打他的电话。这也是一个例子。

最后再举一个例子，是我的一个同龄人，也是一个年轻的导演，他的一部电影已经上映了。这部电影其实在三年前已经拍完，但是三年之后才面世。我们一般说到一个导演处女作的时间，永远以观众看见它的时间为准。比方说，如果我们是今天看见的话，那么履历里会写 2015 年拍摄第一部作品。其实早在那之前就已经拍完了。我看到一些资料上公布的这个片子的制作费后非常吃惊，因为我知道这个项目实际上真正的运作是怎么回事。打个比方，如果他这个片子对外宣布是花了 2000 万成本的话，可能当时真正给到他的制作经费不到 100 万。

## 娱乐圈其实只是被无限放大

在这个行业里生存着不同的人，他们有男、有女，有老、有少。所以你说娱乐是个怎么样的圈子，想要真正描绘这样一个圈子非常难。大多数人认为娱乐圈的人没文化，今天我也是第一次在公开交流的场合听到有人勇敢地说出自己的这个观点。实际上这个印象一直存在于很多人的心中。

你们提到了婚外情，说到明星吸毒，这也是现在大家对娱乐圈关注热度最高的一些话题。打开一个数据榜，如果当天明星发生这样的新闻事件，它一定排在最前或是前三。曾经有一个编辑同事给我打过一个电话，希望能操作一个明星吸毒的选题。当时我拒绝了这个选题，因为它其实没有办法操作。为什么？我给大家解释一下：

我们要说一个明星吸毒的问题，那么一定需要有当事人，这个当事人有两种，第一是已经被大家所知晓的当事人，第二是尚未被公众知晓的涉毒明星。那些已经被所知晓的人，作为公众人物来说，他需要危机公关。所有吸毒明星释放后，第一时间都会向公众道歉。他们会回避以一个更大的篇幅去深入探讨：我为什么吸毒、我通过什么途径接触毒品、毒品对我的生活产生了什么影响、我现在是什么感受、这段时间我内心发生了什么变化，等等问题。我们可能看到有一部分明星作了一些回应，但是篇幅都非常小，而且比较局限。

如果我们要做特稿写作，实际上我们要做大量采访。写作时我们经常会深切感受到鲁迅说的那句话：人类的血战前行的历史，正如煤的形成，当时用大量的木材，结果却只是一小块。其实特稿也是这样，经过大量采访，最后只能提炼当中的一部分。

另外一部分就是我们所不知道的吸毒明星。大家可以想一想这些人会接受采访吗？他不可能，除非他当着媒体自首。这么做从道德和法律上来说是正确的，但从现实操作上缺乏可行性。所以那个选题没有办法执行。如果我们连最核心的当事人采访都没有办法执行的话，只能做外围采访。有些选题可以这样操作，但是对于娱乐圈涉毒，我个人认为这样做没有太大意义。

还有一位同学说到婚外情。从某种意义上来说它完完全全就是我们所说的八卦。现在社交媒体越来越发达，所以我很多老同学都找回来了。平时聚会的时候，他们经常会问我这样一个问题：为什么娱乐圈离婚的人那么多？跟我说这个话的同学是个医生，我反问他你们医院离婚的人多吗？另外一位问我的同学是老师，他说其实想想我们学校离婚的人也挺多的。

所以无论吸毒还是婚外情，我认为这个不是娱乐圈独有的现象。它其实事关人性。如果针对在刑事案件中所说的吸毒人群做数据分析，它的职业分布一定非常广泛，各个职业里面都可能存在吸毒人员。如果说到婚外情，它在我看来是一个婚姻情感话题，而不是一个娱乐圈话题，我也不认为那是娱乐圈独有的现象。为什么大家一提到娱乐圈，就会想那里面的人情感生活非常脆弱，对情感的忠诚度不高。我想一个很重要的原因，是因为这些人都站在聚光灯下面。大家可以想想，如果我们在座的这 100 人当中，有一个人永远都站在台前，他的生活事无巨细全天候被大家观看，我们也能看到他其他的很多面。

大家会发现，在做一些真人秀节目的时候，经常会在很多隐秘的地方装摄像机，因为探头能够实现像怀斯曼所说的让摄影机像墙上的苍蝇一样观察我们的生活，所以会非常的真实。如果一个人他整个私生活完全被暴露，或者说当其他人都盯着一个人的时候，这个人的生活其实已经被放大了。娱乐圈在某种程度上，因为被过度关注，也就被过度放大和阐释。

## ▎作为媒体人的反思

于是，问题就来了：当我们真正以职业身份开始关注娱乐圈的时候，什么是最应该被关注的？我想说一说自己的个人经历。2005 年、2006 年的时候，我在中央电视台电影频道工作，电影频道现在还有一个栏目叫《中国电影报道》。我当时是在《中国电影报道》后面的专题版块，叫作《影事特写》。我对这个行业里面最基本的认识，主要来自在电影频道的工作经历，包括跟圈中公众人物打交道所积累的初步经验教训，也都是在这个地方完成的。2004 年周星驰带着新片《功夫》来内地举行首映式。今天我们看到一部电影在上映之前它所做的营销有着各种各样的方法，但那个时候还很简单，没有这么多形态和方法。周星驰当时在中国人民大学举行了一个演讲,主要讲自己多年的成长和从影经历。我没记错的话,《功夫》是周星驰的电影第一次在国内的电影院公映。之前我们熟悉周星驰的作品，更多是通过录像带、VCD、DVD 的方式。网友曾经写过一句话，当然也可能是片方的一种宣传，说：这么多年其实我们欠星爷一张电影票。他给我们带来了那么多快乐，但我们都是透过盗版的渠道，所以这次我们应该去买票看。

那天在中国人民大学做完演讲之后，他在学校的一个会议室有一个媒体群访的环节。大家都知道，在一部影片上映的宣传里，片方举行最多的活动就是发布会，群访是固定环节。

周星驰在我的学生阶段给我带来了很多的快乐，所以我其实有很多问题想问，我当时很希望做一个专访。一个简单的群访不可能有太多的提问，所以我特别希望每一个提问同行能把自己感兴趣的问题提一遍，好让各位摄像的同事拿到更多有价值的素材。提问环节开始，有一个女孩子穷追不舍一直在问的问题是："那个谁谁谁到底是不是你女友？""你现在的资产是不是确实是无线报道的多少个亿？""房地产的业务是不是她在给你打理？"一直一直都在问，明显感觉到她在问的时候已经没有顾及到其他同行还要发问，周星驰也明显没有兴趣回应。

最后一个提问机会到来，我向周星驰大声喊道："我想知道今天你来到大学生中间是来和大家分享你成长的经历，还是出于来宣传营销的需要？"周星驰当时用了很长的时间来回应这个问题。当天晚上回去以后，我在电视里看到几家兄弟电视媒体在今天的活动报道中，篇幅最大的就是周星驰回应我这个问题。

这件事对我造成了一个触动：我不明白，大家为什么把我们工作的这个圈子的底线拉得这么低？我个人认为从业人员负有不可推卸的责任，尤其是娱乐媒体。公众是被动接受，你给他提供什么，他就接受什么。观众也是这样，你拍什么，他就看什么。我前天还跟一个朋友说，如果电影院能够做到看完了再付钱，那么就会有很大一部分人被淘汰掉。如果整个媒体从业人员都能够提高自己从业的标准，一些问题是不是能够减少它出现的概率。

娱乐圈迎合了一部分人的窥视心理，公众对于明星有固定的期待，比方说，想了解他们的私生活。实际上这种心态是一个每个人都有的大众心理，但是我们是不是一定要去提供这样的内容呢？我的态度是：我把我认为有必要告诉你们的内容告诉你们。

## 台风时代和那些树谈谈

我把娱乐圈分解为两部分：一个关于行业，一个关于人。

关于行业，我主要想关注和描述它的生态：行业到底在发生什么？为什么会发生？它对行业的影响是什么？

我们《南方人物周刊》关于影视评论的文章通常只有1P篇幅，也就是1200字左右。去年我写过两篇文章，其中一篇评论有接近6000字的篇幅，叫《在猪上天的台风时代和那些树谈谈》；另外一篇是关于行业的一个特稿，叫作《赌局》，讲的是中国影人参与《变形金刚4》制作幕后的故事。

《在猪上天的台风时代和那些树谈谈》的写作背景有两个：一是关于韩寒的《后会无期》引发了巨大的争论，二是《绣春刀》上映开了弹幕。

当时韩寒的《后会无期》上映，前后脚上映的还有郭敬明的《小时代》和邓超的《分手大师》。这样的格局形成了一个非常有意思的现象，很多跨界的年轻人一下子涌入了电影圈成为导演，拿出了他们的处女作。这些处女作凭借着他们个人强大的年轻粉丝号召力，获得了超出意料的商业成功，而且形成了强烈的两极口碑。粉丝在狂热地追捧影片，也捍卫着自己的偶像。作为业内或是对这个人并不感冒的人，看完之后会觉得其实这个片子拍得挺烂。

在这样一个热闹之中，还有一些片子在上映，同时期还有一部片子是《绣春刀》。《绣春刀》的导演叫路阳，年纪也不大，是个"80后"导演。当时触动我的一件事情是《小时代》在快要下线的时候，最后又做了一个尝试，它出了一个弹幕场。通过吐槽的方式，把商业的最后一丝潜力也争取到手。接下来要上映的就是《绣春刀》，在上映前一天，我接到了一个朋友的电话，说他们决定在首映当天要开一个弹幕场，我知道的时候非常非常难受。我看过《绣春刀》，如实地说，这个片子不错，但没我想象的好。不过从路阳个人制作经验上来说，我觉得他又有了巨大的进步，而且那部影片制作的诚意和表达的野心一目了然。

在韩寒站在台上发表演讲的那天，台下还坐着一位年轻导演，他叫路阳。8月7日，他的新片《绣春刀》已经公映。在之前的内部看片会上，这部没能像郭韩作品那样获得极大关注和宣传推广的武侠动作片收到了很好的口碑，有人说它的出现"会令很多电影人看到希望"。这是路阳的

第三部剧情长片，中国电影圈还有人和他一样，在安静地拍着心中的电影。我写下这些话，是因为，他们在我眼里，都是全天候的树。而我，想和他们谈谈。

——《在猪上天的台风时代和那些树谈谈》

我们小时候经常会说一个故事，爱因斯坦交给老师的小板凳做得非常烂，但是老师正要批评，他接着又拿出另外两个更差的说，我交出的是三个里面做得最好的一个。《绣春刀》给我的感觉也是这样，它有它的问题，但是路阳作为一个年轻导演就他所能掌控的制作资源来说已经尽了全力，非常难得。

我觉得《绣春刀》这样一部电影应该全神贯注来看。在我们编辑部内部对弹幕有很大的争议。我个人因为喜欢电影，坚决地反对弹幕进入到电影的画面上面。如果你用家里的电脑来看一个片子，和大家分享一下吐槽的快感，那没问题。可是当你花钱买了一张电影票，进到一个影院里面，当灯光已经暗下来，眼睛只能看到前面大银幕的时候，这个时候大家开始吐槽，开始弹幕，那我们当时为什么要花那么大精力拍它？如果仅仅只是为了提供一个吐槽的话题，那我们在现场为什么要苦苦地对一个道具、一个场景，或一个构图、一个用光那样精雕细琢呢？字幕一滚过来，什么都看不到了。

《绣春刀》决定这么做的时候，我非常难过的一点在于我能感受到片方的焦虑，甚至说得不合理一点，有些乱方寸。也许是我带着个人主观角度来看的，我认为《小时代》这么干是没有问题的。我不是针对个人好恶来谈论，因为《小时代》不是在上映的第一天做弹幕，它是在快要下线的时候才推出这样一种尝试。而《绣春刀》是在上映的第一天做这样的尝试。而且，如果说这个片子需要透过吐槽的方式才能吸引关注度的话，作为创作尊严来说是巨大的丧失。所以，当时我心里五味杂陈，我跟编辑说多给我一点篇幅，我有话想说。

## 韩寒和郭敬明不是只有幸运

国家广电总局和电影频道在那时举办了一个活动，是青年导演的一个集体见面推介会，叫"中国电影新力量"，刚才我提到的这些年轻导演们都在。后来报道的新闻很多都在关注郭敬明和韩寒在过程中没有说话，焦点又跑偏了。

其实当这样一排年轻人站在台上的时候，对于中国电影来说是非常好的事情，突然一下有九个年轻导演出现了。如果有人关注影视娱乐行业，会发现这么集中地出现八九个年轻导演很不容易。尤其是当他们同时期前前后后推出了电影作品，这是非常难的事情。

每个人在当天晚上都会发表简短演讲，韩寒也不例外。他在演讲中说道：有人说这是一个"台风来了猪都能上天"的时代，但是我不想做那头猪。他说他希望他能够成为那棵树，站在这个风口。所以这个标题就根据他这段话变成了《在猪上天的台风时代和那些树谈谈》。

> "人们只看到一个人在云上的日子，但是没有看到他在地下的时光。"韩寒这句话道出了很多跨界英雄横空出世的秘密，他们无一例外，都为此做了精心而且长时间的准备。
>
> "有人说这是一个台风来了猪都能飞的时代，但是我不希望自己是猪，因为风停了我们就摔死了。我也不奢望自己是风，我更希望自己是一棵全天候的树，可以杵在这里。总之和观众在一起。"在中国电影新力量推介盛典上，韩寒发表了这番演讲。和他一起，还有郭敬明、邓超、陈正道、陈思诚等一共10位青年导演。
>
> ——《在猪上天的台风时代和那些树谈谈》

其实路阳在我心中，就是代表了一棵树。而且我身边有很多很多这样的年轻人，大家可以看到这些年轻人已经找到了他们拍片的机会，但是有很多的年轻导演，他们现在还在苦苦寻找他们的合作资源，他们对于郭敬明和韩寒羡慕吗？非常羡慕，因为他们可以瞬间调度这么多资源。不仅仅是资金的资源，还有圈中演员资源、院线资源，这些都非常非常难。需要指出的是：一定是他们自己有这样的实力，最后才能够拿到这些资源。大家需要改变一个成见，就是认为他们可能只是幸运，其实不是。我在文中提到一个观点，就是任何一个导演在拍处女作的时候，前面都经过了大量的准备和积累。韩寒和郭敬明也是一样。作为一个普通读者，或观众，或粉丝，他们没有必要去知道导演为了这个项目他到底准备了多少年和做了些什么，但是当我们去想这个行业里面的一些真问题的时候，我们就必须关注他所做的准备，应该去告诉大家一些事情。

一个合格的媒体，一个具备职业操守的从业人员，他在关注一个行业的时候，他所提出的问题应该是让行业不能回避的。谈到这个问题的时候，应该会让大部分专业人士有所触动。只有这样，我们才提出了一点好问题，才部分开始接近行业真问题。

## 狂欢还是扎根

《赌局》一文涉及的影片是《变形金刚4》。影片上映的时候，大家的狂欢就是在找里面的中国品牌和中国元素。大家一边看一边骂，讨论它在情节上的破绽和叙事上存在的问题。我们1980年代出生的人很难回避《变形金刚》这样一个题材，因为我们从小都在看《变形金刚》动画片，所以它在我们自己的成长记忆里占有非常大的分量。等到它变成真人版的时候，我们一部都没错过。所以大家都在骂，即使在北美的票房非常差，中国票房依然非常高。

当我决定要接这个选题的时候，我想知道，这个项目对于中国电影行业能起到一些什么样的积极作用。

毫无疑问，这是一部贩卖特效的商业大片，我们在片中看到的特效不仅非常炫而且十分逼真。那是三千多人的特效团队用了几年时间，包括前面几部片子的积累，由好莱坞最顶级的几个特效工作室一起来完成的。

每次看完这样一部片子走出电影院的时候，我会感触良多。喜欢电影的朋友聚在一起会谈论：在我们的有生之年，能不能够看到一部电影，纯粹由中国影人来制作出这样的特效，或者说有我们自己的一个科幻大片出现。大家想一想，到今天为止，我们已经看了这么多片子，但是没有一部片子是中国制造。我知道我们现在的特效也有，平时比方说拍广告的时候，但我清楚我们现在只能达到一个什么水平。虽然一些游戏公司做得不错，但也在一个成长期。现在我们还不可能去做一个像这么大体量的特效，其中包括几千个特效镜头，而且技术难度这么大。一个建模就需要很长的时间，一个几秒的镜头背后需要一个庞大的团队，设计和美学理念又深植于价值观系统，同时还需要一个庞大完善的工业作支撑。我们是没有这样的制作能力的。所以在这部电影中，我们非常有幸地进入了一个先进工业的学习环境里。我们从没有看过在好莱坞大片最开始播放的时候会有这么多中国公司出品方的logo，其中有电影频道、有1905电影网。所以你会感觉到中国人有参与到这样的事情中。

但是，进入这个项目开始了解之后，我发现实际上我们参与的程度非常有限。实际上我们是在做一个当地的制片，做一些外围协调的工作。其中有一些中国创作人员，但都不是主创。所以这个项目看起来是一个中国元素遍布的项目，但实际上它跟中国电影非常非常遥远。

因为《变形金刚4》的故事依然是一个标准地道的好莱坞商业片，因此在立项报备的时候它没有成为合拍片，中方的身份是协助拍摄。梁龙飞团队的职责之一，是"协助美国派拉蒙公司对剧本中所涉及的中国元素和情节进行合理化修订，确保正面展现中国形象"。

——《赌局》

这部片子里有那么多的电影元素，实际上更多的是好莱坞出于对中国电影市场的考虑，而不是真正的对我们的文化感兴趣。我倒是觉得《功夫熊猫》里对我们电影文化有吸收和致敬。所以我当时就想写这么一篇文章。我在接触到跟项目有关的采访对象的时候，也能感受到他们所承受的巨大压力。因为这样的一个创作对于电影频道来说也是第一次。所以当时他们自己也认为这是一场豪赌。对于迈克尔贝和他的公司来说，这更是一次豪赌。这个项目有2亿美元的制作成本，而且时间也证明他主要的票房回收是在中国市场，我记得最后中国的票房大概是接近20个亿，如果允许继续放映的话我不知道它票房会达到多少。所以我当时内心很复杂，我特别希望告诉我的读者，在这样的一个项目当中中国人参与的工作到底是什么？我们的电影现状到底是什么？和那个弹幕时代的稿子是一样的，我很想告诉你们电影圈正在发生什么，我们又该怎么样去看待。

所以《在猪上天的台风时代和那些树谈谈》我用的是一个知乎体，其中一个标题就是："韩寒到底拍了一部什么样的电影？"我从电影角度进行一些分析，最后的落脚点还是希望让国内的电影人，尤其是我心目中像树一样的电影创作者不要过于焦虑，现在的阶段是任何一个国家的电影工业发展中必然会经历的，好莱坞也是从这个过程过来的。这个时候我觉得更多的是需要电影创作者自己有定力，那些树还是应该扎根在自己脚下的土地上，安安静静地继续做自己的东西。我相信到最后他们想拍的故事，他们想做的东西一定都会获得一个公平的归宿。

## 《谁叫我是周杰伦》和《远去的霸王》

我再说说这个行业中的人。

去年是《南方人物周刊》成立十周年。编辑部想给我们主笔们出一个记者自选集。当时我正在外地出差,要交书稿,需要写序言,还要想个书名。最后我起的是:《败也霸王,成也虞姬》。

大家都看过电影《霸王别姬》。在书稿的序里,我写了这么几句:圈中起落无常,人生祸福相依。登顶时身不由己,下神坛养一口心气。一路马不停蹄。惊回首,问一声我是谁?是霸王,也是虞姬。

我来解释一下,这几句话代表了我对娱乐圈从业人员的看法,尤其更多的是指公众人物。这个行业的公众人物基本上都在做着两件事情:登顶和下神坛。当红时处于登顶状态,过气了就下神坛。

举两个例子。一个是关于周杰伦的一篇文章叫《谁叫我是周杰伦》,另外一个是关于陈凯歌的稿子叫《远去的霸王》。后来刊发时编辑改为《凯歌60,霸王远去》。

我们想一想霸王远去和远去的霸王,它们的不同点在哪里?远去的霸王是说他离我们越来越远了,但他毕竟还是一个霸王。霸王远去的话,那么就表示他已经不再是一个霸王了。所以后来收录到自选集里面的时候,我还是用的原来标题:远去的霸王。

可能很多人会关注《谁叫我是周杰伦》这篇稿子。周杰伦在年轻人当中依然非常走红,非常受关注。有一个同学提问说《谁叫我是周杰伦》这个标题是怎么想的,我解释一下。这标题有两重含义:"谁叫我是周杰伦"是周杰伦有一次参加金曲奖领奖的时候自己说的,当时他处于如日中天的当红势头。一发而不可收地推出了他的两张专辑,而且都在台湾金曲奖上大获丰收。当时领奖的时候他上台说了一句话:"谁叫我是周杰伦呢!"这个标题首先是出自于他原话。第二层含义,是我想探讨周杰伦是怎么一步一步走到今天,是谁造了这样一个神。大家都知道他是一个小天王、一个偶像,他拥有这么多的粉丝群,创作能量也非常充沛,专辑基本一年一张地出,今天按照这样一个频率来出专辑的,我已经想不出来第二个人。

所以在这个稿子里我需要解释的是，一方面从周杰伦个人原因来讲，他是怎样从当年成绩很差、略带自闭、不太善于跟人交流的性格弱点中走出来，在台湾的流行乐坛一路走到今天。在叙事的过程中会有这样的一个悬念一直贯穿。

另外一个我觉得跟娱乐圈的真问题更具密切联系。谁叫我是周杰伦，说的是造就周杰伦的到底是一些什么样的人和一些什么样的力量。这个是需要告知公众的。在采访过程当中，有一个非常重要的采访对象是他的经纪人杨峻荣。娱乐圈的明星说穿了，就是经纪人的一个作品。针对一个娱乐明星在整个娱乐工业当中用什么样的方式来发展，经纪公司和经纪团队会给他规划一个什么线路、给他进行什么定位、怎么去打造这样一个品牌是很值得研究的。

我那天见到周杰伦的时候，他刚落地抵京。当时路上有点堵，我就给他们打电话说我可能得稍微晚到一会儿，他们说没有关系，正好现在可以让杰伦休息会儿。因为他一下飞机，腰痛就发作了。大家都知道他有强直性脊椎炎，而且非常严重。我见到他的时候，他还没有完全恢复，他整个身子佝偻得非常厉害，从楼道里面走过来，周围围着一群工作人员。那个画面让我印象非常深刻，我也把它写到我的稿子里去了。在和他接触之后，"谁叫我是周杰伦"的写作主题就更加坚定了。我强烈地想知道今天这样一个周杰伦的品牌到底是怎么形成的。

在狭长的楼道上出现时，那个身影夹在高高大大的几位随从中间，跟平日镜头下随处可见一定要酷的他有些对不上号。双手插在连帽衫兜里，他的身子微微左倾，一步一步，走得非常慢。

"你好，杰伦。"我跟来到跟前的他打了个招呼，他点点头，在我旁边坐下。随后几个小时的侃侃而谈，如果不是他提及，我完全感受不到他在这个过程中有任何异样。

——《谁叫我是周杰伦》

当我们面对一个明星的时候，都会经历一个过程。最开始进入这个行业，多多少少会处于心理上的劣势。为什么？你是一个很普通的媒体小记者，他是站在舞台中央的大明星。第一次面对对方的时候，你说心里不紧张肯定做不到。我用了将近四五年的时间慢慢学会比较平静地和他们坐在一起面对面。现在跟他们在工作现场发生一些小冲突或一些突发事件时，我基本可以从容面对。当然另外一方面可能是因为我在剧组工作的时候，突发状况比这个更多。所以，你跟一个人坐着聊天的时候出现一些什么样的状况，你会觉得这不是一个太大的问题。

当这样一个被粉丝捧上神坛的偶像经由你的手进行还原的时候，我试图告诉大家一些关于娱乐工业的本质。娱乐工业的本质其实很简单，稿子里面也说到了：造神。杨峻荣和他的团队，要集合一切力量用各种各样的方式来给你们造出今天这样一个神。

当你在一个演唱会的现场时，你会体会到那个造神的感觉非常非常强烈。整个工人体育馆的演唱会现场，你会发现除了他自己舞台的这面墙以外，所有的地方座无虚席，全部都是荧光棒的海洋。我相信很多粉丝应该去听过周杰伦"魔天伦"演唱会吧！那个现场大家能看到，有很多歌迷还在场外头进不来，哭着抢黄牛手里的高价票。你能真切地感受到他的商业能量非常庞大。而且在现场的时候，从某种程度上就像一个宗教的朝拜。那个场合，粉丝不会去想周杰伦是一个什么样的人？他一路走到今天是什么样的？而我作为一个媒体在现场的时候，我不可能无动于衷。

这个稿子里有一个被记录下的小细节当时非常打动我。杨峻荣是站在现场听完演唱会的。最后《七里香》的大合唱开始时，他自己也在那里唱。我从座位上看过去，他当时在看台的一个入口，满脸带笑，洋溢着一种满足，我觉得他是真的很享受。那个瞬间我突然意识到，可能他的成就感比周杰伦自己还要大。为什么？因为他才是这一切背后真正的发动机：你们今天所有在这里的秀实际上是我在遥控的，因为这个符号是我推出来的。后来我跟杨峻荣说我需要跟你再做一次采访。他说他没有时间，但我又跟他强烈要求，最后说服他再接受一次采访。后来证明这次采访非常非常有必要，因为这次采访才相对更深入地分析了他们一路是怎么把周杰伦品牌做出来的。在这个品牌的发展当中，周杰伦是一个名字，背后是一群人。所有的明星团队背后全都是这样。这也是娱乐工业的一个本质。

> "如果周杰伦没有红，只说明了两件事：一、我眼光有问题；二、我能力不够。他一定会红，而且是大红大紫。"十几年前，杨峻荣这样告诉吴宗宪。这话放在今天，没有人会怀疑。但在他之前，大概没人相信。
> ——《谁叫我是周杰伦》

好莱坞的电影工业里面也是这样的。而且好莱坞的明星这么些年来一直依赖的就是这个明星体制。我们只跟他们来学习怎么样利用明星的号召力，怎么样去更大限度开掘他的商业能量。

## 如今不可能做到像第五代导演那样

我们在写娱乐圈人的过程中，有三点非常重要。

第一，我们要提供独家的资讯。在今天这样一个网络时代，如果大家通过网络就能获得的信息，就不要再去占用传统媒体的版面了。光是微信朋友圈的内容估计你们都看不完，所以我们在写一个关于娱乐圈的特稿时，独家的资讯是永远需要的。

第二，就是价值观。为什么有些稿子你会觉得它仅仅是一个娱乐的八卦稿，而有些稿子当你读完之后你会觉得确实它和其他稿件不一样。细想就会发现你难忘的稿件里面其实有作者的价值观和态度。我刚才一直在说对这个行业和人的思考，这里面都需要包含我个人的一些价值判断。比方说，我会认为在今天的国产电影工业里面，我们的商业文化目前处于一种畸形的状态。尽管如此，渠道为王，话题制胜，而内容退居到一个非常次要位置的现象只是一个暂时的状态。

《在猪上天的台风时代和那些树谈谈》这篇文章在同行当中转发率非常高。所以我很欣慰，我想说的话你们都听到了。再比方说那篇《远去的霸王》。大家都知道陈凯歌、张艺谋、田壮壮是第五代所谓的三架马车。关于陈凯歌之前那些电影作品尤其是《霸王别姬》，在中国电影史乃至世界电影史上是永远不可能再回避的一个作品。不夸张地说，一个导演一生当中能有一个这样的作品其实已经够了，有很多导演终其一生都拍不出这样的作品。陈凯歌曾经取得了这么高的艺术成就，然后从《无极》开始，他的作品一直都受到巨大的争议。

我当时在写的时候，其实是希望通过他来谈一谈第五代的这些导演今天的处境。从这个角度，可能你会感觉到，他不再是一个个人，可能是一个群像的代表。

你不能否认，第五代的这些电影人创作态度非常严肃。"80后"或者"70后"的那些创作者不可能像陈凯歌他们那样创作，因为今天的大环境就是这样功利，而年轻导演就在其中竞争和生存。有时你会发现你仅仅是一个项目运作过程当中非常渺小的一环，尤其是当你还没有拿到话语权的时候，旁边的很多力量可以迅速把你吞噬。就像谢晋导演说的，你拍电影就是捧着一捧水，然后看到最后你手上还能剩多少？陈凯歌和张艺谋等人让我很敬佩的一点是他们对于电影依然带有当年他们进电影学院时候的那种情感。

现在一个电影项目从它启动到上映的时间越来越短，但是电影创作又恰恰最耗费时间。像陈凯歌他们这些导演的项目筹备周期非常长。在这个过程中他们还是遵循传统和科学的方式在做。案头的剧本反复论证，然后出来一稿一稿反复修改，这一步基本上会占到一个项目一半时间以上。

这在影视剧创作当中也是非常有必要的。大家看完一部电影经常会说：这拍得什么玩意儿？故事讲得乱七八糟的。其实它更多的问题都是出在剧作上。现在如果一部电影出来以后口碑非常好，大家都去追这个片子的话，很大程度上是因为它的故事把我们其他一些创作甩出一大截。这也是行业的一个真问题：今天我们这行业里，故事的创作出现了重大问题。

我们在关注特稿的时候其实也是在追求讲述一个好故事。其实从1982年第五代毕业到今天为止，这么多年来，这些导演一直都在创作。30多年当中我们的电影和市场都发生了很大的变化。30年前的观众是谁？今天的观众又是谁？一个60多岁的人今天还在拍片子，而且希望给年轻人来看，还希望能够引起他们的共鸣，这件事本身非常难。打一个不恰当的比方，这相当于我们的父母或者我们的爷爷跟我们坐在一起聊一个话题，而且这个话题要让我们非常兴奋，你们都知道这种可能性很小。而且今天整个工业环境已经天翻地覆，跟他们当年计划经济时代的市场模式发生了根本变化。所以他们也在努力适应。我在这个过程当中对第五代的前辈影人怀着一种复杂的感情：有悲悯，有同情，还有我内心对他们一直心存敬畏。首先，你要认同他做的事情是无价的，你才会去关注。然后，在这过程当中你再去找寻传递给公众的价值是什么。

第三，说到的就是关于历史感的问题。我们在今天这样一个资讯爆炸的时代，碎片已经把我们包围了。每天都有大量的事情进到我们脑海当中，这时候如果你要去写作或者说你搞创作的话，那么你要想明白一个问题：

如果说我是某某周刊一个特稿写作者，我有时候看我自己写的东西，看完之后就觉得它可以不再存在了。一个稿子出来之后，我们当然不能判断它出来以后的命运。可是，如果说你集合一些信息出来的稿子，和你的读者有了一面之缘之后就可以不再存在的话，那么你写下的内容就没有太大必要了。

你在写作的过程当中一定要建立一个坐标系，就是我虽然在一个周刊上写作，但写下的不应该是只存活七天的东西。这个应该作为你心里的一个衡量标尺。推而广之，创作片子也是一样。大家想一想，今天我们看到的一些电影，甚至包括一些票房几亿十几亿的一些电影，它是不是从此以后就可以不再重温了。现在大量的片子是这样。

## 文字始终无法还原全部的真实

刚才说到这些影视圈真问题的时候，接下来我还要问一个问题。就是我们写了这么多之后，无论呈现的是一个很短的时段或者相对比较长的时段，你写下的是不是就是关于这个人或者关于这个事件的真相？

我的主编徐列有过一个观点：世事有多繁复，人心就有多深幽。

其实这是一个非常有意思的话题。我们人物周刊每年会举行两个活动，上半年的活动就是年度青年领袖，下半年是年度魅力人物，两个都会在北京举行颁奖仪式。这几年一些曾经上过我们封面的人物，后来因为这样或那样的原因会遇到一些问题。那个时候你就会感受到在今天这样一个环境之下，人和事的变化都很快。他可能今天是一个领奖明星，不久因为涉毒获刑。现在正在反腐，当一个贪官被报道出来的时候我们会说原来他从前的生活是这样的。可是如果这些事情没被报出来，他不依然还是主席台上的那个人吗？

所以我们应该思考一下：什么才是真相？虽然我们做了那么多的采访，而且这些采访的录音都会留底，没有一句引语是写作者杜撰的。即便如此，你的文字还原的就是全部的真相吗？

我们总说相由心生，这是讲心和相的关系。我的看法是，我们写下的是真，也是相，但不是真相。是关于人或相的阶段性的切片。你说你想完全了解一个人，我觉得这根本不可能实现。打个最简单的比方，你觉得父母了解你吗？我觉得我的父母并不了解我。一方面，确实因为你们是两代人，生活的时代环境已经发生了变化，再一个，你的工作是一个领域，他们的工作是一个领域；还有另外的一个原因，大家可以想一想，你自己有多少东西是掩藏起来并没有让父母看到的。我承认我自己有一些东西他们到今天为止都不知道。

我自己也曾经接受采访，我发现人真的有人性的弱点。不好的东西他总想把它藏起来，像卢梭写的《忏悔录》，把自己完完全全摊开，我觉得这需要很多很多条件。我跟你一个媒体人只是一面之缘，我为什么要把所有东西全部向你摊开？

我可能比一般的记者同行要稍微多知道一点点就是制作的背景，个中原因就是我也在制作参与一些片子的项目，有一些资源跟他们有交集，所以我会在某个维度上多知道一点事情或更了解一个人一点。

我对于演员的表演会有一个审美，有些站在一线的人根本就不会演戏，所以我到目前为止拒绝了很多这样的选题。大家看见某个人是正当红的明星，但是我看到他一两个表演的片段或者他最火的作品之后，我就不想写了。这是我个人的行为，至于其他同行会怎么做，我控制不了。我认为对我来说，抛弃个人好恶是没有办法实现的。讲出这一点，非常不职业。但是确实是我身上真实存在的一个问题。

某种程度上来说，这是你不职业的一面。实际上真正的一个职业媒体人，或者是一个特稿写作者，工作中编辑给你布置了一个选题，你说你不喜欢就不做了，这个不是理由。我可能比较幸运，我的领导、编辑和同事还比较厚爱我，我不喜欢，他们就没有再勉强我。

当然，另外一个角度大家也可以想一想，如果你写的这个选题是自己非常感兴趣的，你就会有更多的热情，会付出更多的努力。在一个长时段的采访过程当中，你需要用很长的时间去准备，需要投入你很多的精力，在这个过程当中还会出现很多跟你的计划有出入的事情。如果你不愿意做，你再去推进就是一个非常煎熬的过程。但是，如果这个事情是你愿意做的，你就很甘心应对，也更愿意去承受。

所以我愿意了以后，无论出现什么样的意外，出现什么样的问题，我都愿意去承受。当我决定要写一个东西，我就要做到去记录最有价值的部分。这个最有价值的部分实际上是你的一个专业判断。

每个人对于价值的判断是不一样的。有的人写周杰伦，他判断的东西可能跟我不一样，他可能不想还原娱乐工业里面造星的机制，不会写杨峻荣他们做了什么样的事情才成就了今天的周杰伦。接近真相的过程所需要的条件非常多，也非常艰难，所以在写作的过程当中，你必须如履薄冰。

## 风险要注意

写作中，你会遭遇到很多问题。

第一，是个人的认知会有局限，你会有盲点。如果说你根本就不了解今天的电影工业和整个线上是怎么样的一个情况，现在让你写行业报道的一个特稿，这个就是你的盲区。在这个过程中，只能人家说什么你就信什么。可问题是，大家在非虚构写作的过程当中都知道立场不同，对于一个事情的描述都是不同的。片方有片方的一个观点；制作方会有制作方的一个观点；宣传方有宣传方的一个态度；观众会有观众的态度。在同一个项目当中，又会有不同的团队，它们对一个事情的看法也是不一样的。

第二，就是娱乐圈的资源是反复使用的。影视圈写作不像做新闻或者社会类稿件，什么叫反复使用呢？比方说，陈凯歌的片子可能是交给某一个宣传公司在做宣传，那么接下来这个公司可能又会接到另外的一个片子，然后，再过段时间它可能又会接到另外的一个片子。在这个行业当中主要的电影营销和宣传公司就那么几个。所以，实际上我们需要做到的一点就是和他们保持一个良性的关系。

有的时候，宣传方会出于宣传的需要和对于你媒体品牌的认可，主动找到你问可不可以想办法给我们做一个什么样的报道。或者有可能你跟对方一联系，告知我是谁谁谁的时候，他会先判断你是什么媒体，然后再决定是否和你合作。可能今天你会跟他合作，下个选题还会和他合作。所以这个资源是要反复使用的。你在一个行业里面工作了几年之后，手上为什么能有一部分的资源，某种程度上得益于你和采访对象之间，建立了良好的信任。

如果是新闻调查的一个现场，今天我可能在山西煤窑的现场，明天我可能在哪个矿难的现场，这个资源不需要重复使用。而娱乐圈的资源截然相反，所以你的写作中，存在一个巨大的风险，就是你有可能会沦为营销的一个工具。

我自己是天秤座，天秤座实际上是要求一个双赢的结局。在对方的宣传诉求和你作为一个媒体人的职业操守当中，你需要找到一个最佳的平衡点。如果你让对方的宣传没起到效果或者事与愿违，下一次他可能就不会再找你了。

如果平衡不好，容易丧失个人的品牌。读者并不需要去了解你从谁的手上拿到了什么资源，他只需要考虑，你给我呈现了什么。如果说他看完片子发现这是一个烂片，而你之前对它进行了正面报道，你的个人品牌就已经开始逐步瓦解了。

第三，在写作过程中，你很有可能会成为粉丝的一分子。我在上罗伯特·麦基的编剧课的时候，他举了个例子，说生活当中发生的一些事情就像爱情一样，突然遇到的某个人让你感叹：天哪！怎么会出现这样一个人，让我的世界变得完全不一样。我们在工作中也会出现这种可能性。

想一想，这样的一个明星，为什么会受到那么多人的喜欢，一定有他的道理。第一，有的人可能是因为颜值高，这个很正常。爱美之心人皆有之,粉丝们称之为"男神""女神"，很多人都喜欢他。第二，可能是他在作品里面的角色引起了你强烈的共鸣。我们有的时候喜欢一个演员不是喜欢这个演员本人，而是因为那个角色在那个瞬间突然把你征服了。

所以这是我们在进入这个行业最初要面对的一个问题。你需要一个过程和一段时间的工作经历，才能够把这个角色和这个人区分开。因为这个行业里面有些人会让你失望。你接触完之后会发现他和你想象的完全不一样。所以你要想办法把粉丝心态摘除掉。写稿的过程一旦有粉丝心态侵入，你就很难再做到中立、公允和冷静了。

还有一个，你写出来的东西最终要放到一个公众平台上来。无论是你自己所在的媒体平台，还是说网络转载平台，它一定是要进入大众的传播领域里。你之所以去讲述一个故事，或者去拍一个片子，最终不是还要和大家交流吗？如果说你只是为了自己放在电脑里欣赏，那就不必去从事这个职业了。所以，你还是需要让自己的作品和大众发生互动。

大家对于郭敬明、周杰伦、杨幂、吴秀波都有一个想象。公众的想象有时候会有两个极端。一部分的公众想象是粉丝，那是完全神话的一个想象，所以需要你去还原；另外的一种想象可能是普通人，漠不关心的人平时能关注到的事情可能更多的是一些负面的报道。所以在还原过程中，你不能去迎合这样的想象，必须建立自己的判断，然后在这样的判断体系里面，把你认为有价值的东西，通过你所需要的素材进行还原。

## 小技巧规避风险

其实刚才谈到的一部分是关于媒体的职业操守问题，这是靠个人的修为和你所在媒体的企业文化决定的。那么，当我们遇到这些风险时，怎么去避免？

首先，加强专业性。只有当你成为一个非常专业的记者，才会降低这些风险。如果你是一个商业记者去报道一个上市公司的商业逻辑，那就需要在这方面有非常专业的知识结构。如果你去报道国际时政，那么你的知识体系里必须具备这些内容。

影视行业也是一样。我因为在电视台工作时间长，当你从事一个影像工作这么久，面对一部作品你就会有自己的判断，你清楚一个作品是通过什么方式出来的。当一个片子出现问题的时候，你能看见它的问题在哪里；当你参与的项目越来越大的时候，你就会知道一个项目在生产过程当中会被什么样的力量所影响。电影有的时候就是这样，一个很小的因素可能会引发连锁反应，导致这片子发生一些变化，当这些变化被摄影机记录的时候，它就永远在那里了。所以电影是一个集体智慧的结晶，又是导演的个人作品，导演需要依赖各个部门跟他一起来配合完成。短板效应非常准，合作团队里哪个水平最低，最后呈现的水平就是那个标准。所以在娱乐圈，你要建立自己的判断。要避免前面的那些风险，除了专业性之外，没有第二条路可以走。

很多人问我说为什么你总是喜欢去关注个人作品，为什么在特稿的写作中会拿他们的作品说话，其实这也是我自己价值判断的一部分。我永远都会觉得，在这个行业不管采访谁，首先，一定是因为作品结缘。其次，是因为作品是创作者精神世界的一个倒影。在影像行业中，你拍什么和怎么拍需要进行很多不同的选择。同时，创作者的理论体系、美学趣味和价值观，全都在他的选择当中能看到。这就是为什么很多编剧会说你什么样，你的作品就什么样。

去年 5 月我拍了一部微电影，当时是跟一个门户网站合作。当时这个微电影要有一个美食的主题，还需要爱情的元素以吸引关注。同时，由于微电影只能通过商业植入来拿到片子的投资成本，所以会有一些广告诉求。整个片子制作过程周期非常短，一刻都不能停。当时他们给了我一个故事，我看了之后不愿意做，后来我说，要做的话可不可以允许我写一个，后来他们通过了。如果要拍一个你要的故事，只要时间紧一定会有问题。

当时筹备时间非常短，经费非常紧张，剧本有巨大的问题还没有解决，同时，拍摄地在云南大理，制片上会有很多困难。我又是第一次在大理拍片，演员的档期都在谈，而且片方说是要跟《舌尖上的中国 2》同步播出，我非常清楚陈晓卿老师团队的制作实力，也知道他们播出的窗口一直在推迟，所以他们有更充足的制作时间和修改时间。当所有这些都压过来，我非常焦虑。但是这个事情最后还是要做，只有你自己亲身经历这样一个过程的时候，你才会知道，创作者是一样的。

我为什么要拍这个，而没有拍那个？最后为什么拍成了这个样子？这背后都是有原因的。产品最终呈现的都是从业人员内心的精神世界，他的人格、他的审美全都凝结在里头。

还有一个喜欢根据作品写稿的原因，是由于我个人的趣味。因为我喜欢搞创作，创作的很多背景同样能够满足你的叙事需求。我不去报道他跟谁恋爱、跟谁分手，分手那个过程他怎么度过，我依然可以把我想说的事情说出来。

## 有关吴秀波的那篇特稿

吴秀波的封面稿子《大叔的心术》是我在明星人物写作里做的另外一个尝试。我在写的过程当中，吴秀波已经被媒体报道了无数次，而且大大小小的封面已经上了太多。他已经成名，这个时候再做这个封面报道，如果你们都已经知道的事，就没有必要再讲了；如果我只是告诉你关于他的一些新鲜事，那我也没有必要再去动用封面资源。封面是杂志的一张脸。所以我当时选择的角度就是谈他表演，我就是来讲一讲这个演员是谁，他的稀缺性是如何具备的。

要谈论吴秀波为什么成功并不容易，除了他自己的天赋和勤奋，造就他的是众多人事的合力。吴秀波不仅在他这个年龄段，而且在中国影视圈都是稀缺的。这个稀缺性是我当时需要去解决的一个问题。如果说你仅仅是从理论上聊一些什么释放天性、情绪借鉴，对于普通人来说第一太专业，第二没有必要。娱乐圈存在的一个问题是会演戏的人非常少。尤其是年轻的演员当中，你会发现他们除了比较接近本色的状态可以呈现，稍微需要带点塑造的角色他们就完成不了。而吴秀波在这一拨演员当中表演真的是非常好。所以，我就想来探讨一下：第一，这个稀缺性是什么；第二，就是稀缺性怎么来的，他是通过什么样的一个方式来驱动自己的。

> 角色的成功，是由很多原因促成的。但是一个良好的表演状态，一定跟你日常的修行休戚相关。后来他说："演戏就像放风。放风你快乐吗？一定快乐。你珍惜吗？肯定珍惜。那你至少得先把自己关起来吧。"
>
> 收工后，他没有心思吃饭。
>
> ……
>
> 他跟刘江和海清说：我不想说话，你们好了叫我。
>
> 拍摄正式开始，坐在车里的吴秀波始终一动不动。"我觉得整个人是空的，甚至于在我的感知里我能听见机器在转，转到什么程度？转到我听见摄影师说这盘带子快没了，要换带子了。我也能听见监视器边上有人问导演，说他在演吗？那个时候我特别绝望，但就在那一瞬间，我的表演开始了。"
>
> ——《吴秀波　演戏就是人生》

## 始终关注人的困境

关于陈佩斯的稿件《为笑而生》的写作背景是这样的：陈佩斯是曾经的一个喜剧之王，到今天为止，电视上基本上就看不见他了，尤其在春晚的舞台上。我们一直听到旁边人用各种各样的回应或是一些八卦的报道讲述他和央视的恩怨。但是，他个人对这个事情没有正面的回应，所以就产生了对话。有同学问我们的封面文章里为什么都会有一个对话？因为对话是思想的原声。你的文章当中最具有文献价值的东西在哪儿？肯定是来自和他的对话。你可以看到很多专业学术研究或者论文会引用我们文章的话，提供营养最多的东西实际上是来自于和他的对话。

一个人对焦点事件最直接的回应才是第一手的信息。我需要让他回应他过去的那些话题。第二大关注点是，我想谈谈喜剧的创作在今天遇到什么样的问题，接下来往什么方向走。大家都喜欢相声、都喜欢喜剧，可是今天我们身边充斥了太多廉价的笑声，网络上可能有两到三分钟的一个段子，或者一个很小的视频包袱很受欢迎，但笑过也就完了，真正的喜剧创作不是这样。如果大家回到过去那个时代，喜剧从那个源头开始一直留到今天，依然有生生不息的生命力，那就是因为喜剧本身的生命力。

无论是讲吴秀波，还是讲陈佩斯的时候，我都会借鉴一个电影叙事里面大量使用的手法，这是《霸王别姬》的编剧芦苇老师的一个观点，他说电影始终要讲述一个人如何陷入困境和摆脱困境。我觉得我们的特稿写作，尤其是我关注这个圈子里面人的时候，我去想的也是今天这个人他遭遇的困境是什么，如何摆脱这种困境。

这个想法最开始形成的时候，始于我写过一个范冰冰的封面。我当时写的标题叫作《成为范冰冰》，它其实来自一部叫作《成为朱莉亚》的电影，也是讲在红磨坊的一个演员的成长过程。后来那个标题被改成了《范冰冰是怎样炼成的》，当时我跟编辑也发生过一些争执，我说《成为范冰冰》并没有那么强烈的对于她成与不成的判断在里头。因为对于她成还是不成，在当年那个封面推出来的时候是有各种看法的。我不否认范冰冰今天站到怎样一个位置，她怎么样站在这个位置、怎么样才会变成这样的一个范冰冰是我想去讨论的，所以我会讲《成为范冰冰》。后来我在收录到自选集的时候，名字还是《成为范冰冰》。当时她面临很多负面话题，她的表演受到那么多争议，但她同时又是一个一线明星，她上了中国形象宣传片，出现在美国时代广场的大屏幕上。所以，她的符号意义已经成立的情况下，你再去探讨困境的问题就很好。

## 写好特稿的秘密

刚才说了这么多，实际上一直都在说写什么的问题。剩下的时间不多了，接下来我只能简短说说如何写。当年我在中央新影工作的时候，主要是在做历史专题纪录片。中央新影的前身是延安电影队，主要记录党和国家领导人以及重大事件。它都是用旧胶片记录下来。所以我们有最早的胶片，一直到今天为止依然是这样。

开国大典的画面大家已经看得太多,烂熟于心。那些年基本上每到"十一"的时候,都需要做类似的献礼片,所以这点素材已经被剪烂了。当我再度面对那些老素材的时候,我也很郁闷:这个东西再怎么剪呢?

当时我偶然买了罗斯·特里尔的《毛泽东传》那个红皮的书。他这样描写开国大典的一幕:

> 1949年10月1日,55岁的毛泽东步出他的书房,去宣告中华人民共和国成立并亲自升起国旗。
>
> 这时候游行人群已慢慢挤满了长安街。毛泽东乘坐的小车前面有一辆坦克开路。这是辆谢尔曼坦克,编号为237438W14。它是美国送给蒋介石的礼物,从底特律运来上海,目的是帮助蒋介石消灭毛泽东。谢尔曼237438W14曾在"自由世界"服役一个时期,现在它正隆隆地碾过故宫门前的大道驶向一个不同的世界。

当时我看到这段文字之后,恍然大悟:原来叙事不是素材本身的问题,是我自己的问题。因为我不具备这样一个分析能力和叙述能力,所以我才没有找到这样一个表达方式,才没有找到这样一个角度。在罗斯·特里尔笔下,这个熟悉得不能再熟悉的历史瞬间突然就具备了另外一种完全不同的味道。

我们集团有一个前同事,现在是一个纪录片导演,叫作周浩。他在金马上刚刚拿了一个最佳纪录片的奖,名字叫作《棉花》。你很难想象原来一个纪录片导演会用这样的角度讲述棉花的故事。反思下来,其实更多的还是你自身的问题。因为你的思想不具备那种深度,所以你不知道怎么去讲述,或者你的观察角度不够,或者你本身储备不够,所以,你在叙述的过程当中会找不到方法、找不到途径。

在一篇特稿写作的过程中,一个基本的思路就是这么几步:首先,建立自己的判断;之后,进行一个坐标性的定位;然后,提出很多问题,比如,刚刚我们说到了周杰伦的问题、吴秀波的问题,说到陈凯歌第五代旗手的问题。你的脑海里要搭建一个框架。基本框架出来之后,确定你需要的核心信息源,选择判断通过哪些人去讲述,可能让你拿到素材,帮助你还原你要的东西。

比方说,你要是去采访周杰伦的话,你这个稿子里面没有出现方文山,我是编辑我就觉得不合格，因为这都是核心信息源，必须去接触到关于这个人最核心的资源。这个过程有时会遇到拒绝采访，你就需要不断修正自己的思路，直到有一个比较严谨的态度和立场，再去构思它的结构。

最后，就是行文和修改。我们在这其中还会遇到的一个问题就是关于审稿。明星和经纪团队总是会很在乎媒体如何报道，如果造成负面影响的话，那对于他们来说就一发而不可收了，更别说他当时还处于宣传的需要。

我对审稿会有自己的一个基本态度，就是事实的出入可以也应该作修改。但是，在观点的分歧上，不能让对方作修改。这个我不可能做任何的让步。当然我们必须具备一个前提：第一要专业；第二要严谨；第三所有的素材都有出处，并且保留好原始录音。我遇到过这样的问题，对方看到稿件之后强烈不满，甚至要求我道歉。因为我有录音，写下的内容有第一手出处，所以，最后我拒绝道歉。到今天为止，我依然认为没有问题。我符合新闻操作基本要求。而且这个稿件很多人读了之后，更多的是对他充满了理解和同情，我不认为这个稿子有问题。

## ▍叙事技巧和推荐书目

最后说叙事技巧。

关于结构、关于如何讲故事，我还是向大家推荐我个人最喜欢的两本书：一个是罗伯特·麦基的《故事》，这个我一直在看，而且看了很多遍。现在我的KINDLE里也装了电子版，还在继续看，我也上过他的编剧课。当然我觉得大家看这个书就差不多了，一是学费贵；二是那个现场效果并没有我想得那么好。这本书讲述了很多关于叙事的原理和技巧，翻译的文笔也非常好。

还有一个也是很好的编剧，我很喜欢的芦苇老师，他的一本书叫《电影编剧的秘密》，这个也是他对创作的一些体会。这本书是关于结构、叙事的一些技巧，关于在这里面怎么去结构冲突的大情节、小情节，关于电影创造的一些东西。我们徐列主编有一个观点我很喜欢，他说，一篇好的特稿其实就是一个非常好的电影剧本。我们有时候想一下真的是这样。

最后给大家几点建议：

第一，我们现在肯定不可避免会从模仿开始，所有创作我觉得最开始起步的阶段都可以这样，年轻的导演就是从模仿开始的。你喜欢一个导演，喜欢一个作品,然后从那个开始模仿。第二,就是借鉴更多的叙事技巧,我刚才说到的那两本书,它其实是两本编剧专业的书。第二本不算专业的书,它是一个访谈录,但是它里面很多的叙事技巧都可以用。第三,我觉得要成为一个勤奋的写作者,你才可能去写你想写的故事。这个就是我刚刚说到的,有时候这个东西我不喜欢写,而有的东西是我喜欢写的,那么,尽可能去写你喜欢写的东西,去拍你想拍的东西,而不是很被动的,我只是受命要做这个事情。如果说你真的是临危授命的状态下,那么去找到这里面哪个地方你最有共鸣,你最喜欢。

最后送给大家八个字:"以梦为马,小马过河。""小马过河"其实是我小时候的一篇课文。这个是我自己工作过程中的体会。比如,有人跟你说那人非常非常难搞,那个人很讨厌,去接触了之后你会发现这个人其实非常 nice,他很好。还有的时候人家看了样片之后会说这个片子太烂了,你千万别去看。但是,你会发现说,不烂啊。所以你一定要自己去亲自体验。

在这个课堂上,还会有我其他同行或前辈过来跟大家交流,但是,你们永远要记住:只有你自己的经历是最准的,所有别人的经验或者体会都只能作参考和兼听。你必须建立自己的判断,找到自己的路,你就可以一直走下去。

# 所有人问一个人

Q：你为什么会选择做娱乐圈的东西？

A：这个也不是我的选择。如果你让我写一个商业的或者时政的，第一，我不感兴趣，而且我不专业；第二，因为我在这个行业里面之前都是在做片子，跟他们的制作资源和明星资源都有一定的积累，所以我比较能进入到这样的圈子里。

Q：你为什么会选择离开电视台进入平媒？

A：我大学学的是管理。我高考的时候想考导演系，但是没有考上。其实是一样的，你拍电影的话和你在写特稿的时候最后都是在讲故事和塑造人物。这两个事情并没有太大的分歧，这是殊途同归的一个东西。但比起拍片子来说，写作这件事情更单纯，因为你一个人就可以把这个事情完成。而拍片子的过程中是需要旁边很多很多的人，写完一个故事之后我还需要没事来搭一搭，来置景。然后，摄像来拍，演员来演，剪辑来剪。但写字很简单，我想写一个故事的话，我完全可以自己在电脑上写完。

Q：如何平衡稿件，是做真实而具有观点性的表达还是有宣传性质的表达？

A：说句实话，我们无论怎样都脱离不了从业的环境。所以你会有两种结果：一种结果是说做了它之后就不做了嘛；另一种结果就是你朝着一个方向一直做下去。可能第一个稿子我做不到，就再做一遍、再做一遍，因为我天性方面会去求这种平衡。要不就不做嘛，既然你到了这个行业里，这个资源必须得有。还有就是，因为大家都会去判断，出来一个风险稿的情况下，你敢放出来吗？这个风险最后一定是你自己承担的。我发现年轻人当中，有一点非常让人欣慰：他们很珍惜自己的名字，也很爱惜自己的羽毛啊。如果有年轻记者卷入一场公关当中，他也会很努力地去证明在这个过程当中自己的客观和公正。所以，想完全实现这样一种结果，不是我们的影视行业可以做到的。

Q：你采访的第一个明星是谁？

A：我刚变成一个媒体人的时候有一个采访对象是宋丹丹，当时我们一直把她当作一个笑星来看待的，我在到剧组之后，我有两点印象非常深刻，第一个就是她的嘴里一直都唱着周杰伦的歌儿，后来我就问她是为什么，然后她说因为他儿子很喜欢，所以儿子喜欢什么她就在学什么，另外的一个就是她说她从戏剧学院上学的时候到今天为止一直都在做一种努力，她不希望只被认为是一个笑星，而她希望能被大家认为是一个伟大的演员。

Q：你会和采访对象做朋友吗？

A：我应该不会，我在这个行业里工作了这么多年，采访过的人非常的多，但是最后成为朋友的人很少，可能是一个个性的原因。其实媒体和采访对象，你们之间要是做朋友的话这是一个很个人的选择，因为如果你们把工作结束之后，你们只是两个人嘛，只是我个人可能个性不是如此。

Q：你会把哪两个明星收进自己的人生作品集？

A：两个都是导演，一个是李安，一个是诺兰。李安一直都是我非常喜欢的一个导演，他的经历我非常喜欢，到现在为止，他所有的作品都非常的平均，很少出现过大起大落。我特别喜欢李安作品当中情感的力量和他对于把这种信仰悄无声息融到作品的这种处理方式。诺兰导演也是我非常喜欢的，如果说李安作品当中有非常强大的内容的话，我认为诺兰导演的作品会有非常强大的形式感，因为他对于结构的处理非常特别。如果我们说到叙事结构的话，这个导演是最值得借鉴的。他会在叙事的结构上，做非常极限式的探索，这个也是我非常喜欢的。

# 史晨：
## 高价的体育、廉价的诗歌，谁之罪？

新华通讯社瞭望智库研究总监，新华社《财经国家周刊》副主编，工作主要覆盖经济、改革、公共政策等专业领域，服务单位的思想性报道和专题调研。

曾撰写专栏"智库新说"并运营"智库圆桌"微信号（thinktube）。

智库，也就是思想库（think tank），较知名的如国外的布鲁金斯学会、卡特、兰德公司等，这些都是对于美国政府的国际政策、国内政策制定有极其重要影响力的一些智囊机构，也就是智库。

中国的智库，在传统上是社科院，渐渐地高校也加入了智库的行列，包括媒体机构，特别是像新华社。新华社作为一个国家媒体有两方面功能：一方面，是新华社的公开报道，通过新闻公开报道来影响社会；另一方面，新华社有一个很独特的中国特色的政治传播功能，就是内参功能。内参很神秘，内参的稿件大多数时候是不能够接触于普通受众的，但就是这样的一些内参，在很大的层面上，在一点点地、更直接地、更深层地影响着中国社会的面貌和功能。

在新华社做记者的岗位有一个很好的一个优势，他能看到跨界各个领域，企业界、政治界、包括传媒业界最新的一些变化和最新的一些趋势。十个调查记者还有一个在坚持，包括新闻传播学院的研究生，有多少毕业以后还致力于在新闻行业做？

美国2012年纸质媒体广告收入已经退回到1950年的水平。大概有60%的广告被谷歌这些媒体拿走了。现在很多财经报道，包括有一些专业的体育报道，写稿已经被机器人所取代了。更可怕的是，现在居然还有人做出文章后有一键变成视频的自动化工具。我们现在学的这些内容到你们就业的时候，行业会怎么样，会不会很快地就被这些机器所取代了？不知道大家有没有这样的一个困惑。但其实我觉得这一个不是杞人忧天,因为我们在传统媒体的大机构工作过,但凡是流程化的岗位,做到第三年的时候基本上也是一个僵尸工作。有一个算法,经过反复的迭代,就可以把你所取代了。

## 出路在哪里?

我之前跟一个很资深的媒体人聊,我们的出路在哪里。可能之前不知道有没有嘉宾会跟大家坦诚地分享自己的困惑。有一位很资深的媒体人,他之前也一直想,今后媒体转型会到哪里去?我们的技能包括我们在社会上以后拿什么吃饭?但是我觉得他是想得最清楚的。因为他现在不困惑了,他去了一个企业,从传统媒体去了一个企业叫阿里巴巴,他去了以后一个月就把这个事情想清楚了。

现在我要给大家出题了,大家都知道淘宝网,有没有人知道有一个叫阿里妈妈的东西?引用淘宝内部高层说的话,其实淘宝网交给国家都可以,它主要的盈利不是从淘宝网来的,那个只是一个平台,给大家做电子商务的服务有很多公共的属性。但是现在淘宝最挣钱的是两块,一块叫支付宝;另外一块就是这个阿里妈妈。这个事情跟我们回答困惑有什么关系啊,就是传统媒体人会这样思考,媒体转型会往前行走,这个技能会怎么组合?但是,我们在业内要想明白这个问题,看两点就行了:第一,钱往哪走;第二,最优秀的人才往哪走,你就知道下一步的方向是什么了。

阿里妈妈现在已经是亚洲最大的广告公司,它有1300人,其中1100人是技术人员,其中包括世界上最顶尖的数据科学家,它虽然是一个广告公司,大量的流水、大量的现金,它主要帮中小企业做线上产品的推广、精准的广告投放,它所有的营销人员只有100多个,而且很可怕的是它不认为自己是广告公司,它觉得自己是数据公司。

值钱的传统媒体其实基本上是靠广告来养的,而且从广告数据总量来看,总量的投放其实是增加的,钱是有的,只不过不到传统媒体来了。钱去了这些地方,未来大家如果有新闻理想又想有一份体面的生活,你就要知道,钱往哪走。

关于六个新闻研究生只有一个做记者,谁来拯救传媒教育这个问题,其实在美国早就是这样了,美国的新闻教育可能更多的是一种职业教育。一开始,你可能学一个其他的专业，然后在新闻学院经过一段职业教育以后直接进入企业工作。这一点我跟他是有类似的想法的，就是往后的新闻教育可能越来越变成一种加杠杆的工具与技能。经济学家周其仁教授当时在学校的时候跟我们所有人讲过这样一句话，他是对着所有这些考分很高的考到北大经济研究中心的硕士生说了这么一句话：有一项技能的投入产出比最高的，这项技能叫作写作。

周老师虽然是经济学家，但是他其实也是一位记者。有一个著名的经济学理论叫"破窗理论"，我们为了创造 GDP，就把窗子拿石头砸破，这样又有新的玻璃生产，包括法国那个时候也有铁路之争，说铁路你得修到我们家门前，而且带来就业对我有好处。法国经济学家巴斯夏用非常巧妙的文笔把这件事情的经济学概念讲成老百姓能接受的话。有一个很好的笑话，说这个铁路修到我这，怎么能增加就业呢？要把铁路断成十节，节与节之间用民夫扛着麻袋去背，这样既能拉动投资又能拉动就业。其实现在很多经济学家都得益于对媒体的了解，他们得益于自己的文笔，包括我自己其实就是一个财经记者。

多少年以前，哲学也面临着我们新闻传播学今天所面临的境地，慢慢地被边缘化。著名哲学家维特根斯坦说过，其实他也想有朝一日，哲学不是一个名词，变成一个副词。我们哲学地思考、哲学地生活、哲学地认识这个世界、哲学地交流，可能会觉得新闻传播未来也会是这样，它可能变成一项通用性技能。

第一个要给大家强烈灌输的观念叫需求定价。我的两位本科同学现在已经是千万富翁，他们在两年前做了一个创业公司，做一款手游，是一个射击游戏。每个月进账到他们的流水有 6000 万~7000 万，公司的两个合伙人，一年的净利润是 8000 万。这说明什么呢？

高价的体育、廉价的诗歌。之前美国的一个教科书上这样说，为什么我们这个文化不值钱了、诗歌不值钱了，说一个做游戏的为什么会有这么多钱，但是我做新闻传播的倒没有这么多钱。我们以前了解的都是成本加成，一份付出一份回报，我付出多少辛苦、付出多少劳动，社会会给我一个定价，这是一个幼儿版。成人版的故事是你的价格是由社会需求来定的。所以风口很重要，行业很重要。但是，不意味着你的技能就不重要，从你的技能到这个行业和风口之间，能不能取得一个平衡点，这是我至少看到的一个方向。

## ▋知识的表达越来越不对称

信息现在是越来越对称了,但是知识和知识的表达越来越不对称,比如,我日常的工作会接触到很多大企业的战略研究部,如果把它的需求拆分开其实就是:第一,与人沟通的能力;第二,捕捉现实敏感需求的能力;第三,写作的能力;第四,运营传播的能力。但是这些大企业没有一个说要找新闻传播学院的。中国的下一步最缺怎样的人?它其实已经不太缺学经济的 PhD 了,大量的海归、各个行业好的研究人员已经很多了,其实缺的是好的转化。他们特别希望现在的新闻学院能够培养这拨孩子,他们能够把好的思想识别出来,把它转化为可以影响政策的报道,可以影响公众的报道,而不仅仅是可能是传播量非常大,说起来非常过瘾的报道,未来缺这种能转化的、能帮中国真正解决问题的人。

研究性写作,这其实是给大家带来一个非常好的需求点,但是如果你要把握住这个机会或者需求,可能你的知识结构上要按三个层面来规划:一门专业、一项手艺、一个产品。内参工作就是一门手艺,你写出来的东西怎么能真的影响决策。内参分很多种,就是级别最高的其实读的人极少,它们可能跟大众传播不一样,读的人很少,而且很短,一般不超过 3000 字,一篇说清楚一个问题,但是可能就是这一篇,可能就要改变整个一个公共政策。

专业和产品的这个事情一块来讲。100 年前的美国,有一波记者和媒体野蛮生长的黄金时期,出现了"扒粪运动"。当时的美国和我们现在很像,急速的城市化,暴露出很多社会矛盾,我们现在所有的媒体上看到的腐败、矿难、食品安全、竞选贿赂、国民素质等那时候都有。"扒粪运动"一开始是轰轰烈烈的,后来这个运动突然就衰落了,但是同一时期,美国的智库兴起了,社会发展到一定成熟的阶段,它可能不再满足于那种很简单的披露式报道,这时候立场在中间的、美国的第一轮智库,包括现在大家可能都知道的美国经济研究局、卡内基货币基金会、布鲁金斯学会,这一波顶尖的智库兴起了。

社会在用资源进行投票,很多大企业发现,与其把钱拿给公关公司收买记者,出了事不要查事,不如把钱投入给真正能够影响抉择、影响公共的这些智库,然后让它用深度的研究、用好的公共政策报道,用对政府部门、专家学者和对民众深入的影响来解决问题。这个是我一直在做的一件事,所以我进这个行业一部分可以说是新闻理想,更多的是影响决策、影响公众,尤其是影响决策这一块,智库是一个很有意思的手段，它是旨在帮助社会提高治理水平，而不是直接把宣扬社会的弊病作为自己的任务。

这可能跟传统的新闻观点不一样，但是，其实这条路确实在美国走通了，一流的知识分子逐渐被智库团结到建设性的阵营里头。他们跟政治家一样，担心这种激进主义的阶层冲突，试图把这个举国上下强烈的改革情绪影响到稳妥建设性的方向。

## ▎专业的重要性

为什么一门专业非常重要？我前几年大量带实习生，那些你看上去性价比比较好的岗位，稍微给你自主性的、接触的人也比较高端的，都需要一个专业，都有一个进入的门槛。

媒体的独立是很重要的。第一个层面，是你要独立于权力。很多媒体业的前辈也会给大家讲他怎么来突破各方面的干扰实现理想。第二个层面，比较难的是独立于资本。大家现在看到的现实报道，独立于权力还相对容易，但是要独立于给你付钱的人，怎么能有一个商业模式把自己养活起来比较难。最难的是独立于意识形态。有新闻行业的资深记者批评刚入行的小记者有些话也很刺耳，我给大家分享一下。他说："你们现在很勤奋，很有热情，但是自己都不知道自己被利益集团当枪使。"这原本是凯恩斯的一句话，他是批评政治学家的。学科之间有一个鄙视链，他说统治这个世界的除了思想既无他物，那先相信自己能远离任何支持影响的时务者，包括各个行业。自己常常是某个已故经济学家的奴隶。大家可能现在能看到很多媒体界对抗性的报道，说话会非常极端，情绪表达也很夸张，虽然文笔非常好。但是，其实对解决社会的问题未必有益。举个例子，我之前在北大带300人的大课，北大好多要开经济学的双学位，好多都是新闻学院、社会学院同学来学，我给大家发过一个思想性的报道，这种深度报道一般是讲经济学的，讲林毅夫的"比较优势"。

林毅夫把比较优势这个概念研究透了，修身、齐家、治国、平天下。比较优势在国家层面和个人层面都起着很大作用。其实包括每个人在你们生涯选择的时候，这个是进入职场第一你需要有的一个经济学概念。

泰格·伍兹打高尔夫球极其厉害，他动手能力又强，他修剪草坪应该也很厉害，我怎么跟他竞争。这个概念叫绝对优势，所以，你可能想我的邻居是泰格·伍兹，我样样都不如他，我以后怎么竞争？

虽然泰格·伍兹他可能样样都比你强，他剪草坪也能比你剪得快，但是，这是他的绝对优势，而不是他的比较优势，他的比较优势一定是他要求选择打高尔夫球，因为他来跟你竞争剪草坪他就吃亏了。他就丢失了他的机会成本了，所以我们一定想清楚。

比如说，我们去申请一个金融机构，或者一个大央企的一个战略研究部、一个公关部，他可能需要北大、清华一个读经济的学生，然后我好像每个领域都有比我强的人，那我未来的出路在哪里，这样想的话，那你就掉到这个坑里了。

经济学中最强大的观点之一就在于，不论一个国家现在的状况有多么糟糕，它在某些部门，或者说某些产业上，对于个人来说，就是在一个职业方向总能找到一个比较优势，通俗点来讲，就是屌丝逆袭。

比如说各个行业竞争，以前是要看学历、看资源、看家庭出身，那为什么有越来越多的屌丝逆袭呢？当你各个方面可能看上去都不如别人的时候，你可失去的东西就越少，你的包袱就越少，你总能在一个地方找到。别人不愿意做或者说他做了他就吃亏的方向，但是是你的优势，我把这个放到报道里头，好的记者工作啊或者说新闻传播工作，其实能够给你的心灵一个很好的滋养，就是你表面再说一个，之前这些文章啊看上去很像一个人物报道，是这个林毅夫世界银行的首席经济学家，他研究了什么学术问题，然后对国家的政策带来了哪些改变，然后他为什么能去世界银行，包括从世界银行回来以后，有什么能够分享大家的。看上去是一个思想报道和人物报道，其实你发现，他为一个国家规划产业和发展战略的时候，你是能够给个人，即你自己的生涯发展包括你日常的选择有很大的一个启发的。

所以就这个例子切开来说，这个报道林老师本人也挺满意，然后传播的效果其实也挺好，你发现把专业性的东西能够深入浅出，通过你的理解转述出来，然后给很多人不同层面上有一个启发。林老师他是研究国家发展战略的，一个国家的发展理念，其实跟我们一个传统的中国家庭对孩子的教育理念有异曲同工之处，中国传统的教育讲究的是弥补缺陷，赶上别人，而不是发挥你的优势。优点不说跑不了，缺点不说不得了。不知道我们小时候总有一个人叫别人家的孩子，你考了90分，别人家的孩子考了96分，然后到工作以后这种思维方式还在，你羡慕别人身上他们认为含金量更高的优势，然后关注自己所没有的东西，通过各种努力去赶上别人，而不是做最好的自己。包括中国前30年的发展战略也是以别人为参照系的，要弥补自己的缺陷，比如，发达国家它有高附加值的资本密集型的产业，所以一开始我们也要有，所以我们没有按照我们自己的比较优势去选择。比如说，劳动分工密集型和去投资重化工业，导致计划经济资本的积累很慢，没有发展起来，或者说带来很大的弊区。

林老师从个人自己人生的思考包括他去世界银行给很多非洲国家开设了药方，说白了就是这么一回事。做你擅长的事，不断积累你的资本，然后慢慢进行产业升级，从屌丝之后逆袭成高富帅。

我们说说需求吧，都说传统媒体不行，但是大家知不知道一本杂志叫《经济学人》？

一个美国人说，我拒绝从新闻周刊获得经济新闻，而我读《经济学人》。这个人是美国的前劳动部长。《经济学人》的这种模式，它背后还有个智库，叫经济学人信息部。

我把这个例子稍微展开一下，第一，能把研究性写作是什么讲清楚；第二，是因为我认为它是未来传媒转型的标杆方向，未来可能要找传媒业的人是这样的企业和机构。《经济学人》本来认为自己是一个杂志，认为我们这个社会要不停地靠这理智的力量和各种愚昧，同各种情绪化的偏执作不停的斗争。在历史上《经济学人》的深度报道和思想性报道一直有非常大的吸引力，最关键的是它还有一个《经济学人》智库。

## 大潮之下

你们所从事的其实是很接地气的事情，赶上这波创业大潮，尝试着做一个产品，这个对你们人力资本的提升可能更多一些。创新创业现在可能有一个温和的泡沫，但我一直有这么一个观点，虽然是泡沫，但是这一波创新创业潮会给中国储备一大批具有产品开发能力、能够理解社会现实需求、愿意从小做起、动手做起，然后能够投身于做一个产品或者一个事业的人。这件事情是不能用课堂教育来替代的，必须用你的实践、你的实际经历。我其实特别羡慕你们"90后"。

就像在机场安检排队，排了一个很长的队，这时候突然"砰"的一声，总理说"创新创业"了，新开了一个安检口啊，这时候你想，"70后"快排到他了，他肯定是不动了，这时候你看第一拨冲上去的一定是排在队尾的"90后"，他们没有任何可以失去，机会成本很低，他清楚地知道自己比较优势是什么，"唰"地就上去了。最惨的是留在中间的，排队到了我没有啊，我是在大企业继续再熬两年啊，还是我再试一试啊，一犹豫，两分钟立马就没有了。其实你们现在很幸运，没有很多观念的束缚，更多的机会、更多的锻炼其实在社会中很多。

为什么说你们"90后"千万不要做很多观念的奴隶呢？之前微信圈传得很热，有个得普利策奖的转行去做公关了。大家换一个思路来看，公关就不好吗？有两个趋势：一方面，是这拨新媒体对格局的冲击，它把原来好的内容生产体系全冲击碎了。比如，自己想想你每天的阅读习惯，有一些可能我上一些专业的网站，比较好的看一两本专业的杂志，有一个电视节目我在看，看不到了就在优酷土豆上看，然后好的内容呢社交媒体上二手的到处转，转来转去的，好的内容生产体系已经破碎了，这个是冲击点。另一方面，其实也有好的一点，建议你们一定要多关注这方面的趋势，现在出现了特别多带有媒体属性的公司，传统的媒体是在消亡，但是有一拨，比如像阿里、像腾讯，它自己越来越成为数据的汇集点，越来越成为流量的入口了，它其实更像一个媒体。其实这些企业的战略部都在招有传媒背景的人。

你们现在面临一个挑战，比如说，我这时候在招人，我想招一个懂专业的，他可能是学经济的，或者学金融的，或者学环境的，然后我要教他写作，要比我招一个学新闻的人，然后我教他专业来得更快，这是对你们的一个挑战。但同样对你们的一个机遇是什么呢？当你有自己的时间，比如去修一个双学位，只要拿一本经济学的书来看一看，把这种从概念到概念的学术文章用非常好的传播手段生动地表现出来的时候，这个需求的市场其实是很广阔的。我以前的同学，当他的公司马上要估值20个亿的时候，他就希望从他的团队里找一位公关运营，但这个公关运营不是之前软的那种公关，我给车马费招来一帮记者来写，绝对不是那样的。他要能够把握双方的需求，能够把自己公司的产品和某一个文化活动、某一个事件连接在一起，然后他们会做好服务，这是很有意思的一个事情。

说一个彭博社的案例。国外的传统媒体比我们早三五年，三五年之前就在裁人，只有彭博在扩张，还收购了《商业周刊》。它是做金融服务起家的。本来彭博是一个所罗门兄弟的交易员，然后跟老板不和，拿着一笔遣散费走人了。他说我为交易员提供这种资讯的服务，它现在是几大专业信息数据服务商。

彭博有一个稳定的商业模式，挣钱以后他开始要招大量的这种做内容的人，第一，他叫彭博通讯社，他招很多记者；第二，他一直想收购FT，想做它的评论版块。他收购了好多传统媒体，他收购了一家原来的美国的叫"国家事务出版公司"。彭博机是一套极贵的终端，交易员都会用，但他把最宝贵的F1、F2键留给什么功能，照理说应该是交易下单，跟它交易相关的，但不是。他F1、F2键其实是留给内容的，他的两个产品，分别叫"彭博政府"和"彭博法律"。他的"彭博政府"来源于他收购的一家传统媒体叫"国家事务出版公司"，出很多美国的专业报告，出很多联邦政府的报告文件，有跟税务相关的。这个产品它可能是一个类别性产品，但是能做到什么样一个程度，"彭博政府"你点进去以后，它能够帮你梳理你现在比如说要做一家清洁能源的企业，然后有这么一个关于清洁能源的立法，这帮记者再帮你筛出来支持你的议员是谁，反对你的议员是谁，摇摆的议员是谁，摇摆的议员谁在筹款期，谁是他的智库，哪些专家他的思想倾向是什么，哪些专家可能可以影响他的观点，他会参加哪些研讨会。彭博会花大价钱购买这样的服务，然后，企业以更高的价钱从彭博身上购买这个服务。

说60%多的广告收入都去谷歌了，大家知道谷歌下一步在做什么吗？谷歌雇了很多记者、很多公关，它在做游说，这些大企业的外脑未来需要很多极懂传播的人。这是它的无人驾驶汽车，但是无人驾驶汽车如果要上路的话，需要很多政策方面的审批，怎么就能上路呢？这个事情谁能把它办成？我请领导吃个饭就能办成吗？不是这样的。它的这拨高人帮它运作：你先去一个州，叫内华达州，然后你先在这个州尝试公关，内华达州是中部的一个区，目标不大也很穷，但是它老龄化人口很多。如果自动驾驶汽车打着一个旗号为老龄化人服务，很快它在内华达州就获得上路的许可了，立法通过了。但是内华达又紧挨着加利福尼亚。这些有线电视公司，下一步就是想把它从加州的媒体和有线电视通过谷歌光纤接到内华达，这些大企业的战略布局也很有意思。

这是我看到的一段话："我们应该在这个时代中做学问、做事业，大部分的人不认识自己的时代，只能追随时代，跟着这个时代跑，是一般群众，是一种流俗，而每一个时代都应该有它自己的抱负。"

最后挺想跟大家分享，这是一个老师，一个很有名的社会学家，应该是在加州UC-Berkeley，叫怀特·米亚斯，其实我的新闻学启蒙是他教给我的。他可以把社会学的理论以非常生动的故事、极有传播力的非常好的文笔刻画出对时代的理解。他说了一句话对我到现在也很有启发，"一个人只有理解了他所处的社会的机遇，才能理解其个人的机遇，只有知晓同时代其他人的机遇，才能知道自己的机遇所在"。

## 所有人问一个人

Q：一名"智库"式的记者是如何炼成的？

A：一方面，有变的东西；另一方面，也有不变的东西。我把它称之为一套内核和一套工作程序。内核是什么？其实无论是经济学也好，还是某一个领域也好，当你足够深入聊，你会有一套成体系的、仪式性的思想框架。包括概念，包括一系列假说，包括你分析问题的框架。其实经济学就是很好的一个训练，这是第一个层面。第二个层面呢，具体某一个领域里头会涉及很多专业的概念、专业的知识。用现在互联网的话来说，你用一种社会化的实践。首先，你有识别能力，你有自己的一个思考框架，另外，你又能找到最好的专家，找到最好的信息来源，然后通过社会化、众包、众筹，把这个事情给搞清楚。这是智库很吸引人的、很高效的一个工作模式所在。（问：就是众筹式的工作模式吗？）对，因为任何一个领域，我不需要是最顶级的专家，但一定要有最顶级的专家，然后，我综合各方面的因素，把他们的思想结合起来。这样，在我这里可能就有融合，有创新，还有给专家自己的反哺。

Q：媒体人究竟能在多大程度上影响公共政策？这中间会有什么样的困难？

A：这是一个过程。在美国，媒体是可以影响政策的，它的路径是通过影响公众，公众有投票权，间接的进而影响决策。但是，其实在中国目前越来越多的公共政策已经在征集民意了，决策过程也越来越多开放了，只是现在我们媒体的参与程度可能不那么专业，不那么深入，或者说对决策有更深的隔阂。这个话题说起来很大，但是落到每个人的身上，所谓公共政策，跟你我可能都相关。比如说，环境的问题、环保的问题、户口的问题。首先，你要有一个好的研究；其次，你要对政策制定的过程、前后的脉络有一个理解。所以，你就不是在外面以一个批评者的角色，然后自己怎么开心怎么说，而你是帮着它来解决问题的，帮着它贡献价值，不断地迎合，赢得信任，然后不断地为它提供服务。这是我说的影响的路径。（问：提出一个观点，到它通过媒体的影响成为一种社会共识的过程中，存在什么实际的困难？）最大的困难就是，现在思想市场上的竞争方式，它的激励结构是让越极端的声音传播力越大。大家你说你的，我说我的，左右之争，为了让别人听我的，你故意的只能把话说得更极端。这样它就不存在一个重叠的共识，也没有办法进行讨论，这个是现在媒体影响公共政策最大的困难。其实，现在大量的媒体讨论是在破坏公共政策良好的制定和测试。

Q：**以雾霾治理为例，柴静的《穹顶之下》和您所做的研究报道在对公共政策的影响上，属于两种不同的途径和思路。您如何评价这两种方式的异同？**

A：都需要，一方面，是唤起社会公众的认知，让大家知道每个人跟这件事情都有关系；但是另一个方面，部委的政策到底是怎么制定的，哪些做得好，哪些做得有待改进，哪些可能对外界批评得比较多，但其实有另外一些可能我们不太熟悉但是值得改进的地方更多。专业的影响决策报告可能更多的偏向后者。第一，他要把这个事情说清楚，现在到底有哪些部门在管这个决策体系和政策是怎么来制定的；第二，他从中能够点出哪些问题，要拿证据来说话；第三，要给出建设性的方式。如果你说这个有问题，那下一步可行的方向应该往哪去试，你要把操作路径设计清楚。所以，这就是一套体系工程了。

Q：**您的文章中，常常针对公共事务的解决，提出指向性很明确的措施和观点，那么是否要考虑所提观点的平衡和客观？立场和角度如何把握？**

A：这是一个非常微妙的问题，我特别想分享。美国有一个很有名的社会学家，他叫怀特·梅尔斯，他的墓志铭上有这么一句话，上半句叫"我力求客观"，下半句话是"但我不自诩超然"。其实智库也是这样，智库的研究程序，它是讲究你得采集多方的意见，你得调研各个利益相关方，你得有一套逻辑和证据来支持你的判断，这个是力求客观的。但什么叫"不自诩超然"呢？我们每个人看世界，其实都是有一套自己的思想体系的，这方面不存在完全的中立客观，你没有框架意味着你没有想法。这之间怎么平衡呢？智库的做法是，我对利益集团保持中立，但我对我的倾向性假说、我的意识形态，并不保持中立。美国的智库，有偏"左"的，有偏"右"的，最终在一个思想市场上，它们通过竞争来达成一种总体的均衡。而不是说要求某一家绝对的中立，当某一家绝对中立客观的时候，这时你说的东西恰恰是没有内容的。

Q：《经济学的进化》如此大的一个论题，您的结构思路是如何一步一步成型的？对于我们在进行"大选题"的操作中有什么可以借鉴的？

A：这个报道比较特殊，因为此前有很多积累，我说的其实是发展经济学，说的是东西之争，说的是古今之辨，说的是中国道路和下一步发展的模式与方向。只不过借一个核心节点式的人物——林毅夫，借他的思想谱系来梳理这个事。一方面，你可能需要足够的知识储备，这是不可复制的，每个人都可以找自己感兴趣的话题；另外一方面，其实有些操作性的技巧，因为你提供的是要按时截稿的、按需求来的产品，所以技巧是可以根据很多有新闻由头的事件来切入，不用面面俱到，但是要把一条逻辑讲清楚。比如，当时的时间点是英国奥运会以后，当时有一个大家的关注，这时候我们对它要考虑到英国的医疗体系，政府主导还是市场主导，这方面其实已经冲突很多年了。我们借这样具体的情境、具体的切入，把政府主导和市场主导这两边最有代表性的人物和经济学家选出来，然后告诉大家，最后提出一个我的想法是，左右之争、言辞之争其实不是最关键的，（而是）相互之间的融合、重叠的共识。然后从中国现在的实际出发，探索出一条适合于我们改革的路径，破除那些既有的教条才是真正合乎实际的一条路线。这是这篇报道想说的事情。

Q：您是学经济学专业出身，为什么选择了媒体这个行业？

A：这就涉及绝对优势和比较优势的概念了。比如，像你们传媒大学的学生都很优秀，你可能进入几个行业都能做得不错，但是你一定有一个你最擅长的方向。这个最擅长的方向，你如果不去做，你牺牲掉的机会成本是最大的。为什么选择这个方向呢，你自己的内心就要有一套自己的评判体系。那我是为了追求金钱呢？还是为了追求权力呢？还是为了追求影响力呢？经济学一定讲自己的评价和效用，当你找到自己内心的这个方向以后，你会发现你做的是你擅长的事情，你不断会积累正面的反馈和对自己的肯定。然后恰巧这又是一个跨界打劫的事情，可能有交叉学科在，能够在一个新的领域里头发现你的核心竞争优势。这个其实慢慢地也就迭代出来了，生涯选择可不是一下就规划设计好的。

Q：长期从事这些公共事务的研究，在一般人看来是有些严肃枯燥的，您之所以能一直做下来是出于兴趣？情怀？还是别的什么原因？

A：这其实很难用这个框架来思考问题。我讲两点：第一，是有一个技巧未必像你想的那么枯燥。当我们想一个学术问题，一个比较严肃的理论问题的时候，我的一位经济学老师跟我说,"每个人不一样,我不知道别人怎么想的,但是我自己考虑这个数学公式的时候,其实我是代入一个情境的,可能是我日常中面临的一个选择,或者是我现在感兴趣的一个话题的讨论",这样是要把你的工作和你的生活、你平时的思考并行不悖地结合在一起的。第二,兴趣还是情怀?很容易给学生有一个误导。我这么说可能有点极端,但是兴趣其实并不像你想得那么重要。当你没有做过足够多的事情的时候,你并不知道自己的兴趣是在哪里。如果一件事情是你的优势,你能做得足够好,不断有社会的肯定和正向的反馈给你,你觉得时间长了以后,你能不对它产生兴趣吗?所以,不是有了兴趣、有了情怀才去做事,而是你把这个事做好了以后逐渐产生兴趣和情怀的认同感。这可能是一个更偏实际的。我觉得这可能是一个规律性的,更偏实际、更偏真实的一个情境。

Q:您对中国经济现在所处的状况和未来的走向持什么样的判断?它们可能产生哪些影响?

A:我分两个层面来回答。第一个层面,是我们怎么看这个问题的方式。我特别想强调一点,千万不要把经济神秘化。现在在外行看来,在各种经济讨论看来,经济学变成经济学家的一门技术,它有非常专有的名词,它有一套非常复杂的体系,然后它搞得很神秘化,我们需要不停地对它反复揣摩和理解。我特别想分享,有一位诺贝尔奖得主,道格拉斯·诺斯说的这么一句话,他是给一本书叫《经济学的思维方式》来作序中提到的这一点。他说,"过去中国30年,取得了重大的经济成就,未来也会面临很多的挑战。对于这个大时代所有的参与者来说,其实你所需要的,是不断重温那些经济学的基本概念和基本的思维方式"。没有那么神秘的,如果一个事情用基本的逻辑和基本的经济概念说不清楚,它不可能用复杂的数学公式和神秘的逻辑体系能说清楚。第二个层面,关于下一步经济学的讨论,都知道有一个词叫新常态。新常态对经济学理论的冲击是,原来所有我们看似固定不变的定律,都发现不那么管作用了。不仅读者觉得神秘,其实很多经济学家亲口说,当然也有自谦的成分,"我自己都觉得有黔驴技穷的感觉了"。这个新常态下对既有经济学的颠覆可能越来越大,这个时候我们探索或者思考这个时代,其实大家是站在一个平等的起跑线上的。

Q:您觉得下一步的走势对我们普通人有什么影响?

A:这是一个大问题,我就想从思想这一个层面来看待这个问题。从经济、新常态看，绝对过剩。原来很多旧有的贸易制度，包括刺激政策都不管用了，这时候在思想上的反映一定是要有新的思潮出现。从国际上看也是这样。我们讲道路自信，好多思想回归传统，很多地方又开始探索了。一个比较好的方向，是创新嘛，大家都去探索，都去试，说不定谁就试出来了。"一带一路"说不定就取代原来旧有的国际贸易和投资规则了。悲观的方向是，这时候思潮冲突会开始出现。以前认为人类发展的社会是收敛的，但现在终点不知道在哪里了，可能会有更多的动荡和冲突。其实这段时间和"二战"之前，从大危机、大萧条，到思潮冲突，到最后爆发出那么大的国际冲突，这一段时间很像。

**Q：采编与经营相结合的模式，对未来媒体机构的转型具有普遍借鉴意义吗？**

**A：** 如果你在传统的媒体里说采编和经营相结合，在那一套话语和体系里头，你想这个问题会把自己给绕进去的。但是本来就是一个新的事物，当你换一种思考的时候，比如说，像你在关注 BAT 这些带有媒体属性的公司的时候，你就会发现，原来它的趋势的逻辑是另外一个。这时候媒体，它可能作为一个环节会嵌入到企业的价值链里去。信息绝对过剩了，但是开始竞争注意力。我这时候的编辑可能决定注意力的导向会变成更强的软实力，但这种软实力我如何在这个价值链以怎样一种商业模式来实现，能够为各方所认可、所规范，这是创新所要解决的问题，这是大家都在试的阶段。我觉得可以对这个保持更加的开放。

**Q：大家如何做到思想性和创新性？**

**A：** 那是一个比较极端的说法，你怎么区分哪些是要洗掉的教条，哪些是要了解的东西呢？一个比较全面、健康的说法是，容忍思想与思想的竞争。有一句话说得很好，青年人决定你成熟的标志，是你能否在你的脑中容纳相互竞争的几套思想和假说，同时又能保持行动能力。因为新事物会越来越多，思想市场上的各种说法会越来越多，这时候什么是对的、什么是错的、什么是可以不断修正的，我觉得未必需要预设一个立场，你可以不断在实践的检验中快速的失败，快速的迭代，然后形成能够保持你行动能力的那一套行动准则。

**Q：我们应该怎样保持不断根据环境调整自己思想的能力？**

**A：** 这个太重要了。这其实是一个文明社会所必备的一个技能，也是高等教育，或者说通识教育对人最大的一个帮助。当你的想法和实际不一样的时候，你到底是改变你的想法，还是去曲解现实？

# 吉姆·沃尔夫：
## 国际新闻是世界历史的初稿

Jim Wolf 是一位有着 40 年报道经验的资深国际新闻记者。曾经作为路透社记者在华盛顿报道亚太事务长达 26 年，担任路透社驻五角大楼的首席代表。2003 年，他率先报道英、美与伊拉克开战并全程跟踪报道。在此之前他作为法新社记者，报道过苏联入侵阿富汗、韩国光州事件、英迪拉·甘地被刺等诸多重大历史事件。

我在美国做了 40 年的记者，的确是有很多经验教训希望能跟大家分享。我想把重点放在我自己的报道经验上。其实只是谈一谈我个人的生涯履历。但其实我每次讲这个履历，都是想跟大家分享它背后的一些 tips，给大家一些建议，或者是一些可操作性的东西。比如，一个记者在一个特殊的情境之下可以做什么。我希望通过这些给大家一些有价值的线索。

## ▍记者生涯从跑腿开始

我职业生涯的开始是做了任何一个菜鸟记者都要做的事，叫"Gofer"。"go for sth."，翻成中文就是跑腿的人。跑腿的人是做些什么呢？最早我去巴黎驻站，当巴黎《经济学人》（*Economist*）的一个非常有名的驻外记者的一个跑腿跟班。这个知名记者会告诉我今天去跑哪个发布会，明天去跑哪个采访，去做一些基本的工作，但是这些工作对于一个刚进入行业的菜鸟来讲，是非常有好处的。

因为，在做了这些入门的工作以后，接下来就有更多的机会去接触真正的任务。任务是来自于我所跟随的这个记者。他有的时候出差不在，那么这个报道又需要有人跟进的时候，这时机会就来了。我去做了很多次这样的报道，这些对我来说是很好的机会。当时我就开始给包括伦敦《时代周刊》《卫报》和《每日电讯报》

写一些"clip",就是转述其他记者的报道。这样的一个转述的经历,在未来谋求更高的职位的时候,都是履历上无形的资产或资历。

尽管有了很多的报道机会,关于事实的核实依然非常重要。在新闻圈里有一句话,叫"You are as good as your last story",即"你的水准是由你的最后一篇报道决定的"。所以不管你的经验有多么丰富,你的履历有多么辉煌,你曾经写过多么牛的报道,你的报道水平仍旧是由你最后一篇报道决定的。所以,你在新闻这个行业面前要显得特别谦卑。经验有的时候很重要,有时又不重要,但对事实的核实、对职业精神的追求却是任何记者始终要遵循的原则。

我之前很多工作是自由撰稿的工作,第一份全职工作是在巴黎的 AP 道琼斯这个新闻机构。大家知道 AP 是美联社(Associated Press),所以 AP 道琼斯是 AP 和道琼斯联合出资合作的新闻机构。我当时是负责整个巴黎市场的报道。其实我们的办公室很小,只有两个人,我是其中之一。很多时候我还是要做一些跑腿的工作,但是全职工作的好处就是每个月能固定拿到工资,而不是根据稿费来给。并且,你可以慢慢建立自己的职业声望、人脉和地位等。尤其是你的报道被其他媒体转引的时候,这种职业的名誉就会被慢慢建立起来。

## 现场报道苏联入侵阿富汗

当我在巴黎法新社工作的时候,我是作为法新社有史以来派出的第一个英语母语记者前往泰国的首都曼谷。当时我在曼谷涉及到很多中南亚其他国家的新闻,包括当时的越南、老挝、柬埔寨、缅甸,等等。大家应该也都听说过,在 20 世纪 70 年代末的时候,柬埔寨和越南之间有一场战争。越南入侵柬埔寨,当时柬埔寨是波尔布特领导的红色高棉政府。战争爆发后,整个东南亚地区的国家关系受到这样的一个危机事件的影响。各方都在角力,比如说,苏联支持柬埔寨、美国想让越南和柬埔寨的反对派组成联合,进行妥协,包括中国也在支持柬埔寨,等等。这 6 年我过得非常惊心动魄。从这样一个冲突中其实可以看出大国之间的博弈,对我来讲也是非常宝贵的报道经验。

再后来,1979 年有一次我到泰国的时候,刚下飞机就接到了来自总部的信息,让我不要逗留曼谷,马上去新德里,因为苏联入侵阿富汗了。于是,我又立刻改签航班去报道苏联入侵阿富汗这一重大历史事件。

当我刚到喀布尔的时候，苏联把整个阿富汗对外的通信全部切断了。当时那个时代没有移动电话，没有互联网，没有微信。里面的消息只能通过电话或者电报等方法获得。苏联切断了整个阿富汗跟外面的通信，全世界其他地方的人都不知道阿富汗的情况。苏联这么做的目的是想等整个阿富汗的局势稳定后，再慢慢放出一些消息。

可全世界都在不停地等待，想知道那个国家到底发生了什么。我坐的那一班飞机是从新德里飞到阿富汗首都喀布尔的，而那班飞机坐的全是记者。我们到达的那一天是1979年的10月26号，我到了机场后，因为苏联发现整个飞机上全是记者，就不让我们进市区，不让我们自由移动。但是，我在机场看到的这些已经足够了，因为我在机场看到了苏联的军机、苏联的运输机、苏联对于整个设施的控制，这一切都是苏军入侵阿富汗之后第一手的目击性新闻，虽然我只看了这么一点，可这的确是当时世界唯一能够看到的阿富汗被苏联入侵以后第一时间的情况。很快我们的飞机又被强制飞回了新德里。就是我们这批记者成为当时第一批发出报道的人。我的目击式采访报道在第二天以及之后的数天成为全世界各大媒体的头条。

做新闻，我想指出一点：在新闻界没有比记者到达现场所看到的东西更权威的信息来源了。我会做一些新闻消息来源的权威性判断，是官员、警察，还是官方的媒体？哪个是最可靠的信息来源呢？

对于法新社，对于我所供职的这个通讯社来讲，我们遵从的原则是没有比我们的记者亲眼所见的东西更可靠的消息来源了。我们认为，我们见到的才是真的。这个理念对我来说非常重要，尤其是当我作为AFP的记者去阿富汗机场报道，我看到的东西成为一个重要的文件，这个重要的文件就是历史的初稿。因此有句话说"新闻是历史的第一稿"。记者亲眼所见的东西是非常珍贵的。

刚才提到的在我的职业生涯早期在阿富汗的报道，曾有一个很有意思的比较。据说路透社最早的时候，它的创始人为了能够从法兰克福尽早地得到伦敦股票涨跌的信息，从而在法兰克福通过信息差做交易挣钱，用了信鸽来传递信息。伦敦的股市信息通过信鸽传回法兰克福。我觉得我自己在喀布尔做阿富汗报道的时候，就好像自己变成了一只信鸽。我做的事情跟150年前的信鸽是一样的。我常驻喀布尔，所以我会经常把我写好的稿件交给机场马上要飞新德里的陌生游客或者旅客，请他们把稿子带到新德里机场。我的同事会在机场等着再把这篇稿子拿到手。

所以，整个过程是一种非常传统的信鸽式的信息传递。因此，我早期的职业生涯里这种在一个封锁环境下信息传递的方式，似乎跟150年前路透社创始人用信鸽传递信息的方式有异曲同工之处。

## 美丽的恒河里面漂着的都是尸体

我在亚洲的时候，我形容自己的工作状态是一个到处跑的救火队员。当时在20世纪七八十年代的亚洲发生了很重要的一系列可以写入人类历史史册的重要的事件。比如"韩国光州事件"，比如说斯里兰卡的种族屠杀冲突，柬埔寨的内战，包括1984年刺杀印度总理英迪拉·甘地。当时的刺客是一个锡克教的教徒，所以在这个刺杀案件后，又有一些对锡克教教徒的迫害，所有这些事情都是可以写入人类史册的，而报道它的人，就是我。

在1986年的11月31号，我遇到了自己最惊险的采访经历。一个锡克教的教徒刺杀了印度的总理甘地夫人，我到新德里的时候整个新德里已经是一片混乱。好在我认识了一个当地新闻机构PtiNews（印度托拉斯新闻通讯社）的记者。PtiNews是当地最大的新闻机构，我们法新社驻新德里记者站就在PtiNews的大楼里面，这对我来讲是一个很重要的本地记者资源。一个本地人，而且又是新闻行业的，他就可以带着我去街上转，看当时整个印度的情况是怎样的。我看到了什么呢？整个街上尸横遍野，印度美丽的恒河里面躺着的都是尸体。这些被迫害的锡克教教徒被迫喝汽油，然后在嘴上叼上火柴，火柴被点着后，一个个锡克教教徒就在我们面前爆炸。这件残忍的事情是我最难忘，也是最残酷的采访经历之一。

当我去街上采访的时候，很常见的一幕是一帮暴徒围绕着一个锡克教寺庙。寺庙里头躲着一些锡克教教徒。外面的暴徒喊着，要把里面的人抓出来，把所谓的锡克教的恶徒绳之以法。看到这一切的时候我觉得有点紧张，局势已经失控了，一回头发现我的队友，这个PtiNews的所谓的记者朋友突然间消失掉了。我才发现当时围攻锡克教的这些暴徒的注意力已经从锡克教的寺庙转移到了我身上。正当我犹豫的时候，这些暴徒之中有一个领头的指着我说："你你你，你这个CIA的人，你赶紧给我们滚蛋！"这样一句话让我有一个非常艰难的选择，究竟是跑还是不跑？我当时觉得如果跑的话可能会更麻烦，因为如果我一跑的话，那些人更觉得我是CIA的人了，就更可疑了。所以我还是故作镇定，表面上装作什么事情都没有发生，很冷静地向另外一个方向走。但是我没有敢回头看任何一眼，所幸的是这些人没有去找我麻烦，随我去了。后来我碰到那个 Pti 的朋友，我问他当时怎么就消失了。那个人回答说因为他懂印地语，她已经听到了那群暴徒中领头的人已经把注意力指向了我们，所以就先撤离了。这是当时很可怕而危险的经历。

根据我刚才讲的这些个人经验，我总结出来几点对大家可能有帮助的经验和教训。首先，你去采访这些复杂的新闻的时候，一定要明白到底发生了什么，一定要非常清楚现场的这种动态的关系是什么，迅速变化的是什么，各方的利益诉求是什么，以及我们可能会误会什么。还有一个经验就是不要一个人去。

很重要的一点叫"situation awareness"，就是你要有关于这个情境的警觉性，要对这个情境有充分的了解。在我当时的那个例子里，我的警觉性在于印度当时民众会把国内的宗教冲突去归责于一个第三方，一只看不见的手，在这样的"冷战"思维之下，很可能美国或者 CIA 就变成一个职责的对象，而我又是在场的唯一一个美国人，所以我很有可能变成一个替罪羊，这点特别危险。所以给大家的忠告是，以后去采访这样一种复杂的情况的时候，一定要做充分的准备。做准备不是为了写稿，不是为了别人，而是为了自己的安全。去了解所有的、各方的利益诉求，各方迅速变化的反应，并且要在采访之前，先去采访一些知名的专家、学者，这样你才可能对你将面临的那个情境有一个警觉。这点非常非常的重要。

## ▎最早拿到中国个人旅行签证的外国人

我有一个很自豪的身份，就是我是最早拿到中国个人旅行签证的外国人。那是 1982 年的时候，我当时在香港替法新社工作。当时中国并没有开放个人旅游，所有来中国旅游的人只有两种方法，一个是旅游团，走团签。就像现在去朝鲜一样，跟团游。另外一个就是机构邀请，必须要受到一个官方机构的邀请。个人旅行签证是不可以的。我对团队旅游不太喜欢，同时也没有政府层面给我发放的邀请，但是我又特别想来中国。所以，在我听到了一个可能的消息后，我每天都去香港的中国旅行社，每天都去，真的每天下班都去，说我想要个人旅行签证，有没有可能啊？答复一直都是不行、不行。

我爱人是一位泰国人，我们都想成为最早的见证这样历史的外国人。直到两个礼拜以后，有一天我又去问行不行，这天这个人改口了，说可以了。但是有一个前提，就是必须要雇用一个向导，而且要提前把行程安排好，他们才能帮我申请这个个人签证。

后来我的导游给我们安排好了行程，去了苏州、杭州、上海、北京。我 1982 年的一天从上海飞到北京。结果到了北京，导游接了我以后跟我说，对不起，有一个非常不好的消息，北京没有任何一家宾馆有空房可以住了。

我觉得他们可能不能接受外国的单独游客。当时大概还没有所谓的外事宾馆。毫不夸张地说，那天我找了大概 10 家宾馆，然后每一家都告诉我没有空房可以接收外国的个人旅行者。最后没办法，导游说那只能想一个折中的方法，带你去一家可以接收海外华人的宾馆。就是华侨宾馆。去了以后到前台，我彻底郁闷。前台的服务员跟我说，住可以住，但是你们两口子得分开，你的老婆得住女宾部，你得跟男的住男宾部。

我老婆当时同意了，但是经理说不行，你是外国人不是华侨，所以住不了。但经理话锋一转又说旁边有一家香港公司运作的新开的宾馆，而且这个宾馆不在我们导游的目录名册里，所以导游不知道。当我们把车开到了宾馆的时候，我整个人震惊了，简直是从特别差的男宾和女宾分开住的大通铺到了一个金光闪闪五星级的还有门童的新酒店。这个酒店当时只是试营业，叫 soft opening，我去了以后彻底觉得从地狱到了天堂。中国对于外国的态度，有着一个很戏剧化的转折点，我的个人经验可以说，成为了一个历史见证。

## ▌加入约翰·克里的越战美军战俘调查团

1987 年，我被路透社雇用了。由于之前的工作经历，我被调到了华盛顿，做一名路透社驻华盛顿记者。这是一个非常令人骄傲的工作岗位。当时华盛顿正好在进行一个很重要的政治新闻调查。当时爆出了一个政治丑闻，这个丑闻非常复杂，可能导致里根作为总统被弹劾。这个丑闻的一部分是关于里根政府违反联邦法律法规，给尼加拉瓜地区的游击队资金资助去搞革命叛乱。这个事情在当时美国政界非常的轰动。最终，这个新闻也的确导致了好几个里根政府高官辞职。

当初我报道了很多美国情资部门类似这样的一些新闻。有一次我突然接到一个临时的报道任务，让我去参加在华府的 CIA 总部的新闻发布会。那天正好我女儿生病在家。我女儿当时才 5 岁，就我自己一个人在家照顾女儿。但我又是路透社唯一一个获准有权限去参加这一次 CIA 新闻发布会的记者。这就很麻烦了，面对去参加发布会还是照顾自己 5 岁的女儿，我想唯一的方法是只能带着女儿去 CIA 参加这个发布会。希望 CIA 有人可以帮我看着我女儿之类的。但是去了以后发现，CIA 完全不通情达理，不允许我女儿进去，就因为我女儿没有得到授权。所以，最后结果是我自己一个人独自进到 CIA 总部去参加新闻发布会，而把我的女儿留给了 CIA 的一个大堂特警帮我照看着，最后，我全程参加了这个新闻发布会。

在 20 世纪 90 年代初，美国国内盛传很多阴谋论。美国总统就是很多阴谋论的假想对象。当时在美国国内很多人都在纠结的一个问题：究竟谁杀了 JFK（即肯尼迪总统）。这个事情一直很多人怀疑。尽管政府有了一个官方的结论，但很多美国百姓都认为政府在说谎。所以，当时阴谋论说杀掉肯尼迪的是黑帮，也有人说是莫斯科，或者是古巴特工，有这样很多的传言。于是，当时的美国大法官就成立了一个特别的调查小组，包括记者在内的很多人去负责调查这个事情，再进一步去公布真相。法院把当时一些没有解密的文件让我们解密。我当时的这个工作得到了美国国家级的特别授权，可以看到当时跟美国总统肯尼迪被杀这一相关事件的所有重要文件和信件。我在这里头翻阅了成千上万被解密的秘密文件。可以得到一些非常珍贵的历史史料。

当时我还报道了与阴谋论相关的一条新闻。在 1990 年代初的时候，美国盛传一个阴谋论。尽管越南战争结束了，还有很多美国的军人或者特勤人员在越南、老挝、或者柬埔寨被俘作为人质，没有回国。很多人都相信有些美国人还被关押在越南。这个问题经常会被用来作为反对美国跟越南关系正常化的一个"理据"：我们还有人被关在越南，怎么能跟这个国家恢复正常化的关系呢？这成为一个制约美国跟越南关系的重要阴谋。再加上当时越南在国际的地缘政治上的重要性越来越增加，这个问题就显得很重要。

老布什特别希望能够推动美国和越南的关系往下一个阶段发展。但当时在美国政界里头没有一个人敢轻易地提这个问题。就是因为这个盛传的阴谋论，所以没有人敢做这件事。这个时候我报道的机会就来了。

当时在美国国内盛传一张图片，图片上可以看到，三个美国人明显被关押在一个丛林要塞。当时一些美国人分析图片，比如说照片阴影、图片上植物的品种，可以判断出来三个疑似美国人的白人是被关押在缅甸、越南、老挝、柬埔寨一带附近金三角地区的某个城里头。这个继续导致了更大的舆论，舆论更加质疑究竟有没有美国现在的士兵或者是其他的一些特勤人员还在这样的一些国家被关押。这个对于推动双方外交正常化是很重要的一个需要解决的问题。所以，当时成立了一个特别调查委员会，去研究这些人，第一是否存在，第二是否符合美军失踪人员的条款。

当时美国的一位议员——约翰·克里，即美国现任国务卿，他最早从美国政坛崛起，就是因为他当时主导了关于这个阴谋论事件的调查委员会。他是这个调查委员会最早的发起者，也主导了整个调查过程。所以，当时我就跟约翰·克里及整个调查组的人数次去越南、老挝和柬埔寨调查当地的一些信息、资料、政府的新闻，去试图找出真相：究竟有没有人还被关押。

结果我们调查出来以后，的确在一个老挝的村庄里曾有三个美国人被俘。被俘没多久，老挝村民当时就把这三个美军士兵给杀掉了。老挝人当年与美军非常敌对。因为当年美军在老挝很多平民聚居地丢掷了燃烧弹，杀死了很多平民百姓。其实这三个美国人已经不是在一个被俘的环境里，而是已经死亡了。当然老挝政府不愿意透露这些信息，不愿意跟美军分享。

但其实从他们的角度，对于一个往你们家屋顶上扔炸弹的敌人，捕获敌对势力的军人，做出这样的一个反应其实也是可以理解的。毕竟当时是在战争时期。所以，当时我的整个报道，尤其是老挝那边的舆论报道得到了调查组约翰·克里的高度认可。约翰·克里对我说了一句话："我认为你做了一个很公平公正的工作。"这个很难，因为本身报道就处在非常困难的处境，而且双方又在一个非常复杂的政治立场和气候当中，这已经影响美国的政治氛围多年。我在一个非常难的环境当中做了一个公平的报道，听起来是一个很简单的夸奖，实际上是很高度的奖赏。特别是我从老挝出发，报道了我们的想法和当时的情景，这一点作为一个美国记者，难能可贵，因此对我来说是一个很高的褒奖。

## ▎独家报道阿富汗战争打响

我职业生涯中最艰难的一次报道，是伊拉克战争的打响。大家知道，基地组织对美国实施了自杀性的袭击。当时我已经是路透社驻五角大楼的主要专职记者之一。经常有人说"9·11"改变了美国的一切，所有的美国人都处于震惊当中。

因为这是美国有史以来第一次本土受袭，数千人死亡。在那之后，美国人生活的很多方面都发生了变化。每个人日常生活的方方面面都因为安全隐患有了变化。比如说，本来可以通过的路，现在不让走了；原来可以畅通无阻的一条通道，现在有各种各样的障碍。包括怎么样在保护个人隐私和保障集体安全之间做一个平衡。这些问题直到今天依然被讨论着。那么我当时就在五角大楼报道这一切，去报道后"9·11"时代对美国人整个生活发生的变化。所有人都问我一个问题，这个问题就是："美国人什么时候报仇？美国什么时候反击？"小布什说了一句话，说塔利班必须要交出本·拉登接受审判。这是唯一可能的途径。大家当时都围绕着美国的反应去猜测，猜疑。而我就在这么一个时代的关口。

所有人都知道美国即将反击，但是没有人知道什么时候反击，所以这是一个重要的新闻点。如果你能报道第一个美国宣布要反击的人，你就成了独家新闻。2001年的10月7号是一个星期天，我其实星期天不用去上班。可大家都在焦急地等待，观察着所有人都预料到的可能的一个反击行为。当时塔利班已经做出拒绝交出本·拉登的表态。

我10月7号到五角大楼的这天，五角大楼有点不寻常。第一，虽然是星期天休息日，但是五角大楼的所有停车场都停满了车。第二，所有办公室里头本来应该是空荡荡的，但现在全是各种周末来加班的人。所以，从这两个迹象就可以判断出那天有重大的事件要发生。当时我就询问五角大楼的发言人说，今天拉姆斯菲尔德会不会做一个新闻发布会呢？这是一个试探性的问法嘛，就是有没有新闻发布会。当时这个新闻发言人私底下告诉我说今天晚些时候有可能会做一个新闻发布。那么这个信息已经很明确了。五角大楼有两部分，一部分是民事的部分，一些文职人员在里头；另外一部分是军方的，就是军职人员。而刚才那个新闻发言人是属于军方那边。我再去问军方，军方给了更加铁定的回答说"是的，在12点30的时候，就中午12点半的时候"会开新闻发布会。所以，其实我是全世界第一个通过这些消息基本上确认当天美国军方很可能要发布一条重要新闻，并且是跟美军反击阿富汗，或者跟"9·11"袭击有关的新闻。

当时，我就处在了一个困境当中，一个伦理的困境。你想，你是全世界唯一一个知道美国可能即将发动一场战争的人，这个时候你拿到这样一条独家新闻，你会怎么做？这个伦理困境在于，在美军实施打击之前我觉得我把这条新闻报出去以后，很可能对在海外的美国军队造成伤害，这是一个很可能的危险。在大多数情况之下我在报道的时候我都把自己的专业性，职业伦理放在第一位。毕竟我最重要的身份是一个记者，是一个专业的记者。但是我也说过，在很多生死攸关的情景之下，我有可能更在乎自己作为一个人，或者作为一个美国公民的道德、责任、义务。毕竟我还是要去考虑自己的责任行为可能引发的结果。如果这个消息报道出去以后，美国可能会受到一些提前的打击，包括针对美国人的攻击，不光是军队，甚至可能是平民的。所以，这是一个非常重大的决定，也是非常难做的决定。我要考虑到自己若干的身份，记者、人、美国公民。

得到了这些信息后，怎么发布一直是一个很纠结的问题。当时我也在电视上看到很多跟我竞争的同行，主要是一些电视媒体的记者。已经开始做一些报道，但是他们的报道都是比较初步的，没有像我那样得到这么多细节。其他人的报道顶多是说星期天的早上，五角大楼工作的状况跟平常不一样。而我当时已经掌握到了很多细节，所以，我当时内心有一点窃喜，觉得我在消息上是领先的。所以，我当时就给我的编辑打电话，讨论要不要去报这条新闻，最后，我们得出来的一致结论是，作为一个媒体记者去披露我们知道的重大事件，这是我们的天责之一，所以我们决定去做这条报道。

我的报道也十分简单，就是国防部长拉姆斯菲尔德可能在今天中午12点半的时候要召开一次记者发布会，这个记者发布会预示着美国针对"9·11"袭击的反击行为。我用我所观察到的这些细节，拼成了一个大的图景。比如说，汽车厂人满为患，包括新闻发布会这个新闻发布时很多人都会在，发布会会在12点半开这些信息。当我们这个消息发出来以后，当天全世界的记者都因为我的这个消息被迫加班，因为这是一个重大突发性事件。我们当时是首发，并且消息给得最全面。这个消息发出来以后，招致美国军方、五角大楼的强烈反对、反感。他们当时斥责我违反了行动安全，或者说军事行动的安全。而我作为记者的天职并不是来保护军方的军事行动安全性，而是去报道这个事实。

五角大楼可能大家听起来比较神秘，但我们这些常驻记者还是有比较宽泛的自由空间，我们可以自由地走动，可以看我们想看、能看到的东西。可是，如果把我们这么一个正常的报道行为称为威胁到了美军的军事行动安全的时候，这就动摇了美国军方在五角大楼内和记者间关系处理的根本原则。所以，这点对我来讲是一个很大的挑战，也是一个很难做的决定。

这是关于国家安全的一个新闻，所以，记者的职业身份和国家安全放在一起孰轻孰重这个非常难。当时对我很有帮助的是我的编辑，通常编辑在处理新闻的时候会比记者更加有经验，会更加成熟一些。所以，我谈到了很重要的一个能力叫作新闻判断力，即你如何判断一条新闻的价值这样的能力。这个判断力可能不同的人、不同的情景、不同的时间，都会有不同的判断。这是一个个人素养，没有标准答案，但是当你们从事这一行的时候一定记住，在报道复杂新闻的时候一定要向比你有经验的人请教，可能是记者，也可能是编辑，他们有更丰富的经验。

我在路透社最后一段工作，则非常有意思。我最后的报道领域是报道美国军工综合体。就是军事和军工产业之间的关系。其中涉及到不同的利益相关方，包括军队、政府，包括一些军工企业，还有一些国会的议员。这些不同的利益相关方，如何在共同的利益驱使之下形成彼此之间的经济和政治利益关系，这点非常有意思。我举个例子，比如说，美国军方一直都想要最新的军工科技，像一些战斗机等。那么这些东西是由谁来生产的呢？由美国的一些军工企业生产。军工企业生产后，把它卖给军方。军工企业为了得到这些订单，是需要得到国会议员的支持的，通过投票的方法支持。作为回报，生产这些军工产品的这些工厂把一个军工的订单拆成无数的小份，把这些无数的被拆解下来的小订单，放到投赞成票的这些议员的家乡去。这样议员可以跟选民交代说自己把工作机会带回了家乡，那么议员就能够继续当选议员。

这是一个非常简单的解释多者之间复杂关系的例子。同时这也是一个非常复杂的通过政治投票分一杯羹而达成的政治军事利益共同体的同盟关系。我觉得自己非常幸运，可以去做这么让人兴奋的一个话题的报道，这可能是美国最值得讨论的话题之一。

## 站在巨人的肩膀上

当我在为世界上规模巨大、久负盛誉的一些新闻机构工作的时候，我有一种感觉，那就是站在了巨人的肩膀上。在我之前，已经有很多记者通过艰苦卓绝的努力，建立起这个机构的权威性和信誉。所以，在这种新闻机构工作的时候，我写的每一句话、我的每一篇报道不仅仅是为我个人负责。在某种程度上，我还在为这个机构的公信力和信誉负责。反过来讲，正是因为这样的机构拥有这样的公信力，又给了我工作上很多的方便。比如说，我作为 AP 道琼斯的记者去采访别人，或者打采访电话给陌生人,很多时候别人接受我的采访并不是因为我这个人怎样,只是出于对我所在的这个新闻机构的信任。所以,我才会有更多层面的机会去接近我所想要的新闻的来源。然而这种责任越大,这种义务也越重。

## 所有人问一个人

Q：如果在一些危险的地区采访,怎么样保障个人的人身安全?

A：如今主要的一些大的国际媒体,其实在保护记者的生命安全上是越来越重视。包括配备的装备会越来越好,包括提供大量的训练、可能的预案。比如说,路透社就提供一些课程——假设有一天,被抓做了人质,应该怎么去处理才能生存下来?同时有些地方,比如说叙利亚、伊拉克,每年都有很多记者在那里丧生,是一件很令人沮丧的事情。

很多地方太危险记者不应该去,有些地方虽然有新闻价值,但是这个新闻价值可能带来的风险对于记者来讲太大了,不值得去冒这么大的风险去做这样的新闻。我接受路透社训练的时候,路透社曾经给我们一个方法,如果有一天被劫持了作为一个人质的话,有一个策略叫"格雷先生",Mr. Gray,就是灰色。灰色的意思就是你不要去太强烈地表明你的态度,你保持自己一个中间灰色地带的身份。

不管是你个人的身份,还是你个人的性格,你是合作还是抗拒,更加开放还是更加保守,沉默还是多说话……所有一切叫作取其中,用一种中庸的方法来处理。这样可以大大增加你被解救的可能性,就是随波逐流一些,go with the flow,这样可能能够增加你生存下来的可能性,这是一个被迫之举,叫作 Mr. Gray,只要被抓,你就去做那个"格雷先生"就好。

Q：CIA 会不会利用美国记者到海外去做间谍,收集情报,做一些特务的工作?

A：不可能。美国行政首长奥巴马总统就说,不允许 CIA 雇用本国的任何记者在海外从事间谍和情报工作。因为如果一旦这么做的话,就可能让所有美国的海外记者都处在被怀疑是 CIA 特务的嫌疑之下。让所有美国的在外记者都处于危险中,所以这个事情是不太可能的。

Q：你对斯诺登的看法是怎样的?

A：有一些美国人认为斯诺登是叛国者,他威胁了美国国家安全,另外一些人认为他是爱国者，把他的身份叫作吹哨人（whistle Blower），就是提供关键信息的深喉。那么关于这一点，包括 2000 年以后美国制定了《爱国者法案》，规定政府有更大的权限去审查个人信息。这个法案在之前被更新过一次，最近好像又要再次更新了。

关于这个问题美国国内其实是很分裂的。那些称斯诺登为叛国者的人的主要理据是他们认为斯诺登公开行为危害到了美国的国家安全。但没有任何证据能够表明这件事情在真正意义上危害到了美国国家安全。当然美国军方说，正是因为这些原因，他们改变了很多军事当中的通信原则和方案，实际上这是没有意义的。很多极端组织不会因为斯诺登所透露出来的信息去改变它们地面上运作的方法，极端组织甚至一些游击队等也并不会因为"斯诺登事件"而改变他们的战争策略，这是一个无稽之谈。因为美军的地面军事优势太明显。通过无人机，能够轻易地把极端分子的一个营地清除掉。我觉得这件事情最大的意义在于告诫美国人，《宪法第四修正案》所保护的美国人的个人隐私权不可受侵犯，如今却遭到了政府以及《爱国者法案》作为前提的侵犯。当然《宪法第四修正案》也说过，如果没有正当理由，是不允许任何人去侵犯他人的隐私和私人财产的。而这个正当理由并不是一个模糊的犯罪动机。这点在"9·11"事件后变得很不清晰，这才是斯诺登的最大意义所在，能够提醒人们宪法所保障的个人信息权利的重要性。

Q：您为什么会选择职业生涯的开端在亚洲？

A：其实我并非是主动选择要做一个驻亚洲的记者。很多时候是机缘巧合，被派到了亚洲来做这个报道。但是我一旦到了亚洲，恰好赶上那个年代，我发现亚洲很多表面上的一些国际国内的冲突、种族的政治冲突都是有非常深厚的历史根源所在。

随着越来越多的报道，越来越多的挖掘，我对于亚洲整个国际关系的这种兴趣会越来越增加。所以，我的爱人经常对我很不满意，觉得嫁给了我其实是嫁给了新闻，像并没有嫁给我本人一样。因为很多时候我都彻夜在法新社报道的办公室里面去继续收集资料，包括去监听一些电台。这很有意思。我们能听到亚洲各个国家的短波调频电台，包括中国发出的一些短波调频电台。那个时代短波调频是国际舆论的一个阵地，那么我们去听这些，去搜集消息，这个对我来讲给了我一个无限的资源。

Q：对您影响最深的一些报道经历和个人体验有哪些？

A：其实我觉得自己报道的东西太多了，很难说哪个是对我影响最深的。但我的确记得很多场景，比如说，我曾经在斯里兰卡报道叛乱。包括这个过程当中看到的一些以前的社区彻底变成了无人区，整个的老百姓社群被摧毁，普通人的生活被彻底瓦解掉，这些是对我影响特别特别深刻的一些场景，对我也造成了非常大的感情上的冲击。

Q：如何处理自己作为一个调查性记者和国际灾难报道记者的心理，怎么去面对自己的痛苦？

A：作为一名记者会经常独自面对这种苦痛的情况，但是你必须要以一个专业的身份去专业地发出你的报道。因为，很多时候在灾难现场你没有时间去观察这些灾难本身，而是要专注在你的报道上，及时把信息发出。毕竟你在现场，你不是一个人道主义工作者，你也不是一个护士，你也不是一个医生，虽然在那个时候你很想成为这些人，因为你可以帮到一些具体的人，但是一定要明白记者做好自己的工作其实也是在帮助这些人，只是在不同的层面上。你是要具体去做一个护士去帮助某一个人还是去通过你的消息，让整个社会，包括受害的人们在内的社会，从更大、更宏观的层面去受益，其实本质上是一样的。

# 刘子超：
## 面包、黄油会有，还有诗歌和远方

旅行作家、资深媒体人，先后任职于《南方人物周刊》《GQ》中文版《ACROSS穿越》，曾获2010年刘丽安诗歌奖、2014年"马蜂窝"年度旅行家。

旅行文学作品：《午夜降临前抵达》

## ▎什么是旅行

如果我们查阅拉丁文或者法文，会发现"旅行"的含义是指有信仰的人为了去圣地朝圣而进行的一种苦行。

在《圣经·创世纪》中，耶和华想让亚伯拉罕显示自己的虔诚之心，就让他把小儿子带到山上去献祭，亚伯拉罕什么都没想，就把小儿子带到山上，磨快了刀。就在这时候，上帝显灵了。他说，我只是想试一下你是否真的虔诚。

这个例子是为了证明当年人类的虔诚之心，因此也就容易理解为什么"旅行"这个词最初是指去宗教圣地进行的苦行了。为什么说是"苦行"？因为过去从一个地方到另一个地方真的非常困难。

大家有没有看过玄奘写的《大唐西域记》？玄奘从西安到今天的印度，他这一趟，有很多马还有很多钱，但还是用了16年的时间。那我们想，他回去也要同样的时间，加上在印度当地的时间，差不多有40年的时间。也就是说，玄奘差不多花了40年只做了旅行这一件事。所以说，旅行的本意是一种比较艰苦的、跟宗教有关的长途漫游。

再说"度假"这个词，大家现在对度假比较熟悉。"度假"的来源是英国工业革命以后，人的体力被机器解放，有时间去做一些享受的事，就产生了"度假"这个词。度假和旅行的区别就在于，旅行并不是以享受或者身心愉悦为主要目的的，而是一种以提升精神层次为主要目的的长途漫游。

## 什么是旅行文学

旅行文学以文学的手段来再现这种以提升精神层次为主要目的的长途漫游，牵扯到文学的一些手段、风景、人物、对话，还有对历史和现实的一种再现。这是比较接近旅行文学的一种概念，和游记攻略有本质性的区别。

旅行文学的意义大概有：一是，对原始欲望的释放。比如很久以前的古人对山外的世界产生好奇，于是带上干粮、弓箭就出发了。等有一天回来，他就在篝火旁给同族的人讲他的经历。我觉得这就是旅行文学最开始的一种形式，一种对世界认识的欲望。二是，尽管现在有了互联网，但我们对世界的认识还是很单一的，而旅行文学的一个很重要的意义，就是它能帮助你认识这个世界。你生在这个世界，在这个世界生活，那么你到底处在一个什么样的环境？这个世界除了你熟悉的范围以外到底是什么样的？这是旅行文学担负的责任。三是，表达自己的趣味。一个好的旅行文学作品，应该能做到展现作者本人的趣味、世界观，让读者通过你独特的视角观看世界。

旅行文学在国外有很长的传统，有很多大作家都涉猎过这种文体。但在中国，旅行写作好像才刚刚起步。原因之一是中国之前没有加入到全球化中，它一直只是一个"被看"的对象。对我们来说，旅行文学的一个意义就是我们从过去的"被看"到如今的"去看"。

我列了几个优秀旅行文学作品所需要具备的要素：一是，历史的深度与现实的广度，如果仅仅是一些流水账，就称不上是优秀的旅行文学；二是，对旅程的生动描述，能让人有身临其境感；三是，能引发一种普世的情感，引发读者人性上的共鸣。下面我引三段我写的文章，来自《穿越印度的火车之旅》。

佛陀入灭后200多年，孔雀王朝出了一位笃信佛教的阿育王。他在鹿野苑树立起一座石柱，以纪念佛陀在这里初转法轮。7世纪，玄奘大师记载鹿野苑的寺庙有小乘僧人1500位，精舍高达200余尺，四周墙壁上都有佛龛，里面供奉着黄金佛像。10世纪以后，印度教开始占领鹿野苑。两个世纪以后，鹿野苑被伊斯兰教夷为平地。佛教徒纷纷逃离。19世纪，已经沦为当地人养猪场的鹿野苑引发了英国考古学者的兴趣。康宁汉主持的发掘工作由此启动。但那些曾经用来建筑佛寺的砖石却被当地政府运往瓦伦纳西修建各种建筑,其中就包括瓦伦纳西火车站。

……

我曾问过一个来印度朝圣的缅甸和尚。如果佛陀真的具有无边愿力,为什么圣地会有那么多的乞丐,会如此的贫穷?

"的确,佛教以慈悲为怀,但你要知道,佛教同样讲究因果报应。也许这听上去有点不妥……"缅甸和尚顿了一下,思考着如何措辞,然后接着说,"但在我看来,印度人造了太多的坏业。他们毁坏佛像,屠杀佛教徒,种下了孽缘。我认为,这是他们今生受苦的根本原因。"

"那么,缅甸呢?"

"苦难到处都是。"

"听说昂山素季还在被软禁?"

"是的,"缅甸和尚说,"我很高兴你知道她,她是个伟大的女人。"

……

我看着眼前的鹿野苑,想着缅甸和尚的话,感到一种无言的悲伤,好像我一路来到这里,就是为了目睹眼前的断壁残垣和那些挣扎在饥饿线上的人们。那些已经毁坏的、已经腐烂的、已经衰败的,显现的不是文化的缺失和挫败,就是征服者的暴虐和贪婪。我想到佛陀的教诲:"一切建造必会崩塌;我们生命中聚合的人或物,终将离散;我们所见的世界,是自己感知的结果,它并不真实存在。"

这个是我从我文章里截取的三段,第一段是对历史和现实的概述,中间是人物的对话,第三段是拔高的一个过程。第一段是我们要写旅行文学作品必须要有的干货:你旅行的地方过去和现在是什么样子。因为这个作品是以火车作为串联的,所以我也提到了一段火车站的插曲。第二段是对旅程经历的描述。比如,你在当地看到了什么,听到了什么,和他人的对话,等等。所有这些,和你想表达的主题应该是相关的。第三段就是所谓"共鸣"的部分。有了前两段的铺垫,你需要引发出一种情感性的东西,让读者产生共鸣的感受。

## 如何成为一个旅行作家

首先，要成为一个出色的旅行者。在我看来，出色的旅行者大概会有以下三个共同点：一是，旅行前的知识准备，包括你对目的地方方面面的了解，这是一个长期积累的过程；二是，尽可能多地与当地人和其他旅行者交流，有意识地进行采访；三是，在旅行中能够最大化旅行体验。这就需要打开你的各个感官，收集信息，在旅行中始终保持敏感性。

先谈谈采访。可能一般人觉得旅行写作不需要采访，至少跟那些常规的新闻写作相比，不需要那么多的采访。这个我同意。但是我觉得也并非全然如此。很多时候旅行写作的亮点，就在于你作为一个旅行者和当地人或其他旅行者之间的碰撞。

因此，在路上一定是一种渴求相遇的心态。无论是坐巴士或者还是坐火车，假如你旁边是一个当地人，你不开口，他也不好意思和你开口。这个时候我觉得你可以去主动和他开口，主动对话。一个地点的本质就是一群人的聚合，当地人是什么样的、他们对自己国家的认识、与你发生的交谈，是旅行写作非常重要的题材。

另外需要联系采访。我为什么说走之前看些纪录片是非常必要的，因为它会给你提供一些很有帮助的采访对象的人选。去做一些针对性的采访，会让你的文章避免流于表面、印象化。

社交网络已经很发达了，这也是你和路上相遇的对象、采访对象保持联系的方式。建立这个社交网络，当你回来写东西的时候，甚至可以再联系去追问一些问题，这会带来很大的便利。

## 书

大概把书分成这么几类：第一，是旅行指南；第二，是别人写的关于这个地方的著名的旅行作品；第三，是这个国家你要去的这个地方比较重要的文学作品；第四，关于这个地方的历史、人物传记等。

关于旅行指南，我大概举个例子，以印度为例，我列的几种旅行指南，第一本大家比较熟悉的就是《孤独星球》这一本，其实就是会有这么一个问题：确实这本我用得最多，但是大家都用这本书以后，去的地方就要排队，旅行体验会被限定在这本书里面，它说哪儿好玩你就去哪儿，它说哪儿好吃你就去哪儿，那么，最终所有的旅行团都奔到同一个地方。所以，我觉得比较重要的一点就是在你出发之前你需要看几本旅行指南。

还有就是现在电子的 app 类旅行指南。它的好处是你不用带很厚的一本书上路，可以拷在你的 Pad 上，或者你的手机上去翻阅。第一个，大家都知道穷游锦囊。第二个，是 trip adviser，这是一个在线的网站，也有 app，你可以通过上面订房。到了一个地方之后，你可以通过搜索来看这个地方有什么活动，比如说，有哪些当地的人他在组织一个 tour，它可以带着你走过老城区，或者带着你从事一些只有当地人能做的事。你可以通过这个来看别人对它的评价，以及它的这个 tour 的描述之类的。第三个，电子的是叫 triposal，我觉得这个是比较好使的一个东西。也是相对比较新的一个，它是差不多哪个国家地区都有，它只做一个 app，只在苹果的客户端做，所以如果你用安卓系统那就没办法了。

第二类就是旅行文学类。还是以印度为例，然后我就挑了五本，算是写印度我觉得是非常牛的旅行类作品，三本书都是印度三部曲，第一个是《幽暗之地》，第二个是《受伤的文明》，第三个是《百万叛变的今天》。还有另外的一个比较牛的旅行作家美国的保罗·索鲁（(Paul Theroux) 写的两本关于火车的，他两次都是从伦敦坐火车出发，直穿越整个欧亚大陆，一直到日本，再从日本到俄罗斯走西伯利亚铁路然后回到欧洲。《火车大巴扎》这本是他 20 世纪 70 年代写的第一本。《开往东方之星的幽灵列车》实际就是 30 年之后走同样的路，他发现这个经过 30 年的变迁，同样的一条铁路上这些国家发生的一些变化。所以，我觉着如果你两本书都看的话，会有一种非常奇妙的体验。

第三类是文学作品类。我也是挑了三个比较典型的，第一个叫《白老虎》，讲的是一个出生在印度北部一个低种性家庭的孩子，他没有上学，但是他非常聪明，他开始是在茶店卖茶，后来他就成了城里一个有钱人家的司机。他就看到这个所谓有钱人是怎样在印度这个社会去钻营，去使用成功学。最终就是，他觉得他非常愤怒，所以就把他的主人给杀了，杀了之后他就逃到了班加罗尔，即从印度北部逃到了南部。比较有意思的一点是，他以写给温家宝信的形式来结构这部书。他一共给温家宝写了大概七八封信。每封信的开头都是写温家宝怎么怎么样，然后讲述他自己的故事，我也不知道他自己为什么会写信给温家宝。

第二本是《微物之神》。它讲的是南印度一个小村子里发生的故事。通过一个少女的视角来写这个村子的这种变迁。第三本叫《午夜之子》，也是非常著名的作家叫拉什迪写的，他后来写过一本叫《撒旦的诗篇》，翻译过来是牵扯到伊斯兰教的一些问题，结果就惹怒了伊朗宗教领袖，对他下达了全球追杀令，所以，他被迫躲了大概有30多年。它之所以叫《午夜之子》是因为这书讲述的是1947年印度独立的前夜，从凌晨12点到1点之间，印度诞生1001个孩子，然后这1001个孩子因为是出生在这么一个非常具有历史意义的时刻，结果都具有某种法力，而且越接近午夜出生的孩子法力越大。他写了两个孩子，其中一个孩子本身是穆斯林。他是孟买富商的儿子，另外一个是混血儿，是一个英国人和一个孟买做杂耍的女人生的私生子，结果这两个孩子不知道为什么就在医院里被调包了，被调包之后呢他们的家庭环境就完全颠倒了，书里写了两个孩子在印度后来十年的一个成长史。所以很多人说有点像马尔克斯的《百年孤独》的感觉，因为都很魔幻。

第四类是关于这个地方的一些历史、传记类的这种文学。我觉得对于写旅行文学有一些帮助。第一本的作者是印度的一个经济学家阿马蒂亚·森，他后来获得了诺贝尔经济学奖，这本书是关于印度人的一些印度信物。《惯于争鸣的印度人》可能翻译得有点蹩脚，另外的一种说法就是善于争辩的印度，辩论的传统对印度自古以来的发展都是很有影响的，包括后来变成民主制国家也跟这种愿意争论、愿意辩论的民族性是有关的，所以，他是从这个角度来解读印度这个民族的。第二本就是甘地的一个自传。第三本叫《与世界同步》，作者尼勒卡尼是一个印度本土企业家。可能大家都看过《世界是平的》。《世界是平的》这本书的作者托马斯·弗里德曼。这个 idea 呢，就是来自这个写《与世界同步》的作者尼勒卡尼。他们在印度IT的首都班加罗尔一起打高尔夫球。然后尼勒卡尼就说了一句话，说世界可以推平。托马斯·弗里德曼听了这话就觉得非常有启发，就写出一本《世界是平的》，这本书就是印度这个企业家从印度上等人的角度写的一本对印度发展的看法。最后一本是一个英国记者写的《不顾诸神：现代印度的奇怪崛起》，它是讲从一个西方人的视角来看印度社会的一些问题，包括很多印度教的体验民主等，也包括中国和印度崛起的这种关系。

所以，我觉得这四类书是四个不同的角度，你可以从四个不同的角度来了解这个国家，我觉得对你能更深入地旅行包括写作都有帮助。

# 影

"影"我觉得主要包括纪录片和电影两个方面。我随便挑了几部大家都知道的。像第一部《贫民窟的百万富翁》，因为大家知道在印度贫民窟是一个很特殊的存在，所以它从这个视角讲印度。第二个是叫《孟买之音》，它是纪念孟买的电影工业产生 100 年，请了四个艺术部导演拍了四个短片。它比较有意思的地方就是它的角度比较诡异，比如说它讲的一个小孩。他是个小男孩，但是他就想做小女孩，就想学好莱坞明星去跳舞，但是他父亲就觉得非常不可理喻。

另外一个讲在印度媒体工作的很有钱的所谓上层的一个男人和另一个男人产生了同性的爱，但是在印度这种环境、这种体系下同性是很压抑的话题。

第三个就是《穿越大吉岭》，其实拍的不是大吉岭，是巴基斯坦，所以大家看这个电影就可以一目了然地看到巴基斯坦的那种沙漠风情。

第四个叫《PK》，他的取景主要是在德里，他设计一个比较重要的话题就是印度世俗化问题。大家发现包括《三傻》，包括《PK》都在关注这个问题。还有一个电影叫《奥帝神》，讲印度世俗化的问题，如果你去印度旅行的话你会发现一些动荡，电影觉得这种宗教的影响是制约印度发展的一个很大的阻力，他们觉得之所以中国有今天的经济发展成就，就是因为中国人什么都信。所以，就可以肆无忌惮地去发展，但是印度就是受到了印度教的影响，而且很多人就会暗示宗教对你每天的生活有非常直观、非常重要的影响。

第五个大家都看过是《少年派》，除了主人公是一个印裔的人之外，这个片非常奇怪的地方就是它虽然在印度，大家都知道印度是英国的殖民地，但是拍摄地迪智利是法国的殖民地，在印度大陆上就很小一块，大概有一个城市那么大，这里的人说法语。我去这个地方旅行，早上起来如果你在街上走，当地人和你打招呼他不会和你说 hello，他会说 bonjour。这是非常奇妙的一个地方，也是《少年派》取景的地方。

其实还有一个很重要的我获取这个目的地资讯，或者对它有更深的了解的一个途径就是看这个地方的纪录片。我也举个例子，就比如说，你想了解印度，你想很快对它有一个了解，那我觉得纪录片是一个很好的方式。比如，第一部就是

Michael Wood 的《印度的故事》，他讲的实际上是 BBC 的一个纪录片，它梳理了印度大概 5000 年的历史，一共 8 集，所以你看完这个纪录片你就会对印度历史从外部有个大致的了解。还有一部叫 *KALKATA*（杰尔哥达），可以看到当时因为那是 20 世纪 60 年代拍的一个纪录片，所以它的拼法还是老式的拼法，现在基本上已经不是这个拼法了。这个纪录片的导演路易·马勒是法国的一个非常有名的新浪潮的导演。他本来是被印度邀请来参加一个法国电影展，然后这个电影展之后他就偷偷拿了一个手携式的便携式摄像机去印度街头拍，拍他认为真实的印度。后来这片子放了之后印度政府就非常愤怒，就出现了外交上的一些不愉快，有点类似安东尼奥尼拍的纪录片《中国》，也是拍完以后会有一些争论。

## 音

第三个你要做功课的就是，你甚至可以拷到自己的 iPod、手机里把音乐带到那个地方去听。我一般如果去一个地方的话，我会下几个那个国家或那个地区比较典型的音乐，然后去听。比如《伏尔塔瓦河》，它是一个捷克的作曲家叫斯梅塔那写的。他写了一套交响诗的套曲叫《我的祖国》。《伏尔塔瓦河》是其中的一首，也是最著名的一首。在听的时候，可以想象一条河水从波西米亚平原的森林里流出来，然后开始是两条小溪，之后怎样地交汇，怎样在阳光下穿过森林和牧场、穿过河湖，最后流过布拉格。所以，我们去一个地方也可以通过音乐去想象一下这个地方。

## 旅途中的蒙太奇

首先，我们做的工作是想象。在你去之前，就需要通过你能接触到的各种信息、你能拿到的各种资料去想象这个地方，然后你就带着想象去上路。你要知道将来你写这个地方、写旅行，如果你在那个目的地没有这种强烈的体验和感受，那你写的话会非常痛苦。所以，我觉得大概有几条可以帮助你，能最大化你的旅行感受。

我认为很重要的一点是收集资料，收集你在当地能收集到的各种可能有用的东西，比如地图、当地读物、报纸、旧货。记得我在波兰时，有一次去一个旧货市场。里面有很多非常好玩的东西。比如"二战"后留下来的纳粹帽徽、水壶，还有苏联人带来的列宁头像。你花不了多少钱就能买一个回家。当你写作的时候，看到这些东西就能勾起当时的记忆。

再比如报纸。对我来说，当地的英文报纸是一个特别重要的信息来源。我写过一篇讲爪哇的文章，写到一次我在爪哇坐火车，看到远处的火山、近处的绿色稻田，爪哇农民在烈日下戴着帽子工作。

我记得我上火车前买了一份《雅加达邮报》，是当地的一份英文报纸。它上面正好有一则报道说，到了2020年美国就会全部使用机器人来代替农民的劳作。当时我就感受到某种巨大的反差。一方面，你眼前的景象是一种完全手工的、前工业时代的耕种方式，几百年前跟现在都没什么差别；另一方面，当地报纸上谈论的却是一个非常奇幻的未来。两者之间形成了强烈的对比，这种对比就会构成文章中非常有意思的细节。

> 从梭罗再次乘上列车，向东赶往庞越，这回需要9个小时。
>
> 爪哇只是印度尼西亚的第四大岛，但实际走起来，才真切地感受到——那恐怕也是相当遥远的距离。茶色玻璃外是近乎"永恒"状态的稻田，平平坦坦，却看不到任何现代化机械，全由人力和畜力耕种。手头的《雅加达邮报》上说，美国国会规定2015年前1/3的地面战斗将使用机器人，但看看近在眼前的爪哇农民，不由感到一种违和感。在火球般的赤道太阳下，爪哇农民的世界观，同德克萨斯开拖拉机，喝波本酒的美国buddy（兄弟）截然不同，那是自不待言的。另外，从西到东一路走过来，感觉爪哇就像一座巨大的粮仓（它也确实被荷兰、日本当作粮仓侵略过）。如今虽然天下太平，可这样的身份也不是"国家独立"或"和平崛起"能够轻易改变的。
>
> 火车经过泗水，这是东爪哇的首府。从火车上看，仿佛是连绵不断的棚户屋所组成的钢铁集合体。等待开闸的浩荡人群，骑着摩托车，无一例外的面无表情。不时经过的小溪污染严重，有孩子蹲在水边独自玩耍，太阳惶惶地照着。我想起普拉姆迪亚的小说《人世间》就是以泗水为背景：少年明克进入荷兰人开的贵族学校，在爪哇传统与西方文明的撕扯中逐渐成长。此书被称为印尼的《麦田里的守望者》，然而一百多年过去了，我感到这种撕扯依然存在。
>
> ——《爪哇速写》

还有一个例子是在印度,也是在一个火车上。我看到火车路过一个核电站。因为我之前做过功课,这个核电站它的核泄漏水平是常年高于安全界限的,但在当地是没有人管的,也似乎没有人在乎这件事。但是在我看火车上提供的这份英文报叫《印度时报》,上面在讲福岛核电站泄露的事情。因为当时正好是福岛核电站泄漏的这个事情出来,我一方面觉得作为记者、作为一个媒体人,有这个新闻出现,一定要跟着这个新闻来做,我并不觉得当时看到对这个消息比较深入的报道不妥当。但是我会想到有一个对比,一方面,就是我们对于非常遥远的事物非常热衷于津津乐道;另一方面,我们对眼前的近在咫尺的东西却视而不见。我觉得这个东西不仅是印度,更是所有经历经济转型、快速发展中的国家所遇到的一个共同问题。

> 火车经过一个又一个小站,多数车站除了地名之外便一无所有。一个简易的字幕灯写着"巴亚纳",可巴亚纳在哪里却不见踪迹。周围越来越暗,我抬起头,看到了到印度以后的第一朵积雨云。大片灰白色的云,带着黑色边缘,堆积在天际线处。我经过的地方显然刚下过雨,到处是泥泞的积水,泛着棕黄色的水泡。但直等到了科塔,"首都"特快才真的置身云下。天空亮起一道道闪电,像有人不断划着火柴。雨斜劈在窗户上,外面是一片窒息的空旷。科塔是一座工业城市,附近有一座核电站,据说核电站的辐射量常年高于安全水平。看着桌上《印度时报》对日本核泄漏的报道,我感到这正是所有转型国家的通病:对遥远的事物津津乐道,而对近在咫尺的东西却视而不见。
>
> ——《穿越印度的火车之旅》

## ▎走出游客区才能发现灵魂性的东西

你要用各种手段记录你旅行的体验,不管是拍照还是摄像、录音、记笔记。我随身会带一个笔记本,一有些想法,或者是看到一个事物产生的一些转瞬即逝的念头,我都会马上掏出笔记本,把它记下来。因为我觉得90%以上的当时想法在晚上回去以后你就完全想不起来了。

还有拍照片也很重要，一方面，你当然可以拿一个自拍棍去拍你自己，然后发朋友圈，我觉得这个是无可厚非的；但另一方面，我觉得那种纯记录式的，你为了记录某个场景然后并不考虑它的构图，并不考虑它的光线怎么样，你就把它拍下来，然后在你写的之前或者写的过程中你会把照片翻出来看，它就能把你带到当时的那个场景下，我觉得这种唤醒是非常重要的。还有其他的一些手段，就是如果你适合，哪些适合你你就选择哪些。

往往是你走出游客区，所谓的 comfort zone，你才能真实地感受到你去的地方真正的精神面貌和样子。当然，我觉得这个东西也是看大家各自的情况，比如说，你是一个人上路，你又是一个女孩，那我觉得首先还是以安全为第一目的，尤其是比如你去印度，你晚上 7 点半一个人上街，我觉得尽量要有一些预防。我个人的建议是如果你想去非游客区，想去当地人待的地方，那你最好是到了一个地方以后过了 3 天或者 4 天以后，当你对这个城市有一些初步的了解和认识之后，你可以在白天找一个天气好的时候走出你平时长待的、或者说你的旅行指南介绍的那个区域。

记得很多年前，我第一次旅行是去柬埔寨的暹粒。这个地方非常典型，游客区非常漂亮，全是二层的法式小楼，可以喝到现磨的咖啡，吃到羊角面包，晚上还可以喝到鸡尾酒。

但是如果你走出这片区域，大概有一两公里的距离，就会走到一片当地人居住的地方。那里有一条污染相当严重的小河，河边用木板和铁皮搭着一些歪歪扭扭的建筑。当地的小孩光着身子、光着脚在街上乱跑。那些白天在游客区当服务员的柬埔寨人下班后就会回到这样的地方。这种对比让我直观地看到柬埔寨这个国家是什么样的。哪怕你的文章不会涉及这些，它对你整体的思路上仍然是一种非常大的提示。

这张照片是我在爪哇的火山口拍的。这个地方可能不是游客常规的线路，但是对我写作那篇文章非常重要。如果不是到了这个地方，我很难体会到爪哇这个地方灵魂性的、最有力量的东西是什么。下到火山口，大概需要半个多小时，完全没有路，必须手脚并用地爬行。黄色的气体就是火山口喷发出来的硫磺，是一种强烈刺鼻的酸性气体。火山口里形成了火山湖，是那种像蓝宝石一样的蓝绿色，冒着热气，周围是结晶的硫磺块。

下到火山口，我看到很多挖硫磺矿的工人。他们为了每天四五美元的报酬，

从夜里 12 点一直干到早上八九点。从火山口挖硫磺矿,然后背着 200 多斤的担子,从我手脚并行爬下去的那条路再爬出火山口,然后下山。这样担几趟有几美元的收入,而且这个收入在当地已经是比较高的收入。

我是到了这个地方之后,才觉得找到了爪哇的灵魂。之前我已经走了爪哇的很多地方,这是最后一站。所以后来我那篇文章的结构也是类似于剥洋葱,一层一层地剥掉表皮,试图发现内核是什么。如果不走出游客区,不最后来到火山口,我可能就没办法发现最震撼、也最有力量的东西。

可能一般人觉得旅行写作不需要采访,至少不像那些常规的特稿写作需要那么多的采访,这个我同意。但是我觉得也并非如此。很多时候我们写旅行写作的文学,很重要的一点是你要去和当地人或同行的旅行者交流。

你是抱着一种感兴趣的心态去的这个地方,这个地方除了遗迹、风景之外其实最重要的还是人,一个地点它的本质还是一群人的聚合体,当地人是什么样的,他们对他们国家的认识和想法是你写作非常重要的一个题材。

另外需要联系采访,我为什么说走之前看些纪录片是非常必要的,它会给你提供一些很有帮助的采访对象的人选,一般纪录片会很明确地标出采访的是谁,这个人是什么title、什么职位、在哪工作，然后他对哪个问题在纪录片里发表了自己的看法，首先愿意上纪录片的人应该愿意接近媒体，如果他谈的话题恰好是你感兴趣的，你可以在出国之前做好相应的联系工作，比如，你上他的工作网站去查这个人的联系方式，给他写邮件，约采访，我的结果来说几乎都没有人拒绝你。如果听说你是中国来的记者，他们会愿意跟你去接触、去聊，有了这些之后你到当地你就会找到他去做一些针对性的采访，这会避免你的文章简单流于很表面、很印象式的东西，会有一些更深入的东西。

社交网络。因为现在社交网络已经变得非常普及，这也是你和你路上相遇的对象、采访的对象保持联系的一个很好的方式，建立这个社交网络，留下对方的账号，当你回来写东西的时候，你甚至可以再联系去追问一些问题，这些都会带来很大的便利。

## 职业旅行作家必备的素质

作为一个职业，如果你没有其他工作，完全靠旅行写作养活自己，这个事情是非常艰难的，不管是在中国还是国外都是非常艰难的。我大概列了这么几条是你如果想成为职业的旅行作家必备的素质：

第一个就是机动性。你应该是那种随时可以收拾行李，比如现在说下课以后让你去什么地方，你马上就可以回到宿舍打包就走去机场的那种性格，你可以去适应那种生活。

很多时候如果你是做职业的旅行作家的话，机动性尤其至关重要。有些杂志社、有些广播电视台没有这种能力，就会派你去。比如说，我上次一个同事去采访戛纳电影节，是腾讯娱乐派他去的，因为腾讯当时急需要有一个记者能马上飞过去做这个事，最后就找了他，他立马订了机票就飞过去了。就是说做旅行作家必备的一个素质就是机动性，马上就能上路的能力。

第二个是适应能力。你到达一个目的地之后你不能到那儿就生病了，或者时差倒不过来，或是丢了东西之类的，适应能力是很重要的。你要既能在伦敦、巴黎这种城市写一些好的酒店、奢华酒店、餐厅，也可以马上调到巴维亚希吉尼亚写当地土著人的生活。这也是旅行作家应该有的素质。

第三个就是简朴的生活。它的潜台词就是说靠旅行写作作为职业的话可能会收入非常有限，一般来说这个行业很少是杂志社直接给你钱让你写东西，绝大部分还是你作为旅行作家自己搞定你的 budget：你要去联系航空公司给你出免票，联系酒店给你出免费的体验住宿，它的要求就是你能把自己的成本降到最低，你降到最低之后你才能通过微薄的稿费有一些收益。如果你所有的机票、酒店都自己解决的话你会发现你出去写一趟你还搭了不少钱。所以，在国内的时候你就需要简单地生活，不能经常下馆子，不能出门就打车。

第四个就是家庭的理解。如果你经常飞来飞去你的家人是否愿意，你的男朋友、女朋友是否会觉得你这样没办法和你交往下去。可能对大家来说你们年轻，这些还不是问题。像我们杂志社年纪比我大一点的这种叔叔，他没有办法找到女朋友，因为他今天在这儿明天在那儿，没有姑娘愿意找这种人做男朋友。所以，如果你想做职业旅行作家，你就找一个至少能理解你这种工作模式的人。

第五个是好奇心。你需要有一种对一个地方、对外面的世界有一种好奇，你不能觉得，提到一个国家你觉得你没兴趣写、没兴趣了解，你必须有兴趣才能做一个职业旅行作家。

第六个就是勇气。很多时候你会面对危险，会有你不确定的东西，你的航班可能被 delay，你的行李，比如你转机去巴黎，结果你的行李在其他地方被落下了你怎么办？很多时候你到一个地方已经是午夜时分，你一个人出去你怎么找旅馆？你怎么打车？你怎么安全地抵达你想去的地方？其实很多时候我觉得一个男性出去也会面临这样的问题，比如说，有时候你搭车去那种偏远的地方，我的一个方法就是，如果说车越开越荒凉，越开越僻静，这种是很常见的情况，那你怎么办？车上就你一个人。你可以假装打一个电话，虽然说这个电话没有接通或者你的电话在那儿根本没有信号，但是你可以用英语说，我半个小时或者一个小时之后回来，回来之后我们一起吃饭，这个话其实不是你说给自己听是说给司机听的。如果他对你有些不好的想法，但他看你这边有熟悉的人，就不敢对你怎么样。

第七个就是能忍受孤独。其实这个职业会有大部分时间是自己和自己在一起的。尤其是长途的大巴或者是过夜的火车，如果你没有办法忍受长时间没人和你说话或是没有人和你说中文这样的环境，确实是很难成为一个旅行作家。

第八个是自律。自律一方面，是指你在国内生活的自律；另一方面，就是到国外以后你怎么样控制自己的 budget。很多时候你的 budget 只有几百美元，你要用这些钱撑一个月的时间或者很长一段时间。你要克制自己下一顿馆子的欲望，克制自己住一个好酒店的欲望，克制自己去打车或者包车而不是去坐大巴或者坐火车的这种欲望。

## ▎旅行作家的生存指南

所谓的生存指南我想以国内目前的状况为例，介绍一下中国现在旅行写作这个职业或是说这个媒体行业大致的现状吧。第一点，大部分国内的媒体是没有 budget 给你去旅行的。就是说你需要有非常广的人脉，需要认识各个航空公司的公关，你需要认识不同酒店集团的公关，你需要认识不同旅游局在中国办事处的负责人，你需要知道那个地方有旅游局的 budget，它的 budget 大概花在哪些方面，就是这些情报你是必须要了解的，你指望你所供职的媒体给你钱去做，当然也不排除这种情况，但 90% 的情况是你要自己解决这个费用的。

第二点就是说你需要知道了解一个行业，像旅游卫视这种电视媒体也好，像马蜂窝这种网络媒体也好，像《穿越》或者《时尚旅游》这种杂志也好，它们不同的定位需要不一样的东西，你需要生产出适合它们的产品，你才能保证你写的每篇东西没有打水漂。也就是说，你要有意识地迎合它们的读者群、它们的受众，你要了解他们的特色，比如说，《康德纳斯特旅行者》的特色是比较中产比较奢侈的旅行，你要是写一个穷游、写一个背包客你就想也不要想在它们那儿发表。再比如说《穿越》是比较强调人文的东西，如果你单纯从享乐的角度写一个度假村或写一个目的地，你就很难在《穿越》发表。

所以很可能你到一个地方，你要从很多角度写这个地方，这样才能保证你挣的稿费把你的费用 cover 还能有一些积累。就好比你去了京都，你可以写一篇京都的酒店，京都的很多新开的奢侈的酒店，你可以联系好让它们提供给你免费的住宿体验，然后把这一篇投给对奢华酒店感兴趣的杂志。京都有好多寺庙，你也可以住在寺庙里，它的寺庙都是可以住的，在寺庙里住几天你可以体验很传统的日本文化和生活给另一个杂志。你还可以发现京都的一些特色的吃的和礼品店，或者从建筑角度写京都的寺。我认识一个女士叫杨子，大概比我还大十来岁吧。她去了很多非洲的地方，她对职业的敏感体现在她到了一个地方，马上把这个地方分解成四五种不同的部分去写，所以她一直撑到今天还在做这个事。

## 所有人问一个人

Q：您的学历、工作状态、审美趣味还有追求在我们看来都很完美，您会觉得您自己有什么缺点？

A：其实欠缺挺多的，作为人来说欠缺可能多到再开一节课才能讲完。职业上的欠缺，我觉得现在虽然我在讲职业旅行作家的生存指南，其实我是在自己做功课，自己在研究这个行业。虽然你有这种理想去做职业的旅行作家，但是现实非常残酷。虽然在国外旅行写作形成了一个单独的分类。如果你看美国的亚马孙，它会有专门的一栏叫作 travel writing 就是旅行文学的这么一栏，但在国内好像不是很常见。所以说，整个环境并不是非常有利。

Q：不同地区的语言各不相同，在交流过程当中遇到这些障碍的话，会有什么样的比较友善的处理方式？

A：这确实也是一个很大的问题，尤其是对中国人来说，掌握一门英语已经对很多人来说是有挑战性的事了，更不要说再去掌握其他语言。但对于欧美的，尤其欧洲的旅行者来说非常简单，因为他们很容易就找到会说三四种语言的人。

我觉得对我们来说，可能最现实的一点就是再把英语弄得再好点，包括听各种口音的英语，这个是比较重要的。比如说，你去印度，就像刚才那个纪录片里，那英语我不知道大家能不能听懂。包括你去俄罗斯啊，或者是去过去的独联体的几个国家，它们的英语就是带着那种俄式的英语；然后你去欧洲、去德国的话就是德式的，去每个地方都有每个地方口音的特点。我觉得你需要的就是把你的英语学得更好，这样能适应各种不同的口音，这可能是最现实的。如果到了当地你真的需要做大量的采访，但是语言又不通，你可以考虑去找一个翻译，他可能会英语，又能说当地话，可以帮你解决很多问题。

Q：您在旅游中是穷游，以背包客住青旅这种比较多呢，还是说稍微小资一点的比较多呢？

A：我最开始也是住青旅比较多，现在因为刚才说的做这个行业有一段时间了，然后资源、认识的人也比较多，可能到了哪个地方有哪些集团类似这种他们接待，然后我们提前联系好，所以有时候也会住的不错。

Q：您去了这么多地方最惊险的经历或者最难忘的事情是什么？比较惊险，难忘的事情。

A：我觉得如果惊险的话，是有一次在尼泊尔。

我租了辆摩托车，然后跟我们一个摄影师在喜马拉雅山上就骑。我们那个摄影师他是有摩托车驾驶执照的，我是没有的，我之前也没骑过摩托车。但骑上之后发现还骑得挺快，所以我们俩人就一路在山上飙。但是大概40公里以后，我就感到很疲劳，因为他是专业的摩托车驾驶员，所以他很快就把我落下来了，落到我在山路上都看不到他了。我当时就有点想追他，我就加速。加速结果在转弯的时候就滑倒了，幸亏当时戴着摩托帽，然后爬起来以后整条腿到现在都是有很大一洞，裤子也破了，摩托车也摔烂了，我觉得那次比较惊险，就在山路上也没办法再骑车了。

恰巧这时候过了一会儿，过来一辆长途大巴车，那个司机就看到了中间扔着一辆车，一个外国人在中间待着，其实语言是不通的，但是他能看到那个人受了重伤，其中一个老头就去下身采草根，然后就放嘴里嚼，嚼完了把那汁儿吐出来，放在了我那个脚踝的那个洞那儿。他一开始想把那车弄到大巴上，带回自己的城市去，那辆车40公斤左右，非常沉，所以他们也没办法，最后就开走了。开走以后又过了会儿，又开过一辆破的夏利，车上坐着三四个当地的年轻人，也是看到我这样就下来了，他们说英语，说他们正好也去这个城市，然后就说可以帮我弄回去。当时我已经骑不了车了，于是，他们就有一个人下来骑那辆已经坏得不行的车，然后我坐在他们那个夏利上就往回走。

在路上聊天的时候知道他们的职业是一种所谓帮别人戒毒的，因为用"所谓的"这个词是因为他们并不是正规的，他们因为在当地混得很熟，他们知道谁在吸毒或者怎么样，然后他们发现一个就把那人绑架，绑架之后绑在山上的一个小木屋关起来打电话给他家属，说你的孩子吸毒，已经被送到德国去强制戒毒了，现在需要多少钱来戒除。

但其实我是非常感谢他们的，因为我大致估了一个价儿，在国内把我送回来可能合人民币600块钱。这已经是几年前的事儿了。于是我就把等值的美元给他们了，他们非常欣然地接受了。后来聊天发现，他们干一个月的收入差不多是1000块钱，所以我一次给他们的差不多是他们半个月的工资，所以他们确实高兴。把我送回去的时候，他们其中的一个人还把摩托车送去修理厂修好，然后我还车的时候老板根本没发现车有什么问题。

Q：你有几本护照？

A：有两本，现在。

Q：看您的个人微博上您也会拍一些照片，如果说在旅行过程中肯定要跟人家交流、沟通可能比较容易，但有时候经常会碰到你要拍一些照片留念这些很有意义（的画面）的时候，拍照这个行为你一般怎么跟人家交流？

A：我觉得你就直说"我要拍照"，最自然的那种。或者是如果他们没注意到你，可能就自己拍了。如果你需要他盯着镜头，你需要拍他的表情，可能你最好还是跟别人打声招呼。

Q：您去了那么多地方，了解一个地方或者说全面了解大概需要多久？

A：我觉得如果你前期做的准备比较充分，对这个地方看的都比较多了的话可能要10天左右，再长说实话已经不太现实了，因为经费很难支持到你待那么长时间。如果你仅仅是奔着写这个东西的目的，比如说，你需要找自我怎么样，仅仅是写个东西我觉得10天尝试差不多了。

# 念念不忘　必有回响
## ——来自140位听众的话（代跋）

甚至很难想象像赵涵漠身板那么娇小、那么瘦弱的一个女生所表达的却是体量那么惊人庞大的内涵。外围采访十几人，家中蹲点十几天，一个细节纠结十几遍（夸张）……这些都是记者们的日常。

张鹭呕心沥血般地，将他从选题到成稿的经验全部倾倒给我们，这多么像一位渴望伙伴的孤者，在呼唤着伙伴的来临。

记住了余楠老师的"以梦为马，小马过河"；记住了赵涵漠老师"把自己当作采访对象家的电冰箱"；记住了林珊珊老师的"困境与解决困境模式"、陈琳老师"于无声处听惊雷"。

再好的冰棺也不能保鲜灵魂，真实本身拥有的力量仍旧无可匹敌。

记录它，是一个生者对另一个生者的"不忍"。

记得在得知本课程第一讲是卫毅老师来讲课的时候，班里有的同学就已经疯狂了，我这个从来不关心特稿（新闻）作者的人一下子受到了极大的触动，作为学新闻专业的我，在心里默默对自己说，你落后了。

哪能劳烦那些业内人士一遍又一遍地向我们这群内心对新闻事业小看轻视的新生代费口舌呢？

不同身份的人将自己不平凡的人生经历浓缩为一节课的时长，这样的课程是弥足珍贵的。

要用最简单的词语写故事。不仅仅是特稿的写作，电视节目或纪录片的拍摄也是如此。

所以，记录时代要从记录人物出发，记录小人物就是记录时代本身。

或许这一行看起来确实没那么聪明机灵，但我正是喜欢这些试图用笨办法让这个时代还不那么平庸的人。

我在图书馆写下这段文字的时候，正好看见旁边有人拿了一摞《南方人物周刊》逐字逐句地看，用一个发黄的本子做着笔记。我想起赵涵漠在课堂上说的话："灵感是最靠不住的东西，而最靠得住的是我们的勤奋苦干。"

就算被拒绝了，任何的作品都不能凭想象完成，加入想象来润色也不行。如果只是凭想象的话，那他不叫记者，只能叫一个蹩脚的虚构者。

我特别不擅长写作，从小学到高中，作文成绩一直在及格线附近徘徊。到了这个以训练表达（无论是文字还是影像）和传播为灵魂的学院，我依然对写作提不起兴趣来，于是努力地把自己变成一个技术型的匠人和一只审美的眼。

在课堂之后的参访前，赵涵漠老师在紧张地整理衣服，我便告诉她"你看上去很棒，一点都不紧张"，她对我表示感谢并笑着对我说，"你一定会成为一个好记者的"，我感到很惶恐。

一句让我印象非常深刻的话，来自袁凌老师，他说"如果不是做记者，我大概会是一事无成的无用之人，除了写作，我什么都做不来"。那颗生而为记者，生而为了写作的心无法不让我动容，也让我重新思考，我能为新闻或是电视做些什么，我究竟是生而为了什么？

可是那些亲身经历纵然万般精彩传奇，对我们也可能只是故事罢了。有些深刻的思考和话语，我们可能听过就算了，多年以后回头，蓦然想起，才明白当时老师是什么意思。

张华考上了北京大学；李萍进了中等技术学校；我在百货公司当售货员。我们都有光明的前途。——1988《新华字典》

我把做新闻当成了自己的饭碗，这并不是说我们的关系已经发生了质的改变，新闻变成了赚钱工具，而是说我们的命运纠缠在了一起，我们现在所学的专业成为了我们生活的必需。

每一次我提出的问题被他（主讲人）提前回答，都让我有一种想和他击掌的冲动。

在新闻界没有比记者到达现场所看到的东西更权威的信息来源了。

吉姆·沃尔夫在最后的访谈里说"没有一条新闻值得记者去死"；但是凤凰的陈琳老师却那么拼，她用自己的行动表明她觉得值得。这两种想法完全不一样，但是他们都做出了一流的报道。

冰点的从玉华老师在最后讲了那么多正能量的话。平时我会觉得这些话说出来好尴尬，但是那天我湿了眼眶。做事情总要有动力。史晨老师来自一个"神秘"的地方，他可以凭借他的写作改变国家政策。虽然他总是提到他两个身价超高的本科同学，但在我看来，能够为国家贡献力量的他同样"身价可观"。

不仅仅是写作方法，更重要的是写作的动力。这些人已经在这个没多少薪水但风险却不小的行当干了那么多年，甚至已经干了一辈子。他们的存在本身就足够励志。就算他们自谦"无足轻重"，但我以为，就是因为有这样的前辈，调查才能继续，更多的事情才能为大众所知，我们才有勇气、有动力像他们一样，成为对国家、对社会有用的人。这才是真正的"实务"。

"一片雪花的力量，或者一个大声说话的呐喊，或者一声沉重的呼吸，或者说一个轻轻的脚印，都有可能造成'雪崩'。灰色的新闻也能唤起正能量，也很明亮。"从玉华说。

我讨厌新闻，在所有新闻里，我最不讨厌的是文字新闻，在所有承载于纸媒的新闻里，我最不讨厌的是人物专访。这个学期的新闻采写实物课程颠覆了我的想法。让我知道人物专访其实也并没有那么简单。

采访不是我问你答，也不是我掏心窝子给你换你掏心窝子给我；是一种平淡的交流，我从你我的对话里建立一个立体的你。这种立体的世界观适用于方方面面。

我很同意"在这漫长的时间里，听到的任何一句可能点醒你的话，都是有意义的"这种说法。

在他们面前，我的第一反应竟然是冲上讲台要签名，这让对粉丝文化一直持批判态度的我羞愧地低下了头。

逆向价值判断是多么宝贵，无论纸媒如何式微，讲好一个故事具有永恒的价值。

也许只有等到那一天，我们才会恍然大悟，切身体会到他们的重要。但我想那样的一天，最好还是永远都不要来到。

对于我自己，再喝一碗鸡汤吧——当你启程前往伊萨卡，但愿你的道路漫长。

站在历史面前你无法理解历史，你去旅游但不能理解旅行当下的意义。其实很多东西就像酒一样，放一段时间变成陈酿了，在嘴里才会有味道。

所谓念念不忘，必有回响，说的大概就是如此。